OEUVRES COMPLÈTES

DE

SHAKESPEARE

TRADUITES

PAR ÉMILE MONTÉGUT

TOME DEUXIÈME

BEAUCOUP DE BRUIT
POUR RIEN

MESURE POUR MESURE

LA MÉGÈRE DOMPTÉE

PEINES D'AMOUR
PERDUES

PARIS

LIBRAIRIE HACHETTE ET Cie

BOULEVARD SAINT-GERMAIN, 79

OEUVRES COMPLETES

DE

SHAKESPEARE

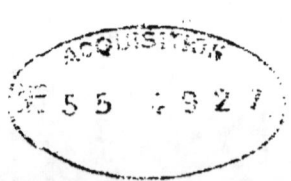

4821

IMPRIMERIE GÉNÉRALE DE CH. LAHUR
Rue de Fleurus, 9, à Paris.

OEUVRES COMPLÈTES

DE

SHAKESPEARE

TRADUITES

PAR ÉMILE MONTÉGUT

TOME DEUXIÈME

BEAUCOUP DE BRUIT
POUR RIEN

MESURE POUR MESURE

LA MÉGÈRE DOMPTÉE

PEINES D'AMOUR
PERDUES

PARIS

LIBRAIRIE DE L. HACHETTE ET Cie
BOULEVARD SAINT-GERMAIN, N° 77

—

1867
Tous droits réservés

BEAUCOUP DE BRUIT

POUR RIEN.

IMPRIMÉ POUR LA PREMIÈRE FOIS EN 1600;
REPRÉSENTÉ PROBABLEMENT EN CETTE MÊME ANNÉE.

AVERTISSEMENT.

Beaucoup de bruit pour rien fut imprimé pour la première fois en l'année 1600, et comme cette comédie ne se rencontre pas dans la liste des pièces de Shakespeare donnée par Meres en 1598, Malone a conjecturé que sa représentation était de même date que sa publication.

Le sujet de *Beaucoup de bruit pour rien* peut avoir été puisé à deux sources différentes. Peut-être Shakespeare l'a-t-il emprunté à l'épisode d'Ariodante et Ginevra au cinquième chant de l'*Orlando furioso*, épisode qui avait déjà fait le sujet d'une pièce représentée devant la reine Élisabeth, en 1582-83; peut-être l'a-t-il emprunté à la nouvelle trente-deuxième de Bandello, où sont racontés les amours traversés de Timbréo de Cardone et de Fénicie. Auquel, d'Arioste ou de Bandello, revient réellement l'honneur d'avoir inspiré Shakespeare? La plupart des commentateurs penchent pour Bandello; mais la vérité est qu'il est très-difficile de se prononcer soit pour l'un, soit pour l'autre, car les principaux éléments de la pièce de Shakespeare ne se rencontrent pas moins dans Arioste que dans Bandello. La calomnie qui atteint Ginevra dans Arioste est la même qui atteint Fénicie dans Bandello; le stratagème employé par Polinesso, duc d'Albanie, pour perdre Ginevra, est le même qui est employé par Girondo pour perdre Fénicie; les dénoûments des deux histoires, enfin, sont identiques. Pour nous, il nous paraît probable que Shakespeare s'est également servi des deux histoires, en les complétant l'une par l'autre. Il a complété l'épisode un peu trop simple et nu de l'Arioste par les incidents plus nombreux et plus variés de la nouvelle de Bandello ; il a rehaussé les personnages un peu vulgaires de Bandello, par les sentiments chevaleresques et princiers des personnages de l'Arioste. Corrigeant, par exemple, Timbréo par Ariodante, et Girondo par le duc d'Albanie, il a formé les caractères de Claudio et de Don Juan.

Beaucoup de bruit pour rien est une des pièces où Shakespeare a révélé avec le plus de finesse et de dextérité ses dons prodigieux d'assimilation. Les principaux incidents de sa pièce sont dans la nouvelle de Bandello, mais ils y sont comme le bijou était dans le métal dont il a été formé. Avec de bons yeux, par exemple, on découvre dans Bandello le germe du caractère de Leonato; mais quel parti le grand poëte a su tirer de cette esquisse dessinée en quelques traits rapides par le conteur italien ! Cette silhouette, dont Bandello n'a pas même aperçu la valeur, Shakespeare l'a transformée en un portrait en pied plein de physionomie et d'accent, celui du gentilhomme provincial d'autrefois. Les plus subtiles nuances de caractère, d'âge, de condition, sont indiquées avec une finesse admirable. Leonato est un gentilhomme, et il est en même temps le gouverneur de Messine ; sa courtoisie est celle d'un seigneur, mais c'est aussi celle d'un fonctionnaire, d'un homme qui remplit une charge. Sa déférence va jusqu'aux limites de l'obséquiosité ; mais dès qu'il est outragé, le serviteur disparaît pour ne plus laisser voir que le gentilhomme, avec son intraitable sentiment de l'honneur et son robuste sentiment de la famille. Cet homme, si courtois tout à l'heure envers son prince, se redresse en face de lui et ose le braver ouvertement. Leonato est un gentilhomme sur le retour de l'âge et qui touche aux limites de la vieillesse; on le sent à je ne sais quoi d'honnêtement suranné dans son langage, dans le choix des invectives dont il accable sa fille et dans la tournure des reproches qu'il adresse à ses accusateurs. De son personnage s'échappe un fin parfum de passé, de temps jadis, et l'on peut en dire autant de son frère Antonio, personnage effacé et relégué au second plan, mais qui, un instant au moins et dans une scène, la première du cinquième acte, se place tout à coup au premier rang, pareil à ces vieux parents qui semblent ne plus remplir dans la famille qu'un rôle de personnages de tapisseries, mais qui, vienne une circonstance grave, révèlent aussitôt une importance qu'on ne leur soupçonnait pas.

Les autres personnages, celui de Don Juan par exemple, ne sont pas composés avec un moindre soin des détails et un moindre souci des nuances. Le souci des nuances! c'est là, en effet, ce qui caractérise cette pièce où Shakespeare semble avoir oublié pour un instant sa fougue d'imagination et ces procédés même qui sont familiers à son génie : ici, rien de ce coloris éclatant, rien de ces contrastes hardis, rien de ces tons chauds et violents qui distinguent d'ordinaire ses productions; tout le mérite de la pièce est dans la précision et le fini du travail. Shakespeare a peint ses personnages d'un pinceau patient, minutieux, poil à poil, cheveu à cheveu; aussi, lorsqu'on lit *Beaucoup de bruit pour rien* après quelqu'une de ses autres pièces, semble-t-il qu'on passe d'une galerie composée de Titiens et de Rubens à une galerie composée de tableaux des vieux maîtres allemands ou des portraits de notre vieux peintre Janet Clouet : même fini, même précision et aussi même sécheresse.

Mais Shakespeare n'a emprunté de Bandello et d'Arioste que la partie purement dramatique de son action, la partie des larmes; quant à la partie du rire, elle ne relève absolument que de son imagination. Nous voulons parler des scènes si bouffonnes des officiers de police, et surtout de ces deux caractères de Béatrice et de Bénédict qui sont la gaieté de la pièce et l'une des plus heureuses inventions de Shakespeare. Jamais on n'a mieux peint cet heureux amour qu'on peut appeler l'amour de sympathie, l'amour à la fois vif et prudent, léger et sensé, qui naît de la parfaite ressemblance des caractères ; jamais on n'a mieux plaidé la cause du mariage des âmes, car jamais on n'a mieux fait apercevoir que, selon la nature, les âmes marchent par couples comme les oiseaux et les bêtes de même famille. Bénédict et Béatrice, si opposés en apparence, ne le sont pas plus en réalité que ne le sont dans la nature un merle mâle et un merle femelle ; car ce sont deux oiseaux de même ramage et de même plumage, et ils sont réunis par cette faculté même du persiflage qui semble les diviser.

Jamais Shakespeare n'a mieux exprimé que dans cette pièce la poétique et la morale qui lui sont propres. La vie est pluie et beau temps, rire et larmes, lumière et ténèbres, comédie et tragédie. *Beaucoup de bruit pour rien*, fidèle image de cette vie générale de l'humanité, est une comédie qui a traversé les sombres régions du drame et un drame qui vient aboutir aux conclusions riantes de la comédie. Les deux genres sont confondus avec un art admirable, et ceux qui aiment le rire comme ceux qui aiment les larmes trouveront également plaisir à l'œuvre à la fois spirituelle et pathétique du grand poëte.

Aussi, malgré la marche lente de son action et quelques légères contradictions dans les caractères, cette pièce est-elle une des comédies de Shakespeare qui ont toujours le mieux réussi à la scène. C'est que ces défauts, bien qu'ils soient au nombre de ceux que le théâtre repousse le plus absolument, ne servent ici qu'à ajouter encore plus de réalité à ce tableau mélancolique et enjoué de la vie, et que la question d'art disparaît devant la question de vérité morale. Il semble qu'il y ait trop de menus évènements ; mais ces événements sont la trame et le fil dont est faite l'étoffe de notre vie de chaque jour. Ces petits incidents amènent de grosses catastrophes ; mais n'est-ce pas le spectacle que la vie nous présente à chaque instant? Qui d'entre nous ne sait que les malentendus gouvernent le monde, que l'équivoque est la reine de l'opinion, et que l'à peu près est la règle des jugements humains. Au commencement de la pièce, Claudio se croit trahi par don Pedro et se lamente sur la fausse amitié; il se trompait parce qu'il jugeait sur de simples apparences, mais les apparences sont telles que le lecteur s'y trompe comme Claudio et l'excuse de sa précipitation de jugement. Combien de fois n'avons-nous pas vu les haines les plus invétérées naître d'un soupçon sans fondement, le bonheur d'une existence détruit par un signe imprudent ou coupable, l'honneur d'une créature humaine terni par un mot sorti de la bouche d'un perfide et chuchoté à l'oreille d'un sot; et, par contraste, combien de fois aussi n'avons-nous pas vu le bonheur sortir d'un rapprochement opéré par le hasard, la sympathie naître d'un calembourg, et l'amour d'un échange de railleries ou d'un stratagème tramé par des amis.

Ceux qui s'intéressent à l'art du comédien et à l'histoire de cet art ne seront pas fâchés d'apprendre que *Bénédict* était un des rôles favoris de Garrick, et que la tradition théâtrale a conservé le souvenir de la manière dont le grand comédien, à qui la gloire de Shakespeare doit beaucoup, représentait cet original et gai caractère.

PERSONNAGES DU DRAME.

DON PEDRO, prince d'Aragon.
DON JUAN, son frère bâtard.
CLAUDIO, jeune seigneur de Florence.
BÉNÉDICT, jeune gentilhomme de Padoue.
LEONATO, gouverneur de Messine.
ANTONIO, son frère.
BALTHAZAR, serviteur de DON PEDRO.
BORACHIO,
CONRADE, } compagnons de DON JUAN.
Le frère FRANÇOIS.
DOGBERRY,
VERGES, } deux stupides officiers de police.
UN SACRISTAIN.
UN PAGE.
HERO, fille de LEONATO.
BÉATRICE, nièce de LEONATO.
MARGUERITE,
URSULE, } dames de compagnie d'HERO et de BÉATRICE.
MESSAGERS, GARDES DE NUIT, SUIVANTS, etc.

SCÈNE. — MESSINE.

BEAUCOUP DE BRUIT POUR RIEN.

ACTE I.

SCÈNE PREMIÈRE.

Terrasse attenant à la maison de Leonato.

Entrent LEONATO, HERO *et* BÉATRICE,
AVEC UN MESSAGER.

Leonato. — J'apprends, par cette lettre, que Don Pedro d'Aragon arrive ce soir à Messine.

Le messager. — Il en est très-près à cette heure ; il n'en était pas à trois lieues lorsque je l'ai quitté.

Leonato. — Combien de gentilshommes avez-vous perdus dans cette action ?

Le messager. — Très-peu de n'importe quel grade et pas un de renom [1].

Leonato. — La victoire est deux fois elle-même, lorsque le vainqueur rentre dans la patrie avec ses cadres au complet. Je lis dans cette lettre que Don Pedro a conféré de grands honneurs à un jeune Florentin, nommé Claudio.

Le messager. — Des honneurs aussi bien mérités de sa part que justement décernés par Don Pedro. Accomplissant sous la figure d'un agneau les exploits d'un lion, il s'est comporté avec une vaillance qui a tenu infiniment plus que ne promettait son âge, tellement qu'il me faut renoncer à vous dire à quel point il a dépassé les meilleures espérances.

Leonato. — Il a un oncle ici, à Messine, qui sera très-heureux de ces nouvelles.

Le messager. — Je lui ai déjà remis des lettres, et il a laissé éclater une grande joie, si grande qu'elle aurait manqué de modestie si elle n'avait donné quelques gages à la tristesse.

Leonato. — A-t-il laissé échapper des larmes?

Le messager. — En grande quantité.

Leonato. — Doux épanchement de sensibilité! il n'y a pas de visages plus sincères que ceux qui sont ainsi lavés. Ah! qu'il vaut mieux pleurer de plaisir que prendre plaisir aux pleurs!

Béatrice. — Dites-moi, je vous prie, le seigneur *Montanto* est-il ou non revenu de la guerre[2]?

Le messager. — Je ne connais personne de ce nom, Madame; il n'y avait dans l'armée aucune personne d'aucun grade qui le portât.

Leonato. — De qui voulez-vous parler, ma nièce?

Hero. — Ma cousine veut parler du signor Bénédict de Padoue.

Le messager. — Oh! il est revenu, et d'aussi belle humeur que jamais.

Béatrice. — Il avait fait placarder ses affiches ici[3], à Messine, et défié Cupidon à l'arc : le fou de mon oncle, après avoir lu ce défi, a parié pour Cupidon et l'a défié à l'arbalète[4]. Dites-moi, je vous prie, combien il a tué et mangé d'hommes dans cette guerre? Combien en a-t-il tué? car, en vérité, j'ai promis de manger tout ce qu'il tuerait.

Leonato. — Vrai, ma nièce, vous gouaillez par trop le signor Bénédict; mais il serait homme à tenir votre partie, je n'en fais aucun doute.

Le messager. — Il a rendu de bons services pendant ces guerres, Madame.

ACTE I, SCÈNE I.

Béatrice. — Oui, vous aviez sans doute des vivres gâtés qu'il vous a aidés à consommer : c'est en effet une très-vaillante fourchette, et il a un estomac d'une excessive bravoure.

Le messager. — C'est aussi un brave soldat, Madame.

Béatrice. — Un brave soldat devant une dame ; mais qu'est-il devant un gentilhomme?

Le messager. — Un gentilhomme devant un gentilhomme, un homme devant un homme, pétri de toutes les vertus honorables.

Béatrice. — C'est la vérité ; il n'est autre chose qu'un homme de pâte ; mais quant au pétrissage.... bah ! nous sommes tous mortels.

Leonato. — Monsieur, il ne faut pas vous tromper sur ma nièce. Il y a une sorte de guerre plaisante entre le signor Bénédict et elle : ils ne peuvent se rencontrer sans qu'il y ait entre eux une escarmouche d'esprit.

Béatrice. — Hélas ! cela ne lui profite en rien. Dans notre dernière rencontre quatre de ses cinq esprits [5] s'en sont retournés écloppés, de sorte que maintenant l'homme tout entier est gouverné par un seul esprit ; s'il lui reste assez d'esprit pour le tenir chaud, que cela lui serve à établir la différence entre lui et son cheval ; car c'est tout ce qui lui reste pour se faire reconnaître comme une créature raisonnable. Quel est aujourd'hui son compagnon ? Il a chaque mois un nouveau frère d'armes.

Le messager. — Est-ce possible ?

Béatrice. — Tout ce qu'il y a de plus possible : sa fidélité suit la mode de ses chapeaux ; il en change à chaque forme nouvelle mise en vogue.

Le messager. — Je vois, Madame, que le gentilhomme n'est pas dans vos papiers.

Béatrice. — Non : s'il y était, je brûlerais mon pupitre. Mais, je vous en prie, quel est son compagnon ? N'y a-t-il pas auprès de lui, à l'heure qu'il est, quelque jeune casseur d'assiettes disposé à faire avec lui un voyage chez le diable?

Le messager. — Il est le plus souvent dans la compagnie du très-noble Claudio.

Béatrice. — O Seigneur! il va se coller à lui comme une maladie : on l'attrape plus vite que la peste, et celui qui l'attrape devient immédiatement fou. Le ciel vienne en aide au noble Claudio! s'il a pris le *Bénédict*, il lui en coûtera quelque mille livres avant d'être guéri.

Le messager. — Je ferai en sorte d'être de vos amis, Madame.

Béatrice. — Faites en sorte, mon bon ami.

Leonato. — Quant à vous, vous n'avez pas à craindre de devenir folle, ma nièce [6].

Béatrice. — Non, pas avant que nous ayons un janvier caniculaire.

Le messager. — Don Pedro est arrivé.

Entrent DON PEDRO, DON JUAN, CLAUDIO, BÉNÉDICT *et* BALTHAZAR.

Don Pedro. — Mon bon signor Leonato, vous êtes venu chercher votre ennui : l'habitude du monde est d'éviter la dépense, et vous marchez au-devant.

Leonato. — Jamais l'ennui n'est entré dans ma maison sous la forme de Votre Grâce; car, lorsque l'ennui s'en va, il reste une satisfaction, tandis que lorsque vous me quittez, c'est le chagrin qui reste et le bonheur qui prend congé.

Don Pedro. — Vous acceptez votre fardeau de trop bonne grâce. Je pense que voici votre fille?

Leonato. — Sa mère me l'a dit bien souvent.

Bénédict. — Vous aviez donc des doutes, Monsieur, pour lui poser cette question?

Leonato. — Non, signor Bénédict; car alors vous étiez un enfant.

Don Pedro. — Attrapez cela, Bénédict : voilà une réplique qui nous informe de ce que vous valez, maintenant que vous êtes homme. Vraiment, la dame atteste par sa personne même sa filiation. Le bonheur soit avec vous, Madame! car vous ressemblez à un honorable père.

Bénédict. — Si le seigneur Leonato est son père, je

gage que, quoiqu'elle lui ressemble, elle ne voudrait pas échanger sa tête avec la sienne, pour Messine entière.

Béatrice. — Je m'étonne que vous parliez encore, signor Bénédict; personne ne fait attention à vous.

Bénédict. — Ah! vous voilà, ma chère madame Dédain! vous êtes donc encore de ce monde?

Béatrice. — Est-ce qu'il serait possible que dame Dédain mourût lorsqu'elle a pour se repaître un aliment aussi bien assorti à son goût, que la personne du signor Bénédict? Courtoisie elle-même se convertirait en Dédain, si elle approchait de vous.

Bénédict. — Eh bien alors, Courtoisie est une dame versatile. Mais il est certain que je suis aimé de toutes les femmes, vous seule exceptée, et je voudrais bien découvrir que mon cœur n'est pas un cœur dur, car, en vérité, je n'en aime aucune.

Béatrice. — Un rare bonheur pour les femmes; car, sans cela, elles auraient été importunées par un pernicieux poursuivant. Je remercie le ciel et mon tempérament froid de partager à cet égard vos dispositions; j'aimerais mieux entendre mon chien aboyer à une grue qu'entendre un homme me jurer qu'il m'aime.

Bénédict. — Le ciel maintienne toujours Votre Seigneurie dans ces dispositions! de cette façon, tel ou tel gentilhomme échappera à la fatalité inévitable d'un visage égratigné.

Béatrice. — Si ce visage était semblable au vôtre, les égratignures ne l'endommageraient guère.

Bénédict. — Fort bien, vous êtes une rare institutrice de perroquets.

Béatrice. — Un oiseau qui a ma langue vaut mieux qu'une bête qui a la vôtre.

Bénédict. — Je voudrais que mon cheval eût la rapidité de votre langue et tînt bon à la course aussi infatigablement; mais continuez votre train, au nom du ciel! pour moi, j'ai fini.

Béatrice. — Vous finissez toujours par une ruade de haridelle; je vous connais de longue date.

Don Pedro. — Voici en résumé ce que nous avons arrêté : signor Claudio et vous signor Bénédict, Leonato, mon cher ami Leonato, vous a tous invités. Je l'ai averti que nous resterions ici au moins un mois, et il souhaite de tout cœur que quelque occasion puisse nous retenir plus longtemps ; j'oserais jurer qu'il n'est pas hypocrite et que ce souhait est sincère.

Leonato. — Si vous jurez, Monseigneur, votre serment ne sera pas démenti. (*A Don Juan.*) Laissez-moi vous souhaiter la bienvenue, Monseigneur ; maintenant que vous voilà reconcilié avec le prince votre frère, je vous dois tous mes devoirs.

Don Juan. — Je vous remercie : je ne suis pas grand parleur, mais je vous remercie.

Leonato. — Plairait-il à Votre Seigneurie de nous précéder ?

Don Pedro. — Votre main, Leonato ; nous marcherons de compagnie.

(*Tous sortent, excepté Claudio et Bénédict.*)

Claudio. — Bénédict, as-tu remarqué la fille du signor Leonato ?

Bénédict. — Je ne l'ai pas remarquée, mais je l'ai regardée.

Claudio. — N'est-elle pas une modeste jeune dame ?

Bénédict. — Me demandez-vous, à la façon d'un honnête homme, mon simple et vrai jugement, ou bien votre désir est-il que je parle selon ma coutume, d'après mon rôle reconnu de tyran de leur sexe ?

Claudio. — Non, je t'en prie, exprime ce que tu penses sérieusement.

Bénédict. — Eh bien ! ma foi, il me semble qu'elle est trop courte pour une haute louange, trop noire pour une splendide louange, et trop petite pour une haute louange : seulement je puis lui rendre ce témoignage, que si elle était autre qu'elle n'est, elle serait laide ; et que n'étant pas autre qu'elle n'est, elle ne me plaît point.

Claudio. — Tu penses que je m'amuse ; je t'en prie, dis-moi franchement comment tu la trouves.

Bénédict. — Voulez-vous donc l'acheter, que vous prenez des informations sur elle?

Claudio. — Le monde pourrait-il acheter un tel joyau?

Bénédict. — Certes, et aussi un écrin pour l'y mettre. Mais ce que vous me dites est-il sérieux, ou bien jouez-vous le pitre pour venir nous affirmer que Cupidon l'aveugle est un bon dénicheur de lièvres, et que Vulcain, le forgeron, est un bon charpentier 7? Voyons, sur quelle clef chantez-vous, afin qu'on puisse vous accompagner?

Claudio. — Elle est à mes yeux la plus charmante dame que j'aie jamais vue.

Bénédict. — Je puis voir encore sans lunettes et je ne vois rien de pareil; il y a là sa cousine, qui, si elle n'était pas possédée d'un diable, l'emporterait autant en beauté sur elle que le premier de mai l'emporte sur le trente et un de décembre. Mais j'espère que vous n'avez pas l'intention de vous métamorphoser en mari; non, n'est-ce pas?

Claudio. — Si Hero voulait être ma femme, je ne répondrais pas de moi, quand bien même j'aurais juré auparavant de ne pas me marier.

Bénédict. — Les choses en sont-elles là? vraiment, n'y a-t-il donc plus au monde un homme qui se trouve heureux de pouvoir mettre son bonnet sans soupçon? Ne verrai-je jamais un célibataire de soixante ans? Marche alors, si tu veux absolument mettre ton cou sous le joug, en porter l'empreinte et passer tes dimanches à soupirer. Mais voyez, Don Pedro revient vous chercher.

Rentre DON PEDRO.

Don Pedro. — Quelle affaire secrète vous a retenus ici, pour que vous ne m'ayez pas suivi chez Leonato?

Bénédict. — Je voudrais que Votre Grâce me contraignît à la lui dire.

Don Pedro. — Je t'en somme, au nom de ton serment d'obéissance.

Bénédict. — Vous entendez, comte Claudio: je voudrais que vous eussiez de moi l'opinion que je puis être discret comme un muet ; mais mon serment d'obéissance, — entendez bien, — mon serment d'obéissance m'oblige à dire qu'il est amoureux. — Amoureux de qui? c'est Votre Grâce qui parle maintenant, — et remarquez comme la réponse qu'il vous fait est brève : amoureux d'Hero, la fille nâbote de Leonato.

Claudio. — Si cela était, ce serait chose dite.

Bénédict. — Comme dans le vieux conte, Monseigneur : « il n'en est pas ainsi et il n'en était pas ainsi ; mais, en vérité, Dieu défende qu'il en puisse être ainsi[8] ! »

Claudio. — A moins que ma passion ne change bientôt, Dieu défende qu'il en soit autrement !

Don Pedro. — Je dis *amen*, si vous l'aimez, car la dame est véritablement très-digne d'amour.

Claudio. — Vous dites cela pour m'attraper, Monseigneur.

Don Pedro. — Sur ma conscience, je dis ma pensée.

Claudio. — Et, sur ma foi, j'ai dit la mienne.

Bénédict. — Et moi, sur mes deux fois et mes deux consciences, j'ai dit la mienne.

Claudio. — Que je l'aime, je le sens.

Don Pedro. — Qu'elle est digne d'amour, je le sais.

Bénédict. — Et moi, mon opinion, que le feu ne pourrait parvenir à faire fondre en moi, est que je ne sens pas comment elle pourrait être aimée et que je ne sais pas comment elle peut être digne d'amour ; je mourrais sur le bûcher pour cette opinion.

Don Pedro. — Tu as toujours été un hérétique obstiné à l'endroit de la beauté.

Claudio. — Et un hérétique qui n'a jamais pu maintenir son rôle que par la force de son entêtement.

Bénédict. — Une femme m'a conçu, et je lui en suis reconnaissant ; une femme m'a élevé, et je lui en présente mes plus humbles remercîments ; mais toutes les femmes voudront bien m'excuser, si je refuse de me laisser planter sur la tête de quoi sonner le rappel, ou si je refuse de suspendre mon cor de chasse à un invisible ceinturon[9]. Comme je ne veux faire à aucune le tort de me défier d'elle, je me ferai le bienfait de ne me fier à aucune, et la conclusion de cela, qui ne m'en fera que plus parfait, est que je resterai célibataire.

Don Pedro. — Avant que je meure, je te verrai le visage pâle d'amour.

Bénédict. — Pâle de colère, ou de maladie, ou de faim, oui, Monseigneur; mais d'amour, non. Si vous me prouvez jamais que l'amour me fait perdre plus de sang que je n'en puis regagner en buvant, je consens qu'on m'arrache les yeux avec la plume d'un faiseur de ballades et qu'on m'accroche à la porte d'un bordel comme l'enseigne de l'aveugle Cupidon.

Don Pedro. — Fort bien; si jamais tu t'écartes de cette profession de foi, tu seras joliment cité comme exemple.

Bénédict. — Si cela m'arrive jamais, qu'on me suspende dans une bouteille comme un chat [10], qu'on tire sur moi, et qu'à celui qui me touchera, on lui frappe sur l'épaule en l'appelant Adam [11].

Don Pedro. — Bon; nous verrons bien plus tard.

Avec le temps, le taureau sauvage porte le joug [12].

Bénédict. — Le taureau sauvage, c'est possible; mais si jamais le prudent Bénédict en vient à le porter, arrachez les cornes du taureau et plantez-les sur mon front; puis qu'on barbouille de moi un portrait grossier, et qu'en lettres capitales aussi grandes que celles avec lesquelles on écrit : *Ici, bon cheval à louer*, on écrive au-dessous: *Ici vous pouvez contempler Bénédict, l'homme marié.*

Claudio. — Si jamais cela t'arrivait, tu serais devenu fou cornu.

Don Pedro. — Pour sûr, si Cupidon n'a pas vidé tout son carquois à Venise [13], nous te verrons prochainement trembler d'amour.

Bénédict. — Oh bien alors, j'attends un tremblement de terre par la même occasion.

Don Pedro. — Bon, vous vous arrangerez avec l'avenir. En attendant, mon bon signor Bénédict, rendez-vous chez

Léonato ; recommandez-moi à ses bontés, et dites-lui que je ne lui manquerai pas à souper, car il a fait en vérité de grands préparatifs.

Bénédict. — J'ai à peu près en moi tout ce qu'il faut d'intelligence pour m'acquitter d'un pareil message. Ainsi nous disons que je vous remets....

Claudio. — *A la garde du ciel. De ma maison....* si j'en avais une....

Don Pedro. — *Ce six juillet. Votre affectueux ami,* Bénédict [14].

Bénédict. — Allons, ne raillez pas, ne raillez pas : l'étoffe de votre conversation est plus d'une fois bordée de simples bouts de galons, et lesdits galons sont bien légèrement faufilés ensemble : avant de vous moquer davantage des vieilles formules de lettres, faites un peu retour sur vous-même, et, sur ce, je prends congé de vous. (*Il sort.*)

Claudio. — Mon suzerain, Votre Altesse peut pour le moment me rendre un grand service.

Don Pedro. — Mon affection veut être ton écolière ; enseigne-lui seulement ce qu'elle doit faire et tu verras combien elle montrera de dispositions pour apprendre n'importe quelle difficile leçon qui peut te rendre service.

Claudio. — Leonato a-t-il un fils, Monseigneur ?

Don Pedro. — Pas d'autre enfant que Hero ; elle est son unique héritière. Est-ce que tu l'aimes, Claudio ?

Claudio. — Oh ! Monseigneur, lorsque vous partîtes pour cette expédition aujourd'hui terminée, je l'avais déjà contemplée avec les yeux d'un soldat à qui elle plaisait, mais qui avait alors en main une plus rude tâche que celle d'amener un simple goût à grandir jusqu'à une affection méritant le nom d'amour : mais maintenant je suis revenu, et les pensées guerrières sont parties, en laissant leurs places vides que viennent occuper en foule de doux et délicats désirs, qui tous me montrent à l'envi combien la jeune Hero est belle, et me disent que je l'aimais avant de partir pour la guerre.

Don Pedro. — Tu es en train, pour le quart d'heure,

de prendre les manières des amoureux et de fatiguer ton interlocuteur avec un volume de paroles. Si tu aimes la belle Hero, aime-la; moi, je m'en ouvrirai avec elle et avec son père et tu l'obtiendras. N'était-ce pas pour arriver à cette conclusion que tu avais commencé à entortiller une si belle histoire?

Claudio. — Quel doux médecin d'amour qui reconnaît le mal de l'amour à sa physionomie! C'était de crainte que mon affection ne vous parût trop soudaine que j'essayais d'un plus long récit pour ménager votre étonnement.

Don Pedro. — Quel besoin est-il que le pont soit plus large que la rivière? Les meilleures faveurs sont celles que la nécessité commande. Écoute bien, ce qui répond à nos besoins est ce qu'il convient d'accorder : tu aimes, cela suffit; je me charge de te pourvoir des remèdes. Je sais que nous aurons une mascarade ce soir; je jouerai ton rôle sous un déguisement, et je dirai à la belle Hero que je suis Claudio; contre son cœur même, j'ouvrirai mon cœur, et je ferai ses oreilles prisonnières par l'assaut impétueux et puissant de ma déclaration amoureuse; puis, après cela, je me déclarerai à son père, et la conclusion c'est qu'elle t'appartiendra. Mettons immédiatement ce plan à exécution. *(Ils sortent.)*

SCÈNE II.

Un appartement dans la maison de Leonato.

Entrent LEONATO *et* ANTONIO.

Leonato. — Eh bien! frère, où est mon neveu, votre fils? a-t-il organisé cette musique?

Antonio. — Il s'en occupe très-activement. Mais, frère, je puis vous apprendre d'étranges nouvelles que vous n'auriez certes pas imaginées.

Leonato. — Sont-elles bonnes?

Antonio. — Cela dépend de la tournure que leur donneront les événements; mais elles ont une bonne apparence, elles se présentent à merveille. Le prince et le comte Claudio, se promenant dans une allée très-couverte de mon jardin, un de mes serviteurs a pu entendre une bonne partie de leur conversation. Le prince a découvert à Claudio qu'il aimait ma nièce, votre fille, qu'il avait l'intention de le lui déclarer ce soir pendant une des danses, et que s'il la trouvait disposée à accepter son amour, il saisirait immédiatement l'occasion par la mèche et viendrait s'en ouvrir à vous.

LEONATO. — Le garçon qui vous a répété cela a-t-il quelque esprit?

ANTONIO. — C'est un garçon très-madré : je vais l'envoyer chercher; vous le questionnerez vous-même.

LEONATO. — Non, non; nous devons tenir cette nouvelle pour un rêve, jusqu'à ce que les événements la justifient : mais je dois en instruire ma fille, afin qu'elle soit mieux préparée à répondre si la chose se trouvait vraie. Allez et prévenez-la. (*Diverses personnes traversent la scène.*) Cousins, vous savez ce que vous avez à faire. — Oh! je sollicite votre pardon, ami : venez avec moi, je veux mettre à l'épreuve votre habileté. — Mes bons cousins, faites diligence, le temps presse. (*Ils sortent.*)

SCÈNE III.

Un autre appartement dans la maison de Leonato.

Entrent DON JUAN *et* CONRADE.

CONRADE. — Peste de la mauvaise année, Monseigneur! pourquoi êtes-vous ainsi triste au delà de toute mesure?

DON JUAN. — Comme il n'y a pas de mesure dans la cause qui l'engendre, cette tristesse est sans limites.

CONRADE. — Vous devriez entendre raison.

DON JUAN. — Et lorsque j'aurai entendu raison, quel bien m'en reviendra-t-il?

Conrade. — Vous y gagnerez sinon un remède immédiat, au moins une patiente résignation.

Don Juan. — Je m'étonne que toi, qui, ainsi que tu le prétends, es né sous le signe de Saturne, tu entreprennes d'appliquer une médecine morale à un mal invétéré. Je ne puis cacher ce que je suis. Je veux être triste lorsque j'en ai sujet, et me donner le droit de ne sourire aux plaisanteries de personne; je veux manger lorsque j'ai appétit et n'attendre le bon plaisir de personne; je veux dormir lorsque j'ai sommeil et ne me soucier des affaires de personne; je veux rire lorsque je suis joyeux et ne conformer mon humeur à celle de personne.

Conrade. — Parfaitement; mais vous ne devriez pas manifester si pleinement au dehors de telles dispositions, jusqu'à ce que vous puissiez le faire sans inconvénient. Tout dernièrement, vous vous êtes élevé contre votre frère, et il vous a de nouveau réintégré dans ses bonnes grâces; mais vous ne pouvez prendre vraiment racine dans sa faveur, que par le beau temps que vous ferez vous-même. Il vous faut nécessairement créer la saison pour votre propre récolte.

Don Juan. — J'aimerais mieux être une chenille dans un buisson qu'une rose dans ses bonnes grâces, et il convient mieux à mon caractère d'être dédaigné de tous que de me façonner une tactique pour voler l'affection d'aucun : en cela, si on ne peut pas dire que je suis un honnête homme cajoleur, on ne peut nier au moins que je ne sois un coquin qui agit franchement. La confiance qu'on me montre admet une muselière, et la liberté qu'on me donne me laisse un billot au cou; c'est pourquoi j'ai décidé que je ne chanterais pas dans ma cage. Si j'avais la libre disposition de ma bouche, je mordrais; si j'avais mon indépendance, j'agirais à ma tête; en attendant, laissez-moi tel que je suis et n'essayez pas de me changer.

Conrade. — Ne pouvez-vous faire aucun usage de votre mécontentement?

Don Juan. — J'en fais tout l'usage possible, car je ne fais usage de rien autre.... Qui vient ici?

Entre BORACHIO.

Don Juan. — Quelles nouvelles, Borachio?

Borachio. — Je viens d'un magnifique souper; le prince, votre frère, est royalement traité par Leonato, et je puis vous donner avis d'un mariage projeté.

Don Juan. — Ce mariage peut-il servir de plan pour bâtir une méchanceté? Et quel est cet insensé qui se fiance à l'inquiétude?

Borachio. — Parbleu, celui qui est la main droite de votre frère.

Don Juan. — Qui ça? le charmant Claudio?

Borachio. — Lui-même.

Don Juan. — Tout à fait un chevalier pour la chose en question. Et avec qui, avec qui? sur qui dirige-t-il ses vues?

Borachio. — Parbleu! sur Hero, la fille et l'héritière de Leonato.

Don Juan. — Une poulette de Mars vraiment précoce! et comment l'avez-vous appris?

Borachio. — Comme on m'avait donné la besogne de parfumeur[15], j'étais en train de purifier l'air d'une chambre chargée d'humidité, lorsque je vois arriver bras dessus bras dessous le prince et Claudio, en sérieuse conversation; je me dissimule derrière la tapisserie, et je les entends convenir que le prince fera lui-même la cour à Hero, et qu'après l'avoir obtenue, il la donnera à Claudio.

Don Juan. — Venez, venez, allons les rejoindre; cette affaire peut fournir pâture à mon déplaisir. Ce jeune parvenu a tout le profit de ma disgrâce; si je puis le traverser en quelque façon, j'en serai heureux de toutes les façons. Vous êtes tous les deux des amis sûrs et vous consentez à m'assister?

Conrade. — Jusqu'à la mort, Monseigneur.

Don Juan. — Allons donc à ce fameux souper; leur gaieté s'accroît de mon humiliation. Ah! si le cuisinier avait mon âme! Irons-nous examiner ce qu'il y a à faire?

Borachio. — Nous sommes aux ordres de Votre Seigneurie. *(Ils sortent.)*

ACTE II.

SCÈNE PREMIÈRE.

Une salle dans la maison de Leonato.

Entrent LEONATO, ANTONIO, HERO, BÉATRICE,
et D'AUTRES PERSONNES.

Leonato. — Est-ce que le comte Juan n'était pas au souper?

Antonio. — Je ne l'ai pas vu.

Béatrice. — Quelle aigreur il y a dans la physionomie de ce gentilhomme! je ne puis jamais le voir sans avoir une brûlure au cœur pendant une heure.

Hero. — Il est de dispositions très-mélancoliques.

Béatrice. — Celui-là serait un homme excellent qui tiendrait le milieu entre lui et Bénédict : l'un, toujours muet, est beaucoup trop comme une image; l'autre ressemble beaucoup trop au fils aîné de ma commère, toujours bavardant.

Leonato. — Alors, la moitié de la langue du signor Bénédict dans la bouche du comte Juan, et la moitié de la mélancolie du comte Juan sur la face du signor Bénédict....

Béatrice. — Avec une bonne jambe, un bon pied et quantité d'argent dans sa bourse, un tel homme, mon oncle, séduirait n'importe quelle femme en ce monde, — s'il pouvait s'assurer ses bonnes grâces.

LÉONATO. — Mais toi, ma nièce, sur ma foi, tu ne trouveras jamais un mari, si tu as la langue si bien pendue.

ANTONIO. — C'est vrai, elle est trop méchante.

BÉATRICE. — Trop méchante est plus que méchante tout court. Donc, sous ce rapport, je diminuerai encore la punition que Dieu envoie à la méchanceté; car il est dit : *à vache méchante, Dieu donne de petites cornes;* mais à une vache *trop* méchante, il n'en donne pas.

LÉONATO. — Ainsi, comme tu es *trop* méchante, Dieu ne t'enverra pas de cornes.

BÉATRICE. — Oui, s'il ne m'envoie pas de mari; bienfait pour lequel je l'implore à genoux soir et matin. Seigneur! je ne pourrais supporter un homme avec une barbe sur le visage; j'aimerais mieux coucher dans la laine.

LÉONATO. — Vous pourrez tomber sur un mari qui n'ait pas de barbe.

BÉATRICE. — Qu'en ferais-je? l'habillerais-je dans mes robes et en ferais-je ma femme de chambre? celui qui a de la barbe est plus qu'un jeune homme et celui qui n'a pas de barbe est moins qu'un homme : or celui qui est plus qu'un jeune homme n'est pas pour moi, et quant à celui qui est moins qu'un homme, je ne suis pas pour lui; par conséquent je suis toute prête à accepter six deniers du montreur de bêtes et à mener ses singes en enfer[1].

LÉONATO. — Vous irez donc en enfer?

BÉATRICE. — Non, mais à la porte seulement, et là je rencontrerai le diable, avec des cornes sur sa tête comme un vieux cocu, qui me dira : « Allez au ciel, Béatrice, allez au ciel; il n'y a pas de place ici pour les pucelles. » Alors, je lui remets mes singes et je m'en vais trouver saint Pierre; il m'indique la place des célibataires, et par le ciel, là nous vivons en joie tant que le jour est long.

ANTONIO, *à Hero.* — Pour vous, ma nièce, j'espère que vous vous laisserez gouverner par votre père.

BÉATRICE. — Oui ma foi; c'est le devoir de ma cousine de faire la révérence et de dire : « Mon père, comme il vous plaira. » Néanmoins, ma cousine, que votre fiancé soit un beau garçon ; sinon, faites une autre révérence et dites : « Père, comme il *me* plaira. »

LEONATO. — Bien, ma nièce ; j'espère un de ces jours vous voir pourvue d'un mari.

BÉATRICE. — Non, jusqu'au jour où Dieu fera les hommes d'un autre métal que de terre. Est-ce que ce ne serait pas une douleur pour une femme d'être dominée par une vaillante motte d'argile, de rendre compte de ses actions à un têtu morceau de marne? non, mon oncle, je ne veux d'aucun d'eux : les fils d'Adam sont mes frères, et véritablement je tiens pour un péché de me marier dans ma famille.

LEONATO, *à Hero*. — Ma fille, rappelez-vous ce que je vous ai dit : si le prince vous sollicite de cette manière, vous connaissez la réponse à faire.

BÉATRICE. — La faute en sera à la musique, cousine, si vous n'êtes pas courtisée en bon temps : si le prince est trop importun, dites-lui qu'il y a une mesure pour chaque chose, et *dansez*-lui votre réponse. Car, entendez-moi, Hero : l'amour, le mariage et le repentir ressemblent à la gigue écossaise, au menuet et au pas de cinq : les premières sollicitations sont chaudes et impétueuses comme la gigue écossaise et tout aussi fantasques; le mariage, aux manières modestes, est un menuet, plein de décorum et de tradition; puis, vient le repentir, qui avec ses mauvaises jambes entreprend le pas de cinq, toujours de plus vite en plus vite, jusqu'à ce qu'il s'engloutisse dans sa tombe.

LEONATO. — Ma nièce, votre esprit ingénieux dépasse la vérité.

BÉATRICE. — J'ai de bons yeux, mon oncle; je puis voir une église en plein jour.

LEONATO. — Voici les convives qui entrent, mon frère; faisons-leur place libre.

Entrent DON PEDRO, CLAUDIO, BÉNÉDICT, BAL-
THAZAR, DON JUAN, BORACHIO, MARGUERITE,
URSULE *et* AUTRES, *masqués*.

Don Pedro. — Belle dame, voulez-vous vous promener avec votre amoureux?

Hero. — Si votre pas est doux, vos regards gentils et votre langue muette, je consens à être à vous pour la promenade, et principalement lorsque je me promènerai pour m'en aller.

Don Pedro. — Avec ma personne en votre compagnie?

Hero. — Je répondrai oui, quand il me plaira.

Don Pedro. — Et quand vous plaira-t-il?

Hero. — Lorsque j'aimerai votre visage; car fasse le ciel que le luth ne ressemble pas à l'étui!

Don Pedro. — Mon masque est le toit de Philémon; dans la maison est Jupiter [2].

Hero. — Alors, votre masque devrait être en chaume.

Don Pedro. — Parlez bas, si vous parlez d'amour. (*Il la prend à l'écart.*)

Balthazar. — Vrai, je voudrais que vous pussiez m'aimer!

Marguerite. — Je ne le voudrais pas dans votre intérêt; car j'ai de bien nombreux défauts.

Balthazar. — Nommez-en un.

Marguerite. — Je dis mes prières tout haut.

Balthazar. — Je ne vous en aime que davantage; ceux qui vous entendent peuvent répondre *amen*.

Marguerite. — Dieu me marie à un bon danseur!

Balthazar. — *Amen*.

Marguerite. — Et Dieu l'éloigne de mes yeux aussitôt la danse finie! Répondez, sacristain.

Balthazar. — Plus un mot; le sacristain a reçu la monnaie de sa pièce.

Ursule. — Je vous connais parfaitement bien; vous êtes le signor Antonio.

Antonio. — En trois lettres, non.

Ursule. — Je vous reconnais à votre petit balancement de tête.

Antonio. — Pour vous dire la vérité, je m'étudie à l'imiter.

Ursule. — Vous ne pourriez le représenter d'une manière aussi naturellement déplaisante si vous n'étiez pas l'homme même. Voici exactement sa main sèche; vous êtes Antonio, vous êtes Antonio.

Antonio. — En trois lettres, non.

Ursule. — Allons, allons, pensez-vous que je ne vous reconnaisse pas à votre étincelant esprit? est-ce que la vertu peut se cacher? allons, chut! vous êtes Antonio : les grâces se trahissent toujours, et voilà.

Béatrice. — Ne voulez-vous pas me dire qui vous a parlé ainsi?

Bénédict. — Non, vous m'excuserez.

Béatrice. — Ni me dire qui vous êtes?

Bénédict. — Non, pas maintenant.

Béatrice. — « Je suis dédaigneuse et je prends mon esprit dans *les cent contes joyeux*[3], » c'est évidemment le signor Bénédict qui a dit cela.

Bénédict. — Qui est le signor Bénédict?

Béatrice. — Je suis sûre que vous le connaissez fort bien.

Bénédict. — Moi, non; vous pouvez m'en croire.

Béatrice. — Est-ce qu'il ne vous a jamais fait rire?

Bénédict. — Qui est-il, je vous en prie?

Béatrice. — Parbleu, c'est le bouffon du prince, un fort lourd imbécile; son seul don consiste à inventer des commérages impossibles; il n'y a que les libertins qui prennent plaisir en sa compagnie; et ce qui le recommande, ce n'est pas son esprit, mais sa vilenie, car il amuse à la fois les gens et les met en colère; de sorte qu'ils rient de ses propos et le battent. Je suis sûre qu'il est dans la flotte; je voudrais qu'il m'eût abordée.

Bénédict. — Lorsque je connaîtrai le gentilhomme, je lui répéterai ce que vous dites.

Béatrice. — Faites, faites : il ne répondra que par une

ou deux comparaisons sur ma personne, et si, par aventure, elles ne sont pas remarquées ou ne prêtent pas à rire, il en deviendra mélancolique; ce qui fera une aile de perdrix d'épargnée, car l'imbécile n'en soupera pas ce soir-là. (*Musique dans l'intérieur.*) Il nous faut suivre les meneurs de la fête.

Bénédict. — En tout bon chemin.

Béatrice. — Certes, car s'ils nous conduisent par quelque mauvais chemin, je les laisserai au premier détour.

(*Danses. — Tous sortent, excepté Don Juan, Borachio et Claudio.*)

Don Juan. — Assurément, mon frère est amoureux de Hero, et il a pris son père à l'écart pour l'entretenir de son amour. Les dames accompagnent Hero et il ne reste qu'un masque.

Borachio. — Et ce masque est Claudio : je le reconnais à sa tournure.

Don Juan. — N'êtes-vous pas le signor Bénédict?

Claudio. — Vous me reconnaissez bien; c'est moi.

Don Juan. — Signor, mon frère vous porte tout près de son cœur. Eh bien! il est amoureux de Hero; je vous en prie, dissuadez-le de cet amour; elle n'est pas son égale en naissance : vous pouvez jouer dans cette affaire le rôle d'un honnête homme.

Claudio. — Comment savez-vous qu'il l'aime?

Don Juan. — Je l'ai entendu lui jurer son affection.

Borachio. — Moi également, et il a juré qu'il l'épouserait cette nuit.

Don Juan. — Venez, rendons-nous au banquet.

(*Sortent Don Juan et Borachio.*)

Claudio. — C'est au nom de Bénédict que je réponds ainsi, mais c'est avec les oreilles de Claudio que j'entends ces mauvaises nouvelles. Ce qu'ils disent est certain, le prince fait la cour pour son compte. L'amitié est constante en toutes choses, sauf dans l'office et les affaires de l'amour. C'est pourquoi tous les cœurs en amour doivent parler eux-mêmes, les yeux négocier pour eux-mêmes et ne se fier à aucun agent, car la beauté est une sorcière, dont les charmes dissolvent la bonne foi en convoitise. C'est là un accident d'occurrence quotidienne, auquel je n'ai pas pris garde. Adieu donc, Hero!

Rentre BÉNÉDICT.

Bénédict. — Comte Claudio?

Claudio. — Oui, lui-même.

Bénédict. — Çà, voulez-vous venir avec moi?

Claudio. — Où donc?

Bénédict. — Sous le plus proche saule, pour vos propres affaires, comte[4]. De quelle façon voulez-vous porter votre guirlande? autour de votre cou, comme une chaîne d'usurier, ou sous votre bras, comme une écharpe de lieutenant? il vous faut la porter d'une manière quelconque, car le prince a conquis votre Hero.

Claudio. — Je souhaite qu'il en tire grand contentement.

Bénédict. — Parbleu, voilà qui est parler comme un honnête bouvier; c'est ce que disent les bouviers quand ils vendent leurs taureaux. Mais auriez-vous pensé que le prince vous eût joué ce tour-là?

Claudio. — Je vous en prie, laissez-moi.

Bénédict. — Oh! maintenant, voilà que vous frappez comme l'aveugle; c'est l'enfant qui a volé votre repas et vous battez le poteau.

Claudio. — Puisque ce n'est pas vous qui sortez, ce sera donc moi.   (*Il sort.*)

Bénédict. — Hélas! pauvre oiseau blessé! voilà qu'il va maintenant se réfugier dans les joncs. — Mais que madame Béatrice me reconnaisse et ne me reconnaisse pas à la fois! *Le bouffon du prince!* — Ah! il pourrait bien se faire qu'on m'eût affublé de ce titre, étant de si joyeuse humeur. — Oui, certes; mais je suis trop prompt à m'insulter moi-même; je n'ai pas cette réputation : c'est la disposition basse quoique moqueuse de Béatrice qui lui fait concentrer le monde entier en sa personne et prétend me faire passer pour ce que je ne suis pas. Bien, je me vengerai comme je pourrai.

Rentre DON PEDRO.

Don Pedro. — Eh bien! signor, où est le comte? l'avez-vous vu?

Bénédict. — Sur ma foi, Monseigneur, j'ai joué le rôle de dame Renommée. Je l'ai trouvé ici aussi mélancolique qu'une hutte solitaire dans une garenne[5]; je lui ai dit, et je pense que c'est la vérité, que Votre Grâce avait conquis les bonnes dispositions de cette jeune dame, et je lui ai offert ma compagnie jusqu'au premier saule, ou bien pour se faire une guirlande en sa qualité de délaissé, ou bien pour se faire une poignée de verges comme digne d'être fouetté.

Don Pedro. — D'être fouetté? Quelle est sa faute?

Bénédict. — La niaise transgression d'un écolier qui, transporté de plaisir d'avoir trouvé un nid d'oiseau, le montre à son camarade, lequel le lui vole.

Don Pedro. — Appelleras-tu donc transgression une marque de confiance? la transgression est dans le voleur.

Bénédict. — Il n'eût pas été mal à propos cependant de tenir prêtes les verges et la guirlande aussi, car il aurait pu porter la guirlande lui-même et il aurait pu vous faire cadeau des verges à vous, qui, à ce qu'il me semble, avez volé son nid d'oiseaux.

Don Pedro. — Je veux seulement leur apprendre à chanter et les rendre ensuite à leur propriétaire.

Bénédict. — Pourvu que leur chant réponde à votre langage, sur ma foi, vous aurez honnêtement parlé.

Don Pedro. — Madame Béatrice a contre vous un sujet de querelle; le gentilhomme qui a dansé avec elle lui a dit que vous parliez fort mal d'elle.

Bénédict. — Oh! elle m'a maltraité à exaspérer une souche! Un chêne, n'eût-il plus qu'une seule feuille verte, n'aurait pu s'empêcher de lui répondre; mon masque même commençait à prendre vie et à la railler. Elle m'a dit, ne pensant pas que ce fût à moi qu'elle parlait, que j'étais le bouffon du prince, que j'étais plus ennuyeux qu'un jour de grand dégel; lançant bon mot sur bon mot avec une si étonnante dextérité, que j'étais là devant elle comme l'homme à la cible, avec toute une armée tirant sur moi. Elle parle des poignards, et chacun de ses mots assassine; si son haleine était aussi terrible que ses queues de phrases, il n'y aurait pas moyen de vivre près d'elle; on la sentirait jusqu'à l'étoile du nord. Je ne voudrais pas l'épouser, quand bien même elle serait dotée de tous les biens qu'Adam posséda avant sa transgression. Elle aurait fait tourner la broche à Hercule et elle aurait fendu sa massue pour faire le feu. Allons, ne parlons plus d'elle; vous découvrirez plus tard que c'est l'infernale Até en belle toilette. Plût au ciel que quelque savant l'exorcisât, car tant qu'elle restera ici, l'enfer pourra passer pour une retraite aussi paisible qu'un sanctuaire, en sorte que les gens pécheront à dessein, afin de l'éviter en y allant; car tout ce qui est horreur, désordre, agitation, l'accompagne véritablement.

Don Pedro. — Regardez, la voici qui vient.

Bénédict. — Votre Grâce voudrait-elle m'ordonner n'importe quel service au bout du monde? J'irais tout à l'heure aux Antipodes pour le plus futile message qu'il vous plairait de me confier; j'irais vous chercher un cure-dent jusqu'au plus extrême pouce de terre de l'Asie; j'irais vous prendre la longueur du pied du prêtre Jean, vous chercher un poil de la barbe du grand Cham; j'irais pour n'importe quelle ambassade chez les Pygmées, plutôt que d'échanger trois mots de conversation avec cette harpie. Vous n'avez aucun moyen de m'employer?

Don Pedro. — Aucun, si ce n'est que je désire le plaisir de votre compagnie.

Bénédict. — O Dieu, Monseigneur, que voici venir ici un plat que je n'aime pas! je ne puis souffrir madame la Langue. *(Il sort.)*

Entrent CLAUDIO, BÉATRICE, HERO *et* LEONATO.

Don Pedro. — Venez, Madame, venez; vous avez perdu le cœur du seigneur Bénédict.

Béatrice. — Il est vrai, Monseigneur, qu'il me l'avait

prêté pour un temps et je lui en ai payé l'intérêt : un cœur double pour son cœur simple ; mais, parbleu, il me l'a regagné avec des dés pipés ; c'est pourquoi Votre Grâce peut bien dire que je l'ai perdu.

Don Pedro. — Vous l'avez mis dessous, Madame ; vous l'avez mis dessous.

Béatrice. — Je ne voudrais pas qu'il en fît autant de moi, Monseigneur ; j'aurais trop peur de devenir une mère de fous. Je vous ai amené le comte Claudio, que vous m'aviez envoyé chercher.

Don Pedro. — Eh bien ! qu'y a-t-il, comte ? pourquoi êtes-vous triste ?

Claudio. — Je ne suis pas triste, Monseigneur.

Don Pedro. — Quoi, alors ? malade ?

Claudio. — Ni malade non plus, Monseigneur.

Béatrice. — Le comte n'est ni triste, ni malade, ni gai, ni bien portant ; il est *civil*, le comte : civil comme une orange de *Séville*, et quelque peu de ce même teint jaloux.

Don Pedro. — Sur ma foi, Madame, je crois que votre description est véridique ; quoique je puisse jurer que s'il est jaloux, sa marotte jalouse est insensée. Approche, Claudio. J'ai fait la cour en ton nom, et la belle Hero est conquise ; j'ai parlé à son père, et j'ai obtenu son consentement : indique le jour du mariage et que Dieu te donne joie.

Leonato. — Comte, recevez de ma main ma fille, et avec elle mes richesses : Sa Grâce a fait le mariage et toutes les grâces répondent *amen*.

Béatrice. — Parlez, comte, c'est à vous de donner la réplique.

Claudio. — Le silence est le plus parfait héraut de la joie, et je serais bien peu heureux si je pouvais dire combien je le suis. Madame, je suis à vous comme vous êtes à moi : je me donne moi-même tout entier en retour de vous et cet échange me transporte de plaisir.

Béatrice. — Parlez, cousine ; ou, si vous ne le pouvez pas, arrêtez sa bouche avec un baiser, et ne le laissez pas parler non plus.

Don Pedro. — Sur ma foi, Madame, vous avez un cœur joyeux.

Béatrice. — Certes, Monseigneur, et je l'en remercie, le pauvre insensé ; il tient toujours le bon côté du souci. — Ma cousine lui dit à l'oreille qu'elle le porte dans son cœur.

Claudio. — C'est précisément ce qu'elle fait, cousine.

Béatrice. — Bon Dieu, encore un mariage, s'il vous plaît ! Ainsi, tous s'unissent les uns après les autres, à l'exception de moi seule, pauvre laideron que je suis. Je n'ai qu'à m'asseoir dans un coin et à crier à tue-tête : *Holà, un mari !*

Don Pedro. — Madame Béatrice, je vous en trouverai un.

Béatrice. — J'aimerais de préférence à en avoir un de la fabrique de votre père : est-ce que Votre Grâce n'aurait pas un frère qui lui ressemble ? Votre père fabriquait d'excellents maris, si une fille pouvait s'en approcher.

Don Pedro. — Me voulez-vous, Madame ?

Béatrice. — Non, Monseigneur, à moins que je n'eusse un autre mari pour les jours ouvriers ; Votre Grâce est beaucoup trop splendide pour qu'on puisse vous porter tous les jours. Mais je supplie Votre Grâce de me pardonner ; je suis née pour ne dire que des gaudrioles et nulle chose d'importance.

Don Pedro. — Votre silence est ce qui m'offenserait le plus, et la gaieté est ce qui vous va le mieux ; car incontestablement vous êtes née dans une heure joyeuse.

Béatrice. — Non, à coup sûr, Monseigneur, car ma mère criait ; mais il y avait à ce moment-là une étoile qui dansait, et c'est sous cette étoile que je suis née. — Mes cousins, Dieu vous donne joie !

Leonato. — Ma nièce, voulez-vous veiller à ces choses dont je vous ai parlé ?

Béatrice. — Je vous prie de m'excuser, mon oncle. — Avec la permission de Votre Grâce.... (*Elle sort.*)

Don Pedro. — Sur ma foi, voilà une dame d'humeur tout à fait gaie.

Leonato. — Il y a peu de l'élément mélancolique en elle, Monseigneur : elle n'est jamais triste, excepté lorsqu'elle dort; et même alors elle n'est pas toujours triste, car j'ai entendu ma fille dire qu'il était souvent arrivé à Béatrice de rêver malheur et de se réveiller en riant.

Don Pedro. — Elle ne peut souffrir d'entendre parler d'un mari?

Leonato. — En aucune façon; elle déboute de leur demande tous les galants par ses railleries.

Don Pedro. — Elle ferait une excellente femme pour Bénédict.

Leonato. — Oh! Dieu, Monseigneur, au bout d'une semaine de mariage, ils seraient devenus fous à force de parler.

Don Pedro. — Comte Claudio, quand comptez-vous aller à l'église?

Claudio. — Demain, Monseigneur; les heures marchent sur des béquilles tant que l'amour n'en a pas fini avec toutes ses cérémonies.

Leonato. — Non, mon cher fils, pas avant lundi, ce qui fait juste sept jours, et ce qui est encore un temps bien court pour que toutes choses soient organisées comme je l'entends.

Don Pedro. — Voyons, ce long sursis vous fait secouer la tête; mais je vous garantis, Claudio, que nous ne passerons pas notre temps d'une manière ennuyeuse. Je veux entreprendre pendant cet *interim* un des travaux d'Hercule, c'est-à-dire amener entre le signor Bénédict et madame Béatrice une affection haute comme une montagne. Je désirerais tout à fait un mariage entre eux, et je ne doute pas que je n'y réussisse, si vous trois vous voulez prêter appui aux plans que je vous indiquerai.

Leonato. — Monseigneur, je suis tout à vous, quand bien même cela devrait me coûter dix nuits de veille.

Claudio. — Et moi aussi, Monseigneur.

Don Pedro. — Et vous aussi, charmante Hero?

Hero. — Je remplirai n'importe quel modeste office, Monseigneur, pour aider ma cousine à conquérir un bon mari.

Don Pedro. — Et Bénédict n'est pas, à mon avis, un homme à faire un mauvais mari. Je puis, en toute connaissance de cause, lui donner ces louanges, qu'il est de noble naissance, d'une valeur reconnue et d'une honnêteté bien établie. Je vous enseignerai comment vous devez vous y prendre pour mettre votre cousine en disposition d'aimer Bénédict; et moi, avec l'appui de vous deux, je manœuvrerai si bien Bénédict, qu'en dépit de son vif esprit et de son cœur dédaigneux, il tombera amoureux de Béatrice. Si nous pouvons faire cela, Cupidon n'est pas plus longtemps l'archer par excellence; sa gloire sera la nôtre, car nous sommes en cette affaire les seuls dieux d'amour. Venez avec moi, et je vous confierai mon plan.

(*Ils sortent.*)

SCÈNE II.

Un autre appartement dans la demeure de Leonato.

Entrent DON JUAN *et* BORACHIO.

Don Juan. — C'est ainsi; le comte Claudio épousera la fille de Leonato.

Borachio. — Oui, Monseigneur; mais je puis lui faire obstacle.

Don Juan. — Toute barrière, tout obstacle, tout empêchement quelconque sera pour mon humeur un vrai remède; je suis malade du déplaisir qu'il me fait éprouver, et toute chose qui se mettra au travers de ses sentiments se trouvera de niveau avec les miens. Comment peux-tu faire obstacle à ce mariage?

Borachio. — Par des moyens qui ne sont pas ceux de l'honnêteté, Monseigneur, mais si discrets toutefois, qu'aucune déshonnêteté ne paraîtra en moi.

Don Juan. — Dis-moi comment, en quelques mots.

Borachio. — Je crois avoir appris à Votre Seigneurie, il y a un an, combien je suis dans les bonnes grâces de Marguerite, la dame de compagnie d'Hero.

Don Juan. — Je me le rappelle.

Borachio. — Je puis, à n'importe quelle heure indue de la nuit, lui donner avis de regarder par la fenêtre de la chambre de sa maîtresse.

Don Juan. — Qu'est-ce qu'il y a de vie dans un tel projet pour donner la mort à ce mariage?

Borachio. — Il dépend de vous de préparer le poison. Allez trouver le prince, votre frère; ne vous gênez pas pour lui dire qu'il a fait tort à son honneur en mariant le renommé Claudio, dont vous ferez hautement l'éloge, à une catin souillée comme Hero.

Don Juan. — Quelle preuve donnerai-je de cela?

Borachio. — Une preuve assez forte pour abuser le prince, pour torturer Claudio, perdre Hero et tuer Leonato. Visez-vous à un autre but que celui-là?

Don Juan. — Rien que pour leur nuire, j'entreprendrai n'importe quoi.

Borachio. — Eh bien alors, choisissez-moi une heure convenable pour prendre à l'écart Don Pedro et le comte Claudio seuls; dites-leur que vous savez que je suis aimé de Hero; affichez une manière de zèle pour le prince et pour Claudio; dites que c'est l'amour que vous portez à l'honneur de votre frère qui a fait ce mariage et votre souci de la réputation de son ami qui risque ainsi d'être acoquiné à une fausse pucelle, qui vous poussent à révéler ce fait. Ils auront peine à le croire sans preuves: offrez-leur de s'en convaincre eux-mêmes par des preuves qui ne consisteront en rien moins qu'à me voir à la fenêtre de sa chambre; à m'entendre nommer Marguerite, Hero; à entendre Marguerite me nommer Claudio (a). Amenez-les voir ce spectacle la nuit même qui devra précéder le mariage projeté; car pendant ce temps-là j'arrangerai si bien les choses que Hero se trouvera absente; et sa déloyauté paraîtra si évidente, que la jalousie prendra ses soupçons pour des certitudes, et que tous leurs projets seront renversés.

Don Juan. — Que ce plan ait la malfaisante issue qu'il

(a). Il y a ici dans le texte une erreur probable. N'est-ce pas *Borachio* qu'il faut lire, plutôt que *Claudio*?

voudra, je l'exécuterai. Sois habile à le mettre en œuvre, et ta récompense sera de mille ducats.

Borachio. — Soyez ferme dans votre accusation, et ma ruse ne me fera pas déshonneur.

Don Juan. — Je vais aller m'informer immédiatement du jour de leur mariage.

(Ils sortent.)

SCÈNE III.

Le jardin de Leonato

Entre BÉNÉDICT, *puis un* PAGE *le suivant.*

Bénédict. — Page !
Le page. — Signor ?
Bénédict. — Il y a un livre sur la fenêtre de ma chambre, porte-le-moi ici dans le jardin.
Le page. — Je suis déjà ici, signor.
Bénédict. — Je sais cela ; mais je voudrais que tu fusses déjà parti et revenu. *(Sort le page.)* Je m'étonne qu'un homme qui voit combien est insensé un autre homme lorsqu'il confie à l'amour la direction de sa conduite, consente, après qu'il a ri des creuses billevesées des autres, à devenir le thème de ses propres railleries en tombant amoureux, et Claudio est un de ces hommes. J'ai vu un temps où la seule musique qu'il aimât était le tambour et le fifre, et maintenant il préférerait entendre le tambourin et le flageolet ; j'ai vu un temps où il aurait fait vingt milles à pied pour voir une bonne armure, et maintenant il restera dix nuits éveillé pour dessiner la façon d'un nouveau pourpoint. Il avait coutume de parler simplement et en termes allant droit à leur but, comme un honnête homme et un soldat, et maintenant voilà qu'il est devenu grammairien ; ses mots, dont chacun fait un étrange ingrédient, composent un ragoût des plus fantastiques. Est-il possible que je sois jamais transformé ainsi et que je voie avec

les mêmes yeux? Je ne pourrais le dire; je ne crois pas, cependant. Je ne jurerais pas que l'amour ne puisse me transformer en huître; mais je fais serment qu'il ne fera jamais de moi un tel insensé avant d'avoir préalablement fait de moi une huître. Cette femme est jolie, je ne m'en porte pas moins bien; cette autre est sage, je ne m'en porte pas moins bien; cette autre est vertueuse, je ne m'en porte pas moins bien : mais jusqu'à ce que toutes les grâces soient réunies dans une même femme, une femme n'obtiendra jamais mes bonnes grâces. Elle sera riche, c'est certain; sage, ou je n'en veux pas; vertueuse, ou je ne la marchanderai jamais; belle, ou je ne la regarderai jamais; douce, ou elle ne m'approchera pas; noble, ou je ne la prendrai pas, fût-elle un ange; agréable causeuse, excellente musicienne, et quant à sa chevelure, elle sera de la couleur qu'il plaira au ciel[6]. Oh! le prince et monsieur l'Amour avec lui! je vais me cacher sous ce berceau. (*Il se retire à l'écart.*)

Entrent DON PEDRO, LEONATO, CLAUDIO,
puis BALTHAZAR *et* DES MUSICIENS.

DON PEDRO. — Eh bien! entendrons-nous cette musique?

CLAUDIO. — Certes, mon bon Seigneur. Comme le soir est tranquille! on dirait qu'il fait taire tout bruit pour mieux accueillir l'harmonie.

DON PEDRO, *bas à Claudio.* — Voyez-vous où s'est caché Bénédict?

CLAUDIO. — Oh! très-bien, Monseigneur; la musique une fois finie, ce renard découvert ne nous coûtera guère à prendre.

DON PEDRO. — Approchez, Balthazar; nous entendrons encore volontiers cette chanson.

BALTHAZAR. — Oh! mon bon Seigneur, ne forcez pas une si mauvaise voix à calomnier la musique une seconde fois.

DON PEDRO. — C'est toujours l'habitude du talent vrai de dissimuler sous un masque sa propre perfection. Je

ACTE II, SCÈNE III.

t'en prie, chante; ne me force pas à te faire la cour plus longtemps.

BALTHAZAR. — Puisque vous parlez de faire la cour, je chanterai; car plus d'un galant commence sa cour à telle qu'il en juge indigne; et cependant il la flatte, et cependant il lui jure qu'il l'aime.

DON PEDRO. — Allons, je t'en prie, avance. ou si tu veux continuer tes raisonnements, mets-les en notes.

BALTHAZAR. — Bon, mais notez bien ceci avant d'écouter mes notes; il n'y a pas une seule de mes notes qui vaille la peine d'être notée.

DON PEDRO. — Vraiment, il parle comme un papier à musique; des notes, des notes, et en résumé rien que du son. (*La musique joue.*)

BÉNÉDICT, *à part*. — Oh! l'air divin! Déjà son âme en est ravie! N'est-il pas étrange que des boyaux de mouton puissent transporter ainsi les âmes hors des corps? Bien; lorsque ça sera fini, faites-moi passer la sébille pour que j'y mette ma monnaie.

BALTHAZAR, *chantant*.

Ne soupirez plus, Mesdames, ne soupirez plus :
Les hommes furent toujours des trompeurs;
Un pied sur le rivage et l'autre dans la mer;
Jamais constants à une seule chose :

Donc ne soupirez plus,
Mais laissez-les aller,
Et soyez gaies et d'heureuse humeur,
Convertissant tous vos accents de douleur
En un traderi, deri; traderi, dera.

Ne chantez plus jamais, jamais les couplets
De complaintes si maussades et si pénibles :
La fraude des hommes fut toujours la même,
Depuis que, pour la première fois, le printemps eut
   des feuilles.

Donc ne soupirez plus,
Mais laissez-les aller,
Et soyez gaies et d'heureuse humeur,
Convertissant tous vos accents de douleur
En un traderi, deri ; traderi, dera.

Don Pedro. — Sur ma foi, voilà une bonne chanson.

Balthazar. — Et un mauvais chanteur, Monseigneur.

Don Pedro. — Mais non, mais non, vraiment ; tu chantes très-suffisamment bien pour une fois en passant.

Bénédict, *à part*. — Si c'eût été un chien qui eût ainsi hurlé, on l'aurait pendu, et fasse le ciel que sa mauvaise voix ne présage pas quelque malheur ; j'aurais autant aimé entendre l'oiseau de nuit, quelque désastre qu'il annonçât.

Don Pedro, *à Claudio*. — Oui, parbleu ! — Entends-tu, Balthazar ? organise-nous, je t'en prie, un peu de bonne musique ; car demain soir, nous voulons faire entendre une sérénade sous la fenêtre de madame Hero.

Balthazar. — La meilleure que je pourrai, Monseigneur.

Don Pedro. — Fais cela. Adieu. (*Sortent Balthazar et les musiciens.*) Venez ici, Leonato. Qu'est-ce que vous me disiez donc aujourd'hui ? Que votre nièce Béatrice était amoureuse du signor Bénédict ?

Claudio. — Oh oui ! (*A part, à Don Pedro.*) Avancez doucement, doucement ; l'oiseau est posé. (*Haut.*) Je n'aurais jamais cru que cette dame pût aimer un homme quelconque.

Leonato. — Ni moi non plus ; mais ce qu'il y a de tout à fait extraordinaire, c'est qu'elle raffole ainsi du signor Bénédict, que, par toutes ses démonstrations extérieures, elle semblait abhorrer.

Bénédict, *à part*. — Est-ce possible ? Est-ce que le vent souffle de ce côté ?

Leonato. — Sur ma foi, Monseigneur, je ne saurais vous dire ce qu'il en faut penser ; mais qu'elle l'aime de cette affection enragée, voilà qui dépasse tout ce qu'on pouvait supposer.

Don Pedro. — Peut-être qu'elle ne fait que semblant de l'aimer.

Claudio. — Vrai, cela est probable.

Leonato. — *Semblant!* ô ciel! alors il n'y eut jamais un semblant de passion qui approchât autant de la passion réelle que celui qu'elle montre.

Don Pedro. — Bah! Quelles marques de passion donne-t-elle?

Claudio, *à part*. — Amorcez bien l'hameçon, ce poisson mordra.

Leonato. — Quelles marques, Monseigneur! elle va vous rester assise...; (*à Claudio*) vous avez entendu ma fille vous dire comment?

Claudio. — Oui, en vérité.

Don Pedro. — Comment, comment cela, je vous prie? Vous m'étonnez; j'aurais cru que son esprit se serait montré invincible à tous les assauts de l'affection.

Leonato. — Je l'aurais juré, moi aussi, Monseigneur, surtout aux assauts de Bénédict.

Bénédict, *à part*. — J'aurais pris la chose pour une piperie, si elle n'était pas dite par le bonhomme à la barbe blanche : pour sûr, l'espièglerie ne peut se cacher sous un si respectable aspect.

Claudio, *bas à Don Pedro et à Leonato*. — Il a mordu; enlevez.

Don Pedro. — A-t-elle fait connaître son affection à Bénédict?

Leonato. — Non, et elle jure qu'elle ne la lui fera jamais connaître : c'est là son tourment.

Claudio. — C'est en effet vrai; votre fille dit de même. « Puis-je, dit-elle, lui écrire que je l'aime, moi qui l'ai si souvent accueilli de mes dédains? »

Leonato. — C'est aussi ce qu'elle dit quand elle commence à lui écrire : car elle va se lever vingt fois par nuit, et rester assise en chemise jusqu'à ce qu'elle ait écrit toute une feuille de papier grande comme un drap de lit : — ma fille nous dit tout.

Claudio. — Oh! puisque vous parlez de feuille de papier grande comme un drap de lit, je me rappelle une bonne histoire que votre fille nous a racontée.

Leonato. — Oh! oui, comment, lorsqu'elle l'eut écrite et qu'elle la relisait, elle trouva les noms de Béatrice et de Bénédict accolés sous ce même drap.

Claudio. — Précisément.

Leonato. — Oh! elle déchira la lettre en mille petits morceaux grands comme des liards, se reprochant d'avoir été assez immodeste pour écrire à quelqu'un qui, elle le savait, se moquerait d'elle : « Je mesure ses dispositions sur les miennes, dit-elle, car s'il m'écrivait, je me moquerais de lui; oui, quoique je l'aime, je m'en moquerais. »

Claudio. — Et alors, elle tombe à genoux, pleure, sanglote, frappe sa poitrine, arrache ses cheveux, prie, crie : « O mon aimable Bénédict! le ciel me donne la résignation! »

Leonato. — Oui, c'est ce qu'elle fait, à ce que rapporte ma fille : la violence de son affection la subjugue à tel point, que ma fille craint quelquefois qu'elle ne se porte contre elle-même à quelque acte désespéré; c'est la pure vérité.

Don Pedro. — Il serait bon que Bénédict apprît son amour par quelque autre, puisqu'elle ne veut pas le lui découvrir elle-même.

Claudio. — A quelle fin? Il n'en ferait qu'un jeu et tourmenterait encore davantage la pauvre dame.

Don Pedro. — S'il faisait cela, ce serait pain bénit de le pendre : c'est une dame singulièrement aimable, et vertueuse au-dessus de tout soupçon.

Claudio. — Et d'une étonnante sagacité.

Don Pedro. — Sagace en toutes choses, excepté dans l'amour qu'elle porte à Bénédict.

Leonato. — Oh, Monseigneur, lorsque la sagacité et la passion se combattent chez un être si sensible, nous avons dix preuves contre une que la victoire reste à la passion. J'en suis affligé pour elle, et à juste titre, puisque je suis son oncle et son tuteur.

Don Pedro. — Je voudrais que ce fût moi qu'elle eût honoré de cette passion; j'aurais mis de côté toutes considérations et j'en aurais fait la moitié de moi-même. Je vous prie, parlez-en à Bénédict, et sachons ce qu'il en dira.

Leonato. — Pensez-vous qu'il serait bon de le faire?

Claudio. — Hero pense qu'elle ne peut manquer de mourir de toute façon : car elle répète qu'elle mourra s'il ne l'aime pas; et qu'elle mourra plutôt que de lui faire connaître son amour; et qu'elle mourra s'il lui fait la cour, plutôt que de renoncer d'un brin à ses rebuffades accoutumées.

Don Pedro. — Elle fait bien; si elle lui offrait son amour, il est très-possible qu'il la méprisât; car notre homme, comme vous le savez tous, a l'esprit très-dédaigneux.

Claudio. — C'est un homme très comme il faut.

Don Pedro. — Il a, en effet, un très-heureux extérieur.

Claudio. — Oui, pardieu, et à mon avis, il est extrêmement sensé.

Don Pedro. — Il laisse, en effet, échapper çà et là quelques étincelles que l'on pourrait nommer esprit.

Leonato. — Et je le tiens pour vaillant.

Don Pedro. — Vaillant comme Hector, je vous assure; et dans sa manière d'arranger les querelles, on peut dire qu'il est extrêmement sage; car, ou bien il les évite avec une grande discrétion, ou bien il s'en tire avec une crainte toute chrétienne.

Leonato. — S'il craint Dieu, il doit nécessairement garder la paix; ou bien, s'il lui arrive de la rompre, il doit engager querelle avec crainte et tremblement.

Don Pedro. — Et ainsi fait-il; car notre homme craint Dieu plus qu'on ne pourrait le croire à entendre les énormes plaisanteries qu'il lui arrive de commettre. Ma foi, j'en suis désolé pour votre nièce. Chercherons-nous Bénédict, et l'informerons-nous de l'amour de Béatrice?

Claudio. — Ne lui en parlez jamais, Monseigneur; qu'on donne à Béatrice le bon conseil de l'oublier.

LEONATO. — Quant à cela, c'est impossible : elle s'arracherait plutôt le cœur.

DON PEDRO. — Bien ; nous en apprendrons plus long là-dessus par votre fille : laissez refroidir cela, en attendant. J'aime beaucoup Bénédict, et je voudrais qu'il passât modestement son examen de conscience et vît combien il est indigne d'une si excellente dame.

LEONATO. — Monseigneur, voulez-vous venir? le dîner est prêt.

CLAUDIO, *bas à Don Pedro et à Leonato*. — Si, après cela, il ne raffole pas d'elle, je ne me permettrai jamais plus de compter sur rien.

DON PEDRO, *à part, à Leonato*. — Qu'on tende le même filet à Béatrice ; cela doit être l'affaire de votre fille et de sa dame de compagnie. La pièce sera complète lorsqu'ils croiront à la passion l'un de l'autre, sans qu'il en soit rien ; c'est là la scène que je voudrais voir, une scène qui se passera entièrement en pantomime. Envoyons-la le chercher pour dîner. *(Ils sortent.)*

BÉNÉDICT *sort du bosquet.*

BÉNÉDICT. — Cela ne peut pas être une plaisanterie : la conférence était sérieuse. Ils connaissent par Hero la vérité. Ils paraissent plaindre la dame ; il semble que sa passion soit extrême.... Elle m'aime !... Eh bien ! mais cette affection doit être payée de retour. Je sais maintenant quels reproches on me fait ; ils disent que je me comporterai orgueilleusement si je m'aperçois qu'elle m'aime ; ils disent aussi qu'elle mourra plutôt que de me donner aucun signe d'affection. Je n'avais jamais pensé à me marier ; je ne dois pas paraître orgueilleux. Heureux ceux qui peuvent entendre les critiques qu'on fait de leurs défauts, et qui sont ainsi mis à même de les corriger. Ils disent que la dame est belle ; c'est une vérité, et je puis en rendre témoignage ; qu'elle est vertueuse, et je ne puis le nier ; qu'elle est sensée, excepté dans l'amour qu'elle me porte, et, par ma foi, si ce n'est pas une nouvelle preuve d'esprit qu'elle donne là, ce n'est pas non plus un bien grand argument contre sa folie, car je vais devenir horriblement amoureux d'elle. Il pourra se faire qu'on me lance sur le dos quelques vieux sarcasmes et quelques vieux traits d'esprit de ma façon; je me suis si longtemps moqué du mariage! Mais, est-ce que l'appétit ne change pas? Un homme aime dans sa jeunesse la nourriture qu'il ne peut souffrir plus tard. Est-ce que des quolibets, des sentences et toutes les boules de papier lancées par un cerveau en gaieté peuvent empêcher un homme de suivre la voie qui lui convient? Non, il faut que la terre soit peuplée. Lorsque je disais que je mourrais garçon, c'est que je croyais mourir avant d'être marié.... Voici venir Béatrice. Par le jour, c'est une belle dame; j'aperçois déjà en elle quelques marques d'amour.

Entre **BÉATRICE.**

Béatrice. — Contre ma volonté, je suis envoyée pour vous avertir de venir dîner.

Bénédict. — Belle Béatrice, je vous remercie pour vos peines.

Béatrice. — Je n'ai pas pris plus de peine pour mériter ces remercîments, que vous n'en prenez vous-même pour me remercier; si cela m'avait été pénible, je ne serais pas venue.

Bénédict. — Alors, c'est plaisir que vous a fait ce message?

Béatrice. — Oui, à peu près autant de plaisir que vous en auriez à mettre la pointe d'un couteau dans le cou d'une grue. Vous n'avez pas appétit, signor; bonjour, alors. (*Elle sort.*)

Bénédict. — Ah! ah! « Contre ma volonté, je suis envoyée pour vous avertir de venir dîner. » Il y a dans ces mots un double sens. « Je n'ai pas pris plus de peine pour mériter ces remercîments, que vous n'en prenez vous-même pour me remercier. » Cela équivaut à dire : « Quelques peines que je prenne pour vous, elles me sont aussi faciles que des remercîments. » Si je n'ai pas compassion d'elle, je ne suis qu'un vilain; si je ne l'aime pas, je ne suis qu'un Juif. Je vais aller me procurer son portrait.

(Il sort.)

ACTE III.

SCÈNE PREMIÈRE.

Le jardin de Leonato.

Entrent HERO, MARGUERITE *et* URSULE.

HERO. — Ma bonne Marguerite, cours vite au salon; tu y trouveras ma cousine Béatrice causant avec le prince et Claudio; chuchote-lui dans l'oreille que nous nous promenons dans le jardin, Ursule et moi, et que toute notre conversation roule sur elle; dis-lui que tu nous as entendues par surprise, et invite-la à venir se cacher dans le berceau touffu dont les chèvrefeuilles refusent l'entrée au soleil qui les a nourris, pareils à ces favoris que la faveur des princes a rendus trop fiers et qui élèvent leur orgueil contre le pouvoir même qui l'a créé : qu'elle s'y cache pour écouter notre conversation. Voilà l'office dont je te charge; acquitte-t'en à ton honneur et laisse-nous seules.

MARGUERITE. — Je vais la faire accourir immédiatement, je vous le promets. *(Elle sort.)*

HERO. — Maintenant, Ursule, aussitôt que Béatrice sera venue, pendant que nous monterons et descendrons cette allée, notre conversation devra rouler exclusivement sur

Bénédict. Dès que je le nommerai, ton rôle sera de le louer plus que jamais homme ne l'a mérité; le mien sera de t'apprendre que Bénédict se meurt d'amour pour Béatrice. La flèche adroite du petit Cupidon est faite de tel métal qu'elle blesse rien que par un mot dit en l'air. Maintenant, commençons, car voici Béatrice qui glisse contre terre comme un vanneau pour entendre notre conversation.

Entre BÉATRICE, *qui se cache dans le berceau.*

Ursule. — La pêche la plus amusante est celle où l'on voit le poisson couper avec ses nageoires d'or le fleuve d'argent et dévorer gloutonnement le perfide hameçon. C'est là la pêche que nous entreprenons pour Béatrice, qui vient de s'enfouir à l'instant sous ce dais de chèvrefeuille. Ne craignez pas que je manque mon rôle dans notre dialogue.

Hero. — Alors, approchons, afin que son oreille ne perde rien de la fausse et douce amorce que nous lui préparons. (*Elles s'approchent du berceau.*) Non, vraiment, Ursule, elle est trop dédaigneuse; son humeur, je t'assure, est aussi insociable et aussi sauvage que celle des faucons de rocher[1].

Ursule. — Mais êtes-vous sûre que Bénédict aime si éperdument Béatrice?

Hero. — C'est là ce qu'affirment le prince et mon fiancé.

Ursule. — Et vous ont-ils chargée de le lui dire, Madame?

Hero. — Ils m'ont suppliée de l'en informer; mais je les ai persuadés, s'ils aimaient Bénédict, de lui recommander de lutter contre son affection et de ne jamais la laisser connaître à Béatrice.

Ursule. — Pourquoi avez-vous fait cela? Est-ce que le gentilhomme ne mérite pas une couche aussi fortunée qu'aucune où puisse jamais reposer Béatrice?

Hero. — Oh! Dieu d'amour! je sais qu'il mérite autant qu'il puisse être accordé à un homme : mais la nature n'a jamais taillé un cœur de femme dans une étoffe plus orgueilleuse que celui de Béatrice; le dédain et le sarcasme jouent et pétillent dans ses yeux qui méprisent tout ce qu'ils regardent, et son esprit s'estime si haut que, pour elle, toute autre chose est sans importance : elle ne peut aimer, ni seulement concevoir une ombre d'amour ou une envie d'aimer, tant elle est éprise d'elle-même.

Ursule. — Vrai, je pense comme vous; à coup sûr, il ne serait pas bon de lui faire connaître l'amour de Bénédict, car elle en ferait une dérision.

Hero. — Tu as bien raison. Je n'ai jamais connu d'homme, si sage, si noble, si jeune, si beau fût-il, qu'elle n'ait pris plaisir à juger tout de travers. S'il a une belle figure, elle jurera que le gentilhomme pourrait passer pour sa sœur; s'il est brun, elle dira que la nature, voulant dessiner un bouffon, a fait une grosse tache noire; s'il est grand, c'est une lance sur laquelle une tête a été mal fichée; s'il est petit, c'est une figurine d'agate grossièrement taillée[2]; s'il est causeur, c'est une girouette qui remue à tous les vents; s'il est silencieux, c'est une souche qu'aucun vent ne peut remuer. C'est ainsi qu'elle prend le mauvais côté de chacun, et que jamais elle n'accorde à la sincérité et à la vertu le jugement auquel ont droit la simplicité et le mérite.

Ursule. — Vrai, vrai, cette manie de dénigrement n'a rien de recommandable.

Hero. — Non, non, être aussi bizarre de toutes façons que l'est Béatrice ne saurait être recommandable. Mais qui oserait le lui dire? Si je lui en parlais, elle me bernerait, elle rirait de moi à me laisser muette, elle m'enterrerait sous une grêle de traits d'esprit! Donc, que Bénédict, comme un feu sous la cendre, continue à se dévorer intérieurement, à se consumer en soupirs; il vaut mieux mourir ainsi que mourir de moquerie, ce qui est une mort aussi détestable que de mourir à force d'être chatouillé.

Ursule. — Apprenez-lui cet amour, néanmoins; sachons ce qu'elle en dira.

HERO. — Non, j'aime mieux prendre Bénédict à part et lui conseiller de lutter contre sa passion : et, ma foi ! j'inventerai quelques honnêtes médisances pour noircir ma cousine : on ne sait pas à quel point un mot méchant peut empoisonner l'affection.

URSULE. — Oh ! ne faites pas un tel tort à votre cousine ! Son jugement ne peut s'égarer à ce point, — elle qui est si renommée pour l'excellence et la vivacité de son esprit, — de refuser un aussi rare gentilhomme que le signor Bénédict.

HERO. — C'est un homme unique en Italie..., toujours en exceptant mon cher Claudio.

URSULE. — Je vous en prie, Madame, n'ayez point de colère contre moi, si je vous dis toute ma pensée; le signor Bénédict, pour sa tournure, ses manières, sa conversation, sa valeur, est classé au premier rang dans toute l'Italie.

HERO. — C'est vrai, il a une réputation parfaite.

URSULE. — Sa perfection méritait cette réputation avant qu'il l'eût obtenue.... Quel jour vous mariez-vous, Madame ?

HERO. — Tous les jours c'est pour demain. Mais viens, rentrons; je veux te montrer quelques costumes et prendre ton avis sur celui qui peut le mieux m'habiller demain.

URSULE, *bas à Hero*. — Elle est engluée, je vous en réponds, Madame; nous l'avons prise au piége.

HERO, *bas à Ursule*. — Si cela se trouve vrai, il faudra convenir que l'amour est affaire de hasard. Cupidon tue les uns avec des flèches, les autres avec des trappes.

(*Elles sortent.*)

BÉATRICE *s'avance.*

BÉATRICE. — Les oreilles me brûlent. Est-ce que cela peut être vrai ? Suis-je si fort critiquée pour mon orgueil et mon mépris ? Bonsoir, dédain ! orgueil de jeune fille, adieu ! la gloire des orgueilleux et des méprisants finit dès qu'ils ont le dos tourné. Et toi, Bénédict, continue d'aimer, je t'en récompenserai en laissant mon cœur sauvage s'apprivoiser sous ta main caressante. Si tu aimes, ma tendresse t'encouragera à unir nos amours par un lien sacré; car les autres disent que tu le mérites, et, pour le croire, j'ai mieux en moi que l'opinion d'autrui.

(*Elle sort.*)

SCÈNE II.

Un appartement dans la maison de Leonato.

Entrent DON PEDRO, CLAUDIO, BÉNÉDICT *et* LEONATO.

Don Pedro. — Je resterai seulement jusqu'à la consommation de votre mariage, et puis je retournerai en Aragon.

Claudio. — Je vous y accompagnerai, Monseigneur, si vous voulez bien me le permettre.

Don Pedro. — Non; une telle complaisance jetterait trop d'ombre sur la lumière nouvelle de votre mariage, et l'accepter serait aussi mal que de montrer à un enfant un nouvel habit pour lui défendre ensuite de le porter. J'oserai seulement solliciter la compagnie de Bénédict, car il n'est que gaieté depuis la racine des cheveux jusqu'à la plante des pieds; il a rompu deux ou trois fois la corde de l'arc de Cupidon, en sorte que le petit drôle n'ose plus l'ajuster; son cœur est sonore comme une cloche, et, de cette cloche, sa langue est le battant, car ce que pense son cœur, sa langue l'exprime.

Bénédict. — Mes braves, je ne suis plus ce que j'ai été.

Leonato. — C'est aussi ce que je dis; vous me paraissez plus triste.

Claudio. — J'espère qu'il est amoureux.

Don Pedro. — Ah! le coquin bon à pendre! il n'a pas dans les veines une goutte de vrai sang qui soit susceptible d'être réellement émue d'amour. S'il est triste, c'est qu'il manque d'argent.

Bénédict. — J'ai mal à une dent.

Don Pedro. — Arrachez-la.

Bénédict. — Au diable soit-elle!

Claudio. — Arrachez-la d'abord, et puis envoyez-la au diable³.

Don Pedro. — Comment! vous soupirez ainsi pour un mal de dents?

Leonato. — Qui n'est rien qu'un peu d'humeur ou un ver!

Bénédict. — Fort bien! Tout le monde peut maîtriser une douleur, sauf celui qui la souffre.

Claudio. — Je répète qu'il est amoureux.

Don Pedro. — Il n'y a pas en lui apparence de passion, à moins que nous n'appelions passion son goût pour les accoutrements étranges qui le fait se déguiser aujourd'hui en Hollandais, demain en Français, ou encore adopter les modes de deux pays à la fois, par exemple se transformer en Allemand depuis la ceinture jusqu'aux talons, tout pantalons, et Espagnol depuis la hanche jusqu'au cou, sans pourpoint⁴. Il peut bien avoir, comme cela est trop évident, une passion pour ces bêtises-là, mais il n'est pas bête par passion comme vous voudriez le croire.

Claudio. — S'il n'est pas épris de quelque femme, il n'y a plus à se fier aux vieux signes d'amour. Il brosse son chapeau dès le matin; qu'est-ce que cela signifie?

Don Pedro. — Quelqu'un l'a-t-il vu chez le barbier?

Claudio. — Non, mais on a vu chez lui le garçon du barbier, et le vieil ornement de ses joues a déjà servi à bourrer des balles pour le jeu de paume.

Leonato. — Vrai, il a l'air plus jeune qu'auparavant depuis qu'il a fait raser sa barbe.

Don Pedro. — Il y a mieux, il se frotte de musc; cela vous suffit-il pour flairer son état?

Claudio. — C'est absolument comme si l'on disait : l'aimable jeune homme est amoureux.

Don Pedro. — La marque la plus évidente de son amour, c'est sa mélancolie.

Claudio. — Et puis quand lui avait-on jamais vu se laver la figure?

Don Pedro. — Oui, et se la peindre? car on m'apprend qu'il se peint.

Claudio. — Et son amusant esprit qui s'est maintenant réfugié dans un luth et qui ne résonne plus que par intermittence, lorsqu'on touche ses cordes!

Don Pedro. — Vrai, tout cela nous le démontre en bien fâcheuse situation : concluons, concluons qu'il est amoureux.

Claudio. — Oui, et je connais en outre une personne qui l'aime.

Don Pedro. — Je voudrais la connaître aussi; je garantis que cette personne ne le connaît pas.

Claudio. — Si, elle le connaît, et tous ses vilains défauts aussi; en dépit de tout, elle se meurt pour lui.

Don Pedro. — On l'enterrera la face tournée vers le ciel.

Bénédict. — Dans tout cela, il n'y a pas de charme contre le mal de dents [5]. (*A Leonato.*) Mon vieux signor, venez avec moi; j'ai médité pour vous les dire huit ou neuf paroles que ces facétieux beaux esprits ne doivent pas entendre. (*Sortent Bénédict et Leonato.*)

Don Pedro. — Sur ma vie, il l'emmène pour lui découvrir ses intentions sur Béatrice!

Claudio. — C'est très-évident : Hero et Marguerite ont maintenant joué leur rôle avec Béatrice, en sorte que lorsque les deux ours viendront à se rencontrer, ils ne se mordront pas.

Entre DON JUAN.

Don Juan. — Monseigneur et frère, Dieu vous protége!

Don Pedro. — Bonjour, mon frère.

Don Juan. — Si vos loisirs vous le permettaient, j'aurais à vous entretenir.

Don Pedro. — En particulier?

Don Juan. — Si vous voulez; cependant le comte Claudio peut m'entendre, car ce que j'ai à dire le concerne.

Don Pedro. — Qu'y a-t-il?

ACTE III, SCÈNE II.

Don Juan, *à Claudio*. — Votre Seigneurie est dans l'intention de se marier demain?

Don Pedro. — Vous savez que c'est son intention.

Don Juan. — Je ne sais pas si telle elle sera, lorsqu'il saura ce que je sais.

Claudio. — S'il y a quelque empêchement, veuillez me le découvrir.

Don Juan. — Vous croyez peut-être que je ne vous aime pas; vous connaîtrez plus tard mon affection, et par ce que je vais vous révéler, prenez dès à présent meilleure opinion de moi. Quant à mon frère, je crois qu'il vous aime bien, car dans la tendresse de son cœur il vous a aidé à conclure votre prochain mariage : soins mal placés, à coup sûr, peines mal dépensées!

Don Pedro. — Quoi donc? qu'y a-t-il?

Don Juan. — Je suis venu vous le dire, et pour abréger tout détail (car il y a trop longtemps qu'elle fait parler d'elle), la dame est déloyale.

Claudio. — Qui? Hero?

Don Juan. — Elle-même, Hero, la fille de Leonato, votre Hero, l'Hero de tout le monde.

Claudio. — Déloyale!

Don Juan. — Le mot est trop doux pour définir sa perversité; j'aurais pu en employer un pire; cherchez une épithète plus déshonorante, je pourrai la lui appliquer sans exagération. Réservez votre étonnement jusqu'à plus amples preuves : venez ce soir avec moi, et vous verrez escalader la fenêtre de sa chambre à coucher, cette nuit même qui doit précéder votre mariage: si après cela vous l'aimez encore, épousez-la demain, mais il conviendrait mieux à Votre Honneur de changer d'avis.

Claudio. — Est-ce possible?

Don Pedro. — Je n'en crois rien.

Don Juan. — Si vous n'osez pas croire ce que vous voyez, alors n'avouez pas ce que vous savez. Si vous voulez me suivre, je vous en montrerai autant qu'il vous en faudra, et lorsque vous en aurez vu et entendu plus long, vous agirez en conséquence.

Claudio. — Si je vois ce soir quelque chose qui s'oppose à ce que je l'épouse demain, je lui en ferai honte publiquement devant l'assemblée qui doit assister à mon mariage.

Don Pedro. — Et moi, comme je lui ai fait la cour pour te la faire avoir, je me joindrai à toi pour la confondre.

Don Juan. — Je ne veux pas la décrier davantage jusqu'à ce que vous soyez mes témoins : portez tranquillement ce secret jusqu'à la nuit, et laissez les choses se dévoiler d'elles-mêmes.

Don Pedro. — O journée malencontreusement terminée !

Claudio. — O malheur qui renverse toutes mes espérances !

Don Juan. — O fléau bien détourné à temps ! Telle sera votre exclamation lorsque vous en aurez vu plus long. (*Ils sortent.*)

SCÈNE III.

Une rue.

Entrent DOGBERRY *et* VERGES, *avec leurs gardes de nuit* [6].

Dogberry. — Êtes-vous des hommes honnêtes et fidèles ?

Verges. — Certes, ou autrement il serait malheureux qu'ils ne souffrissent pas la *rémission* de leurs péchés à la fois dans leur corps et dans leur âme.

Dogberry. — Vrai, ce serait encore une punition trop douce pour eux, s'il est admis qu'ils doivent avoir quelque fidélité en eux, étant choisis pour la garde du prince.

Verges. — Eh bien, assignez-leur leurs fonctions, voisin Dogberry.

Dogberry. — Et d'abord qui pensez-vous qui *démérite* le plus d'être constable ?

Premier garde de nuit. — Hugh Oatcake, Monsieur, ou George Seacoal ; car ils peuvent lire et écrire.

Dogberry. — Venez ici, voisin Seacoal. Le ciel vous a favorisé d'un bon nom ; être un bel homme est un don de la fortune, mais savoir lire et écrire est un don de la nature.

Deuxième garde de nuit. — Et ces deux choses, Monsieur le constable....

Dogberry. — Vous les avez ; je savais que ce serait votre réponse. Bien, quant à votre physique, Monsieur, remerciez-en le ciel et n'en tirez pas vanité ; et quant à votre talent pour lire et écrire, faites-le paraître lorsqu'il ne sera nul besoin de cette vanité. On vous regarde ici comme l'homme le plus *insensé* et le plus capable d'être constable du guet ; par conséquent prenez la lanterne. Voici votre consigne : vous *compréhenderez* au corps tous les vagabonds ; vous ordonnerez à tout homme de faire halte au nom du prince.

Second garde de nuit. — Et s'il s'en trouve quelqu'un qui ne veuille pas s'arrêter?

Dogberry. — Alors, n'y faites pas attention et laissez-le aller ; puis assemblez tous les autres hommes du guet et remerciez le ciel d'être délivrés d'un coquin.

Verges. — S'il ne veut pas s'arrêter lorsqu'il en recevra l'ordre, il ne fait pas partie des sujets du prince.

Dogberry. — C'est juste, et vous ne devez vous mêler que des sujets du prince. Vous aurez soin aussi de ne pas faire de bruit dans la rue, car une ronde de nuit qui cause et babille, cela est vraiment *tolérable* et ne peut pas être permis.

Deuxième garde de nuit. — Nous aimerons mieux dormir que parler ; nous savons ce qui convient à une ronde de nuit.

Dogberry. — Ah ! vraiment vous parlez comme un ancien et très-paisible garde de nuit ; car je ne vois pas comment il y aurait du mal à dormir ; seulement ayez soin qu'on ne vous vole pas vos hallebardes. En outre, vous devrez visiter les cabarets et ordonner aux ivrognes d'aller se mettre au lit.

Second garde de nuit. — Que faire, s'ils ne veulent pas?

Dogberry. — Eh bien, alors, laissez-les tranquilles jusqu'à ce qu'ils aient cuvé leur vin; si alors ils vous répondent impoliment, vous pourrez leur dire qu'ils ne sont pas les gens pour lesquels vous les aviez pris.

Second garde de nuit. — Bien, Monsieur.

Dogberry. — Si vous rencontrez un voleur, vous pouvez bien, en vertu de vos fonctions, supposer que ce n'est pas un honnête homme; et moins vous aurez affaire à ces gens-là, moins vous vous mêlerez à eux, mieux cela vaudra pour votre honnêteté.

Second garde de nuit. — Si nous le reconnaissons pour un voleur, ne devons-nous pas l'arrêter?

Dogberry. — Oui certes, vos fonctions vous y autorisent; mais je suis d'avis que ceux qui touchent à la poix se salissent les mains : le parti le plus paisible pour vous, si vous prenez un voleur, est de le laisser se montrer pour ce qu'il est en volant vos mains de sa personne.

Verges. — Vous avez toujours été considéré comme un homme clément, mon collègue.

Dogberry. — C'est vrai; je ne pendrais pas un chien volontairement, encore moins un homme qui a en lui quelque honnêteté.

Verges. — Si vous entendez un enfant crier pendant la nuit, vous appellerez la nourrice et vous lui ordonnerez de l'apaiser.

Second garde de nuit. — Et si la nourrice est endormie et ne nous entend pas, que ferons-nous?

Dogberry. — Eh bien, alors, partez paisiblement et laissez l'enfant la réveiller par ses cris; car la brebis qui n'entend pas son agneau quand il *beugle* ne répondra jamais à un veau quand il *bêle*.

Verges. — C'est très-vrai.

Dogberry. — Voilà tout ce que vous avez à faire. Quant à vous, constable, vous devez représenter la personne même du prince; si vous rencontrez le prince pendant la nuit, vous pouvez l'arrêter.

Verges. — Par Notre-Dame, cela, je crois qu'on ne le peut pas.

DOGBERRY. — Je gage cinq schillings contre un, avec tout homme qui connaît les *statues*, que vous pouvez l'arrêter; si le prince le veut bien, cela va sans dire, parbleu; car la ronde ne doit faire d'offense à personne, et c'est une offense d'arrêter un homme contre sa volonté.

VERGES. — Par Notre-Dame, je crois que c'est la vérité.

DOGBERRY. — Ah! ah! ah! bien, Messieurs, bonne nuit : s'il survient quelque affaire d'importance, appelez-moi; gardez vos secrets et ceux de vos camarades; et bonne nuit. — Venez, voisin.

SECOND GARDE DE NUIT. — Bien, Messieurs, nous comprenons notre consigne; nous allons nous asseoir ici, sur le banc de l'église, jusqu'à deux heures, et puis nous irons tous au lit.

DOGBERRY. — Un mot de plus, honnêtes voisins. Veillez, je vous en prie, autour des portes du signor Leonato; car le mariage devant se faire demain, il y aura cette nuit un grand remue-ménage. Adieu, soyez *végilants*, je vous en prie. (*Sortent Dogberry et Verges.*)

Entrent BORACHIO *et* CONRADE.

BORACHIO. — Hé, Conrade!

PREMIER GARDE DE NUIT, *à part*. — Paix! ne bougez pas.

BORACHIO. — Conrade, dis-je.

CONRADE. — Ici, ami; je te touche du coude.

BORACHIO. — Nom d'une messe! aussi mon coude me démangeait; je croyais que la gale allait s'ensuivre.

CONRADE. — Je te devrai une réplique pour cette plaisanterie; maintenant pousse-moi ce que tu as à dire.

BORACHIO. — Alors tiens-toi coi et tapi sous ce porche, car il bruine, et comme un véritable ivrogne, je voudrais tout te dire.

PREMIER GARDE DE NUIT, *à part*. — Quelque trahison, Messieurs, tenons-nous tout proche.

BORACHIO. — Sache donc que j'ai gagné de don Juan mille ducats.

Conrade. — Est-il possible qu'une scélératesse coûte si cher?

Borachio. — Tu ferais mieux de demander s'il est possible qu'une scélératesse soit si riche : car lorsque les scélérats riches ont besoin des scélérats pauvres, les scélérats pauvres peuvent faire leurs prix.

Conrade. — Je m'en étonne.

Borachio. — Cela montre que tu es candide. Tu sais que le genre d'un pourpoint, ou d'un chapeau, ou d'un manteau, n'ajoute rien à un homme.

Conrade. — Oui, ce sont des vêtements.

Borachio. — Je parle de la mode.

Conrade. — Oui, la mode est la mode.

Borachio. — Parbleu! autant vaut dire qu'un sot est un sot. Mais ne vois-tu pas quel voleur difforme c'est que le bon genre?

Premier garde de nuit, *à part*. — Je connais ce *Difforme*; voilà sept ans qu'il est un vil voleur : il va et vient partout comme un gentilhomme. Je me rappelle son nom.

Borachio. — N'entends-tu pas quelqu'un?

Conrade. — Non, c'était la girouette de la maison.

Borachio. — Ne vois-tu pas, dis-je, quel voleur difforme c'est que ce bon genre? et comme il fait tourner toutes ces têtes chaudes qui ont de quatorze à trente-cinq ans? quelquefois il les habille comme les soldats de Pharaon qu'on voit dans les peintures enfumées; d'autres fois comme les prêtres du dieu Bel dans les vieux vitraux d'église; d'autres fois comme les Hercules rasés des tapisseries passées et rongées aux vers, où on leur voit des braguettes aussi grosses que leurs massues.

Conrade. — Je vois tout cela, et je vois aussi que la mode use plus d'habits que l'homme. Mais n'es-tu pas toi-même toqué de la mode, puisque pour me parler d'elle tu négliges ce que tu avais à me dire?

Borachio. — Non, je t'en réponds; mais sache que cette nuit j'ai fait la cour à Marguerite, la dame de compagnie de madame Hero, en lui donnant le nom d'Hero. Elle se penche vers moi, de la fenêtre de sa maîtresse, me souhaite mille fois bonne nuit.... Mais je raconte cette histoire grossièrement; je devrais te dire d'abord comment le prince et Claudio postés, placés et ensorcelés par mon maître Don Juan, ont, en sa compagnie, contemplé du jardin cette aimable entrevue.

Conrade. — Et ont-ils cru que Marguerite était Hero?

Borachio. — Deux d'entre eux l'ont cru, le prince et Claudio; mais ce diable, mon maître, savait que c'était Marguerite, et grâce en partie à ses serments qui les ont d'abord trompés, en partie à l'obscurité de la nuit qui les a abusés, mais surtout à ma scélératesse qui a confirmé toutes les calomnies de Don Juan, Claudio est parti furieux, jurant qu'il irait la rejoindre au temple le lendemain, comme il en était convenu, et que là, devant toute l'assemblée, il lui ferait honte de ce qu'il a vu ce soir, et la renverrait chez elle sans mari.

Premier garde de nuit. — Au nom du prince, nous vous arrêtons. Halte!

Second garde de nuit. — Appelez le constable en chef. Nous avons *recouvert* la plus dangereuse affaire de paillardise dont on ait jamais entendu parler dans l'État.

Premier garde de nuit. — Et un certain *Difforme* est des leurs; je le connais, il porte une mèche[7].

Conrade. — Messieurs, Messieurs.

Second garde de nuit. — On vous forcera de faire comparaître ce *Difforme*, je vous en réponds.

Conrade. — Messieurs....

Premier garde de nuit. — Ne parlez pas; nous vous arrêtons, laissez-nous *vous obéir* en venant avec nous.

Borachio. — Nous allons paraître une jolie marchandise après avoir été ramassés par les crochets des hallebardes de ces gens-là.

Conrade. — Une marchandise de douteuse qualité, je vous en réponds. Venez, nous vous obéissons.

(*Ils sortent.*)

SCÈNE IV.

Un appartement dans la demeure de Leonato.

Entrent HERO, MARGUERITE *et* URSULE.

Hero. — Ma bonne Ursule, va réveiller ma cousine Béatrice, et prie-la de se lever.

Ursule. — Oui, Madame.

Hero. — Et dis-lui de venir ici.

Ursule. — Bien. (*Elle sort.*)

Marguerite. — Ma foi, je crois que votre autre collerette valait mieux.

Hero. — Non, ma bonne Margot, s'il te plaît, je porterai celle-là.

Marguerite. — Sur ma foi, elle ne va pas aussi bien, et je suis sûre que votre cousine dira comme moi.

Hero. — Ma cousine est une folle, et tu en es une autre; je ne veux pas en mettre d'autre que celle-là.

Marguerite. — J'aime extrêmement votre nouvelle coiffure, seulement j'aurais voulu que les tresses fussent un peu plus brunes; votre robe est d'une forme tout à fait exquise, ma foi. J'ai vu la robe de la duchesse de Milan, qu'on admire tant....

Hero. — Oh! elle est, dit-on, incomparable.

Marguerite. — Ce n'est ma foi qu'une robe de chambre de nuit en comparaison de la vôtre; — elle est en drap d'or, avec des crevés : bordée d'argent, les manches de dessous, les manches de côté[8] et le tour de la jupe ornés de perles, doublée de gaze bleuâtre; mais si nous parlons d'une forme de bon goût, coquette, gracieuse, achevée, votre robe vaut dix fois la sienne.

Hero. — Dieu me donne joie pour la porter, car j'ai le cœur oppressé au-delà de toute mesure.

Marguerite. — Il le sera bientôt plus encore par le poids d'un homme.

Héro. — Fi donc! n'as-tu pas de honte?

Marguerite. — Honte de quoi, Madame? De parler de ce qui est honorable? Est-ce que le mariage n'est pas honorable même pour un mendiant? Est-ce que votre seigneur n'est pas honorable, mariage à part? Je crois, sauf votre respect, que vous auriez voulu que je disse, un mari; mais si une mauvaise pensée n'interprète pas traîtreusement une parole franche, je n'ai offensé personne. Quel mal y a-t-il dans ces mots : le poids d'un mari? Aucun que je sache, s'il s'agit du mari légitime et de la femme légitime; autrement ce poids est léger et non pas-accablant : demandez plutôt à madame Béatrice, la voici qui vient.

Entre BÉATRICE.

Héro. — Bonjour, cousine.

Béatrice. — Bonjour, ma douce Hero.

Héro. — Eh bien! qu'y a-t-il? Est-ce que vous parlez maintenant sur le mode mélancolique?

Béatrice. — Je n'ai pas le cœur de chanter sur un autre ton, j'en ai peur.

Marguerite. — Allons, enlevez-nous l'air de *léger d'amour*; il peut se passer du refrain; chantez-le et je le danserai[9].

Béatrice. — Oui-da, vous danseriez *léger d'amour*, en jouant des talons! En ce cas, si votre mari a des greniers en abondance, vous aurez moyen de les fournir de récoltes.

Marguerite. — O la méchante interprétation! je la mets sous mes talons.

Béatrice. — Voici bientôt cinq heures, cousine; il est temps que vous soyez prête. Sur ma foi, je suis extrêmement malade. Holà! holà là!

Marguerite. — Qui appelez-vous ainsi : un meneur de meute, un maquignon ou un mari?

Béatrice. — J'appelle la lettre qui commence ces trois mots : M[10].

Marguerite. — Fort bien; si vous ne vous êtes pas faite turque, il ne faut plus naviguer sur la foi des étoiles.

BÉATRICE. — Mais que veut donc dire cette folle, Seigneur ?

MARGUERITE. — Moi, rien ; mais que le ciel exauce les désirs du cœur d'un chacun !

HERO. — Le comte m'a envoyé ces gants ; ils ont un excellent parfum.

BÉATRICE. — Je suis enrhumée, cousine, je ne puis rien sentir.

MARGUERITE. — Une fille qui ne sent rien ! voilà ce qui peut s'appeler un bon rhume.

BÉATRICE. — Seigneur, à mon aide ! Seigneur, à mon aide ! Depuis quand faites-vous profession de bel esprit ?

MARGUERITE. — Depuis que vous y avez renoncé. Est-ce que mon esprit ne me va pas bien !

BÉATRICE. — On ne le voit pas assez, vous devriez le porter en cocarde. Sur ma foi, je suis malade.

MARGUERITE. — Prenez-moi un peu d'eau distillée de *Carduus Benedictus* [11] et appliquez-la sur votre cœur ; c'est un remède souverain contre les palpitations.

HERO. — Tu viens de la piquer avec ton chardon.

BÉATRICE. — *Benedictus!* pourquoi *Benedictus?* vous cachez quelque sens sous ce *Benedictus?*

MARGUERITE. — Un sens caché ? non ma foi, je ne parlais pas en double sens ; je parlais du simple *chardon bénit*. Vous croyez peut-être que je crois que vous êtes amoureuse : non, par Notre-Dame, je ne suis pas assez sotte pour croire tout ce que j'entends ; et je n'entends pas croire tout ce que je sais, et je ne saurais croire, quand bien même je mettrais mon cœur à sec de crédulité, que vous êtes amoureuse, que vous serez amoureuse, ou que vous pouvez être amoureuse. Et cependant Bénédict était un autre homme que celui qu'il est aujourd'hui ; il jurait qu'il ne se marierait jamais, et maintenant, en dépit de son cœur, il mange son dîner, sans se faire prier. Comment vous pouvez être convertie, je ne le sais pas ; mais il me semble que vous regardez avec vos yeux tout comme les autres femmes.

ACTE III, SCÈNE V.

BÉATRICE. — Comment s'appelle le pas auquel tu as is ta langue?

MARGUERITE. — Un galop, et qui n'est pas faux.

Rentre URSULE.

URSULE. — Madame, partez; le prince, le comte, le signor Bénédict, Don Juan et tous les beaux messieurs de la ville sont venus vous chercher pour vous mener à l'église.

HERO. — Aidez-moi à m'habiller, ma bonne cousine, ma bonne Margot, ma bonne Ursule.

(*Elles sortent.*)

SCÈNE V.

Un autre appartement dans la demeure de Leonato.

Entrent LEONATO, DOGBERRY *et* VERGES.

LEONATO. — Que me voulez-vous, honnête voisin?

DOGBERRY. — Pardi, Monsieur, je voudrais vous faire une confidence sur une chose qui vous *décerne* de très-près.

LEONATO. — En peu de mots, je vous prie; car, vous voyez, mon temps ne m'appartient pas pour le moment.

DOGBERRY. — Pardi, c'est cela, Monsieur.

VERGES. — Oui, en vérité, c'est cela, Monsieur.

LEONATO. — Qu'est-ce que *cela*, mes bons amis?

DOGBERRY. — Le bonhomme Verges s'écarte un peu de la question, Monsieur: c'est un vieillard, Monsieur, et son esprit, grâces à Dieu, n'est pas aussi *émoussé* que je le désirerais; mais, en réalité, il est honnête comme la peau de son front [12].

VERGES. — Oui, j'en remercie le ciel, je suis honnête autant qu'homme qui vive, j'entends un vieillard, et qui ne serait pas plus honnête que moi.

DOGBERRY. — Les comparaisons sont *délectables; palabras* [13], voisin Verges.

Léonato. — Voisins, vous êtes ennuyeux.

Dogberry. — Il plaît à Votre Seigneurie de nous donner ce titre, mais nous ne sommes que les officiers du *pauvre* duc; mais pour ma part, quand bien même je serais aussi ennuyeux qu'un roi, en vérité mon cœur me dirait de tout donner à Votre Excellence.

Léonato. — Me donner toute ta provision d'ennui? ah! ah!

Dogberry. — Oui, et quand bien même elle pèserait mille livres de plus qu'elle ne fait; car j'entends sur le compte de Votre Seigneurie d'aussi belles *exclamations* que sur le compte de tout autre homme de la ville; et quoique je ne sois qu'un pauvre homme, je suis bien aise de les entendre.

Verges. — Et moi aussi.

Léonato. — Je voudrais bien savoir ce que vous avez à me dire.

Verges. — Parbleu, Monsieur, notre garde de nuit a pris un couple de fieffés coquins comme il n'y en a pas à Messine, *en exceptant* Votre Excellence.

Dogberry. — Un vieux bonhomme, Monsieur; il faut qu'il parle : comme on dit, lorsque l'âge vient, l'esprit s'en va; Dieu nous assiste! c'est une chose extraordinaire à penser! Bien parlé, ma foi, voisin Verges.... Vraiment, Dieu est un bon homme, et lorsque deux hommes montent sur le même cheval, il faut qu'il y en ait un derrière. — C'est une honnête âme, sur ma foi, Monsieur, une aussi honnête âme qu'aucune qui ait jamais mangé du pain; mais, gloire et honneur à Dieu! tous les hommes ne sont pas pareils. Hélas! mon bon voisin.

Léonato. — En vérité, voisin, il n'est pas à votre taille.

Dogberry. — Dieu octroie ses dons à qui lui plaît.

Léonato. — Il faut que je vous quitte.

Dogberry. — Un mot, Monsieur : notre garde, Monsieur, a dans le fait *compréhendé* deux personnes *sespectes*, et nous voudrions qu'elles fussent interrogées ce matin devant Votre Seigneurie.

LEONATO. — Faites cet interrogatoire vous-même, et puis portez-le-moi; je suis maintenant très-pressé, comme vous pouvez le voir.

DOGBERRY. — Oui, cela sera *suffichant*.

LEONATO. — Buvez un coup avant de vous en aller: portez-vous bien.

Entre UN MESSAGER.

LE MESSAGER. — Monseigneur, on vous attend pour remettre votre fille à son mari.

LEONATO. — Me voilà prêt; je suis à eux.

(*Sortent Leonato et le Messager.*)

DOGBERRY. — Allez, mon bon collègue, allez trouver François Seacoal, et dites-lui de porter son papier et son encrier à la geôle : nous allons procéder à l'*examination* de ces hommes.

VERGES. — Et nous devons y procéder sagement.

DOGBERRY. — Nous n'épargnerons pas l'esprit, je vous le garantis : (*touchant son front du doigt*) il y a là certaine chose qui en mettra quelques-uns à bout de leur latin [14]; prévenez seulement l'écrivain savant de venir écrire l'*excommunication*, et revenez me trouver à la geôle.

(*Ils sortent.*)

ACTE IV.

SCÈNE PREMIÈRE.

L'intérieur d'une église.

Entrent DON PEDRO, DON JUAN, LEONATO, LE FRÈRE FRANÇOIS, CLAUDIO, BÉNÉDICT, HERO, BÉATRICE *et autres.*

LEONATO. — Allons, frère François, soyez bref; seulement les formes essentielles du mariage, et vous leur exposerez ensuite leurs devoirs particuliers.

LE FRÈRE FRANÇOIS. — Vous venez ici, Monseigneur, pour faire contracter mariage à cette dame?

CLAUDIO. — Non.

LEONATO. — Pour contracter mariage avec elle, Frère; et c'est vous qui venez pour la marier.

LE FRÈRE FRANÇOIS. — Madame, vous venez ici pour vous marier avec ce comte?

HERO. — Oui.

LE FRÈRE FRANÇOIS. — Si l'un ou l'autre de vous deux connaît quelque empêchement secret à votre union, je vous somme, sur le salut de vos âmes, de l'énoncer.

CLAUDIO. — En connaissez-vous quelqu'un, Hero?

HERO. — Aucun, Monseigneur.

LE FRÈRE FRANÇOIS. — En connaissez-vous quelqu'un, comte?

LEONATO. — J'ose répondre pour lui : Aucun.

CLAUDIO. — Oh! que n'osent pas faire les hommes! que

ne peuvent-ils faire! que ne font-ils pas journellement sans savoir ce qu'ils font!

Bénédict. — Qu'y a-t-il donc maintenant? des interjections! Mettez-en au moins dans le nombre quelques-unes de joyeuses, comme par exemple, ah! hé! hi!

Claudio. — Tiens-toi un peu à l'écart, Frère. (*A Leonato.*) Mon père, avec votre permission, voulez-vous d'une âme libre et sans contrainte aucune me donner cette vierge, votre fille?

Leonato. — Aussi librement, mon fils, que Dieu me l'a donnée.

Claudio. — Et que puis-je vous donner en retour, dont la valeur puisse balancer ce riche et précieux don?

Don Pedro. — Rien, à moins que vous ne la lui rendiez elle-même.

Claudio. — Aimable prince, vous m'enseignez un noble moyen de reconnaissance. Eh bien! Leonato, reprenez-la; ne donnez pas à votre ami cette orange pourrie; elle n'est que l'enseigne et le semblant de son honneur. Voyez, comme elle rougit d'une façon toute virginale! Oh! de quelle autorité, de quelle apparence de vérité la corruption rusée peut se revêtir! Son sang ne monte-t-il pas à ses joues comme un témoin modeste pour affirmer la candeur de sa vertu? Vous tous qui la voyez, n'affirmeriez-vous pas sur ces apparences extérieures qu'elle est une vierge? Mais elle ne l'est pas, elle connaît la chaleur d'un lit impudique; sa rougeur vient de sa culpabilité, et non de sa pudeur.

Leonato. — Que voulez-vous dire, Monseigneur?

Claudio. — Que je ne veux pas me marier, que je ne veux pas unir mon âme à celle d'une catin notoire.

Leonato. — Mon cher Seigneur, si vous-même, la soumettant à vos propres assauts, avez vaincu la résistance de sa jeunesse et triomphé de sa virginité....

Claudio. — Je sais ce que vous voulez me dire. Si je l'ai connue, me direz-vous, c'est comme un mari qu'elle m'a embrassé, et cette faute anticipée est excusable. Non, Leonato, je ne l'ai jamais tentée par des propos trop libres ; mais, comme un frère à sa sœur, je lui ai toujours montré une timide sincérité et un respectueux amour.

Hero. — Et vous ai-je jamais semblé tenir avec vous une autre conduite?

Claudio. — A bas l'apparence! te dis-je; je m'inscris en faux contre elle. Oui, vous me semblez à la vérité pareille à Diane au sein de son astre, chaste comme le bouton de la fleur avant qu'il soit ouvert; mais il y a dans votre sang plus d'intempérance que dans celui de Vénus ou dans celui de ces animaux gorgés de nourriture qui se livrent sans retenue à leur sauvage sensualité.

Hero. — Monseigneur est-il malade, pour tenir des propos aussi grossiers?

Leonato. — Aimable prince, pourquoi ne parlez-vous pas?

Don Pedro. — Pourquoi parlerais-je? Je me sens déshonoré, moi qui me suis entremis pour unir mon cher ami à une prostituée.

Leonato. — Ces paroles sont-elles réellement exprimées, ou bien est-ce que je rêve?

Don Juan. — Monsieur, elles sont exprimées, et les choses qu'elles expriment sont vraies.

Bénédict. — Voilà qui ne ressemble guère à un mariage.

Hero. — *Vraies!* O mon Dieu!

Claudio. — Leonato, ne suis-je pas ici présent? N'est-ce pas là le prince? N'est-ce pas là le frère du prince? Ce visage n'est-il pas celui de Hero? Nos yeux ne sont-ils pas nôtres?

Leonato. — Tout ce que vous dites est vrai; mais qu'est-ce que cela signifie, Monseigneur?

Claudio. — Laissez-moi adresser une seule question à votre fille, et par ce pouvoir que la paternité et l'affection vous donnent sur elle, ordonnez-lui d'y répondre franchement.

Leonato. — Je te l'ordonne comme à mon enfant.

Hero. — O mon Dieu! défendez-moi! Comme je suis

harcelée! Comment appelez-vous ce genre d'interrogation?

CLAUDIO. — Il s'appelle l'obligation pour vous de répondre au véritable nom qui vous est dû.

HERO. — Ne suis-je pas Hero? Qui peut souiller ce nom de l'imputation légitime d'une faute?

CLAUDIO. — Parbleu, Hero elle-même; Hero peut souiller elle-même la vertu d'Hero. Quel est cet homme qui causait avec vous, la nuit passée, à votre fenêtre, entre minuit et une heure? Si vous êtes une vierge, répondez à cette question.

HERO. — Je n'ai parlé à aucun homme, à cette heure-là, Monseigneur.

DON PEDRO. — Comment, vous n'avez donc aucune pudeur? — Leonato, je suis désolé d'avoir à vous l'apprendre : sur mon honneur, moi, mon frère et ce malheureux comte ici présent, nous l'avons vue et entendue, à cette heure-là, la nuit dernière, causer à la fenêtre de sa chambre avec un faquin, qui, comme un drôle libertin qu'il est, a confessé les vils rendez-vous qu'ils avaient eus mille fois ensemble en secret.

DON JUAN. — Fi! fi! ce sont là des choses qu'on ne peut pas nommer, Monseigneur, dont on ne doit pas parler; il n'y a pas dans le langage humain de mots assez chastes pour les exprimer sans faire injure à la pudeur. Vraiment, gentille dame, je suis fâché que tu te gouvernes aussi mal.

CLAUDIO. — O Hero! quelle Hero tu aurais été, si la moitié de tes grâces extérieures avait été employée à orner tes pensées et les desseins de ton cœur! Mais adieu, très-infâme et très-belle! Adieu, pure impiété et impie pureté! Grâce à toi, je verrouillerai désormais toutes les portes de l'amour, et le soupçon, s'établissant à demeure dans mes yeux, me remplira de mauvaises pensées à l'aspect de la beauté et lui enlèvera à jamais tout charme pour moi.

LEONATO. — N'est-il donc ici personne dont le poignard ait une pointe pour moi? (*Hero s'évanouit.*)

BÉATRICE. — Eh bien! qu'est-ce donc, cousine? pourquoi chancelez-vous?

DON JUAN. — Allons, partons. Ces secrets, révélés au jour, étouffent son âme.

(*Sortent Don Pedro, Don Juan et Claudio.*)

BÉNÉDICT. — Comment va la dame?

BÉATRICE. — Morte, je pense. Au secours, mon oncle! Hero! eh bien, Hero! Mon oncle! Signor Bénédict! Frère!

LEONATO. — O destinée, ne retire pas ta main pesante de sa personne! La mort est pour sa honte le meilleur voile qu'on puisse souhaiter.

BÉATRICE. — Eh bien, cousine Hero!

LE FRÈRE FRANÇOIS. — Calmez-vous, Madame.

LEONATO. — Est-ce que tu rouvres les yeux, par hasard?

LE FRÈRE FRANÇOIS. — Certes; pourquoi ne les rouvrirait-elle pas?

LEONATO. — Pourquoi? Est-ce que tout sur la terre ne crie pas honte contre elle? Est-ce qu'elle peut nier l'histoire que la rougeur imprime sur son front? Ne vis pas, Hero; ne rouvre pas les yeux; car si je croyais que tu ne dusses pas promptement mourir, si je pensais que tes énergies vitales fussent plus puissantes que ta honte, je prêterais main forte à tes remords, pour éteindre ta vie. Et je gémissais de n'avoir qu'un enfant! et je grondais la nature frugale de sa parcimonie! Oh! t'avoir seule était déjà trop! Pourquoi ai-je eu une fille? Pourquoi as-tu jamais paru aimable à mes yeux? Que n'ai-je plutôt, d'une main charitable, ramassé le produit d'une mendiante à ma porte? Si un tel enfant eût été souillé et sali comme toi d'infamie, au moins j'aurais pu dire : « Je n'y ai aucune part; cette honte est issue de reins inconnus; » mais c'est ma fille, ma fille que j'aimais, ma fille que je vantais, ma fille dont j'étais fier, ma fille qui était tellement moi-même, que je ne m'appartenais plus à moi-même et que je ne m'estimais qu'en elle; c'est elle qui est tombée dans un tel puits d'encre, que la vaste mer n'aurait pas assez de flots pour laver ses souillures, et assez de sel pour corriger la corruption de son infâme et putride chair.

BÉNÉDICT. — Monsieur, Monsieur, prenez patience. Pour ma part, je suis tellement stupéfait que je ne sais que dire.

BÉATRICE. — Oh! sur mon âme, ma cousine est calomniée!

BÉNÉDICT. — Madame, étiez-vous sa compagne de lit la nuit dernière?

BÉATRICE. — Non, en vérité, non; quoique jusqu'à la nuit dernière, j'aie été depuis un an sa compagne de lit.

LÉONATO. — Nouvelle, nouvelle confirmation! Oh! la voilà encore renforcée, cette accusation qui était déjà plus solide qu'une barre de fer! Est-ce que les deux princes peuvent mentir? Est-ce qu'il peut mentir, ce Claudio, qui l'aimait tant qu'en parlant de son infamie, il la lavait de ses larmes? Éloignons-nous d'elle, qu'elle meure!

LE FRÈRE FRANÇOIS. — Écoutez-moi un instant : car je n'ai été si longtemps silencieux, et je n'ai laissé cet événement suivre son cours que pour observer la dame. J'ai vu mille fois passer sur son visage des apparitions rougissantes, et mille fois aussi j'ai vu les pâleurs d'une honte innocente, pareilles à des anges vêtus de blanc, emporter ces rougeurs avec elles, tandis que de son œil jaillissait un feu capable de consumer les erreurs que les princes soutiennent contre sa loyauté virginale. Appelez-moi insensé, n'en croyez ni ma science ni mes observations, qui confirment mon savoir du sceau de l'expérience; ne tenez compte ni de mon âge, ni de ma dignité, ni de ma profession, ni de mon caractère sacré, si cette aimable dame n'est pas ici victime innocente de quelque cruelle erreur.

LÉONATO. — Frère, cela ne peut être. Tu vois bien que toute la vertu qui lui reste consiste en ce qu'elle n'ose ajouter à sa damnation le péché du parjure; elle ne nie pas son crime. Pourquoi cherches-tu donc à couvrir par des excuses un fait qui apparaît dans la plus évidente nudité?

Le frère François. — Madame, quel est cet homme dont on se sert pour vous accuser?

Héro. — Ceux qui m'accusent le savent, je n'en connais aucun : si je sais d'aucun homme vivant autre chose que ce qu'autorise la pudeur d'une vierge, puissent tous mes péchés ne pas obtenir miséricorde ! O mon père ! si vous pouvez acquérir la preuve qu'un homme quelconque a conversé avec moi à des heures indues, ou que moi-même, hier soir, j'ai fait échange de paroles avec une créature quelconque, vous pouvez me repousser, me haïr, me torturer jusqu'à la mort.

Le frère François. — Les princes sont victimes de quelque étrange méprise.

Bénédict. — Deux d'entre eux sont l'honneur même, et si leur sagesse est dans cette affaire induite en erreur, l'artisan de cette erreur doit être Don Juan le bâtard, dont l'âme est sans cesse occupée à tramer des scélératesses.

Leonato. — Je ne sais pas; si ce qu'ils disent d'elle est la vérité, ces mains que voici la mettront en pièces; s'ils calomnient son honneur, le plus orgueilleux d'eux tous en saura des nouvelles. Le temps n'a pas encore tellement desséché mon sang, ni l'âge tellement dévoré mon intelligence, ni la fortune tellement épuisé mes ressources, ni ma malheureuse vie tellement réduit le nombre de mes amis, que ses accusateurs ne puissent trouver en moi, réveillées pour une telle occasion, la force du corps, la sagacité de l'esprit, l'habileté dans le choix des moyens et des amis pour m'acquitter entièrement envers eux de ce que je leur dois.

Le frère François. — Arrêtez-vous un peu et laissez mes conseils vous guider dans ce cas-ci. Votre fille, ici présente, les princes l'ont laissée pour morte; tenez-la secrètement enfermée et publiez qu'elle est morte en effet: montrez tous les signes extérieurs du deuil, suspendez des épitaphes funèbres sur l'antique sépulcre de votre famille, et accomplissez toutes les cérémonies qui appartiennent aux funérailles.

Léonato. — Qu'adviendra-t-il de tout cela ? Que fera tout cela ?

Le frère François. — Parbleu ! bien menée, cette ruse changera la calomnie en remords, et c'est déjà un bien : mais ce n'est pas pour cela que j'imagine cet étrange expédient ; je compte que de cet effort sortira un plus grand résultat. En la donnant, comme nous le ferons, pour morte sous le coup même de l'accusation portée contre elle, elle sera plainte, regrettée et excusée de tous ceux qui apprendront la nouvelle : car les choses sont ainsi, que nous n'apprécions pas le mérite des biens que nous possédons pendant que nous en jouissons ; mais si nous les perdons et s'ils viennent à nous manquer, alors nous nous en exagérons la valeur et nous leur découvrons les vertus qui refusaient obstinément de se laisser voir à nous lorsqu'ils étaient nôtres. C'est ce qui arrivera pour Claudio, quand il apprendra qu'elle est morte sous le coup de ses paroles. Le fantôme d'Hero vivante se glissera doucement dans les rêveries de son imagination ; chacun des détails aimables de sa personne surgira devant les yeux et à l'horizon de son âme, revêtu d'une forme plus rare, avec une plus touchante délicatesse et une plus grande plénitude de vie que lorsqu'elle vivait en réalité. Alors, si son cœur l'aima jamais réellement, il pleurera et regrettera de l'avoir accusée ; oui, même quoiqu'il tînt pour vraie l'accusation. Faisons cela, et ne doutez pas que la réalité du succès n'ait encore une meilleure tournure que son fantôme dont mes paroles essayent de vous présenter l'image. Cependant, si ce but désiré ne répond pas à mes espérances, la supposition de la mort de Madame éteindra du moins le scandale de son accusation d'infamie ; et si les choses tournent mal, vous aurez la ressource de la cacher au sein d'une existence solitaire et religieuse, loin des regards, des médisances des esprits méchants et des affronts, ce qui sera le meilleur parti à prendre pour sa réputation blessée.

Bénédict. — Signor Leonato, suivez les conseils du Frère, et malgré l'affection et la profonde amitié que vous me savez pour le prince et Claudio, je vous jure sur mon honneur d'agir en cette affaire aussi discrètement et aussi loyalement que votre âme agirait envers votre corps.

Léonato. — Ballotté comme je le suis par le chagrin, le plus petit fil suffit pour me conduire.

Le frère François. — Bien consenti; maintenant retirez-vous; des maux singuliers exigent des remèdes singuliers. Venez, Madame, mourez pour vivre : ce jour nuptial peut-être n'est que différé; ayez patience et résignez-vous.

(*Sortent le frère François, Hero et Léonato.*)

Bénédict. — Madame Béatrice, avez-vous pleuré tout ce temps?

Béatrice. — Certes, et je pleurerai plus longtemps encore.

Bénédict. — Je ne le désire pas.

Béatrice. — Vous n'avez nulle raison pour cela; c'est librement que je pleure.

Bénédict. — Assurément je crois que votre belle cousine est calomniée.

Béatrice. — Oh! quel gré je saurais à l'homme qui vengerait son honneur!

Bénédict. — Y a-t-il quelque moyen de vous donner cette marque d'amitié?

Béatrice. — Un moyen très-facile; mais l'ami désiré n'existe pas.

Bénédict. — Un homme peut-il vous rendre ce service?

Béatrice. — C'est l'office d'un homme, mais ce n'est pas le vôtre.

Bénédict. — Je n'aime rien dans le monde autant que vous; n'est-ce pas étrange?

Béatrice. — Aussi étrange que peut l'être une chose que j'ignore. Il m'eût été aussi facile de dire que je n'aimais rien autant que vous; mais ne me croyez pas; et cependant je ne mens pas; je n'avoue rien et je ne nie rien. Je suis désolée pour ma cousine.

Bénédict. — Par mon épée, Béatrice, tu m'aimes.

Béatrice. — Ne jurez pas par votre épée et avalez-la.

Bénédict. — Je veux jurer par mon épée que vous m'aimez et je veux la faire avaler à qui dira que je ne vous aime pas.

Béatrice. — N'avalerez-vous pas votre parole?

Bénédict. — Non, quelle que soit la sauce qu'on puisse inventer pour elle : je proteste que je t'aime.

Béatrice. — Eh bien, alors, que le ciel me pardonne!

Bénédict. — Vous pardonne quelle offense, ma douce Béatrice?

Béatrice. — Vous m'avez arrêtée à une heureuse minute : j'allais protester que je vous aimais.

Bénédict. — Et aime-moi avec tout ton cœur.

Béatrice. — Je vous aime tellement avec tout mon cœur, qu'il ne m'en reste pas assez pour protester.

Bénédict. — Allons, ordonne-moi de faire quelque chose pour toi.

Béatrice. — Tuez Claudio.

Bénédict. — Oh! non, pas pour le monde entier.

Béatrice. — Vous me tuez en me refusant cela. Adieu.

Bénédict. — Arrêtez, ma douce Béatrice.

Béatrice. — Je suis partie, bien que je sois encore ici. Il n'y a pas d'amour en vous. Non, je vous en prie, laissez-moi partir.

Bénédict. — Béatrice....

Béatrice. — En vérité, je veux m'en aller.

Bénédict. — Je veux que nous soyons amis auparavant.

Béatrice. — Il vous faut moins de courage pour être mon ami que pour combattre mon ennemi.

Bénédict. — Est-ce que Claudio est ton ennemi?

Béatrice. — N'est-il pas, de toute évidence, un scélérat au premier chef, l'homme qui a calomnié, déshonoré, accablé sous le mépris ma cousine? Oh! si j'étais homme! Quoi, la leurrer hypocritement jusqu'au moment de joindre leurs mains, et alors, par une accusation publique, par un scandale à ciel ouvert, avec une rancune implacable.... O ciel! que ne suis-je un homme, je mangerais son cœur sur la place du marché.

BÉNÉDICT. — Écoutez-moi, Béatrice.

BÉATRICE. — Elle parler avec un homme à sa fenêtre ! jolie invention !

BÉNÉDICT. — Sans doute ; mais, Béatrice....

BÉATRICE. — Charmante Hero ! elle est outragée, elle est calomniée, elle est perdue.

BÉNÉDICT. — Béatr....

BÉATRICE. — Princes et comtes ! voilà assurément un témoignage princier, et un aimable comte, le comte Confiture, un doux galant, en vérité ! Oh ! que ne suis-je un homme pour me mesurer avec lui, ou que n'ai-je un ami qui voulût être homme à ma considération ! Mais la virilité s'est aujourd'hui fondue en courtoisie, la valeur en compliments, et les hommes ne sont plus que langues, et des langues dorées encore ; il peut passer pour vaillant comme Hercule, celui-là qui aujourd'hui profère un mensonge et le soutient carrément. Tous mes vœux ne peuvent faire de moi un homme, mais ma douleur peut me donner la vraie mort d'une femme.

BÉNÉDICT. — Arrête, ma bonne Béatrice : par cette main que voici, je t'aime !

BÉATRICE. — Pour l'amour de moi, faites servir cette main à un autre usage qu'à des serments.

BÉNÉDICT. — Croyez-vous sur votre âme que le comte Claudio ait calomnié Hero ?

BÉATRICE. — Certes, et aussi sûrement que je pense ou que j'ai une âme.

BÉNÉDICT. — Assez ! je suis engagé ; je le provoquerai. Je vais baiser votre main et vous laisser. Par cette main, Claudio me rendra chèrement compte de son action. Jugez de moi par ce que vous en entendrez dire. Allez, consolez votre cousine que je dois présenter comme défunte, et maintenant, adieu. *(Ils sortent.)*

SCÈNE II.

Une prison.

Entrent DOGBERRY, VERGES *et un* SACRISTAIN *en robes;* les GARDES DE POLICE *avec* CONRADE *et* BORACHIO.

DOGBERRY. — Toute votre *dissemblée* est-elle au complet?
VERGES. — Oh! un tabouret et un coussin pour le sacristain!
LE SACRISTAIN. — Quels sont les malfaiteurs?
DOGBERRY. — Pardi! nous voici moi et mon collègue.
VERGES. — C'est très-certain, vraiment; nous avons l'*exposition à examiner.*
LE SACRISTAIN. — Mais où sont les inculpés à examiner? qu'ils s'avancent devant le constable en chef.
DOGBERRY. — Oui parbleu, qu'ils s'avancent en face de moi. Quel est votre nom, mon ami?
BORACHIO. — Borachio.
DOGBERRY. — Écrivez, je vous en prie: — Borachio; et le vôtre, faquin?
CONRADE. — Je suis un gentilhomme, Monsieur, et mon nom est Conrade.
DOGBERRY. — Écrivez : Monsieur le gentilhomme Conrade. Messieurs, servez-vous Dieu?
CONRADE et BORACHIO, *ensemble.* — Certes, Monsieur, nous l'espérons bien.
DOGBERRY. — Écrivez qu'ils espèrent servir Dieu; et écrivez Dieu en première ligne, car à Dieu ne plaise que le nom de Dieu passe après celui de pareils scélérats! Messieurs, il est déjà prouvé que vous ne valez guère mieux que de *faux fripons,* et vous ne tarderez guère à avoir à peu près cette réputation. Qu'avez-vous à répondre pour votre défense?
CONRADE. — Parbleu, Monsieur, nous répondons que nous ne sommes rien de pareil.

Dogberry. — Un gaillard merveilleusement spirituel, je vous assure; je vais m'occuper de lui tout à l'heure. (*A Borachio.*) Avancez ici, vous, faquin; j'ai un mot à vous dire à l'oreille, Monsieur; j'ai à vous dire qu'on vous tient pour de *faux coquins*.

Borachio. — Monsieur, je vous dis que nous ne sommes rien de pareil.

Dogberry. — Bien; éloignez-vous un peu. Par le ciel, ils s'entendent tous deux. Avez-vous écrit *qu'ils ne sont rien de pareil?*

Le sacristain. — Monsieur le constable, vous ne prenez pas le bon moyen pour les examiner; il faut appeler les gardes qui les accusent.

Dogberry. — Oui, parbleu, c'est le plus court moyen. Que les gardes approchent. — Messieurs, au nom du prince, je vous somme d'accuser ces hommes.

Premier garde. — Cet homme disait, Monsieur, que Don Juan, le frère du prince, était un scélérat.

Dogberry. — Écrivez, le prince Juan un scélérat. Vraiment, c'est un mensonge évident d'appeler le frère d'un prince un scélérat.

Borachio. — Monsieur le constable....

Dogberry. — Je t'en prie, mon garçon, la paix: je n'aime pas ta mine, je te le promets.

Le sacristain. — Que lui avez-vous entendu dire encore?

Second garde. — Parbleu, qu'il avait reçu mille ducats de Don Juan, pour accuser calomnieusement madame Hero.

Dogberry. — Coquinerie notoire s'il en fut jamais.

Verges. — Oui, par la Messe, c'est cela.

Le sacristain. — Quoi encore, mon garçon?

Premier garde. — Et que le comte Claudio avait, sur ces propos, pris la résolution de déshonorer Hero devant toute l'assemblée et de ne pas l'épouser.

Dogberry. — Oh! scélérat! tu seras condamné pour ce fait à la *rédemption* éternelle.

Le sacristain. — Et quoi encore?

Second garde. — C'est tout.

Le sacristain. — Et en voilà plus que vous n'en pouvez nier, Messieurs. Le prince Juan s'est secrètement enfui ce matin; Hero a été accusée de la façon dont ils le racontent, refusée de la manière dont ils le racontent, et sous le coup du chagrin qu'elle en a ressenti, elle est morte soudainement. Monsieur le constable, faites lier ces hommes et emmenez-les devant Leonato; je vais aller devant pour lui montrer leur interrogatoire.

(Il sort.)

Dogberry. — Allons, qu'on leur *émette* les chaînes.

Verges. — Qu'on les livre aux mains....

Conrade. — A bas, faquin!

Dogberry. — Mort de ma vie! où est le sacristain? qu'il écrive : l'officier du prince est un faquin. Allons, liez-les. Méchant valet!

Conrade. — Arrière! vous êtes un âne, vous êtes un âne.

Dogberry. — Est-ce que tu ne *suspectes* pas ma position? est-ce que tu ne *suspectes* pas mon âge? Oh! que le sacristain n'est-il ici pour écrire que je suis un âne! Mais, Messieurs, vous vous rappellerez que je suis un âne; quoique cela ne soit pas écrit, n'oubliez pas que je suis un âne. Non, scélérat, tu es plein de *piété*, comme le prouveront de bons témoins. Je suis un sage compère, et ce qui est plus, un fonctionnaire, et ce qui est plus, un propriétaire, et ce qui est plus, un aussi joli morceau de chair qu'il en existe à Messine, et un homme qui connaît la loi, allez; et un riche compère, allez, et un compère qui a fait des pertes et un compère qui a deux robes, et qui n'a rien qui ne soit beau. Emmenez-le. Oh! pourquoi n'a-t-on pas écrit que j'étais un âne!

(Ils sortent.)

ACTE V.

SCÈNE PREMIÈRE.

Devant la maison de Leonato.

Entrent LEONATO *et* ANTONIO.

Antonio. — Si vous continuez de la sorte, vous vous tuerez; il n'est pas sage de seconder ainsi la douleur contre vous-même.

Leonato. — Je t'en prie, trêve à tes conseils qui tombent dans mes oreilles sans plus de profit que l'eau dans un crible. Ne me donne pas de conseils, et que nul consolateur n'essaye de flatter mon oreille, si nous n'avons pas en commun les mêmes douleurs. Trouve-moi un père qui aimât sa fille autant que moi et qui, comme moi, ait vu la joie qu'il tirait d'elle s'éclipser comme l'a fait ma joie, et dis-lui de parler de patience. Que son malheur se mesure sur les dimensions du mien, que l'excès de son désespoir atteigne aux proportions du mien, qu'il y ait identité parfaite dans nos deux douleurs, identité de taille, de forme, de traits, de détails de tout genre, si cet homme-là peut sourire et caresser sa barbe, crier au chagrin : Va-t'en, faire *Heu* lorsqu'il devrait soupirer, coudre des proverbes à sa douleur, et soûler son infortune en compagnie de veilleurs nocturnes[1], amenez-le-moi; je consens à apprendre de lui la patience. Mais un tel homme n'existe pas, car les hommes, mon frère, peuvent bien prodiguer les conseils et les consolations à la douleur qu'ils ne ressentent pas; mais une fois qu'ils en ont été touchés, elle se change en passion cette sagesse qui prétendait guérir la rage par une médecine de préceptes, enchaîner la violente frénésie par des liens de soie, charmer la souffrance par des sons et l'angoisse par des paroles. Non, non, c'est l'office de tous les hommes de prêcher la patience à ceux qui se tordent sous le fardeau du chagrin; mais aucun n'a assez de vertu et de pouvoir sur lui-même pour pratiquer cette morale lorsqu'il lui faut supporter la même douleur. Ne me donne donc pas de conseils; mes chagrins crient plus haut que tes recommandations.

ANTONIO. — Les hommes ne diffèrent donc en rien des enfants?

LEONATO. — Paix, je t'en prie; je veux être chair et sang : car il n'y a encore jamais eu philosophe qui ait pu supporter patiemment le mal de dents, quoiqu'ils aient écrit dans le style des dieux et qu'ils aient fait *peuh, peuh!* au nez du malheur et de la souffrance.

ANTONIO. — Mais au moins ne prenez pas pour vous tout le mal; faites partager votre souffrance à ceux qui vous ont offensé.

LEONATO. — Ici tu parles raison : c'est ce que je ferai. Mon âme me dit que Hero est calomniée, et cela je l'apprendrai à Claudio, et aussi au prince et à tous ceux qui la déshonorent ainsi.

ANTONIO. — Voici le prince et Claudio qui viennent en toute hâte.

Entrent DON PEDRO *et* CLAUDIO.

DON PEDRO. — Bonjour, bonjour!

CLAUDIO. — Bonjour, à tous les deux.

LEONATO. — Entendez-vous, Messeigneurs?...

DON PEDRO. — Nous sommes un peu pressés, Leonato.

LEONATO. — Vous êtes un peu pressés, Monseigneur? Alors portez-vous bien, Monseigneur. Ah! vous êtes pressés à ce point? Eh bien! tant pis.

Don Pedro. — Voyons, ne nous cherchez pas querelle, bon vieillard.

Antonio. — S'il pouvait se faire réparation au moyen d'une querelle, il y en a quelques-uns parmi nous qui seraient couchés bas.

Claudio. — Qui l'outrage?

Leonato. — Parbleu! c'est toi qui m'outrages, toi, hypocrite, toi-même : ne mets pas, ne mets pas la main sur ton épée; je ne te crains pas.

Claudio. — Sur l'honneur, que se dessèche ma main, si elle pouvait donner à votre vieillesse une telle cause de crainte. En vérité, ma main n'avait aucune intention sur mon épée.

Leonato. — Chut! chut! l'ami, n'essaye pas des grimaces et des railleries avec moi : je ne viens pas comme un radoteur ou un imbécile me couvrir du privilége de mon âge pour me vanter de ce que j'ai fait étant jeune et de ce que je ferais si je n'étais pas vieux. Apprends-le, à ta face, Claudio; tu as si fort outragé mon enfant innocent et moi-même, que je suis forcé de mettre de côté la gravité de mon âge pour venir, malgré mes cheveux gris et les fatigues de mes nombreuses années, exiger de toi la réparation que l'homme doit à l'homme. Je dis que tu as calomnié mon enfant innocent; tes calomnies ont percé, et percé son cœur de part en part, et elle dort ensevelie avec ses ancêtres, dans une tombe qui ne recouvrit jamais aucun scandale, sauf celui qui l'a atteinte et que ta scélératesse a machiné.

Claudio. — Ma scélératesse!

Leonato. — Ta scélératesse, Claudio, la tienne; c'est bien ce que je dis.

Don Pedro. — Vous ne parlez pas justement, vieillard.

Leonato. — Monseigneur, Monseigneur, je lui prouverai sur sa personne même, s'il l'ose, la vérité de mes paroles; je le lui prouverai en dépit de son habile escrime et de sa pratique journalière des armes, du printemps de sa jeunesse et de sa force en fleur.

ACTE V, SCÈNE I.

Claudio. — Arrière! je ne veux pas avoir d'affaire avec vous.

Leonato. — Est-ce qu'il t'est permis de m'adresser ce refus? Tu as tué mon enfant; si tu me tues, mon garçon, tu auras au moins tué un homme.

Antonio. — Il en tuera deux, et deux qui sont des hommes, morbleu! Mais ce n'est pas la question; qu'il en tue d'abord un; qu'il me mette hors de combat et me tue, mais qu'il me rende raison. Allons, suivez-moi, mon garçon; allons, monsieur le gamin, allons, suivez-moi. Monsieur le gamin, j'aurai raison avec un fouet de vos fameuses passes d'escrime; oui, aussi vrai que je suis un gentilhomme, j'en aurai raison.

Leonato. — Mon frère....

Antonio. — Ne vous inquiétez pas. Dieu sait combien j'aimais ma nièce, et elle est morte, calomniée à mort par des scélérats qui ont autant de courage pour répondre à un homme que j'en ai pour prendre un serpent par la langue. Bambins, magots, fanfarons, pantins, poules mouillées!

Leonato. — Frère Antonio....

Antonio. — Ne vous inquiétez donc pas. Je les connais, je vous en réponds, et je sais ce qu'ils pèsent jusqu'au plus petit atome, ces tapageurs, ces impudents, ces gamins mannequins de la mode, qui mentent, et dupent, et insultent, et diffament, et calomnient; qui s'affublent comme des marionnettes et se donnent des airs terribles; qui, dans une demi-douzaine de paroles dangereuses, vous disent comment ils pourraient blesser leurs ennemis, s'ils l'osaient faire, et voilà tout.

Leonato. — Mais, frère Antonio....

Antonio. — Allons, cela ne vous regarde pas; ne vous en mêlez pas, laissez-moi faire.

Don Pedro. — Messieurs, notre intention n'est pas de mettre à l'épreuve la patience de l'un ou de l'autre de vous deux. Mon cœur est marri de la mort de votre fille; mais, sur mon honneur, elle n'a été accusée de rien qui ne fût vrai et dont la preuve ne fût plus qu'évidente.

Léonato. — Monseigneur, Monseigneur....

Don Pedro. — Je ne veux pas vous entendre.

Léonato. — Non? Venez, frère; allons-nous-en. Je dis qu'on m'entendra.

Antonio. — On vous entendra, ou il en cuira à quelques-uns de nous. *(Sortent Leonato et Antonio.)*

Don Pedro. — Voyez, voyez : voici venir l'homme que nous allions chercher.

Entre BÉNÉDICT.

Claudio. — Eh bien! signor, quelles nouvelles?

Bénédict. — Bonjour, Monseigneur.

Don Pedro. — Bonjour, signor; vous êtes quasiment arrivé à temps pour apaiser une quasi querelle.

Claudio. — Nous avons été sur le point d'avoir nos deux nez cassés par deux vieux édentés.

Don Pedro. — Leonato et son frère. Qu'en penses-tu? Si nous avions engagé le combat, je doute que nous eussions été trop jeunes pour eux.

Bénédict. — Dans une fausse querelle, il n'y a pas de vraie valeur. Je venais pour vous chercher tous les deux.

Claudio. — Nous t'avons cherché par monts et par vaux, car nous sommes victimes d'une excessive mélancolie, et nous voudrions bien en être débarrassés. Veux-tu nous prêter le secours de ton esprit?

Bénédict. — Il est dans mon fourreau; le tirerai-je?

Don Pedro. — Est-ce que tu portes ton esprit à ton côté?

Claudio. — Jamais personne n'a fait cela, quoique beaucoup se soient trouvés à côté de leur esprit. Mais je te prie de le tirer, comme nous disons aux ménestrels : tire-le pour nous amuser.

Don Pedro. — Aussi vrai que je suis un honnête homme, il pâlit. Es-tu malade ou irrité?

Claudio. — Voyons, du courage, ami! quoique le chagrin puisse tuer un chat, tu as en toi assez d'entrain pour tuer le chagrin.

Bénédict. — Monsieur, j'irai à plein galop à la ren-

ACTE V, SCÈNE I.

contre de votre esprit, s'il est résolu à me charger. Je vous prie de choisir un autre sujet de conversation.

Claudio. — Eh bien! alors, donnez-lui une autre lance; celle-ci vient de se rompre².

Don Pedro. — Par la lumière du ciel! il change de plus en plus de couleur. Je crois en vérité qu'il est en colère.

Claudio. — S'il en est ainsi, il sait la manière de tourner son ceinturon³.

Bénédict. — Vous dirai-je un mot à l'oreille?

Claudio. — Le ciel me préserve d'un défi!

Bénédict. — Vous êtes un scélérat! Je ne plaisante pas; je soutiendrai mon dire comme vous voudrez, à l'arme que vous voudrez et quand vous voudrez. Faites-moi raison, ou je vous déclare un lâche. Vous avez tué une aimable dame, et sa mort retombera lourdement sur votre tête. Faites-moi savoir de vos nouvelles.

Claudio. — C'est bon, j'irai vous trouver; de la sorte, j'aurai un peu de bonne chère.

Don Pedro. — Quoi donc! Un festin, un festin?

Claudio. — Sur ma foi, je le remercie; il m'a convié à manger d'une tête de veau et d'un chapon; si je ne les découpe pas en perfection, dites que mon couteau ne vaut rien. Ne m'offrirez-vous pas aussi un dindon⁴?

Bénédict. — Monsieur, votre esprit trotte bien; il marche aisément.

Don Pedro. — Je vais te dire de quelle façon Béatrice louait ton esprit l'autre jour. Je disais que tu avais un bel esprit. « C'est vrai, a-t-elle répondu, un beau petit esprit. — Non, ai-je dit, un grand esprit. — Exact, a-t-elle répondu; un grand, gros esprit. — Non, pas du tout, ai-je insisté, un bon esprit. — C'est juste, a-t-elle répondu; il ne fait de mal à personne. — Certes, ai-je dit, le gentilhomme a beaucoup de sens. — Certainement, a-t-elle répondu, c'est un insensé gentilhomme. — De plus, lui ai-je dit, il possède les langues. — Cela, je le crois, a-t-elle répliqué, car lundi soir il m'a juré une chose qu'il a démentie le mardi; cela fait donc une double langue, c'est-à-dire deux langues. » C'est ainsi que, pendant une heure, elle a transposé les vertus de ton individu. Cependant, à la fin, elle a conclu, avec un soupir, que tu étais le plus bel homme d'Italie.

Claudio. — Là-dessus, elle pleura de tout cœur et dit que cela lui était égal.

Don Pedro. — Oui, oui, c'est ce qu'elle fit; mais cependant, elle l'aimerait à la folie, si elle ne le détestait pas à la mort : la fille du vieux bonhomme nous avait tout dit.

Claudio. — Tout, tout, et en outre, *Dieu le vit lorsqu'il était caché dans le jardin*[5].

Don Pedro. — Mais quand donc planterons-nous les cornes du taureau sauvage sur la tête du prudent Bénédict?

Claudio. — Oui, avec l'annonce au-dessous : *Ici demeure Bénédict, l'homme marié*.

Bénédict. — Portez-vous bien, bambin; vous connaissez mes dispositions; je vous laisse maintenant à votre humeur babillarde. Vous faites blanc de votre esprit, comme les fanfarons font blanc de leurs épées, qui, Dieu soit loué! ne blessent pas. Monseigneur, je vous adresse mes remercîments pour vos nombreuses courtoisies : je dois renoncer à votre compagnie. Votre frère, le bâtard, s'est enfui de Messine : vous avez, entre vous tous, tué une dame aimable et innocente. Pour monseigneur Blanc-bec, nous nous rencontrerons tous les deux; jusque-là, que la paix soit avec lui. (*Il sort.*)

Don Pedro. — Il est sérieusement courroucé.

Claudio. — Très-sérieusement, et cela, je vous le garantis, pour l'amour de Béatrice.

Don Pedro. — Et il t'a provoqué?

Claudio. — Très-sincèrement.

Don Pedro. — Quelle jolie chose qu'un homme qui sort avec son pourpoint et son haut-de-chausses et qui oublie d'emporter son esprit!

Claudio. — Il est alors un géant, si on le compare à un singe; mais en revanche un singe est un docteur comparé à un tel homme.

Don Pedro. — Mais, doucement, revenons à nous-même ; cesse de plaisanter, mon cœur, et sois sérieux. N'a-t-il pas dit que mon frère s'était enfui ?

Entrent DOGBERRY, VERGES *et les* GARDES *avec* CONRADE *et* BORACHIO.

Dogberry. — Marchez, Monsieur ; si la justice ne vous dompte pas, elle n'aura plus jamais le pouvoir de peser des *raisins* dans sa balance : comme il a été reconnu une fois que vous êtes un hypocrite fieffé, il faut qu'on ait l'œil sur vous.

Don Pedro. — Qu'est-ce donc ? deux des serviteurs de mon frère garrottés ! et Borachio l'un d'eux !

Claudio. — Informez-vous de leur délit, Monseigneur.

Don Pedro. — Gardes, quel délit ces hommes ont-ils commis ?

Dogberry. — Parbleu ! Monsieur, ils ont fait de faux rapports ; en outre, ils ont dit des choses qui n'étaient pas vraies ; *secondairement*, ils sont des calomniateurs ; *sixièmement et enfin*, ils ont calomnié une dame ; *troisièmement*, ils ont fait passer pour vraies des choses fausses, et, pour conclure, il sont des coquins menteurs.

Don Pedro. — *Premièrement*, je te demande ce qu'ils ont fait ; *troisièmement*, je te demande quel est leur délit ; *sixièmement et dernièrement*, ce qu'ils ont commis, et, pour conclure, ce dont vous les chargez.

Claudio. — Solidement raisonné et dans l'ordre même de sa propre division ; sur ma foi ! voilà une question posée de manière à lui plaire.

Don Pedro. — Qui avez-vous offensé, Messieurs, pour être ainsi garrottés ? Ce savant constable est trop habile pour se laisser comprendre. Quel délit avez-vous commis ?

Borachio. — Mon doux prince, il est inutile que j'aille plus loin pour répondre de mes actes ; entendez-moi, et que le comte que voici me tue. J'ai complètement abusé vos yeux ; ce que vos sagesses n'ont pu découvrir, ces imbéciles l'ont mis au grand jour ; car ils m'ont, pendant la nuit, entendu raconter à cet homme comment Don Juan, votre frère, m'avait excité à calomnier madame Hero ; comment nous avions su vous amener dans le jardin où vous me vîtes courtiser Marguerite sous les vêtements d'Hero, et comment vous vous proposiez de la déshonorer au moment de l'épouser. Ils ont dressé procès-verbal de mon crime, que j'aimerais mieux sceller de ma mort que raconter de nouveau à ma honte. La dame est morte sous le coup de notre fausse accusation, à mon maître et à moi, et, pour conclure, je ne demande pas autre chose que la récompense due à un scélérat.

Don Pedro. — Est-ce que ce discours ne vous a pas traversé le cœur comme une lame d'acier?

Claudio. — J'ai bu du poison tout le temps qu'il a parlé.

Don Pedro. — Est-ce que mon frère t'a excité à cette action?

Borachio. — Oui certes, et il m'a payé généreusement pour la commettre.

Don Pedro. — Il n'est bâti et pétri que de trahison.... Et il s'est enfui après cette scélératesse!

Claudio. — Douce Hero! maintenant ton image m'apparaît sous les traits exquis qui m'avaient fait t'aimer tout d'abord.

Dogberry. — Allons, emmenez les *plaignants*; pendant ce temps notre sacristain aura *réformé* le signor Leonato de cette affaire, et, Messieurs, n'oubliez pas de spécifier, lorsque le temps et le lieu le permettront, que je suis un âne.

Verges. — Voici, voici venir le signor Leonato et le sacristain aussi.

Entrent LEONATO *et* ANTONIO *avec* LE SACRISTAIN.

Leonato. — Où est le scélérat? laissez-moi voir son visage, afin que lorsque je rencontrerai un autre homme qui lui ressemble, je puisse l'éviter. Lequel est-ce des deux?

Borachio. — Si vous voulez connaître votre offenseur, regardez-moi.

Leonato. — Es-tu l'esclave qui de ton souffle empoisonné as tué mon enfant innocent?

Borachio. — Oui, moi seul.

Leonato. — Non, non, scélérat; tu te calomnies toi-même : voici un couple d'hommes honorables, mais un troisième a fui qui avait la main dans ton crime. Princes, je vous remercie de la mort de ma fille; vous pourrez l'enregistrer parmi vos actes nobles et glorieux; c'est un courageux exploit, si vous voulez bien y penser.

Claudio. — Je ne sais comment implorer votre patience; cependant je dois parler. Choisissez vous-même votre vengeance; imposez-moi n'importe quelle pénitence que votre imagination pourra inventer pour ma faute. Et cependant je n'ai péché que par méprise.

Don Pedro. — Et moi aussi, sur mon âme, et cependant, pour donner satisfaction à ce bon vieillard, je me courberais sous n'importe quel pesant fardeau qu'il lui plairait de m'imposer.

Leonato. — Je ne puis vous commander de commander à ma fille de vivre; une telle chose est impossible : mais je vous en prie tous les deux, mettez le peuple de Messine à même de juger à quel point elle est morte innocente, et si votre amour vous rend capable de rencontrer quelque mélancolique inspiration, suspendez une épitaphe sur sa tombe, et chantez-la sur ses restes, chantez-la cette nuit[6]. Puis demain matin, venez à ma maison, et puisque vous ne pouvez plus être mon gendre, soyez au moins mon neveu. Mon frère a une fille qui est presque la copie de mon enfant défunte; elle est notre seule héritière à tous deux; donnez-lui le titre que vous auriez donné à sa cousine, et ma vengeance est satisfaite.

Claudio. — O noble seigneur! votre excessive clémence arrache mes larmes. J'accepte vos offres; disposez pour l'avenir du pauvre Claudio.

Leonato. — Demain donc, j'attendrai votre visite; pour ce soir je prends congé de vous. Ce misérable va être confronté avec Marguerite, qui, je le crois, était stipendiée par votre frère pour être complice dans cette affaire.

BORACHIO. — Non, sur mon âme, elle ne l'était pas et elle ne savait pas ce qu'elle faisait en me parlant; au contraire, elle a toujours été loyale et honnête dans tout ce que je connais d'elle.

DOGBERRY. — En outre, Monsieur, ce *plaignant* que voici, ce coupable m'a appelé âne : quoique la chose ne soit pas mise en blanc et noir, je vous en prie, qu'elle soit rappelée dans la punition. En outre, le garde les a entendus parler d'un certain *Difforme*; ils disent qu'il porte une clef à son oreille avec une serrure pendue après [7], et qu'il emprunte pour l'amour de Dieu de l'argent qu'il n'a jamais rendu, habitude qu'il a depuis si longtemps que maintenant les gens se sont endurcis et ne veulent plus lui prêter pour l'amour de Dieu : je vous en prie, examinez-le sur ce point.

LEONATO. — Je te remercie pour tes peines et ton honnête vigilance.

DOGBERRY. — Votre Seigneurie parle comme un très-reconnaissant et très-respectable *jouvenceau* et je loue Dieu pour vous.

LEONATO. — Voici pour tes peines.

DOGBERRY. — Dieu le rende à mon bienfaiteur [8].

LEONATO. — Va, je te débarrasse de ton prisonnier et je te remercie.

DOGBERRY. — Je laisse un fieffé coquin avec Votre Seigneurie, et je supplie Votre Seigneurie de le corriger elle-même, pour qu'il serve d'exemple aux autres. Dieu garde Votre Seigneurie! je souhaite à Votre Seigneurie toutes sortes de bonheurs! Dieu vous rappelle à la santé! Je vous prie humblement de me permettre de partir, et si on peut vous souhaiter une heureuse rencontre, Dieu l'*interdise*. — Venez, voisin.

(*Sortent Dogberry, Verges et les gardes.*)

LEONATO. — Adieu, Messeigneurs, jusqu'à demain matin.

ANTONIO. — Adieu, Messeigneurs, nous vous attendons demain.

Don Pedro. — Nous n'y manquerons pas.

Claudio. — Ce soir, j'irai pleurer sur la tombe de Hero.
(Sortent Don Pedro et Claudio.)

Leonato. — Conduisez ces gaillards-là. Nous allons demander à Marguerite comment elle a fait la connaissance de ce polisson. *(Ils sortent.)*

SCÈNE II.

Le jardin de Leonato.

BÉNÉDICT et MARGUERITE *entrent chacun de leur côté et se rencontrent.*

Bénédict. — Ma douce dame Marguerite, je vous en prie, méritez bien de moi en m'aidant à parler à Béatrice.

Marguerite. — Eh bien! me ferez-vous un sonnet à la louange de ma beauté?

Bénédict. — Un sonnet d'un style si relevé, Marguerite, qu'aucun homme ne saurait l'égaler; car, en très-gracieuse vérité, tu le mérites.

Marguerite. — Aucun homme ne me fera son égale! Quoi, suis-je donc toujours destinée à rester dans l'antichambre?

Bénédict. — Ton esprit est aussi vif que les crocs du lévrier; il attrape.

Marguerite. — Et le vôtre aussi émoussé qu'un fleuret d'escrime, qui touche mais ne blesse pas.

Bénédict. — Tout à fait un esprit viril, Marguerite, il ne voudrait pas blesser une femme. Là-dessus, appelle Béatrice, je t'en prie : je te rends mon bouclier.

Marguerite. — Rendez-nous les épées, nous avons des boucliers à nous appartenant.

Bénédict. — Si vous voulez vous servir des épées, Marguerite, il vous faut serrer les pointes dans un étau; ce sont des armes dangereuses pour les filles.

Marguerite. — Bon, je vais vous appeler Béatrice, qui a des jambes, je crois.

Bénédict. — Et qui par conséquent viendra.

(*Sort Marguerite.*)

Bénédict, *chantant :*

> Le dieu d'amour
> Qui trône là-haut,
> Et me connait, et me connait,
> Sait combien pitoyable je mérite[9]....

Pitoyable comme poëte, bien entendu, car comme amant.... Léandre, l'excellent nageur, Troïlus[10], qui le premier fit usage d'entremetteurs, et toute la kyrielle de ces ci-devant héros de canapé, dont les noms courent encore agréablement sur la route unie du vers blanc, ne furent jamais aussi véritablement tournés et retournés par l'amour que mon pauvre individu. Eh bien ! impossible de montrer mon amour en vers ! J'ai essayé, je ne peux trouver d'autre rime à *objet aimé* que *bébé*, une rime innocente; à *dédain*, d'autre rime que *daim*, une rime fauve; à *école*, d'autre rime que *folle*, une rime qui parle sans savoir ce qu'elle dit. Voilà des terminaisons vraiment sinistres; non, je ne suis pas né sous une planète rimante, et je ne puis pas faire ma cour avec des mots empanachés.

Entre BÉATRICE.

Bénédict. — Aimable Béatrice, vous voulez bien venir quand je vous appelle ?

Béatrice. — Certes, signor, et partir aussi quand vous me l'ordonnerez.

Bénédict. — Oh bien ! alors, restez jusque-là.

Béatrice. — Ah ! il y a un *jusque-là ;* eh bien, adieu *tout de suite :* cependant, avant que je m'en aille, laissez-moi emporter ce que je suis venue chercher, c'est-à-dire les nouvelles de ce qui s'est passé entre vous et Claudio.

Bénédict. — Rien que de mauvaises paroles; et là-dessus je vais t'embrasser.

Béatrice. — De mauvaises paroles ne sont qu'un mauvais souffle, un mauvais souffle n'est qu'une mauvaise respiration, et une mauvaise respiration est désagréable; par conséquent, je partirai sans être embrassée.

Bénédict. — Tu as effrayé le mot à le faire sortir de son vrai sens, tant l'attaque de ton esprit est violente : mais, pour te le dire simplement, Claudio a reçu mon cartel, et j'aurai bientôt de ses nouvelles, ou bien je le proclame un lâche. Et maintenant, dis-moi, je t'en prie, pour laquelle de mes mauvaises qualités es-tu d'abord tombée amoureuse de moi?

Béatrice. — Pour toutes à la fois; car leur ensemble constitue une république vicieuse d'une si parfaite harmonie, qu'elles ne permettent à aucune bonne qualité d'avoir droit de cité parmi elles. Mais vous, pour laquelle de mes bonnes qualités avez-vous d'abord souffert l'amour pour moi?

Bénédict. — *Souffrir l'amour*, excellente expression! Je souffre l'amour, en vérité, car je t'aime contre ma volonté.

Béatrice. — En dépit de votre cœur, je pense; hélas! cœur infortuné! Si vous lui faites dépit pour l'amour de moi, je lui ferai dépit pour l'amour de vous; car je n'aimerai jamais ce que déteste mon ami.

Bénédict. — Toi et moi, nous sommes trop avisés pour faire l'amour paisiblement.

Béatrice. — Il n'y paraît pas par cet aveu : car il n'y a pas un homme avisé sur vingt qui se louerait lui-même.

Bénédict. — Vieille maxime, vieille maxime, Béatrice, qui n'a plus cours depuis le temps des bons voisins[11]; mais aujourd'hui, si un homme ne s'érige pas à lui-même sa propre tombe avant de mourir, il risque fort que son monument ne dure pas plus que son glas funèbre et les pleurs de sa veuve.

Béatrice. — Et quelle en est la durée, à votre avis?

Bénédict. — C'est là la question! Eh sans doute une heure de braillement et un quart d'heure de larmoiement; c'est pourquoi il est très-permis à un sage, si toutefois Dom Scrupule, sa conscience, n'y met pas d'opposition, de se faire la trompette de ses propres vertus, comme je le fais pour moi-même. En voilà assez sur mon panégyrique par moi-même, qui, je me rends ce témoignage à moi-même, est parfaitement mérité. Et maintenant, dites-moi, comment se porte votre cousine?

Béatrice. — Très-mal.

Bénédict. — Et vous, comment allez-vous?

Béatrice. — Très-mal aussi.

Bénédict. — Servez Dieu, aimez-moi et soyez mieux portante. Maintenant, je vais vous laisser, car je vois quelqu'un qui vient en toute hâte.

Entre URSULE.

Ursule. — Madame, il vous faut venir près de votre oncle. Il y a grand tintamarre à la maison : il est prouvé que madame Hero a été faussement accusée, le prince et Claudio complétement abusés, et l'auteur de tout cela est Don Juan, qui s'est enfui. Voulez-vous venir tout de suite?

Béatrice. — Voulez-vous venir apprendre ces nouvelles, signor?

Bénédict. — Je veux vivre dans ton cœur, mourir sur ton sein et être enterré dans tes yeux ; et, par dessus le marché, je veux bien aller avec toi trouver ton oncle.

(*Ils sortent.*)

SCÈNE III.

L'intérieur d'une église.

Entrent DON PEDRO, CLAUDIO, *et des suivants avec de la musique et des flambeaux.*

Claudio. — Est-ce là le monument de la famille de Leonato?

Un suivant. — Oui, Monseigneur.

Claudio, *lisant un parchemin :*

Frappée à mort par des langues calomnieuses,
Ici gît celle qui fut Hero.
La mort, en récompense de ses infortunes,
Lui donne une renommée qui ne mourra jamais.
Ainsi, la vie que la honte éteignit,
Vit d'un glorieux renom au sein de la mort.
(*Suspendant le parchemin à la tombe.*)
Reste suspendu à cette tombe,
Pour redire ses louanges lorsque ma bouche sera muette.
Maintenant, résonne, musique, et vous, entonnez votre hymne solennel.

Chant.

Pardonne, déesse de la nuit,
A ceux qui tuèrent ta chevalière virginale ;
En expiation, avec des accents de douleur,
Ils tournent autour de sa tombe.
Minuit, assiste nos lamentations,
Aide-nous à soupirer et à sangloter,
Sourdement, sourdement !
Tombes, ouvrez-vous et laissez sortir votre morte
Jusqu'à ce que sa mort soit prononcée
Par le ciel, par le ciel [12].

CLAUDIO. — Maintenant, que tes os reposent en paix ! Chaque année j'accomplirai cette cérémonie.

DON PEDRO. — Bonjour, Messieurs : éteignez vos torches. Les loups ont fait leur proie ; et voyez, le jour aimable, courant en avant du char de Phœbus, de tous côtés tachète de marques grises l'Orient assoupi. Mes remercîments à vous tous et laissez-nous ; portez-vous bien.

CLAUDIO. — Adieu, Messieurs ; que chacun aille de son côté.

DON PEDRO. — Allons, partons d'ici ; allons mettre d'autres habits, et puis nous irons trouver Leonato.

CLAUDIO. — Et puisse le nouvel hymen arriver bien vite à une meilleure fin que celui pour lequel nous avons fait cette réparation funèbre.   (*Ils sortent.*)

SCÈNE IV.

Un appartement dans la maison de Leonato.

Entrent LEONATO, ANTONIO, BÉNÉDICT, BÉATRICE, MARGUERITE, URSULE, LE FRÈRE FRANÇOIS *et* HERO.

LE FRÈRE FRANÇOIS. — Ne vous avais-je pas dit qu'elle était innocente?

LEONATO. — Innocents aussi sont le prince et Claudio, qui l'ont accusée par suite de l'erreur que vous avez entendu expliquer ; mais Marguerite a été tant soit peu coupable en tout ceci, quoique involontairement, ainsi que l'a démontré l'examen scrupuleux de cette affaire.

ANTONIO. — Bon, je suis heureux que toutes les choses aient tourné si bien.

BÉNÉDICT. — Et moi aussi ; car autrement j'étais contraint par mon serment à demander des comptes au jeune Claudio.

LEONATO. — Maintenant, ma fille, et vous, Mesdames, retirez-vous toutes dans une chambre à part, et revenez masquées lorsque je vous enverrai chercher. Le prince et Claudio ont promis de me rendre visite à cette heure-ci. Vous savez votre rôle, frère ; c'est vous qui devez être le père de la fille de votre frère et la donner au jeune Claudio.   (*Sortent les dames.*)

ANTONIO. — Et je jouerai mon rôle avec le plus parfait sérieux.

BÉNÉDICT. — Mon Frère, j'aurai, je crois, besoin de vos services.

LE FRÈRE FRANÇOIS. — De quoi s'agit-il, signor ?

BÉNÉDICT. — De me compléter ou de me mutiler, l'un des deux. Signor Leonato, mon bon signor, la vérité est que votre nièce me regarde d'un œil favorable.

LEONATO. — C'est très-vrai ; c'est ma fille qui lui a prêté cet œil.

Bénédict. — Et moi, je lui en marque ma reconnaissance avec un œil d'amour.

Leonato. — Dont vous tenez, je crois, la puissance visuelle de moi, de Claudio et du prince : mais quelle est votre volonté?

Bénédict. — Votre réponse, Monsieur, est énigmatique : mais, quant à ma volonté, ma volonté est que votre bonne volonté puisse s'accorder avec la nôtre, qui est d'être unis aujourd'hui par les liens d'un honorable mariage, affaire pour laquelle, mon bon Frère, je sollicite votre assistance.

Leonato. — Mon cœur se prête à votre désir.

Le frère François. — Et mon ministère est à votre service. — Voici venir le prince et Claudio.

Entrent DON PEDRO, CLAUDIO, *et les gens de leur suite.*

Don Pedro. — Bonjour à cette belle assemblée.

Leonato. — Bonjour, prince, bonjour, Claudio; nous vous attendions. Êtes-vous toujours décidé à épouser aujourd'hui la fille de mon frère?

Claudio. — Je persisterais dans mon intention, fût-elle une Ethiopienne.

Leonato. — Allez l'appeler, mon frère; le religieux est ici tout prêt.   (*Sort Antonio.*)

Don Pedro. — Bonjour, Bénédict. Eh bien! qu'est-ce donc qui vous prend pour avoir cette figure du mois de février, pleine de froid, de bourrasques et de nuages?

Claudio. — Je crois qu'il pense au taureau sauvage. Bah! ne crains rien, ami; nous dorerons tes cornes, et toute l'Europe sera enchantée de toi autant qu'autrefois Europe le fut du paillard Jupiter, lorsque par amour il joua le rôle de la noble bête.

Bénédict. — Le taureau Jupiter, Monsieur, avait un aimable mugissement; quelque taureau aussi extraordinaire que celui-là doit avoir sauté la vache de votre père et engendré par ce bel exploit un veau qui vous ressemble, car vous avez exactement son beuglement.

Rentre ANTONIO *avec les dames masquées.*

CLAUDIO. — Je vous suis redevable pour cette plaisanterie. Mais voici d'autres comptes à régler. Quelle est la dame dont je dois prendre possession ?

ANTONIO. — C'est celle-là, et je vous la donne.

CLAUDIO. — Eh bien! alors, elle est à moi. — Chérie, laissez-moi voir votre visage.

LEONATO. — Non, vous ne le verrez pas, jusqu'à ce que vous ayez joint votre main à la sienne devant ce religieux et juré de l'épouser.

CLAUDIO. — Donnez-moi votre main devant ce révérend Frère; je suis votre mari, si vous voulez de moi.

HERO. — Et lorsque je vivais, j'étais votre autre femme; (*se démasquant*) et lorsque vous m'aimiez, vous étiez mon autre mari.

CLAUDIO. — Une autre Hero !

HERO. — Rien de plus certain : une Hero est morte calomniée; mais je vis, et aussi sûrement que je vis, je suis vierge.

DON PEDRO. — La première Hero ! Hero qui est morte !

LEONATO. — Elle n'est restée morte, Monseigneur, que le temps qu'a duré son déshonneur.

LE FRÈRE FRANÇOIS. — Je puis expliquer toute cette énigme; lorsque les cérémonies saintes seront achevées, je vous raconterai tout au long la mort de la belle Hero; en attendant, tâchez de vous faire à cette surprise et allons à la chapelle immédiatement.

BÉNÉDICT. — Tout beau, Frère, un instant. Où est Béatrice ?

BÉATRICE. — C'est moi qui réponds à ce nom. Que voulez-vous ? (*Elle se démasque.*)

BÉNÉDICT. — M'aimez-vous ?

BÉATRICE. — Moi ? non, pas plus que de raison.

BÉNÉDICT. — Alors, votre oncle, le prince et Claudio ont été trompés, car ils ont juré que vous m'aimiez.

BÉATRICE. — Et vous, m'aimez-vous ?

BÉNÉDICT. — Ma foi non, pas plus que de raison.

ACTE V, SCÈNE IV.

BÉATRICE. — Eh bien! alors, ma cousine, Marguerite et Ursule se sont bien trompées, car elles ont juré que vous m'aimiez.

BÉNÉDICT. — Ils ont juré que vous étiez presque malade d'amour pour moi.

BÉATRICE. — Elles ont juré que vous étiez presque mourant d'amour pour moi.

BÉNÉDICT. — Il n'y a rien de pareil. — Ainsi, vous ne m'aimez pas?

BÉATRICE. — Non vraiment, excepté d'une amitié reconnaissante.

LEONATO. — Allons, ma nièce, je suis sûr que vous aimez le gentilhomme.

CLAUDIO. — Et moi, je jure qu'il l'aime; car voici un papier écrit de sa main, un sonnet boiteux sorti de son propre cerveau, composé en l'honneur de Béatrice.

HERO. — Et voici un autre papier, écrit de la main de ma cousine, volé dans sa poche, et contenant l'expression de son affection pour Bénédict.

BÉNÉDICT. — Un vrai miracle! nos mains, qui sont en guerre avec nos cœurs! Allons, je te prendrai; mais, par cette lumière, je te prends par pitié.

BÉATRICE. — Je ne veux pas vous refuser; mais, par ce beau jour, je jure que je ne cède qu'à une forte contrainte et en partie pour vous sauver la vie, car on m'a dit que vous vous consumiez.

BÉNÉDICT, *l'embrassant*. — Silence! je vais te fermer la bouche.

DON PEDRO. — Eh bien! comment vas-tu, Bénédict, *l'homme marié?*

BÉNÉDICT. — Je vais te le dire, prince : les fusées de toute une académie d'artificiers d'esprit ne changeront pas mes dispositions. Penses-tu que je me soucie d'une satire ou d'une épigramme? Non. Si un homme se laisse éclabousser par les quolibets de toutes les cervelles, il ne portera jamais d'habits propres. Bref, j'ai résolu de me marier, et je ne me soucie en rien de tout ce que le monde pourra dire à l'encontre; par conséquent, ne me raillez pas pour ce que j'ai pu dire autrefois contre le mariage ; car l'homme est une girouette, et voilà ma conclusion. Quant à toi, Claudio, j'avais l'intention de te rouer de coups, mais puisque tu dois être mon parent, vis au complet avec tous tes membres et aime ma cousine.

Claudio. — Et moi, j'avais bien espéré que tu refuserais Béatrice, afin d'avoir un prétexte pour bâtonner à mort ta célibataire personne,[13] et vérifier de mes propres yeux ta réputation de bon coureur qu'il n'est pas douteux que tu ne continues à mériter, si ma cousine ne te surveille de très-près.

Bénédict. — Allons, allons, nous sommes amis. Voyons, un tour de danse avant de nous marier, afin d'égayer nos propres cœurs et les talons de nos femmes.

Leonato. — Nous danserons plus tard.

Bénédict. — Non, tout de suite, comme je l'ai dit. Donc, en avant la musique ! Prince, tu es triste; prends une femme, prends une femme ; il n'est pas de canne plus respectable que celle qui a pour poignée une corne.

Entre un messager.

Le messager. — Monseigneur, votre frère Juan a été pris pendant qu'il s'enfuyait et ramené à Messine sous escorte de soldats.

Bénédict. — Ne pensons pas à lui avant demain; je te suggérerai d'excellents moyens de le punir. En avant les flûtes !

(*Danse et sortie des personnages.*)

COMMENTAIRE.

ACTE I.

1. *But few of any sort and none of name.* Sort veut dire ordinairement genre, espèce, sorte; mais il est difficile de lui conserver ici ce sens. Nous pensons avec quelques-uns des commentateurs modernes qu'on doit lui donner le sens de grade, rang, distinction.

2. *Signor Montanto.* Terme italien emprunté à l'art de l'escrime. Ce sobriquet donné par Béatrice à Bénédict pourrait se traduire par nos équivalents français de seigneur Rodomont ou de capitaine Fracasse.

3. Les bateleurs, lutteurs, maîtres d'escrime, avaient dès cette époque l'habitude de donner avertissement au public, par affiches imprimées, de leur présence dans telle ville, de l'heure et du lieu de leurs séances, etc.

4. Il est très-difficile de faire comprendre le piquant de la plaisanterie de Béatrice, les armes d'archers qu'elle mentionne étant aujourd'hui inconnues. Bénédict a défié Cupidon *at the flight;* le fou, en retour, l'a défié *at the bird bolt.* La flèche de Bénédict, *the flight*, était la flèche véritable, faite pour porter loin et blesser sérieusement, la flèche à pointe aiguë; la flèche du fou, *bird bolt*, était une flèche de petite portée dont l'extrémité était plate et qui touchait sans blesser. Le fou a voulu dire à Bénédict que son défi était sans portée, que ses armes ne blessaient pas, et qu'il ferait bien d'en choisir de plus inoffensives, comme convenant mieux à son caractère.

5. *Four of his five wits.* Les cinq esprits dont parle ici Béatrice sont les propriétés des cinq sens, que l'on trouve désignées ainsi chez tous les vieux écrivains anglais.

6. *You will never run mad, niece.* Leonato veut dire que Béatrice ne deviendra jamais folle, parce qu'elle prouve par ses saillies qu'elle l'est déjà, que c'est déjà chose faite.

7. La tradition de ce genre de plaisanteries s'est conservée religieusement et se retrouve chez les pitres des baraques foraines de notre

époque. Ce genre de plaisanterie consiste à poser des questions saugrenues ou à énoncer des affirmations contraires à l'évidence, comme celles qu'énonce Bénédict : par exemple que Vulcain est un bon charpentier, lorsqu'il est connu qu'il est forgeron, ou que Cupidon est un bon dénicheur de lièvres, ce qu'il ne peut être, étant aveugle.

8. *Like the old tale, my lord, it is so nor it was not so.* Quel est le conte auquel Bénédict fait allusion? Un érudit moderne, M. Blakeway, a recueilli de la bouche d'une vieille parente la sinistre anecdote suivante, qui rappelle notre vieux conte de Barbe-Bleue.

« Il y avait une fois une jeune dame nommée lady Mary, qui avait deux frères. Un été ils allèrent tous trois à une maison de campagne à eux appartenant, qu'ils n'avaient pas encore visitée. Parmi les membres de la *gentry* du voisinage qui vinrent leur faire visite, se trouvait un M. Fox, célibataire, dont la société leur plut beaucoup, et particulièrement à la jeune dame. Il allait souvent dîner avec eux et invitait fréquemment lady Mary à venir le voir chez lui. Un jour que ses frères étaient absents, et qu'elle n'avait rien de mieux à faire, elle se décida à y aller et partit en conséquence sans être accompagnée. Lorsqu'elle fut arrivée à la maison, elle frappa à la porte; mais personne ne répondit. A la fin elle l'ouvrit et entra. Sur la porte il y avait écrit : *Sois hardi, sois hardi, mais non pas trop hardi.* Elle avança, même inscription sur l'escalier; elle continue, même inscription à l'entrée d'une galerie; elle continue, et au-dessus de la porte d'une chambre, elle lit : *Sois hardi, sois hardi, mais non pas trop hardi, de peur que le sang de ton cœur ne se glace.* Elle ouvre la porte, la chambre était pleine de squelettes et de vases remplis de sang. Elle se retire en toute hâte, et comme elle arrivait au haut de l'escalier, elle voit d'une fenêtre M. Fox, qui s'avançait vers la maison, tenant d'une main une épée nue, et de l'autre traînant une jeune dame par les cheveux. Lady Mary eut juste le temps de descendre et de se cacher sous l'escalier avant que M. Fox et sa victime fussent arrivés aux premières marches. Pendant qu'il traînait la jeune dame par les cheveux, celle-ci se cramponna d'une main à une des barres de la rampe; à cette main était un riche bracelet. M. Fox la coupa avec son épée, et la main et le bracelet tombèrent dans le sein de lady Mary, qui réussit alors à s'évader sans être aperçue, et qui put regagner sans péril la demeure de ses frères.

« Quelque temps après, M. Fox vint dîner chez eux selon sa coutume; si c'était sur invitation, ou s'il s'était invité lui-même, la narration ne le dit pas. Après le dîner, comme les convives s'étaient mis en train de s'amuser en racontant des anecdotes extraordinaires, lady Mary leur dit qu'elle allait leur raconter un rêve remarquable qu'elle avait fait récemment. Je rêvais, dit-elle, que j'étais allée vous voir un matin, monsieur Fox, comme vous m'y aviez souvent invitée. Lorsque j'ouvris la porte, je vis écrit sur le vestibule : *Sois hardi, sois hardi, mais non pas trop hardi;* mais, dit-elle en se tournant vers M. Fox et en souriant : *Il n'en est pas ainsi et il n'en était pas ainsi;* puis elle continua le reste de l'histoire, concluant à chaque fait nouveau par ces mots : *Mais il n'en est pas ainsi, et il n'en était pas ainsi,* jusqu'à ce qu'étant arrivée à la mention de la chambre pleine de cadavres, M. Fox prit à son tour son refrain et dit : *Il n'en est pas ainsi, et il n'en était pas ainsi, et Dieu défende qu'il en puisse être ainsi,* ce qu'il répéta à chaque nouvel épisode de la sinistre histoire, jusqu'à ce qu'on fût arrivé à la circonstance de la main coupée; et alors, ayant dit comme précédemment : *Il n'en est pas ainsi, et il n'en était pas ainsi, et Dieu défende qu'il en puisse être ainsi,* lady Mary répliqua : *Mais cela est ainsi, et cela était ainsi, et voici la main en témoignage,* jetant en même temps la main coupée hors de son sein. Alors les hôtes tirèrent leurs épées et mirent M. Fox en pièces. » (*Note de l'édition* STAUNTON.)

9. Bénédict veut dire qu'il ne veut ni être cocu en portant sa honte visible à tous les yeux, ni être cocu sans le savoir ou en étant obligé de cacher sa honte.

10. C'était une coutume de l'époque de suspendre un chat dans une manière de bouteille en bois, et de le prendre pour cible au tir de l'arbalète.

11. L'Adam dont il est ici parlé n'est autre que le célèbre archer du moyen âge, Adam Bell, compagnon de ce Clym de la vallée et de ce William Cloudesley, qui jouèrent dans les comtés du Nord un rôle analogue à celui de l'*outlaw* Robin Hood dans le Sud.

12. C'est un vers qui appartient à un drame célèbre du temps de Shakespeare, intitulé : *La tragédie espagnole, ou Hieronymo redevenu fou.* La première édition connue de cette pièce est de 1605, postérieure par conséquent à *Beaucoup de bruit pour rien;* mais elle avait été écrite longtemps auparavant, car Nash, dans un pamphlet publié en 1593, en cite un fragment. (MALONE.)

13. Venise était renommée pour ses galanteries.

14. Les interlocuteurs plaisantent au moyen des formules de politesse par lesquelles on terminait les lettres du temps.

15. Autrefois, lorsqu'on avait moins souci de l'hygiène que de nos jours, les chambres closes, inhabitées ou rarement occupées, n'étant jamais ventilées, on était obligé de les parfumer au moyen de fumigations de genièvre ou autres plantes odorantes, lorsqu'on se trouvait dans la nécessité de s'en servir. Mais cela même n'avait lieu que dans les grandes occasions : un mariage, une fête, un retour après une longue absence.

ACTE II.

1. On disait des filles qui ne se mariaient pas qu'elles conduiraient les singes en enfer; nous n'osons chercher l'origine de ce dicton populaire, que le lecteur devinera avec un peu de sagacité.

2. Allusion à la visite de Jupiter sous l'humble toit de Philémon et Baucis.

3. Les *Cent contes joyeux.* C'est le titre d'un recueil de facéties du temps

de Shakespeare, qui longtemps n'a été connu que par la mention qu'en fait ici Béatrice. Le révérend M. Connybeare découvrit, en 1835, un exemplaire de cet ouvrage dans un état de mutilation complète, chez un relieur qui se servait de ses feuilles pour coller ses reliures. M. Carew Hazlitt l'a réimprimé récemment, ainsi que d'autres *petits livres pour rire* du temps de Shakespeare.

4. Le saule était l'arbre symbolique des amants délaissés ou malheureux.

5. C'était alors l'usage, usage que l'on retrouve encore dans quelques-unes de nos provinces, de bâtir au temps des vendanges ou des moissons des maisonnettes en planches où un homme de garde couchait pour préserver les récoltes contre tout danger. Après le temps des vendanges et des moissons, ces maisonnettes restaient inhabitées et présentaient l'image de cette parfaite désolation à laquelle Bénédict fait allusion.

6. Nous avons déjà mentionné la coutume que les dames du temps d'Élisabeth avaient de se teindre les cheveux, dans une note du *Marchand de Venise*. Bénédict dit ironiquement qu'il ne tient pas à la couleur des cheveux de sa femme, pourvu que cette couleur soit celle que Dieu leur aura donnée ; peu importe qu'elle soit brune, blonde ou rousse, pourvu qu'elle ne doive rien aux procédés de la teinture.

7. Il se rencontre ici dans le texte un mot dont il est impossible de trouver l'équivalent en français : *stalk on*, terme emprunté au vocabulaire des chasseurs, et qui signifie *mettez-vous à couvert derrière le mannequin du cheval*. Pour la chasse aux oiseaux, on se mettait derrière un mannequin de cheval afin que le gibier n'aperçût point le chasseur. Ce mannequin n'était pas toujours un cheval ; il avait quelquefois la forme d'un bœuf, quelquefois la forme d'un cerf. On employait souvent un vieux cheval véritable, car il arrivait que les oiseaux défiants, soupçonnant quelque piége, ne s'approchaient pas de l'immobile animal.

ACTE III.

1. Le faucon hagard est particulièrement insociable, et un vieux naturaliste, Latham, le décrit comme ne pouvant souffrir aucune compagnie jusqu'au moment du printemps, où la nature force les bêtes à s'accoupler.

2. On avait coutume de porter au chapeau une petite figurine taillée dans l'agate, quelque chose comme les figurines qui servent de têtes à nos épingles de cravates.

3. Il y a là une allusion, difficile à rendre, aux anciennes sentences pénales, qui condamnaient les criminels à être pendus, décrochés avant que mort s'ensuivit, et éventrés ou écartelés. *Draw it*, arrachez-la, dit don Pedro ; *hang it*, pendez-la, dit Bénédict, à qui les paroles de don

Pedro rappellent les formules des arrêts; pendez-la d'abord, et vous l'arracherez ensuite, dit Claudio, qui rétablit le texte des sentences pénales dans toute sa barbare exactitude.

4. Nous avons déjà vu, dans *le Marchand de Venise*, la belle Portia tourner en ridicule l'Anglais Fauconbridge pour sa manie d'emprunter à différentes nations les différentes parties de son costume. Mais il paraît que c'était une manie régnante de l'époque, car voici comment s'exprime à ce sujet un vieux pamphlet puritain imprimé en 1606 et intitulé, *les Sept péchés mortels de Londres* : « Car le costume d'un Anglais est comme le corps d'un traître qui a été pendu, éventré, écartelé et distribué entre différents quartiers; sa braguette vient de Danemark, le collet de son pourpoint vient de France, le pan et les courtes manches viennent d'Italie, le petit gilet a ses frères accrochés au-dessus des boutiques de bouchers d'Utrecht, les larges pantalons parlent de l'Espagne, les bottes sont données par la Pologne; ainsi nous nous moquons des autres nations parce qu'elles ont un costume uniforme, mais nous empruntons quelque pièce de leurs costumes à chacune d'elles pour rapiécer notre orgueil, et nous leur devenons des objets de risée, tant leurs modes nous vont misérablement. »

5. Voici une de ces formules extraites des *Miscellanées* d'Aubrey : « Extrait du manuscrit de M. Ashmole, écrit de sa propre main : « Mars, Nur, Abursa, Aburse : Jésus-Christ, pour l'amour de Marie, « enlevez ce mal de dents. » Écrivez ces mots sur trois morceaux de papier différents, et pendant trois jours que vous réciterez ces paroles, que le malade brûle un des papiers, puis un autre, puis enfin le dernier. Il dit qu'il a vu faire cette expérience, et que le malade fut immédiatement guéri. » (*Note de l'édition* STAUNTON.)

6. Ce n'est pas sans un certain étonnement qu'on voit dans cette pièce, qui se passe en Italie, les officiers de police porter des noms anglais, mais la lecture de cette scène dissipe bientôt tout étonnement : c'est une satire de la police anglaise de son temps, que le poëte a voulu faire dans les deux personnages de Dogberry et de Verges, dont les noms sont empruntés aux emblèmes traditionnels de la police : *Dogberry*, bois de cornouiller, gourdin, rotin (la canne traditionnelle du mouchard), et *Verges*, porte-verge, bâton de constable. Les deux noms d'officiers de police qui se trouvent plus bas sont aussi des noms composés, mais de pure fantaisie et sans aucune signification sérieuse : *Oat Cake*, gâteau d'avoine, et *Sea Coal*, charbon de mer. Nous avons traduit autant que possible par des incorrections françaises équivalentes les incroyables incorrections, *lapsus linguæ*, bourdes et transpositions de mots de Dogberry et de son camarade Verges.

Sur ce personnage de l'ancien *watchman* anglais, M. Staunton donne les détails suivants d'après deux ou trois vieilles gravures du temps qui ont été conservées. Il était habillé d'une longue redingote qui lui descendait jusqu'au talon et qui était serrée aux flancs par un ceinturon; il portait à la main une pique ou hallebarde, une lanterne et une sonnette. Ses fonctions, que M. Staunton énumère d'après un vieux livre du temps, sont à peu près les mêmes que celles de nos officiers de police d'aujourd'hui. Seulement cette garde était strictement appliquée à la police des heures de nuit et son service était compris entre l'Ascension et la Saint-Michel. Sur la hallebarde ou pertuisane portée par le *watchman*, Johnson donne la note suivante : « Les *watchmen* de Lichfield portent encore la pertuisane. C'est l'arme de l'ancienne infanterie anglaise, qui, dit Temple, faisait les plus dangereuses et déplorables blessures. » Ainsi la pertuisane était encore l'arme des *watchmen* de certains districts de l'Angleterre au dix-huitième siècle.

7. *He wears a lock*, il porte une mèche ou boucle de cheveux. C'était une mode du temps importée, dit-on, de France, d'avoir une boucle de cheveux qui dépassait les autres, et qui était particulièrement ornée de rubans et autres colifichets. Le portrait de sir Edward Sackville, comte de Dorset, peint par Van Dyck, le montre avec cette boucle liée à son extrémité par un large ruban, pendante sous l'oreille gauche, et descendant aussi bas que la place où les chevaliers de la Jarretière portent aujourd'hui l'étoile.

8. *Side sleeves*, manches de côté ou longues manches. C'étaient des manches d'une longueur démesurée qui partaient de la naissance de l'épaule, recouvraient la moitié du bras serré dans la manche collante, et descendaient presque jusqu'à la ceinture. C'était une mode générale ; les servantes les portaient comme les maîtresses ; aussi certains esprits satiriques disaient-ils et écrivaient-ils à leur propos ce qu'Harpagon dit des hauts-de-chausses, que ces manches étaient propres à receler ce qu'elles volaient et dispensaient d'avoir recours au balai, car elles nettoyaient tout ce qu'elles effleuraient.

9. Nous avons déjà vu le chant de *Léger d'amour* mentionné dans *les Deux Gentilshommes de Vérone*. Il est écrit en vers hexamètres, très-long et ennuyeux au possible ; néanmoins, il était très-populaire au temps de Shakespeare.

10. La lettre que mentionne Béatrice n'est pas M, mais H, et les trois mots sont ceux de *husband* (époux), *horse* (cheval), et *hawk* (faucon), qui tous trois commencent par H. Nous avons été obligé de substituer une autre lettre à l'H, dans l'impuissance où nous nous sommes vu de rendre fidèlement cette partie du dialogue de Béatrice et de Marguerite. Béatrice répond à Marguerite qu'elle ne soupire pour aucune des choses que désignent ces trois mots : *husband, horse, hawk*, mais bien à cause de la lettre qui les commence, H, laquelle se prononçait *aiche*, comme le verbe *to ache*, souffrir, être malade. Béatrice soupire donc parce qu'elle est malade.

11. Le chardon bénit, *holy thistle* en anglais, *carduus benedictus* en botanique, était regardé comme souverain contre les maux de cœur, les faiblesses et défaillances, les vertiges, etc. Un vieux médecin, dont M. Staunton cite un extrait, le présente comme un antidote au poison, comme un préservatif contre la peste, et un remède infaillible contre la fièvre.

12. *Honnête comme la peau de son front*. Expression proverbiale qui

prenait son origine dans la coutume de marquer au front les criminels.

13. *Palabras*, mot espagnol qui signifie paroles.

14. « Voilà qui en amènera quelques-uns au bout de leur *non com*, » dit le sagace Dogberry, qui cite l'abréviation de la formule *non compos mentis*, non droit d'esprit.

ACTE V

1. *Make misfortune drunk with candle wasters;* souler son infortune en compagnie des brûleurs de chandelles, veilleurs de nuit. Cette expression de *candle wasters* signifie-t-elle les libertins nocturnes ou les veilleurs studieux? Les avis des commentateurs sont partagés, et *adhuc sub judice lis est*. Cependant nous inclinons pour le premier sens, qui nous semble motivé par le verbe *to drunk*, s'enivrer.

2. Bénédict et Claudio empruntent dans cette partie de leur dialogue leurs sarcasmes et leurs mots piquants au vocabulaire des chevaliers et des hommes d'armes familiers avec les joutes et les tournois.

3. *Retourner son ceinturon*. C'était une phrase habituelle du temps pour signifier qu'on avait fait ou qu'on se disposait à faire, ou qu'on faisait une provocation. Elle tirait son origine de l'habitude qu'avaient les lutteurs de retourner leur ceinturon lorsqu'ils engageaient le combat, et peut-être aussi de la coutume de porter l'épée sur le côté, presque par derrière le dos.

4. Le texte porte *a woodcock*, un coq de bruyère, animal qui avait la même réputation de stupidité que nous avons faite au dindon.

5. Plaisanterie qui roule sur la réminiscence du passage de la Genèse où il est raconté comment Adam se cacha dans le jardin d'Éden, après sa faute, lorsqu'il entendit Dieu qui s'y promenait.

6. Nous avons vu déjà dans l'acte précédent le frère François recommander de faire suspendre des épitaphes élégiaques sur le monument de la famille Leonato. C'était une coutume générale au seizième siècle en Italie, et très-fréquente aussi en Angleterre, de suspendre des épitaphes en forme de complaintes ou d'élégies sur les tombes des morts chéris ou illustres.

7. « Il porte une clef à son oreille et une serrure qui pend après. » Dogberry, rencontrant le mot *lock*, qui a la double signification de boucle de cheveux et de serrure, ne manque pas cette occasion de faire un contre-sens.

8. La formule de remercîment employée par le collecteur d'aumônes, à la porte des maisons religieuses. Dans celles de nos provinces où les anciens usages catholiques se conservent encore, nous avons entendu employer une formule analogue par les sacristains ou marguilliers qui font la tournée de l'église, en quêtant pour les âmes du purgatoire.

9. C'était, selon Ritson, le commencement d'un chant célèbre dont il existe une parodie puritaine qui est exactement la chanson fredonnée par Bénédict, à un seul mot près :

> Le dieu d'amour qui là-haut siége,
> Il connaît, il connaît
> Combien *pécheurs* nous sommes.

10. Troïlus, le héros d'un des beaux drames de Shakespeare; nous le verrons employer comme entremetteur auprès de Cressida son oncle Pandarus.

11. Très-jolie et très-humoristique expression, équivalant à dire : C'était bon dans les bons vieux temps, dans l'âge d'or, etc.

12. *Heavenly, Heavenly.* C'est le texte même de l'édition in-folio. Les modernes éditeurs ont cru qu'il y avait ici une faute, et que le second refrain n'était que la répétition du premier, *Heavily! heavily!* Il nous semble cependant que le texte de l'in-folio donne un sens plus clair.

13. *I might have cudgelled thee out of thy single life, to make thee a double dealer.* J'aurais bâtonné à mort ta *simple* personne, pour t'apprendre à jouer *double* jeu. *Single* signifie seul, simple, solitaire; il fait une autre allusion ici aux opinions de Bénédict sur le célibat, et complique ainsi la plaisanterie ingénieuse de Claudio, que nous avons essayé de rendre au moyen d'équivalents.

MESURE POUR MESURE

IMPRIMÉ POUR LA PREMIÈRE FOIS DANS L'ÉDITION DE 1623.
DATE PROBABLE DE LA PREMIÈRE REPRÉSENTATION, 1603.

AVERTISSEMENT.

Mesure pour Mesure fut imprimé pour la première fois dans l'édition in-folio de 1623, et Malone a conjecturé que cette comédie fut composée et représentée pour la première fois en 1603. Cependant ce n'est là qu'une conjecture, et la seule date certaine concernant cette pièce est celle de sa représentation devant la cour, 26 décembre 1604.

Cette comédie admirable est une des œuvres qui permettent le mieux de trancher le petit débat qui s'est élevé maintefois entre les grammairiens et les philologues sur le sens véritable qu'il faut attacher au mot *poëte*. Ce mot doit-il s'entendre dans le sens de *faiseur*, de *créateur*, ou de *metteur en œuvre*, d'*arrangeur*? Certes, s'il est poëte qui mérite le titre de créateur, c'est à coup sûr Shakespeare; et cependant quand on considère telle de ses œuvres, *Mesure pour Mesure* spécialement, on est tenté de trouver que cette traduction de son nom de poëte par celui d'*arrangeur*, de *metteur en œuvre*, loin de diminuer sa gloire, en exprime mieux au contraire l'incomparable éclat. Avant d'arriver à la perfection que nous lui voyons dans *Mesure pour Mesure*, l'histoire qui fait le fonds de cette pièce avait déjà passé par deux états différents. Rien n'est instructif comme de comparer ces deux états premiers à la pièce telle qu'elle est sortie du cerveau de Shakespeare; car rien ne permet mieux de comprendre combien la création matérielle d'un fait ou d'une combinaison de faits est peu de chose jusqu'à ce que le génie vienne donner à ce fait ou à cette combinaison de faits son harmonie et sa portée morale. Nous trouvons cette histoire en son état primitif dans les *Hécatommithi* de Cinthio. Rien n'est grossier, brutal, révoltant, contraire à la nature et au sens commun, dépourvu de portée morale, comme cette histoire sous sa première forme. Un certain Juriste, délégué de l'empereur Maximinien à Inspruck, fait condamner à mort un jeune homme qui a violé une jeune fille. La sœur du jeune homme implore sa grâce que Juriste lui fait espérer si elle veut elle-même céder à ses désirs. La jeune fille consent; mais la nuit même où elle se donne à lui, Juriste fait trancher la tête de son frère et la lui fait envoyer. Désolée et exaspérée, la jeune fille s'adresse à Maximinien, qui condamne Juriste à mort; mais celui-ci est alors sauvé par les instances de celle qu'il a tant outragée. Il l'épouse, sur l'ordre de l'empereur, et passe le reste de ses jours avec elle en parfaite entente amoureuse. C'est là ce qu'on peut appeler le premier état du sujet de *Mesure pour mesure;* c'est la pièce de Shakespeare à l'état d'embryon repoussant, ou pour mieux dire à l'état de chenille. Tout est odieux dans la nouvelle de Cinthio, les faits, les caractères, les sentiments; le condamné à mort lui-même n'inspire aucune sympathie, car il est coupable d'un crime odieux, et son châtiment n'est que strictement juste. Et que penser de la jeune fille qui consent à plaider pour le monstre qu'elle a dénoncé elle-même, et qui peut se résigner à un mariage avec le meurtrier de son frère? C'est là ce qu'on peut appeler un amour dénaturé s'il en fut jamais. Que nous voilà loin de la chaste Isabella et du faible et sympathique Claudio! Et quelle distance aussi entre cet empereur qui est assez dépourvu de sens moral pour ordonner le mariage d'un fourbe deux fois criminel avec sa victime, et ce vertueux duc si ingénieux, si moral, si vraiment noble, qui conduit avec un tact si parfait, vers un dénouement également conforme à la justice et à l'humanité, l'histoire détestable à laquelle il se trouve mêlé.

Le second état de ce sujet, celui qu'on pourrait appeler l'état de chrysalide, nous est présenté par une comédie d'un certain Whetstone, écrite en 1578 et intitulée *Promos et Cassandra*. L'histoire, sous cette nouvelle forme, se rapproche beaucoup de celle de Shakespeare, et l'on sent que de cette chrysalide, le radieux papillon du grand poëte n'aura plus aucune peine à sortir. Un certain Promos, magistrat de Corvin, roi de Hongrie, fait condamner à mort un jeune homme nommé Andrugio, comme coupable d'adultère, en vertu d'une loi tombée en désuétude et qu'il a entrepris de faire revivre. La sœur d'Andrugio, vertueuse jeune fille, nommée Cassandre, sollicite la grâce de son frère, que Promos lui accorde aux mêmes conditions qu'Angelo propose à Isabella. Comme Isabelle, Cassandre résiste d'abord, mais bientôt elle cède, à la condition que son frère aura la vie sauve et que Promos l'épousera elle-même. Promos ne tient aucune de ces deux conditions et donne ordre d'exécuter Andrugio et de porter sa tête à Cassandre. Andrugio est sauvé par la pitié d'un geôlier, qui présente à Cassandre la tête d'un condamné vulgaire. L'histoire arrive à la connaissance du roi, il ordonne à Promos d'épouser Cassandre et le condamne ensuite à la perte de la vie, qui lui est conservée par les instances de Cassandre et d'Andrugio. Tel est le second état du sujet de *Mesure pour Mesure*. Nous voyons combien il est imparfait et grossier encore, quoiqu'il ait perdu ce qu'il avait de trop repoussant. Andrugio n'est pas, il est vrai, un criminel justement puni, comme la victime du conte de Cinthio; cependant c'est un coupable, car il est adultère. Shakespeare n'a eu garde de tomber dans une pareille erreur. Il a senti que, pour que le sujet eût toute sa portée, la victime devait être innocente selon la nature et coupable seulement d'une de ces douces faiblesses que la loi peut pharisaïquement condamner, mais que la nature conseille, autorise et absout. Le seul crime de Claudio est donc d'avoir trop aimé sa maîtresse, qui est en même temps sa fiancée. Cassandre se rapproche d'Isabella; mais ce n'est pas Isabella qui consentirait comme Cassandre à faire marché de son déshonneur et à tirer parti du malheur auquel les circonstances l'ont réduite. Avec quel tact exquis Shakespeare a effacé de cette histoire tout ce qu'elle avait de blessant pour le sens moral! Comme il a su plaider la cause de la nature et montrer que cette cause était identique à celle de la morale sociale! Avec quelle délicatesse il a senti que le personnage de la sœur devait se refuser à tout compromis avec le fourbe qui travaille à son déshonneur, parce qu'un tel compromis serait une insulte à cette nature même dont il plaide les droits, et avec quel bonheur il a introduit pour éviter cet écueil le touchant personnage de Mariana. D'un germe grossier et vénéneux qui semblait ne devoir donner qu'une fleur empoisonnée, Shakespeare a su faire sortir une fleur splendide, aux parfums riches et sains, qu'il faudrait condamner les pharisiens à respirer au moins une fois par année, car on ne peut lire *Mesure pour Mesure* sans se sentir uni à ses frères en humanité par les liens d'une commune faiblesse, sans y puiser des leçons de tolérance et d'équité. Celui qui, après avoir achevé cette lecture, ne fait pas sur lui-même un retour de conscience, celui qui ne se sent pas disposé à condamner moins promptement et à mettre un frein à sa langue pour l'empêcher de dire à son frère, *Raca*, celui qui ne comprend pas mieux qu'auparavant le prix des vertus de l'humilité et de la modestie, celui-là est un incorrigible pharisien, et ne mérite d'autre justice que celle qui atteint Angelo.

Il faudrait un volume entier pour discuter la proposition profonde et hardie que Shakespeare a présentée dans cette pièce, proposition qu'on peut résumer ainsi : vaine, stérile, injuste et tyrannique, est la loi qui se place en opposition avec la nature, même lorsqu'elle cherche à atteindre un but conforme aux principes les plus purs de la morale. Autre est la morale philosophique, autre la morale sociale. A la vérité, les sociétés doivent avoir un idéal de morale aussi élevé que possible, mais le comble de l'immoralité serait précisément de juger les actions des hommes d'après cet idéal. Certes, au point de vue de la morale stricte, Claudio est coupable; si coupable, que sa sœur, la vertueuse Isabelle, qui le juge presque aussi pharisaïquement qu'Angelo, parce qu'elle le juge à un point de vue de nonne cloîtrée, commence par ne pas trouver un mot pour sa défense, et cependant quel est celui d'entre nous qui oserait déclarer que Claudio est un criminel ? Encore une fois, ce n'est pas dans un bref avant-propos que nous pouvons discuter une semblable proposition; qu'il nous suffise donc de l'énoncer. *Mesure pour Mesure* serait un admirable sujet de commentaire pour un philosophe ou un légiste, car dans aucune pièce de Shakespeare les grandes pensées politiques et philosophiques ne se rencontrent en aussi grande abondance, et l'on peut dire en toute vérité que si l'on veut connaître les opinions du poëte sur le gouvernement et la justice sociale, c'est dans *Mesure pour Mesure* qu'il faut les chercher.

PERSONNAGES DU DRAME.

VINCENTIO, duc de Vienne.
ANGELO, lieutenant du duc en son absence.
ESCALUS, vieux seigneur, adjoint à ANGELO dans le gouvernement.
CLAUDIO, jeune gentilhomme.
LUCIO, jeune libertin.
DEUX AUTRES GENTILSHOMMES du même caractère.
UN PRÉVÔT.
THOMAS, \
PIERRE, / moines.
UN JUGE.
VARRIUS, gentilhomme de la suite du duc.
ELBOW, constable niais.
FROTH, gentilhomme imbécile.
POMPÉE, bouffon, serviteur de Madame OVERDONE.
ABHORSON, bourreau.
BERNARDIN, prisonnier dissolu.

ISABELLA, sœur de CLAUDIO.
MARIANA, fiancée à ANGELO.
JULIETTE, dame aimée de CLAUDIO.
FRANCISCA, religieuse.
MADAME OVERDONE, entremetteuse.

SEIGNEURS, GENTILSHOMMES, GARDES, OFFICIERS ET AUTRES COMPARSES.

SCÈNE. — Vienne.

MESURE POUR MESURE.

ACTE I.

SCÈNE PREMIÈRE.

Un appartement dans le palais du duc.

Entrent LE DUC, ESCALUS, SEIGNEURS *et* GENS DE L'ESCORTE.

Le duc. — Escalus !

Escalus. — Monseigneur ?

Le duc. — Prétendre vous dévoiler les principes du gouvernement paraîtrait de ma part pure affectation et pur bavardage, puisque j'ai eu sujet de connaître que toutes les instructions que pourrait vous donner mon autorité resteraient bien en deçà de votre propre science. Il ne me reste donc rien à faire qu'à remettre mon pouvoir à votre capacité, et à laisser à votre vertu le soin de les faire agir de concert[1]. Quant à la nature de notre peuple, aux institutions de notre cité, aux formes de notre droit commun, vous en possédez une connaissance aussi complète que l'art et la pratique en aient jamais pu donner à homme dont nous ayons gardé le souvenir. — Voici votre commission, de laquelle nous désirons que vous ne vous écartiez pas. — Appelez.... Je veux dire mandez à Angelo de venir en notre présence. (*Sort un assistant.*) Comment pensez-vous qu'il représentera notre personnage? car vous devez savoir que par une marque très-particulière de confiance [2], nous l'avons désigné pour tenir lieu de notre personne absente; nous lui avons prêté notre pouvoir de terreur, nous l'avons revêtu de notre pouvoir de clémence, nous avons enfin donné à sa lieutenance le corps et les membres mêmes de notre propre autorité : qu'en pensez-vous?

Escalus. — S'il est quelqu'un dans Vienne qui soit digne d'être investi d'une faveur et d'un honneur aussi considérables, c'est le seigneur Angelo.

Le duc. — Le voici qui vient.

Entre ANGELO.

Angelo. — Toujours obéissant à la volonté de Votre Grâce, je viens savoir quel est votre bon plaisir.

Le duc. — Angelo, tes mœurs ont un certain caractère qui révèle pleinement ton histoire à l'œil d'un observateur. Tu ne t'appartiens pas tellement à toi-même, tes qualités ne sont pas tellement ta propriété, qu'il te soit permis de dépenser exclusivement ta vie pour tes vertus et tes vertus pour ta vie. Le ciel fait de nous ce que nous faisons des torches que nous n'allumons pas pour elles-mêmes; car si nos vertus ne rayonnent pas hors de nous, c'est absolument comme si nous ne les avions pas. Les esprits ne reçoivent de beaux dons que pour de belles fins, et la nature ne prête jamais la plus petite parcelle de son excellence sans se réserver, l'économe déesse, les priviléges d'un créancier, sans fixer le taux de l'intérêt et le degré de la reconnaissance qui lui sont dus. Mais j'adresse ce discours à un homme qui peut remplir mon personnage; prends donc, Angelo. (*Il lui remet sa commission.*) Pendant notre absence, sois pleinement nous-même. Tes lèvres et ton cœur sont à Vienne les maîtres du châtiment et de la clémence. Le vieil Escalus, quoique le premier appelé, sera ton second; prends ta commission.

Angelo. — Mon bon Seigneur, permettez que le métal

de ma personne ait subi encore quelques épreuves avant d'y imprimer une si grande et si noble effigie.

Le duc. — Pas de faux-fuyants. C'est après avoir longuement mûri et délibéré notre choix que nous l'avons arrêté sur vous[3]; recevez donc vos dignités. Notre impatience de partir est si vive, qu'elle n'écoute qu'elle-même et qu'elle laisse indécises des affaires de la plus pressante importance. Nous vous écrirons, selon que le temps et les circonstances nous le permettront, les dispositions où nous serons, et nous comptons bien être informé de ce qui vous arrivera ici. Ainsi, portez-vous bien; je vous laisse à l'exécution pleine d'espérances de vos commissions.

Angelo. — Permettez-nous, cependant, Monseigneur, de vous faire escorte un bout de la route.

Le duc. — Je suis trop pressé pour y consentir, et vous n'avez d'ailleurs sur cette question de l'honneur qui m'est dû à vous faire aucun scrupule : votre autorité a même champ que la mienne, même plein pouvoir pour étendre ou mitiger les lois selon que votre conscience le jugera nécessaire. Donnez-moi votre main, je partirai *incognito*. J'aime le peuple, mais je n'aime pas à parader à ses yeux; quoiqu'ils fassent bon effet, je ne goûte pas beaucoup ses bruyants applaudissements et ses véhéments *aves*[4], et je ne crois pas d'une prudence parfaite l'homme qui s'y complaît. Une fois encore, adieu.

Angelo. — Le ciel fasse prospérer vos desseins!

Escalus. — Qu'il vous accompagne et vous ramène heureux!

Le duc. — Je vous remercie. Adieu.   (*Il sort.*)

Escalus. — Je désirerais, Monsieur, que vous me permissiez de conférer librement avec vous; il m'importe de connaître sur quel fondement repose ma charge; j'ai un pouvoir, mais quelle est sa nature et quelle est son étendue, je n'en sais rien encore.

Angelo. — Je suis dans le même cas. Retirons-nous ensemble, et nous aurons bientôt satisfaction sur ce point.

Escalus. — Je suis aux ordres de Votre Honneur.

(*Ils sortent.*)

SCÈNE II.

Une rue.

Entrent LUCIO *et* DEUX GENTILSHOMMES.

Lucio. — Si le duc et les autres ducs n'arrivent pas à s'arranger avec le roi de Hongrie, eh bien! alors, tous les ducs tombent sur le roi.

Le premier gentilhomme. — Le ciel nous accorde la paix, mais non pas celle du roi de Hongrie!

Le second gentilhomme. — Amen.

Lucio. — Tu conclus comme ce pirate dévot qui se mit en mer avec les dix commandements, mais qui en biffa un de la table.

Second gentilhomme. — « Tu ne voleras pas. »

Lucio. — Oui; c'est celui qu'il ratura.

Premier gentilhomme. — Parbleu! c'était un commandement à commander au capitaine et à tous les hommes de son équipage de se démettre de leurs fonctions; car ils ne mettaient à la voile que pour voler. Il n'y a pas un seul soldat d'entre nous tous qui goûte beaucoup cette partie de la prière d'avant le repas où on implore la paix [5].

Second gentilhomme. — Je n'ai jamais entendu un seul soldat la désapprouver.

Lucio. — Je te crois; car je suis sûr que tu ne t'es jamais trouvé là où on disait les grâces.

Second gentilhomme. — Vous croyez? Au moins une douzaine de fois, en des temps divers.

Premier gentilhomme. — Des *temps!* Quoi, des grâces en musique! En quel ton [6]?

Lucio. — En n'importe quelle mesure et en n'importe quelle langue.

Premier gentilhomme. — Ou, je le crois bien, en n'importe quelle religion.

Lucio. — Eh! pourquoi non? la grâce est toujours la

ACTE I, SCÈNE II.

grâce en dépit de toutes les controverses ; par exemple, toi-même, tu es un vaurien fieffé, en dépit de toute grâce.

Premier gentilhomme. — Ah bien ! alors, un même coup de ciseau nous a taillés dans la même étoffe.

Lucio. — Nous sommes de même étoffe, je te l'accorde, comme la lisière est de même étoffe que le velours ; tu es la lisière.

Premier gentilhomme. — Et toi le velours ; tu es du bon velours : une pièce de velours à surface trois fois rase, je te le garantis. J'aimerais autant être la lisière d'une serge anglaise que d'être ras comme le velours français, tondu que tu es[7]. Je parle d'une manière *intelligible*, n'est-ce pas ?

Lucio. — Je crois que oui, et vraiment avec une *intelligence* douloureuse de ton sujet : ta confession m'apprend la manière de porter ta santé ; je devrai toujours faire attention à ne boire jamais qu'après toi[8].

Premier gentilhomme. — Je crois que je viens de me faire mal, n'est-ce pas ?

Second gentilhomme. — Oui, c'est ce que tu as fait, que tu sois infecté ou sain.

Lucio. — Voyez, voyez, voici Mme Des Douceurs qui vient !

Premier gentilhomme. — J'ai bien acheté sous son toit assez de maladies pour faire la somme....

Second gentilhomme. — De combien, s'il vous plaît ?

Premier gentilhomme. — Devine.

Second gentilhomme. — De trois mille dollars par an ?

Premier gentilhomme. — Oui, et même davantage.

Lucio. — Ajoutez une *couronne française*[9].

Premier gentilhomme. — Tu es perpétuellement à m'attribuer des maladies ; mais tu te trompes tout à fait. Ma carcasse sonne bien.

Lucio. — Certes, elle sonne, non à la vérité comme une chose saine, mais comme une chose creuse ; tes os sont creux ; le libertinage a fait chère lie de ta personne.

Entre MADAME OVERDONE [10].

Premier gentilhomme. — Eh bien! comment va? Laquelle de vos deux hanches a la plus profonde sciatique?

Madame Overdone. — Bien, bien; il y en a un là-bas qu'on a arrêté et qu'on mène en prison, qui en valait cinq mille comme vous tous.

Second gentilhomme. — Quel est-il, je te prie?

Madame Overdone. — Parbleu, Monsieur, c'est Claudio, le signor Claudio.

Premier gentilhomme. — Claudio en prison! cela n'est pas possible.

Madame Overdone. — Je suis bien sûre que c'est ainsi; je l'ai vu arrêter, je l'ai vu emmener, et qui plus est, d'ici à trois jours sa tête doit être décollée.

Lucio. — Mais après toutes les sornettes que nous venons de dire, je serais désolé que cela fût vrai. En es-tu bien sûre?

Madame Overdone. — Trop sûre; et c'est pour avoir fait un enfant à madame Juliette.

Lucio. — Je vous assure que cela pourrait bien être. Il m'avait promis de venir me rejoindre il y a deux heures, et il a toujours été exact à tenir ses promesses.

Second gentilhomme. — En outre, vous savez, cela se rapporte assez bien à la conversation que nous avions tantôt sur certain sujet.

Premier gentilhomme. — Mais cela s'accorde surtout avec la proclamation.

Lucio. — En route! Allons savoir ce qu'il y a de vrai.

(*Sortent Lucio et les gentilshommes.*)

Madame Overdone. — Ainsi l'un après l'autre, qui par la guerre, qui par le traitement de la vérole, qui par la potence, qui par la pauvreté, tous mes chalands me sont enlevés; voilà mes affaires fort en baisse.

Entre le bouffon POMPÉE [11].

Madame Overdone. — Hé bien! quelles nouvelles apportes-tu?

Pompée. — On emmène là-bas un homme en prison.
Madame Overdone. — Bon; qu'a-t-il fait?
Pompée. — Une femme.
Madame Overdone. — Mais quel est son délit?
Pompée. — D'avoir barboté pour prendre des truites dans une rivière défendue.
Madame Overdone. — Quoi donc? a-t-il fait un enfant à une fille?
Pompée. — Non; mais il a fait une femme d'une fille. Vous n'avez donc pas entendu parler de la proclamation?
Madame Overdone. — Quelle proclamation, mon garçon?
Pompée. — Toutes les maisons des faubourgs de Vienne doivent être jetées bas.
Madame Overdone. — Et qu'adviendra-t-il de celles de la ville?
Pompée. — Elles resteront pour la graine; elles seraient tombées aussi, si un sage bourgeois ne les avait sauvées.
Madame Overdone. — Mais, est-ce que toutes nos maisons de rendez-vous des faubourgs vont être abattues?
Pompée. — Radicalement rasées, maîtresse.
Madame Overdone. — Ah! mais voilà vraiment un grand changement dans la société. Qu'adviendra-t-il de moi?
Pompée. — Allons donc; ne craignez rien. Les bons avocats ne manquent pas de clients; pour changer de quartier, vous n'aurez pas besoin de changer de métier, et je tiendrai toujours votre comptoir. Courage! on aura pitié de vous; vous avez presque usé vos yeux au service; on vous prendra en considération.
Madame Overdone. — Qu'avons-nous à faire ici, mon cher Thomas du Comptoir (a)? retirons-nous.
Pompée. — Voici venir le signor Claudio, que le prévôt mène en prison, et voici madame Juliette.

(Ils sortent.)

(a) Thomas *Tapster*. *Topster*, garçon de cabaret. Pompée remplit dans la maison de Mme Overdone les mêmes fonctions que celles d'un garçon cabaretier.

Entrent LE PRÉVÔT, CLAUDIO, JULIETTE,
et DES GARDES.

CLAUDIO. — Mon ami, pourquoi me donnes-tu ainsi en spectacle au public? Conduis-moi à la prison où je dois être renfermé.

LE PRÉVÔT. — Si j'agis ainsi, ce n'est pas dans une méchante intention, mais par ordre spécial de monseigneur Angelo.

CLAUDIO. — C'est ainsi que ce demi-dieu, l'Autorité, nous fait payer nos fautes au poids. C'est l'épée du ciel [12]: elle frappe qui elle veut, elle épargne qui elle veut, et pourtant elle est toujours juste.

Rentrent LUCIO *et* LES GENTILSHOMMES.

LUCIO. — Eh bien! Claudio, qu'est-ce à dire? d'où vient cette contrainte?

CLAUDIO. — De trop de liberté, mon Lucio, de trop de liberté. De même que l'indigestion est la mère d'un long jeûne, de même chacune de nos libertés se change en contrainte par une répétition immodérée. Comme les rats qui dévorent leur propre mort, nos penchants courent après un mal dont ils sont altérés, et lorsque nous buvons, nous mourons.

LUCIO. — Si j'étais capable de parler aussi sagement sous le coup d'une arrestation, j'enverrais chercher certains de mes créanciers; et cependant, pour dire la vérité, j'aime autant posséder l'extravagance de la liberté que la sentencieuse gravité de l'emprisonnement. Quel est ton délit, Claudio?

CLAUDIO. — Ce serait être encore coupable que d'en parler seulement.

LUCIO. — Quoi donc? est-ce le meurtre?

CLAUDIO. — Non.

LUCIO. — La paillardise?

CLAUDIO. — Tu peux lui donner ce nom.

LE PRÉVÔT. — En route, Monsieur; il faut partir.

CLAUDIO. — Rien qu'un mot, mon ami. — Lucio, un mot. (*Il prend Lucio à part.*)

LUCIO. — Cent, si cela peut vous rendre service. — La paillardise est-elle donc poursuivie à ce point?

CLAUDIO. — Voici ma situation. Par un contrat loyal, j'ai pris possession du lit de Juliette. Vous connaissez la dame; de fait, elle est ma femme, sauf cette circonstance que la déclaration officielle voulue par les lois manque à notre union. Nous ne l'avons pas faite, pour ne pas entraver l'accroissement par les intérêts du capital d'un douaire qui reste dans les coffres de ses parents[13], auxquels nous avons jugé bon de cacher notre amour jusqu'à ce que le temps nous les ait rendus favorables. Mais il arrive que le secret de nos plaisirs mutuels se trouve écrit en trop gros caractères sur la personne de Juliette.

LUCIO. — Enceinte, peut-être?

CLAUDIO. — Oui, malheureusement, et ce nouveau délégué qui tient pour le moment la place du duc, — est-ce l'effet fâcheux de sa nouvelle situation et de l'éblouissement qu'elle lui donne? ou bien croit-il que le public soit un cheval auquel le gouvernant qui le monte, lorsqu'il est nouvellement en selle, doit faire immédiatement sentir l'éperon pour lui apprendre qu'il peut le commander? la tyrannie est-elle dans l'essence du pouvoir ou dans l'éminence qui l'exerce? je n'en sais rien et je m'y embrouille; — mais toujours est-il que ce nouveau gouverneur est allé déterrer contre moi toutes nos vieilles lois pénales, qui, comme des armures non fourbies, sont restées accrochées si longtemps à la muraille, que le soleil a parcouru dix-neuf fois le zodiaque sans qu'aucune d'elles ait servi[14]. Pour se faire un nom, le voilà qui me fait l'application de ces lois tombées en léthargie et laissées au rebut: à coup sûr, c'est pour se faire un nom.

LUCIO. — J'en jurerais, et ta tête tient si légèrement à tes épaules, qu'une laitière amoureuse la ferait tomber d'un soupir. Envoie à la recherche du duc et porte appel devant lui.

CLAUDIO. — C'est ce que j'ai fait; mais il est introuvable. Je t'en prie, Lucio, rends-moi le bon service que voici. Aujourd'hui, ma sœur doit entrer au cloître et y commencer son noviciat; informe-la du danger de ma situation; supplie-la, en mon nom, de se chercher des amis auprès de ce rigide gouverneur; dis-lui de tenter elle-même l'assaut de sa personne. J'ai grand espoir dans cette entreprise, car il y a dans sa jeunesse ce langage muet et irrésistible qui par-dessus tout autre émeut les hommes; en outre, lorsqu'elle joue du raisonnement et de la parole, elle y réussit heureusement et sait aisément persuader.

LUCIO. — Je souhaite qu'elle le puisse; autant pour relever le courage de tes frères en péché, qui sans cela resteraient sous le coup d'une terreur désolante, que pour le salut de ta vie, que j'aurais regret de voir si sottement perdue au jeu de *tic-tac*. J'irai la trouver.

CLAUDIO. — Je te remercie, mon bon ami Lucio.

LUCIO. — J'irai d'ici à deux heures.

CLAUDIO. — Allons, officier, partons.

(*Ils sortent.*)

SCÈNE III.

Un monastère.

Entrent LE DUC *et* LE FRÈRE THOMAS.

LE DUC. — Non, mon révérend père; rejetez cette pensée, ne croyez pas que le dard enfantin de l'Amour puisse à ce point percer un cœur viril. Si je vous demande un secret asile, c'est pour un projet qui a figure plus grave et plus ridée que les desseins et les poursuites de la brûlante jeunesse.

LE FRÈRE THOMAS. — Votre Grâce peut-elle me le révéler?

LE DUC. — Mon révérend Messire, personne ne sait

mieux que vous combien j'ai toujours aimé la vie retirée, et combien j'ai toujours eu peu à cœur de fréquenter les assemblées, où se pavanent la jeunesse, la prodigalité et la sotte ostentation. J'ai remis au seigneur Angelo, homme d'une conduite stricte et d'une ferme vertu, ma place et mon autorité absolue dans Vienne ; il me croit en voyage en Pologne, car j'ai semé cette nouvelle aux oreilles du public, qui l'a acceptée. Maintenant, mon pieux Messire, vous me demanderez pourquoi j'agis ainsi ?

Le frère Thomas. — Volontiers, Monseigneur.

Le duc. — Nous avons certains statuts très-rigides et certaines lois singulièrement réfrénantes, mors et gourmettes nécessaires pour les étalons indisciplinés, que depuis quatorze ans[18] nous avons laissés dormir, tout à fait à la manière d'un lion excédé de fatigue qui ne sort plus de sa caverne pour aller à la chasse. Il nous en arrive aujourd'hui comme à ces pères indulgents qui lient des paquets de verges menaçantes, simplement pour les accrocher sous les yeux de leurs enfants, et les faire servir d'emblèmes de terreur plutôt que d'instruments de punition ; à la longue, il se trouve que ces verges inspirent plus la moquerie que la crainte, et c'est ainsi que nos décrets, morts dans l'application, n'ont plus eux-mêmes d'existence ; la licence tire la justice par le nez, l'enfant bat sa nourrice et le décorum va tout de travers.

Le frère Thomas. — Il était au pouvoir de Votre Grâce de délier cette justice enchaînée, selon son bon plaisir, et cette mesure eût semblé plus redoutable prise par vous que par le seigneur Angelo.

Le duc. — Trop redoutable, je le crains ; c'est ma faute, si le peuple a pris de telles licences, et maintenant ce serait tyrannie de ma part si je le frappais et le blessais pour les actes que je l'ai autorisé à faire ; car c'est autoriser les actes mauvais, que de leur donner libre permis de circulation et de ne pas laisser au châtiment le même privilége. Aussi, mon père, ai-je délégué mon pouvoir à Angelo, qui, embusqué derrière mon nom, pourra frapper droit au but, sans que mon caractère ait à se compromettre dans ce combat, auquel ma personne restera étrangère. Pour observer son administration, je veux visiter à la fois le prince et le peuple, comme si j'étais un des frères de votre ordre; en conséquence, je te prie de me fournir l'habit de l'ordre et de me donner tes leçons, pour que j'apprenne à revêtir l'aspect et à observer la conduite d'un véritable moine. A loisir, je te donnerai d'autres explications sur cette action; celle-ci suffira pour le moment : le seigneur Angelo est strict, sa conduite défie l'envie, il confesse à peine que le sang coule dans ses veines ou que son appétit préfère le pain à la pierre. Nous verrons d'ici ce que sont nos hommes à apparences, si le pouvoir change la nature.

(*Ils sortent.*)

SCÈNE IV.

Un couvent de religieuses.

Entrent ISABELLA *et* FRANCISCA.

ISABELLA. — Et n'avez-vous pas, vous autres religieuses, d'autres priviléges encore?

FRANCISCA. — Est-ce que ceux-ci ne sont pas assez étendus?

ISABELLA. — Oh! certainement si; ma demande ne veut pas dire que j'en désire de plus larges, mais au contraire que je voudrais une discipline plus étroite pour la communauté des sœurs qui suivent la règle de Sainte-Claire.

LUCIO, *de l'extérieur.* — Holà! que la paix soit en ces lieux.

ISABELLA. — Qui appelle?

FRANCISCA. — C'est la voix d'un homme. Charmante Isabella, tournez la clef et sachez ce qu'il veut; vous le pouvez, et moi non; vous n'avez pas encore d'engagements. Lorsque vous aurez prononcé vos vœux, vous ne pourrez plus parler à un homme qu'en présence de la prieure ; alors, si vous parlez, vous devrez cacher votre visage, ou si vous montrez votre visage, vous devrez garder le silence. Le voilà qui appelle encore ; je vous en prie, répondez-lui. *(Elle sort.)*

Isabella. — La paix et le bonheur soient avec vous ! Qui appelle ?

Entre LUCIO.

Lucio. — Salut, vierge ! si vous l'êtes ; — et vous l'êtes, ces joues de rose le proclament assez ! Pourriez-vous me rendre le service de me procurer une entrevue avec Isabella, une novice de ce couvent, et la sœur charmante de Claudio, son malheureux frère ?

Isabella. — Pourquoi son malheureux frère ? Permettez-moi cette question, d'autant plus naturelle, que je dois vous apprendre que je suis cette même Isabella et sa sœur.

Lucio. — Belle et charmante, votre frère vous envoie ses plus tendres compliments. Pour ne pas vous ennuyer trop longtemps, il est en prison.

Isabella. — Oh ! malheur sur moi ! Et pour quoi ?

Lucio. — Pour une faute dont il aurait reçu la punition en remercîments, si je pouvais être son juge : il a fait un enfant à sa maîtresse.

Isabella. — Monsieur, ne faites pas de moi votre fable.

Lucio. — C'est la vérité. Quoique ce soit mon péché familier d'imiter avec les filles la conduite du vanneau, et de badiner, la langue loin du cœur[16], je ne voudrais pas plaisanter ainsi avec toutes les vierges ; je vous tiens pour une créature sanctifiée et déjà citoyenne du ciel, élevée par le renoncement à l'état d'esprit immortel, et à laquelle on est tenu de parler en toute sincérité, comme à une sainte.

Isabella. — En vous moquant de moi, vous blasphémez le bien.

Lucio. — Ne croyez à aucune intention pareille. En

substance et en vérité, voici la chose : votre frère et sa maîtresse se sont baisés; or, qui mange bien s'emplit; les semailles une fois en terre, le temps, qui fait tout pousser, amène un champ de l'état de nudité à l'état d'opulente abondance; et c'est ainsi qu'il arrive que son ventre fertile accuse aujourd'hui la culture et les soins assidus du laboureur.

Isabella. — Quelque fille enceinte de lui! Ma cousine Juliette?

Lucio. — Est-ce qu'elle est votre cousine?

Isabella. — Adoptivement, à la manière des compagnes d'école qui échangent leurs noms par le fait d'une affection illusoire quoique sérieuse.

Lucio. — C'est elle-même.

Isabella. — Oh! qu'il l'épouse.

Lucio. — Voilà la difficulté. Le duc est fort singulièrement parti d'ici; il a leurré bon nombre de gentilshommes, et je suis un de ceux-là, de l'espérance d'un rôle sur la scène politique; mais nous apprenons par ceux qui connaissent les vrais ressorts de l'État que son étalage de promesses était à une distance infinie de ses véritables desseins. A sa place, et dans le plein exercice de son autorité, gouverne le seigneur Angelo, un homme fricassé dans de la neige, un homme qui n'éprouve jamais les capricieux aiguillonnements et les mouvements des sens, mais qui rabat et émousse les pointes de la nature par les exercices de l'esprit, l'étude et le jeûne. Cet homme donc, pour intimider la facilité de mœurs et la liberté des habitudes prises qui, depuis longtemps déjà, s'ébattent tout proche de la redoutable loi comme des souris sous le nez d'un lion, est allé ramasser un acte dont les rigoureuses dispositions atteignent la vie de votre frère; il l'a fait arrêter en vertu de cet acte, et le lui applique dans toute sa rigueur, afin de le faire servir d'exemple. Tout espoir est perdu, à moins que vous n'ayez le bonheur d'adoucir Angelo par vos attendrissantes prières, et voilà le fin mot de la communication dont je suis chargé pour vous par votre pauvre frère.

Isabella. — En veut-il donc tant à sa vie?

Lucio. — Il a déjà prononcé sa sentence, et si je suis bien informé, le prévôt a reçu les ordres pour son exécution.

Isabella. — Hélas! quels pauvres moyens de lui être bonne à quelque chose sont les miens!

Lucio. — Essayez le pouvoir que vous avez.

Isabella. — Mon pouvoir! hélas, je doute....

Lucio. — Nos doutes sont des traîtres, et ils nous font perdre souvent le bien que nous pourrions gagner, en nous faisant craindre de l'essayer. Allez trouver le seigneur Angelo; qu'il apprenne par vous, que lorsque les vierges sollicitent, les hommes accordent avec la générosité des dieux; mais que lorsqu'elles s'agenouillent et prient, les objets de leurs demandes sont aussi naturellement à elles qu'à ceux mêmes qui les possèdent.

Isabella. — Je verrai ce que je puis faire.

Lucio. — Oui, mais rapidement.

Isabella. — Je vais m'en occuper immédiatement, sans autre retard que le temps nécessaire pour informer la mère abbesse de mon affaire. Je vous remercie humblement; recommandez-moi à mon frère. Ce soir, de bonne heure, je lui ferai parvenir des informations certaines sur le succès qu'auront obtenu mes démarches.

Lucio. — Je prends congé de vous.

Isabella. — Adieu, mon bon monsieur.

(*Ils sortent.*)

ACTE II.

SCÈNE PREMIÈRE.

Une salle dans la demeure d'Angelo.

Entrent ANGELO, ESCALUS, UN JUGE, LE PRÉVÔT, DES OFFICIERS DE JUSTICE *et autres comparses.*

ANGELO. — Nous ne devons pas faire de la loi un de ces mannequins plantés en terre pour effrayer les oiseaux de proie, ni lui laisser toujours la même attitude immobile, ou bien l'habitude finira par en faire leur perchoir et non l'objet de leur terreur.

ESCALUS. — Oui; mais cependant il nous vaut mieux piquer de la pointe et couper légèrement, que frapper du tranchant et abattre à mort. Hélas! ce gentilhomme, que je voudrais sauver, avait un très-noble père. Je crois à la rigide vertu de Votre Honneur; eh bien! je vous le demande, si dans l'effervescence de vos propres passions, vous aviez trouvé l'heure d'accord avec le lieu, et le lieu d'accord avec vos désirs, si la fougue impérieuse de votre sang avait eu toute facilité pour atteindre le but poursuivi par vos vœux, n'auriez-vous pas quelquefois dans votre vie commis ce péché même pour lequel vous le condamnez et attiré sur votre tête la rigueur de la loi?

ANGELO. — Escalus, la tentation est une chose, et la chute en est une autre. Il est bien possible que parmi les douze personnes engagées par serment qui composent le jury chargé de prononcer sur le sort d'un prisonnier, il se rencontre un voleur ou deux, plus coupables que l'homme même qu'ils condamnent; je ne le nie pas. La justice ne se saisit que de ce qui lui est découvert. Qui connaît les lois que les voleurs décrètent sur les voleurs? Il est bien clair que si nous trouvons un bijou, nous nous baisserons pour le ramasser, parce que nous le voyons; mais ce que nous ne voyons pas, nous marchons dessus, sans y songer le moins du monde. Vous ne pouvez pas diminuer son offense par cette raison que j'ai pu commettre des fautes pareilles à la sienne; dites-moi plutôt que, lorsque moi qui le condamne, je me rendrai coupable comme lui, mon propre jugement devra servir de modèle à celui qui me condamnera, et que je n'aurai à attendre aucune indulgence. Monsieur, il doit mourir.

Escalus. — Qu'il en soit ce qu'il plaira à votre sagesse.

Angelo. — Où est le prévôt?

Le prévôt. — Ici, pour vous servir, Monseigneur.

Angelo. — Prends tes mesures pour que Claudio soit exécuté demain matin à neuf heures. Amène-lui son confesseur, fais-le se préparer à la mort, car il a touché la limite de son pèlerinage terrestre.

(Sort le prévôt.)

Escalus. — Allons, que le ciel lui pardonne et nous pardonne à tous! Les uns s'élèvent par le péché, les autres tombent par la vertu: il y en a qui se tirent d'une forêt de vices, sans avoir à rendre compte d'aucun, et quelques-uns sont condamnés pour une seule faute [1].

Entrent ELBOW, FROTH, POMPÉE,
et DES OFFICIERS DE JUSTICE.

Elbow. — Allons, *repoussez*-les en avant. Si ce sont d'honnêtes gens dans une société, ceux qui ne font rien au monde qu'*user* leurs *abus* dans les maisons publiques, je ne connais plus de loi; *repoussez*-les en avant.

Angelo. — Qu'est-ce donc, Monsieur? quel est votre nom, et de quoi s'agit-il?

Elbow. — Plaise à Votre Honneur, je suis le constable du pauvre duc; et mon nom est Elbow; je m'appuie sur la justice, Monseigneur, et j'amène ici devant Votre excellent Honneur deux *bienfaiteurs* notoires.

Angelo. — Bienfaiteurs! bon : quels sont ces bienfaiteurs? Ne sont-ce pas plutôt des malfaiteurs?

Elbow. — Plaise à Votre Honneur, je ne sais pas ce qu'ils sont; mais ce dont je suis sûr, c'est qu'ils sont de parfaits coquins et dépourvus de toute espèce d'*impiété* que de bons chrétiens doivent avoir.

Escalus. — Voilà qui est bien dit! Un excellent oficier de police, ma foi!

Angelo. — Voyons, quelle est leur condition? Vous vous appelez Elbow? Pourquoi ne parlez-vous pas, Elbow?

Pompée. — Il ne peut pas, Monseigneur; le respect qu'il éprouve fait que sa langue *gèle beau*[2].

Angelo. — Qui êtes-vous, Monsieur?

Elbow. — Lui, Monseigneur! c'est un garçon de cabaret, Monseigneur; une moitié de maquereau, le domestique d'une mauvaise femme, dont la maison, Monseigneur, a été, comme on dit, démolie dans les faubourgs, et maintenant elle tient une maison de bains, qui, je pense, est aussi une très-mauvaise maison.

Escalus. — Comment savez-vous cela?

Elbow. — Ma femme, Monseigneur, que j'en *déteste* devant le ciel et Votre Honneur....

Escalus. — Comment! ta femme?

Elbow. — Oui, Monseigneur; ma femme, qui, j'en remercie le ciel, est une honnête femme....

Escalus. — Est-ce pour cela que tu la détestes?

Elbow. — Je dis, Monseigneur, que j'en *détesterais* moi-même aussi bien qu'elle, que cette maison, si ce n'est pas une maison de maquerelle, c'est vraiment dommage pour elle, car c'est une méchante maison.

Escalus. — Comment sais-tu cela, constable?

Elbow. — Pardi, Monsieur, par ma femme, qui, si elle avait été une femme adonnée à la *chaire*, aurait pu y être accusée de fornication, d'adultère et de toutes sortes de malpropretés..

Escalus. — Par le fait de la maîtresse de cette maison?

Elbow. — Oui, Monseigneur, par le fait de madame Overdone. Mais elle lui a craché au visage, et comme ça elle l'en a défié.

Pompée. — Monseigneur, il n'en est pas ainsi, plaise à Votre Honneur.

Elbow. — Prouve-le devant ces *valets* ici présents, *homme d'honneur*, prouve-le.

Escalus, *à Angelo.* — Entendez-vous comme il transpose les qualifications?

Pompée. — Monseigneur, elle est enceinte; elle est venue avec une envie de femme grosse, sauf le respect de Votre Honneur, pour avoir des pruneaux cuits, et comme en ce temps jadis nous n'en avions à la maison que deux, qui étaient, comme qui dirait, dans un plat de fruits, un plat de quelque six sous.... Vos Seigneuries doivent avoir vu de ces plats; ce ne sont pas des plats de porcelaine, mais ce sont de bons plats....

Escalus. — Passez, passez; le plat n'importe en rien à l'affaire, Monsieur.

Pompée. — Non, en vérité, Monseigneur, pas d'une épingle; vous êtes en cela dans le vrai. Mais pour en venir à l'affaire, comme je dis, madame Elbow, étant enceinte et avec un gros ventre, avait envie de pruneaux, comme je l'ai dit, et comme il n'y en avait que deux dans le plat, comme je l'ai dit, monsieur Froth ici présent, ce même monsieur, ayant mangé les autres comme je l'ai dit, et les ayant payés, comme je dis, très-honnêtement; car, comme vous savez, monsieur Froth, je ne pourrais pas vous rendre les six sous....

Froth. — Non, en vérité.

Pompée. — Très-bien; vous étiez donc là, si vous vous en souvenez, cassant les noyaux desdits pruneaux....

Froth. — Oui, je les cassais, en effet.

Pompée. — Parfaitement; je vous disais alors, si vous vous en souvenez, qu'un tel et un tel n'avaient pas d'espoir de guérir de la maladie que vous savez, à moins qu'ils n'observassent un très-bon régime, comme je vous le disais....

Froth. — Tout cela est vrai.

Pompée. — Eh bien! alors, très-bien....

Escalus. — Allons, vous êtes un ennuyeux imbécile : arrivez au fait. Qu'a-t-on fait à la femme d'Elbow dont il ait sujet de se plaindre? Venons à ce qui lui a été fait.

Pompée. — Monseigneur, Votre Honneur ne peut pas encore en venir là.

Escalus. — Non, Monsieur, et telle n'est pas mon intention.

Pompée. — Vous y viendrez, Monseigneur, avec la permission de Votre Honneur. Et je vous en prie, regardez bien M. Froth, ici présent, Monseigneur; c'est un homme qui a quatre-vingts livres de rente, et dont le père est mort à la Toussaint. N'était-ce pas à la Toussaint, monsieur Froth?

Froth. — Le soir de la Toussaint.

Pompée. — Très-bien; j'espère que voilà des vérités. Cet homme, Monseigneur, était assis, comme je dis, sur une chaise basse, Monseigneur; c'était dans la salle de *la grappe de raisins*, où vous aimez à vous asseoir, n'est-il pas vrai[3]?

Froth. — Oui, elle me plaît, parce que c'est une chambre où il y a de l'air et bonne pour l'hiver.

Pompée. — Bien, alors, très-bien; j'espère que voilà des vérités.

Angelo. — Cela durera aussi longtemps qu'une nuit de Russie, à l'époque où les nuits sont les plus longues : je vais me retirer et vous laisser entendre la cause, et j'espère que vous y trouverez bonne *cause* pour les faire tous fouetter.

Escalus. — Je ne l'espère pas moins que vous; bonsoir à Votre Seigneurie. (*Sort Angelo.*) Voyons, Monsieur, avançons; une fois encore, qu'est-ce qu'on a fait à la femme d'Elbow?

Pompée. — *Une fois*, Monseigneur! on ne lui a rien fait une fois.

Elbow. — Je vous en prie, Monseigneur, demandez-lui ce que cet homme a fait à ma femme.

Pompée. — Demandez-le-moi, j'en supplie Votre Honneur.

Escalus. — Eh bien, Monsieur, que lui a fait ce monsieur?

Pompée. — Je vous en prie, Monseigneur, regardez la figure de Monsieur. Mon bon monsieur Froth, regardez Son Honneur; c'est pour un bon motif. — Votre Honneur remarque-t-il bien sa figure?

Escalus. — Oui, Monsieur, parfaitement.

Pompée. — Mais, je vous en prie, remarquez-la bien.

Escalus. — Eh bien! mais c'est ce que je fais.

Pompée. — Est-ce que Votre Honneur voit quelque chose de mauvais sur sa figure?

Escalus. — Ma foi non.

Pompée. — Je *supposerais*, la main sur le livre, que sa figure est ce qu'il a de plus mauvais. Eh bien! alors, si sa figure est ce qu'il a de plus mauvais, comment M. Froth a-t-il pu faire quelque mal à la femme du constable? Je voudrais bien que Votre Honneur me dise ça.

Escalus. — Il a raison. Constable, que répondez-vous à cela?

Elbow. — Premièrement, s'il vous plaît, que cette maison est *respectée*, ensuite que ce garçon-là est *respecté*, et que la maîtresse est une femme *respectée*.

Pompée. — Par cette main, Monseigneur, sa femme est une personne plus *respectée* qu'aucun de nous tous.

Elbow. — Tu mens, valet! tu mens, méchant valet! Le temps est encore à venir qu'elle soit *respectée* d'homme, femme ou enfant.

Pompée. — Monseigneur, elle avait été *respectée* avec lui avant qu'il l'épousât.

Escalus. — Quel est ici le plus sensé dans cette comédie? le personnage Justice ou le personnage Iniquité? Est-ce vrai?

Elbow. — O meurt-de-faim! ô valet! ô méchant *Hannibal*[4]! j'étais *respecté* avec elle avant de l'épouser! Si jamais j'ai été *respecté* avec elle, ou elle avec moi, que Votre Seigneurie ne me regarde plus comme l'officier du pauvre duc. Prouve cela, méchant *Hannibal*, ou je vais t'intenter une action en *voies de fait*.

Escalus. — S'il vous appliquait un soufflet, vous pourriez aussi lui intenter un procès en diffamation.

Elbow. — Pardi, je remercie Votre excellente Seigneurie de cet avis. Qu'est-ce que Votre Seigneurie veut que je fasse de ce misérable meurt-de-faim?

Escalus. — Ma foi, constable, puisqu'il a commis certains délits que tu révélerais si cela t'était possible, tu n'as qu'à le laisser continuer selon son habitude, jusqu'à ce que tu aies découvert quels ils sont.

Elbow. — Pardi, j'en remercie Votre Excellence. Tu vois, méchant valet, ce qui t'arrive maintenant; il te faut continuer, maintenant, valet; il te faut continuer.

Escalus, *à Froth*. — Où êtes-vous né, l'ami?

Froth. — Ici, à Vienne, Monseigneur.

Escalus. — Avez-vous quatre-vingts livres de rente?

Froth. — Oui, ne vous en déplaise, Monseigneur.

Escalus. — C'est bien! (*A Pompée.*) Quel est votre état, Monsieur?

Pompée. — Garçon de cabaret, Monseigneur; le garçon de cabaret d'une pauvre veuve.

Escalus. — Le nom de votre maîtresse?

Pompée. — Madame Overdone.

Escalus. — A-t-elle eu plus d'un mari?

Pompée. — Neuf, Monseigneur; Overdone a clos la liste.

Escalus. — Neuf! Approchez ici, monsieur Froth. Monsieur Froth, je ne voudrais pas vous voir accointé avec des garçons de cabaret; ils vous videront, monsieur Froth, et vous serez obligé de les faire pendre. Allez-vous-en, et que je n'entende plus parler de vous.

Froth. — Je remercie Votre Seigneurie. Pour ma part, je n'entre jamais dans une salle quelconque de cabaret sans y être vidé.

Escalus. — Bien! en voilà assez là-dessus, monsieur Froth; adieu. — Approchez, à votre tour, monsieur le garçon de cabaret. Quel est votre nom, monsieur le garçon de cabaret?

Pompée. — Pompée.

Escalus. — Et puis ensuite?

Pompée. — Cul, Monseigneur.

Escalus. — A merveille; en effet votre cul est ce que vous avez de plus grand; aussi pouvez-vous être appelé Pompée le grand, dans le sens le plus bestial du mot. Pompée, vous êtes tant soit peu maquereau, bien que vous coloriez la chose en vous donnant pour garçon de cabaret; n'est-ce pas? Voyons, dites-moi la vérité, cela vaudra mieux pour vous.

Pompée. — Ma foi, Monseigneur, je suis un pauvre diable qui cherche à vivre.

Escalus. — Comment cherchez-vous à vivre, Pompée? en étant maquereau? Que pensez-vous de ce métier, Pompée? Est-ce que c'est un métier légal?

Pompée. —Oui bien, si la loi veut le permettre, Monseigneur.

Escalus. — Mais la loi ne le permet pas, Pompée, et elle ne le permettra pas à Vienne.

Pompée. — Est-ce que Votre Excellence a l'intention de châtrer et de débarrasser de ce qui les gêne tous les jeunes gens de la cité?

Escalus. — Non, Pompée.

Pompée. — Alors, Monseigneur, dans ma petite opinion, ils continueront d'aller où ils allaient. Si Votre Excellence veut donner des ordres contre les coureurs et les polissons, vous n'aurez plus à craindre les maquereaux.

Escalus. —Il y a déjà de jolis ordres en train d'exécution, je vous le promets; rien moins que la décapitation et la pendaison.

Pompée. — Si vous décapitez et pendez tous ceux qui se rendront coupables de ce délit, seulement pendant dix ans, vous ferez bien de promulguer un édit pour vous procurer de nouvelles têtes; si cette loi est exécutée dix ans à Vienne, je veux affermer la plus belle maison de la ville à raison de dix sous par mètre de façade; si vous vivez assez longtemps pour voir cet état de choses, dites que Pompée vous l'avait prédit.

Escalus. — Je vous remercie, mon bon Pompée, et en récompense de votre prophétie, écoutez mon avis : je vous conseille de ne plus avoir à vous représenter devant moi sur une plainte quelconque, fût-ce même celle de loger où vous logez. Si cela vous arrive, Pompée, je vous repousserai dans vos tentes, et je vous montrerai que je suis pour vous un redoutable César; en termes plus clairs, je vous ferai fouetter, Pompée : ainsi, pour le quart d'heure, portez-vous bien, Pompée.

Pompée. — Je remercie Votre Excellence pour son bon conseil, (*à part*) mais je le suivrai autant que la chair et la fortune le voudront bien.
Me fouetter! non, non; que le charretier fouette sa rosse,
Le fouet ne peut chasser un cœur vaillant de son métier.

(*Il sort.*)

Escalus. — Approchez, monsieur Elbow; approchez, monsieur le constable. Depuis combien de temps exercez-vous cette charge de constable?

Elbow. — Depuis sept ans et demi, Monseigneur.

Escalus. — Je pensais bien, à voir l'habile manière dont vous vous en acquittez, que vous l'aviez exercée un certain temps. Vous dites, sept ans sans discontinuer.

Elbow. — Sept ans et demi, Monseigneur.

Escalus. — Hélas! cela a dû bien vous fatiguer! On vous fait tort en vous imposant si souvent cette charge; n'y a-t-il pas dans votre quartier des gens capables de l'exercer?

Elbow. — Ma foi, Monseigneur, il y en a peu qui aient l'esprit à ces affaires-là, et quand ils sont choisis, ils sont trop heureux de me choisir à leur place; j'y consens pour quelques pièces de monnaie et je fais leur service à tous.

Escalus. — Ayez soin de m'apporter les noms des six ou sept personnes les plus compétentes de votre paroisse.

Elbow. — A la maison de Votre Excellence, Monseigneur?

Escalus. — A ma maison. Portez-vous bien. (*Sort Elbow.*) Quelle heure est-il, s'il vous plaît?

Un juge. — Onze heures, Monseigneur.

Escalus. — Je vous prie de venir dîner avec moi.

Le juge. — Tous mes humbles remerciments.

Escalus. — La mort de Claudio me fait beaucoup de peine; mais il n'y a pas de remède.

Le juge. — Le seigneur Angelo est sévère.

Escalus. — C'est de toute nécessité. La clémence perd son nom, lorsqu'elle est trop fréquente; le pardon est toujours le père d'un second crime, et cependant.... Pauvre Claudio! — Il n'y a pas de remède. — Allons, Monsieur. *(Ils sortent.)*

SCÈNE II.

Un autre appartement dans la maison d'Angelo.

Entrent LE PRÉVÔT *et* UN VALET.

Le valet. — Il est occupé à entendre une cause; il va venir à l'instant; je vais l'avertir que vous êtes là.

Le prévôt. — Oui, je vous en prie. *(Sort le valet.)* Je viens chercher sa décision; peut-être fléchira-t-il? Hélas! c'est comme si Claudio avait commis un crime en rêve. Toutes les conditions, tous les âges sont entachés de ce vice, et il doit mourir pour cela!

Entre ANGELO.

Angelo. — Eh bien! qu'y a-t-il donc, prévôt?

Le prévôt. — Est-ce votre volonté que Claudio meure demain?

Angelo. — Ne t'avais-je pas dit que oui? N'as-tu pas reçu mes ordres? Quel besoin as-tu de les demander encore?

Le prévôt. — J'ai eu peur de trop me presser; avec la permission de Votre Excellence, j'ai vu souvent, après l'exécution, le juge se repentir de sa sentence.

Angelo. — Allez donc; laissez cela à mon compte;

remplissez vos fonctions, ou résignez votre charge ; on se passera bien de vous.

Le prévôt. — Je supplie Votre Honneur de me pardonner. Et que ferons-nous, Monseigneur, de la désolée Juliette? Elle est sur le point d'accoucher.

Angelo. — Établissez-la dans quelque lieu plus convenable, et cela rapidement.

Rentre le valet.

Le valet. — La sœur de l'homme condamné est là qui désire avoir accès auprès de vous.

Angelo. — Il a une sœur?

Le prévôt. — Oui, mon bon Seigneur ; une très-vertueuse jeune fille, qui doit être bientôt religieuse, si elle ne l'est déjà.

Angelo. — C'est bien, qu'on l'introduise. (*Sort le valet.*) Veillez à ce que la fornicatrice soit éloignée ; qu'on lui donne ce qu'il lui faut pour vivre ; le nécessaire, pas de superflu. Je donnerai des ordres à ce sujet.

Entrent ISABELLA *et* LUCIO.

Le prévôt. — Avec la permission de Votre Honneur.
(*Il se dispose à se retirer.*)

Angelo. — Restez encore un peu. (*A Isabella.*) Vous êtes la bienvenue : que désirez-vous?

Isabella. — Je suis une solliciteuse affligée auprès de Votre Honneur, s'il plaît à Votre Honneur de m'écouter.

Angelo. — Bien. Quel est l'objet de votre demande?

Isabella. — Il est un vice qu'avant tous j'abhorre, et pour lequel je désire avant tout la sévérité de la justice ; pour lequel je ne voudrais pas plaider, si je ne le devais pas ; pour lequel je ne devrais pas plaider, s'il ne se rencontrait que je suis en guerre contre moi-même, voulant et ne voulant pas à la fois.

Angelo. — Bien ; de quoi est-il question?

Isabella. — J'ai un frère condamné à mourir. Je vous en supplie, que ce soit sa faute et non sa personne qui soit condamnée.

Le prévôt, *à part*. — Puisse le ciel te donner les grâces qui émeuvent!

Angelo. — Condamner la faute et non le coupable! Mais, parbleu, toute faute est condamnée avant d'être commise : ma fonction serait un pur zéro, s'il ne s'agissait que de punir les fautes dont le châtiment est inscrit dans nos lois et de laisser libres les coupables.

Isabella. — O juste, mais sévère loi! Alors, j'avais un frère. — Le ciel garde Votre Honneur!

(*Elle fait un mouvement pour s'éloigner.*)

Lucio, *à part*. — Ne quittez pas ainsi la partie; revenez vers lui, suppliez-le; agenouillez-vous devant lui, accrochez-vous à sa robe. Vous êtes trop froide; si vous aviez besoin d'une épingle, vous ne pourriez pas la demander avec moins de vivacité. Revenez vers lui, vous dis-je.

Isabella. — Doit-il donc mourir?

Angelo. — Jeune fille, il n'y a pas de remède.

Isabella. — Si; je pense que vous pourriez lui pardonner, sans que ni Dieu ni l'homme fussent fâchés de votre clémence.

Angelo. — Je ne ferai pas cela.

Isabella. — Mais le pourriez-vous, si vous le vouliez?

Angelo. — Sachez que ce que je ne veux pas faire, c'est ce que je ne puis pas faire.

Isabella. — Mais le pourriez-vous sans faire aucun tort au monde, si votre cœur était touché des mêmes sentiments de pitié que le mien éprouve pour lui?

Angelo. — Il est condamné : il est trop tard.

Lucio, *à part, à Isabella*. — Vous êtes trop froide.

Isabella. — Trop tard! Pourquoi donc? Moi qui vous parle, les paroles que j'exprime, je puis les rétracter. Croyez-le bien : parmi tous les insignes qui appartiennent aux grands, il n'en est aucun, ni la couronne du roi, ni l'épée du lieutenant royal, ni le bâton du maréchal, ni la robe du juge, qui les décore de moitié aussi bien que la clémence. S'il avait été à votre place, et vous à la sienne, vous auriez failli comme lui, mais lui n'aurait pas été aussi rigoureux que vous.

Angelo. — Je vous en prie, retirez-vous.

Isabella. — Plût au ciel que j'eusse votre puissance et que vous fussiez Isabella ! Est-ce que les choses se passeraient ainsi ? Non, je vous enseignerais ce qu'est un juge et ce qu'est un prisonnier.

Lucio, *à part*, *à Isabella*. — Oui, touchez là : c'est la vraie veine.

Angelo. — Votre frère est le condamné de la loi, et vous ne faites que perdre vos paroles.

Isabella. — Hélas ! hélas ! toutes les âmes qui ont existé furent coupables autrefois, et Celui qui aurait pu s'autoriser de leur déchéance, trouva pour elles un remède. Que feriez-vous si le suprême arbitre de la justice vous jugeait seulement selon ce que vous êtes ? Oh ! pensez à cela, et la clémence s'échappera de vos lèvres comme de celles d'un homme renouvelé.

Angelo. — Résignez-vous, belle jeune fille ; c'est la loi qui condamne votre frère, et non pas moi. Fût-il mon parent, mon frère ou mon fils, il en serait de même : il mourra demain.

Isabella. — Demain ? oh ! c'est bien proche. Épargnez-le, épargnez-le ! il n'est pas préparé pour la mort. Même pour nos cuisines, nous ne tuons les volailles qu'en leur saison ; servirons-nous Dieu avec moins de respect que nous ne servons nos grossières personnes ? Mon bon, mon bon Seigneur, réfléchissez-y bien : qui jamais a payé ce péché de sa vie ? Ceux qui l'ont commis sont nombreux.

Lucio, *à part*, *à Isabella*. — Oui, voilà qui est bien dit.

Angelo. — La loi n'était pas morte, quoiqu'elle sommeillât. Les nombreux coupables qui ont commis ce méfait ne l'auraient pas osé si le premier qui enfreignit l'édit eût répondu de ses actes : maintenant la loi est éveillée, elle prend note de ce qui se fait, et comme un prophète, elle fixe ses regards sur un miroir qui lui montre quels méfaits futurs, soit nouvellement nés, soit nouvellement conçus grâce à son assoupissement, le temps est en train de couver et de faire éclore ; or ces méfaits, elle ne leur permettra pas de grandir, mais elle les arrêtera avant qu'ils aient vécu.

ISABELLA. — Montrez cependant quelque pitié.

ANGELO. — Je montre surtout ma pitié lorsque je montre ma justice ; car alors je fais acte de pitié envers tous les inconnus qu'une offense impunie corromprait plus tard, et je fais droit au coupable, qui en expiant un crime odieux, ne peut plus vivre pour en commettre un second. Tenez-vous-le pour dit : votre frère mourra demain ; résignez-vous.

ISABELLA. — Ainsi, vous serez le premier à prononcer une telle sentence, et lui le premier à la subir. Oh ! il est admirable d'avoir la force d'un géant ; mais il est tyrannique de s'en servir comme un géant.

LUCIO, *à part*, *à Isabella*. — Voilà qui est bien dit.

ISABELLA. — Si les grands pouvaient tonner comme Jupiter lui-même, Jupiter ne serait jamais tranquille, car le plus chétif petit fonctionnaire se servirait de son ciel pour tonnerre ; ce serait un tonnerre à perpétuité. O ciel clément ! tu frappes plus volontiers de ta foudre sulfureuse et meurtrière le chêne noueux et rebelle à la hache que le doux myrte ; mais l'homme, l'homme orgueilleux, investi d'une courte et faible autorité, connaissant le moins ce dont il se croit le plus assuré, c'est-à-dire son essence de verre, pareil à un singe en colère, joue de si fantasques comédies à la face du ciel qu'elles feraient pleurer les anges, ou, s'ils avaient le tempérament de notre nature, les feraient rire comme des mortels.

LUCIO, *à part*, *à Isabella*. — Hardi, hardi, ma bonne ! il faiblira ; il y vient, je m'en aperçois.

LE PRÉVÔT, *à part*. — Plaise au ciel qu'elle le fléchisse !

ISABELLA. — Nous ne pouvons peser notre frère dans la même balance que nous-même ; les puissants peuvent plaisanter avec les saints, ce n'est chez eux que badinage, mais chez des inférieurs ce serait odieuse profanation.

Lucio, *à part, à Isabella.* — Tu es dans le vrai, ma fille; insiste sur ce sujet.

Isabella. — Ce qui dans le capitaine n'est qu'un mot de colère est un pur blasphème chez le soldat.

Lucio, *à part, à Isabella.* — Tiens, tu sais cela? insiste là-dessus.

Angelo. — Pourquoi m'accablez-vous de ces maximes?

Isabella. — Parce que l'autorité, quoiqu'elle erre comme le reste de l'humanité, a cependant en elle une sorte de médecine qui peut faire revenir la peau par-dessus la plaie béante de ses erreurs[5]. Descendez en vous-même; frappez à la porte de votre cœur, et demandez-lui s'il ne connaît rien qui ressemble au péché de mon frère: s'il confesse une faiblesse de nature analogue à la sienne, qu'il ne permette pas à votre langue l'expression d'une pensée contre la vie de mon frère.

Angelo. — Elle parle, et avec tant de sens, que mes sens en sont échauffés. (*Marchant pour s'en aller.*) Allons, adieu.

Isabella. — Mon noble Seigneur, revenez sur vos pas.

Angelo. — J'y penserai; revenez demain.

Isabella. — Écoutez comment je me propose de vous corrompre; revenez, mon bon Seigneur.

Angelo. — Comment, me corrompre?

Isabella. — Oui, et avec de tels dons que le ciel les partagera avec vous.

Lucio, *à part, à Isabella.* — Sans cette restriction vous auriez tout gâté.

Isabella. — Ce n'est pas avec des sicles corrupteurs d'un or éprouvé, ou avec des pierres qui sont précieuses ou viles selon la valeur que leur prête l'imagination, mais avec de sincères prières qui arriveront au ciel et y entreront avant le lever du soleil, avec des prières d'âmes consacrées à Dieu, de vierges mortifiées dont les esprits ne sont voués à rien de ce qui est de la terre.

Angelo. — Bien; venez me trouver demain.

Lucio, *à part, à Isabella.* — C'est bien; en route; partons.

Isabella. — Le ciel protége Votre Honneur.

Angelo, *à part.* — *Amen;* car je suis en train d'aller à la tentation par ce chemin où les prières se croisent.

Isabella. — A quelle heure, demain, me présenterai-je devant Votre Seigneurie ?

Angelo. — A n'importe quelle heure avant midi.

Isabella. — Dieu protége Votre Honneur.

(*Sortent Isabella, Lucio et le prévôt.*)

Angelo. — Oui, me protége contre toi, contre ta vertu même ! Qu'est-ce à dire, qu'est-ce à dire ? Est-ce sa faute ou la mienne ? De celui qui tente ou de celui qui est tenté, quel est celui qui pèche le plus ? Ce n'est pas elle qui pèche, et ce n'est pas non plus elle qui me tente; c'est moi, qui exposé au soleil près de la violette, au lieu d'embaumer comme la fleur, infecte comme la charogne sous l'influence de la saison fécondante. Se peut-il que la candeur de la femme soit plus puissante pour induire nos sens en tentation que sa légèreté ? Ayant déjà tant de terrains publics, désirerons-nous raser le sanctuaire pour y établir nos lieux d'aisance [6] ? Oh ! fi, fi, fi ! que fais-tu, et qui es-tu, Angelo ? La désires-tu vilainement pour ces choses même qui la font vertueuse ? Oh ! que son frère vive ! les larrons sont autorisés à voler, lorsque les juges dérobent eux-mêmes. Quoi, je l'aime donc puisque je désire encore l'entendre parler, et me repaître de ses regards ? Qu'est-ce que je rêve là ? O ennemi rusé, qui pour prendre un saint amorces ton hameçon avec des saintes ! Dangereuse entre toutes est cette tentation qui nous conduit au péché par l'amour de la vertu. Jamais autrefois la courtisane, avec son double élément de force, l'art et la nature, n'avait eu la puissance d'irriter mon tempérament; au contraire cette vertueuse vierge me subjugue entièrement; jusqu'à ce jour, lorsque je voyais les hommes amoureux, je souriais, et je me demandais comment cela pouvait se faire. (*Il sort.*)

SCÈNE III.

Une chambre dans une prison.

Entrent de côtés opposés LE DUC, *sous les habits d'un moine, et* LE PRÉVÔT.

LE DUC. — Salut, prévôt, car c'est vous qui l'êtes, je crois?

LE PRÉVÔT. — Je suis le prévôt. Que voulez-vous, mon bon Frère?

LE DUC. — Entraîné par ma charité et par les devoirs de mon saint ordre, je viens pour visiter les âmes affligées qui sont ici en prison. Accordez-moi, selon l'usage établi, le droit de les voir, et faites-moi connaître la nature de leurs crimes, afin que je leur administre avec à-propos les secours de mon ministère.

LE PRÉVÔT. — Je ferais davantage encore, si davantage était nécessaire. Regardez : en voici venir une; c'est une demoiselle soumise à ma surveillance, qui s'étant laissée choir dans les flammes de sa jeunesse, a fait quelque ampoule à sa réputation. Elle est enceinte, et celui qui l'a engrossée est condamné à mort, un jeune homme mieux fait pour commettre une nouvelle offense du même genre que pour expier par la mort celle qu'il a commise.

Entre JULIETTE.

LE DUC. — Quand doit-il mourir?

LE PRÉVÔT. — Demain, je pense. (*A Juliette.*) J'ai pris toutes mes mesures pour vous; attendez un peu, et l'on vous emmènera d'ici.

LE DUC. — Vous repentez-vous, belle dame, du péché dont vous portez le fardeau?

JULIETTE. — Je m'en repens, et j'en porte la honte très-patiemment.

LE DUC. — Je vous enseignerai à interroger votre

conscience, à éprouver si votre repentir vient du fond de votre cœur ou s'il n'est qu'à la surface.

Juliette. — Je recevrai cette instruction avec joie.

Le duc. — Aimez-vous l'homme qui vous a déshonorée?

Juliette. — Oui, autant que j'aime la femme qui l'a déshonoré.

Le duc. — Ainsi donc il paraîtrait que votre très-coupable action a été commise d'un consentement mutuel?

Juliette. — D'un consentement mutuel.

Le duc. — Alors votre péché a été plus grand que le sien?

Juliette. — Je le confesse, et je m'en repens, mon père.

Le duc. — C'est un repentir bien légitime, ma fille; mais comme j'ai peur que vous ne vous repentiez du péché surtout à cause de la honte qu'il vous a attirée, genre de repentir qui s'adresse toujours à nous-mêmes et non au ciel, et qui montre que si nous nous abstenons d'offenser Dieu ce n'est pas par amour pour lui, mais par la crainte qu'il nous inspire....

Juliette. — Je me repens de mon péché comme d'un mal, et j'en porte la honte avec joie.

Le duc. — Restez dans ces dispositions. Votre complice, à ce que j'apprends, doit mourir demain, et je vais lui porter mes instructions. La grâce soit avec vous. *Benedicite!* (*Il sort.*)

Juliette. — Il doit mourir demain! O! injuste clémence[7], qui me conserve une vie dont la jouissance même équivaut à une perpétuelle agonie d'horreur.

Le prévôt. — C'est bien dommage pour lui!

(*Ils sortent.*)

SCENE IV.

Un appartement dans la maison d'Angelo.

Entre ANGELO.

Angelo. — Lorsque je veux penser et prier, mes pensées et mes prières s'égarent sur des sujets divers ; le ciel reçoit mes paroles vides de sens, tandis que mon imagination, n'écoutant pas ma langue, reste ancrée à Isabella. Le ciel est dans ma bouche qui ne fait que mâcher son nom, mais dans mon cœur est le mal vigoureux de mon désir qui le gonfle à l'emplir. Le gouvernement dont je faisais mon étude est comme un bon livre qui, à force d'être lu, est devenu stérile et ennuyeux ; bien mieux, — oh ! que personne ne m'entende ! — ma gravité d'où je tire mon orgueil, je l'échangerais avec plaisir contre la plume légère que l'air promène comme un vain jouet. O position sociale ! ô apparence extérieure ! que de fois vos insignes et vos décorations arrachent le respect des sots et attachent les âmes plus sages à vos faux semblants ! Chair, tu n'es jamais que chair ! Nous pouvons bien écrire *bon ange* sur la corne du diable, ce ne sera pas pour cela la devise du diable.

Entre un valet.

Eh bien ! qui est là ?
Le valet. — Une certaine Isabella, une religieuse, désire avoir accès auprès de vous.
Angelo. — Montrez-lui le chemin. (*Le valet sort.*) O ciel ! pourquoi tout mon sang monte-t-il ainsi à mon cœur, pour le paralyser et en même temps pour déposséder tous mes autres organes du ressort qui leur est nécessaire ? Ainsi s'attroupent les foules imbéciles autour d'une personne évanouie ; tous, se pressant pour la secourir, interceptent l'air qui la ferait revivre : ainsi les

multitudes sujettes d'un roi bien-aimé, oublient le rôle qui leur appartient, et dans leur élan d'obséquieuse passion se foulent pour le contempler, de telle sorte que leur amour sans tact prend nécessairement la forme d'une offense.

Entre ISABELLA.

Eh bien ! belle jeune fille !

Isabella. — Je suis venue pour savoir votre volonté.

Angelo. — J'aurais mieux aimé que vous l'apprissiez sans avoir à me la demander ; votre frère ne peut vivre.

Isabella. — En est-il ainsi ? — Dieu garde Votre Honneur ! (*Elle va pour se retirer.*)

Angelo. — Cependant il peut vivre encore quelque temps, peut-être même aussi longtemps que vous ou moi ; cependant il doit mourir.

Isabella. — En vertu de votre sentence ?

Angelo. — Certes.

Isabella. — Quand doit-il mourir ? dites-le-moi, je vous en conjure, afin que pendant son sursis, qu'il soit long ou court, on puisse prendre des mesures pour que son âme ne soit pas en danger.

Angelo. — Oh ! fi de ces vilains vices ! il vaudrait autant pardonner à celui qui vole à la nature un homme déjà fait, qu'épargner cette insolente lasciveté qui frappe l'image du ciel à un coin défendu ; il est tout aussi aisé de détruire illégitimement une vie légitimement créée que de verser le métal dans des moules prohibés pour en créer une illégitime.

Isabella. — Cela est ainsi établi dans le ciel, mais non sur la terre.

Angelo. — Est-ce votre avis ? En ce cas, je m'en vais facilement vous mettre au pied du mur. Laquelle préféreriez-vous de ces deux alternatives, voir la très-juste loi enlever maintenant la vie à votre frère, ou bien, pour le racheter, livrer votre corps à la même douce impureté que la femme qu'il a souillée ?

Isabella. — Croyez bien ceci, Monseigneur, j'aimerais mieux livrer mon corps que mon âme.

ANGELO. — Je ne parle pas de votre âme; les péchés auxquels nous sommes contraints servent à faire nombre plutôt qu'à nous accuser.

ISABELLA. — Comment dites-vous?

ANGELO. — Certes, je ne veux garantir rien de pareil, car je pourrais parler précisément contre ce que je dis. Répondez à ceci : moi, l'organe de la loi remise en vigueur, je prononce sentence contre la vie de votre frère : n'y aurait-il pas de la charité à commettre un péché qui sauverait la vie de ce frère?

ISABELLA. — Oh! faites cela; j'en prends le péril sur mon âme; ce n'est pas péché du tout, c'est charité.

ANGELO. — S'il vous plaisait de le faire, au péril de votre âme, il y aurait poids égal entre le péché et la charité.

ISABELLA. — Si c'est un péché de supplier pour sa vie, que le ciel le fasse peser sur moi! si c'est un péché de votre part que d'accorder ma demande, je prierai chaque matin qu'il soit ajouté à mes fautes personnelles, et qu'il ne reste en rien à votre compte.

ANGELO. — Oui, mais entendez-moi bien. Votre pensée et la mienne ne regardent pas du même côté; ou vous êtes ignorante, ou vous faites semblant de l'être par ruse, et cela n'est pas bien.

ISABELLA. — Permettez que je sois ignorante et mauvaise en toute chose, pourvu que je reconnaisse, sans me faire prier, mon imperfection.

ANGELO. — C'est ainsi que la sagesse désire apparaître plus éclatante au moment même où elle s'humilie, pareille à ces masques noirs qui proclament dix fois plus haut la beauté qu'ils protégent que ne pourrait le faire cette beauté elle-même si elle se découvrait. Mais écoutez-moi bien; pour être compris plus aisément, je vais parler plus crûment : votre frère doit mourir.

ISABELLA. — Bien.

ANGELO. — Et son délit est tel qu'il se trouve justement passible de la peine prononcée par la loi.

ISABELLA. — C'est vrai.

ACTE II, SCÈNE IV.

ANGELO. — Admettez qu'il n'y ait pas d'autre moyen de sauver sa vie que celui-ci : — je n'approuve pas ce moyen plus que tel ou tel autre, je fais une simple supposition ; — vous, sa sœur, vous vous trouvez l'objet des désirs d'un homme dont le crédit sur le juge, ou la grande situation personnelle peut débarrasser votre frère des menottes de la loi qui enchaîne tous les citoyens ; or il n'y a pas sur terre d'autre expédient pour le sauver que de livrer les trésors de votre corps à la personne supposée dont nous venons de parler, sinon votre frère meurt ; que feriez-vous ?

ISABELLA. — Je ferais pour mon pauvre frère ce que je ferais pour moi-même : c'est-à-dire que, me trouvant sous la contrainte de la mort, je porterais, comme des rubis, les écorchures des fouets déchirants, et je me mettrais nue pour entrer dans la tombe comme dans un lit que j'aurais convoité avec la dernière passion, plutôt que de céder mon corps à la honte.

ANGELO. — Alors votre frère devrait mourir.

ISABELLA. — Et c'est la solution qui serait à meilleur marché. Il vaudrait mieux, pour un frère, mourir une fois, que pour une sœur le racheter au prix d'une mort éternelle.

ANGELO. — Mais alors ne seriez-vous pas aussi cruelle que cette sentence que vous avez tant réprouvée ?

ISABELLA. — Le rachat par l'ignominie et le libre pardon sont de deux maisons différentes : la clémence légitime n'a aucune parenté avec la libération honteuse.

ANGELO. — Vous sembliez tout à l'heure traiter la loi comme un tyran, et regarder le faux pas de votre frère comme une fredaine et non comme un vice.

ISABELLA. — Oh ! pardonnez-moi, Monseigneur ; il arrive souvent que pour obtenir ce que nous désirons, nous ne disons pas ce que nous pensons ; j'excuse quelque peu la chose que je hais par égard pour celui que j'aime tendrement.

ANGELO. — Nous sommes tous fragiles.

ISABELLA. — Eh bien alors, que mon frère meure,

si au lieu d'être un des simples vassaux d'une commune fragilité, il en est le seul propriétaire et l'unique héritier [8].

Angelo. — Certainement les femmes sont fragiles aussi.

Isabella. — Oui, comme les miroirs où elles se contemplent et qui se brisent aussi aisément qu'ils reflètent les images. Les femmes! le ciel leur vienne en aide! les hommes déprécient leur propre sexe, en se donnant trop d'avantages sur elles. Oh! oui, appelez-nous dix fois fragiles, car nous sommes tendres comme nos tempéraments et crédules aux fausses impressions.

Angelo. — Je le crois parfaitement et je vais m'autoriser de votre propre témoignage sur votre sexe. Puisque, je le suppose, nous ne sommes pas créés avec une si grande vigueur que le péché ne puisse ébranler notre nature, permettez-moi d'être hardi; je vous prends au mot. Soyez ce que vous êtes, c'est-à-dire une femme; si vous êtes plus, vous n'êtes pas une femme; si vous êtes une femme, comme tous les caractères extérieurs le garantissent, montrez-le en revêtant la livrée propre à votre sexe.

Isabella. — Je ne sais parler qu'une seule langue: mon aimable Seigneur, permettez-moi de vous supplier de revenir à votre premier langage.

Angelo. — Comprenez nettement : je vous aime.

Isabella. — Mon frère aimait Juliette, et vous me dites qu'il doit mourir pour ce fait.

Angelo. — Il ne mourra pas, Isabella, si vous me donnez votre amour.

Isabella. — Je vois que votre vertu s'accorde le privilége de se calomnier quelque peu pour surprendre les autres.

Angelo. — Croyez-moi, sur mon honneur, mes paroles expriment mon dessein.

Isabella. — Oh! un trop petit honneur pour être beaucoup cru et un très-pernicieux dessein! Hypocrisie! hypocrisie! Je te dénoncerai, Angelo, songes-y bien; signe-moi immédiatement le pardon de mon frère, ou à plein gosier, je crierai bien haut à la face du monde quel homme tu es.

Angelo. — Qui te croira, Isabella? mon nom sans tache, l'austérité de ma vie, mon témoignage opposé au vôtre, ma situation dans l'État l'emporteront d'un tel poids sur votre accusation, que vous serez étranglée par votre propre rapport et que vous puerez la calomnie. J'ai commencé, et maintenant je lâche les rênes au galop de ma sensualité; décide-toi à consentir à mon âpre désir, mets de côté toutes ces miévreries et toutes ces rougeurs qui implorent le délai et qui repoussent ce qu'elles convoitent; rachète ton frère en cédant ton corps à mon désir, ou bien, non-seulement il mourra, mais ton mauvais vouloir lui vaudra une mort ménagée à petit feu. Réponds-moi demain, ou bien, par cette affection qui maintenant guide ma conduite, je serai pour lui un tyran. Quant à vous, dites ce que vous voudrez, mon mensonge l'emportera sur votre vérité. *(Il sort.)*

Isabella. — A qui me plaindrais-je? qui me croirait, si je racontais cela? O les dangereuses bouches qui n'ayant qu'une seule langue, la même pour condamner ou pour justifier, obligent la loi à faire la révérence devant leurs caprices, et prêchent le juste ou l'injuste avec l'amorce de leur appétit, forçant le juste ou l'injuste à suivre, dans le sens où les tire l'hameçon. Je vais aller trouver mon frère; quoiqu'il ait succombé sous l'instigation du sang, il a cependant en lui à tel point l'âme de l'honneur, qu'eût-il vingt têtes à poser sur vingt billots sanglants, il les donnerait avant que sa sœur humiliât son corps sous une souillure si exécrée. Donc, vis chaste, Isabelle, et toi, mon frère, meurs : plus chère que notre frère est notre chasteté. Je vais aller l'informer cependant de la demande d'Angelo et le préparer à la mort pour le salut de son âme. *(Elle sort.)*

ACTE III.

SCÈNE PREMIÈRE.

Une chambre dans la prison.

Entrent LE DUC, *déguisé comme précédemment,* CLAUDIO *et* LE PRÉVÔT.

LE DUC. — Ainsi vous espérez votre pardon du seigneur Angelo?

CLAUDIO. — Les malheureux n'ont pas d'autre médecine que l'espérance; j'ai l'espoir de vivre, et je suis prêt à mourir.

LE DUC. — Attachez-vous résolûment à la mort; ce qui vous est destiné en sera plus doux, que ce soit la vie, que ce soit la mort. Raisonnez ainsi avec la vie : si je te perds, je perds une chose que des fous seuls voudraient garder; tu n'es qu'un souffle, asservi à toutes les influences de l'air qui, heure par heure, délabrent cette demeure où tu habites; à proprement parler, tu n'es que le fou de la mort[1], car tu cherches toujours à l'éviter par ta fuite, et cependant tu cours toujours au-devant d'elle. Tu n'es pas noble, car toutes les voluptés qui sont ton partage sont formées de bassesses. Tu n'es vaillante en aucune façon, car tu redoutes le tendre petit dard d'un pauvre ver. Ce que tu as de meilleur en toi est le sommeil, et souvent tu le provoques; cependant tu redoutes grossièrement la mort, qui n'est pas autre chose qu'un sommeil. Tu n'es pas toi-même, car ton existence résulte de milliers de grains qui sortent de la poussière. Tu n'es pas heureuse, car ce que tu n'as pas tu t'efforces de l'acquérir, et ce que tu possèdes, tu l'oublies. Tu n'es pas constante, car ton humeur, selon les phases de la lune, subit d'étranges altérations. Si tu es riche, tu es pauvre; car, pareille à un âne dont le dos s'affaisse sous le poids des lingots, tu ne portes tes pesantes richesses qu'un seul voyage, puis la mort t'en décharge. Tu n'as pas d'amis, car le fruit de tes propres entrailles qui t'appelle père, le plus pur de ton sang écoulé de tes propres reins, maudit la goutte, la lèpre et le catarrhe parce qu'ils ne t'achèvent pas assez vite. Tu n'as ni jeunesse, ni vieillesse, mais tu n'es pour ainsi dire qu'un sommeil d'un après-dîner, traversé des rêves de ces deux âges; car toute ton heureuse jeunesse se passe à se faire vieille et à solliciter les aumônes de la paralytique vieillesse[2]; et lorsqu'enfin tu es vieille et riche, tu n'as plus ni chaleur, ni affection, ni force, ni beauté pour rendre tes richesses agréables. Qu'y a-t-il encore dans cette chose qui porte le nom de vie? Mille autres formes de mort sont encore cachées dans cette vie, et cependant nous craignons la mort, qui donne quittance de toutes ces misères.

CLAUDIO. — Je vous remercie humblement. En demandant à vivre, je découvre que je cherche la mort, et en cherchant la mort, je trouve la vie : vienne la mort.

ISABELLA (*de l'intérieur*). — Holà! qu'en ces lieux soient la paix, la grâce divine et les bonnes gens!

LE PRÉVÔT. — Qui est là? entrez : ce souhait mérite bon accueil.

LE DUC. — Mon cher monsieur, avant peu je reviendrai vous voir.

CLAUDIO. — Très-révérend messire, je vous remercie.

Entre ISABELLA.

ISABELLA. — J'aurais à dire un mot ou deux à Claudio.

LE PRÉVÔT. — Vous êtes la très-bienvenue. Regardez, Signor, voici votre sœur.

LE DUC. — Prévôt, un mot.

Le prévôt. — Autant qu'il vous plaira.

Le duc. — Faites-moi cacher en quelque endroit d'où je puisse les entendre.

(*Sortent le duc et le prévôt.*)

Claudio. — Eh bien! ma sœur, quelle consolation m'apportez-vous?

Isabella. — Une consolation qui ressemble à toutes les consolations; excellente, excellente, en vérité. Le seigneur Angelo ayant des affaires au ciel, entend vous y envoyer sans délai comme son ambassadeur à résidence éternelle : ainsi, faites en toute hâte vos préparatifs les plus urgents, car vous partez demain.

Claudio. — N'y a-t-il pas de remède?

Isabella. — Aucun, si ce n'est pourtant un remède qui, pour sauver une tête, déchirerait un cœur en deux.

Claudio. — Mais en est-il un?

Isabella. — Oui, mon frère, vous pouvez vivre: il y a dans le juge une diabolique clémence; si vous implorez cette clémence, elle affranchira votre vie, mais elle vous laissera dans les chaines jusqu'à la mort.

Claudio. — La prison à perpétuité?

Isabella. — Oui, justement, la prison à perpétuité; une reclusion qui vous confinerait dans l'espace le plus étroit, eussiez-vous, pour vous mouvoir, toute l'étendue du monde?

Claudio. — Mais de quelle nature?

Isabella. — D'une telle nature, que si vous l'acceptiez, elle écorcerait de votre honneur toute votre personne et vous laisserait nu.

Claudio. — Apprenez-moi de quoi il s'agit.

Isabella. — Oh! je te redoute, Claudio; je tremble que tu ne chérisses trop une vie fiévreuse, et que tu tiennes à six ou sept hivers plus qu'à un honneur perpétuel. As-tu le courage de mourir? Le sentiment de la mort consiste surtout dans l'appréhension, et le pauvre escargot que nous écrasons en passant supporte une souffrance corporelle aussi grande qu'un géant quand il meurt.

CLAUDIO. — Pourquoi me faites-vous cet affront ? Pensez-vous que j'aie besoin, pour prendre une résolution, de l'encouragement d'une consolante image ? S'il me faut mourir, j'irai au-devant de la nuit comme au-devant de ma fiancée, et je la bercerai dans mes bras.

ISABELLA. — Voilà bien mon frère qui parle ! C'est bien la voix de mon père qui sort du fond de sa tombe ! Oui, tu dois mourir ; tu es trop noble pour conserver la vie à de basses conditions. Ce ministre aux saints dehors, dont le visage impassible et la parole à la gravité froide transissent la jeunesse de respect et frappent les folies d'immobilité comme le faucon fait aux poules, est cependant un démon ; si toute la boue qui est en lui était enlevée, il paraîtrait un marais profond comme l'enfer.

CLAUDIO. — Le saint homme Angelo ?

ISABELLA. — Oh ! c'est une des ruses de l'enfer de revêtir et d'affubler le corps le plus infâme d'un costume aux galons de la sainteté. Croirais-tu, Claudio, que si je voulais lui céder ma virginité, tu pourrais être libre ?

CLAUDIO. — O ciel, cela n'est pas possible !

ISABELLA. — Oui, au prix de cet outrage sans nom, il te donnerait ta liberté, te permettant ainsi de l'offenser encore. C'est cette nuit même que je devrais consentir à l'action que j'ai horreur de nommer, sinon tu mourras demain.

CLAUDIO. — Tu ne feras pas cela.

ISABELLA. — Oh ! s'il n'y avait en jeu que ma vie, je la jetterais pour votre délivrance, sans plus d'hésitation qu'une épingle !

CLAUDIO. — Merci, chère Isabella.

ISABELLA. — Soyez prêt à mourir demain, Claudio.

CLAUDIO. — Oui. Il a donc des passions qui le poussent à mordre ainsi la loi au nez, et cela au moment même où il l'applique avec tant de rigueur ? Assurément ce n'est pas un péché, ou si c'en est un, des sept qui sont mortels c'est le moindre.

ISABELLA. — Lequel est le moindre ?

CLAUDIO. — Si cela était condamnable, comment lui,

qui est si sage, courrait-il le risque d'une damnation éternelle pour le plaisir d'un instant? O Isabella!

Isabella. — Que dit mon frère?

Claudio. — La mort est une effrayante chose.

Isabella. — Et une vie dans la honte est haïssable.

Claudio. — Oh oui! mais mourir et aller nous ne savons pas où; être gisant dans de froides entraves, et rester là à pourrir; ce corps sensible et chaud qui devient une poignée de molle argile; cet esprit épanoui dans la vie qui peut-être ira baigner dans des flots de feu, ou résider dans quelque région gelée, aux remparts de glaces épaisses, qui peut-être, emprisonné dans des vents invisibles, sera tourbillonné avec une violence sans trêve autour d'un monde suspendu dans l'espace; ou bien encore devenir plus misérable que le plus misérable de ces êtres qui imaginent en hurlant des pensées incertaines et déréglées! ô cela est trop horrible! La vie terrestre la plus pénible et la plus maudite, que l'âge, la maladie, la misère, l'emprisonnement puissent imposer à une créature, est un paradis en comparaison de ce que nous craignons de la mort.

Isabella. — Hélas! hélas!

Claudio. — Douce sœur, laisse-moi vivre; quelque péché que tu commettes pour sauver la vie d'un frère, la nature a pour cette action de telles excuses qu'elle en devient une vertu.

Isabella. — O bête brute! ô lâche sans foi! ô malhonnête misérable! veux-tu donc te créer de nouveau par mon crime? N'est-ce pas une manière d'inceste que de prendre ta vie dans la honte de ta propre sœur? Que dois-je penser? Le ciel me protége! il faut que ma mère ait triché mon père, car jamais son sang n'a pu faire erreur au point de produire un rejeton aussi dégénéré. Je te jette mon refus à la face. Meurs, péris! il ne faudrait que me courber pour t'arracher à ta destinée, que je la laisserais s'accomplir: je dirai mille prières pour ta mort, pas un mot pour sauver ta vie.

Claudio. — Mais écoute-moi, Isabella....

ISABELLA. — Oh! fi, fi, fi! Ton péché n'est pas un accident, c'est une habitude. La clémence qui t'acquitterait serait une maquerelle : il vaut mieux que tu meures promptement. (*Elle fait un mouvement pour s'en aller.*)

CLAUDIO. — O écoute-moi, Isabella!

Rentre LE DUC.

LE DUC. — Un mot, je vous prie, jeune novice, rien qu'un mot.

ISABELLA. — Quelle est votre volonté?

LE DUC. — Si vous pouviez disposer de vos loisirs, je désirerais avoir avec vous, tout à l'heure, un instant d'entretien; la complaisance que je vous demande est aussi dans votre intérêt.

ISABELLA. — Je n'ai pas de temps à perdre; celui que je resterai devra être volé à d'autres affaires, mais je veux bien vous écouter un instant.

LE DUC, *à part, à Claudio*. — Mon fils, j'ai entendu ce qui s'est dit entre vous et votre sœur. Angelo n'a jamais eu l'intention de la corrompre; il a mis seulement sa vertu à l'essai pour exercer son jugement sur la nature des caractères; comme elle a en elle un honneur des plus vrais, elle a fait ce gracieux refus qu'il est surtout heureux de recevoir. Je suis le confesseur d'Angelo, et je sais que telle est la vérité; préparez-vous donc à la mort. N'essayez pas de chercher du courage dans des espérances trompeuses : demain vous devez mourir; allez prier et tenez-vous prêt.

CLAUDIO. — Laissez-moi demander pardon à ma sœur. Je suis tellement dégoûté de la vie, que je solliciterais pour en être débarrassé.

LE DUC. — Restez dans ces dispositions. Adieu.

(*Sort Claudio.*)

Rentre LE PRÉVÔT.

LE DUC. — Prévôt, un mot!

LE PRÉVÔT. — Quelle est votre volonté, mon père?

LE DUC. — Que vous vous en alliez, maintenant que

vous êtes venu. Laissez-moi seul un instant avec la jeune fille; mon caractère s'accorde avec mon habit pour vous promettre qu'elle n'a rien à craindre en ma compagnie.

LE PRÉVÔT. — Fort bien. (*Il sort.*)

LE DUC. — La main qui vous a faite belle vous a faite bonne : quand la vertu n'est que médiocrement belle, la beauté n'a pas longue vertu; mais la grâce, qui est l'âme de votre personne, vous conservera toujours belle[3]. Le hasard m'a fait connaître l'assaut qu'Angelo vous a fait subir, et n'était que la fragilité de la nature humaine nous donne des exemples de la faiblesse dont il a fait preuve, sa conduite m'étonnerait. Comment ferez-vous pour satisfaire ce ministre et sauver votre frère?

ISABELLA. — Je vais tout à l'heure lui faire savoir que j'aimerais mieux voir mon frère périr par la loi, que mon fils naître en dehors de la loi. Mais comme le bon duc se trompe sur Angelo! Si jamais il revient et que je puisse lui parler, ou bien j'ouvrirai mes lèvres en vain, ou bien je dévoilerai la manière dont il gouverne.

LE DUC. — Il n'y aura pas grand mal à cela; cependant, dans l'affaire présente, il se tirera de votre accusation; il n'a voulu que vous mettre à l'épreuve. Par conséquent, rendez votre oreille obéissante à mes avis; un remède se présente à l'appel du désir que j'ai de faire le bien. Je suis arrivé à me persuader que vous pouvez très-honnêtement rendre un service mérité à une pauvre dame injustement traitée, racheter votre frère de la colère de la loi, conserver pure de toute souillure votre gracieuse personne, et plaire singulièrement au duc, si, par aventure, il revient jamais et qu'il apprenne cette affaire.

ISABELLA. — Expliquez-vous plus amplement. J'ai assez d'âme pour accomplir toute action qui ne me paraîtra pas honteuse, examinée dans toute la sincérité de mon âme.

LE DUC. — La vertu est hardie et la bonté n'a jamais peur. N'avez-vous pas entendu parler de Mariana, la sœur de Frédéric, l'illustre soldat qui périt en mer?

ISABELLA. — J'ai entendu parler de cette dame et en très-bons termes.

Le duc. — Elle devait être mariée à cet Angelo; elle lui était fiancée par serment, et l'époque du mariage était fixée ; mais dans l'intervalle du contrat à la célébration nuptiale, son frère Frédéric fit naufrage, ayant à bord de ce navire perdu le douaire de sa sœur. Et voyez quelle succession de désastres dans cet accident pour la pauvre dame : elle perd un frère noble et illustre qui avait toujours eu pour elle l'affection la plus tendre et la plus sincère ; avec lui elle perd le fondement et le nerf de sa fortune, sa dot de mariage, et avec les deux, l'époux qui lui était engagé, cet Angelo aux vertueux dehors.

Isabella. — Est-ce possible? Angelo l'a-t-il abandonnée ainsi?

Le duc. — Il l'abandonna à ses larmes dont il n'essaya pas de sécher une seule par ses consolations; il rengorgea tous ses serments, prétextant des découvertes qui tachaient son honneur, et bref la livra à sa tristesse que son cœur garde encore par amour pour lui. Quant à lui, ses larmes le trouvent de marbre : il en est lavé, mais non attendri.

Isabella. — Que charitable serait la mort, si elle enlevait cette pauvre fille au monde, et qu'immorale est cette vie, qui permet à un tel homme de vivre! Mais quel avantage peut-elle tirer de ce qui arrive?

Le duc. — Son abandon est une fracture que vous pouvez aisément guérir ; or cette cure non-seulement sauve votre frère, mais vous laisse, en l'accomplissant, pure de déshonneur.

Isabella. — Expliquez-moi comment, mon bon père.

Le duc. — La demoiselle que nous avons nommée persiste encore dans sa première affection ; la conduite injuste et dure de son fiancé qui aurait dû, en droit bon sens, éteindre son amour, a fait sur lui ce que l'obstacle fait sur le courant; il l'a rendu plus violent et plus obstiné. Allez trouver Angelo; répondez à ses exigences par une apparente obéissance ; accordez-lui ce qu'il vous demande, seulement faites ces réserves à votre avantage, d'abord que le temps de votre entrevue sera court, ensuite que l'heure fixée sera tout entière ombre et silence, enfin que le lieu du rendez-vous sera choisi de manière à respecter les convenances. Ces réserves accordées, tout le reste s'ensuit de lui-même. Nous avertirons la demoiselle outragée d'avoir à prendre pour son compte votre rendez-vous et d'y aller à votre place. Si par la suite cette entrevue est divulguée, cette révélation pourra le forcer à réparer ses torts envers elle; en sorte que ce stratagème a l'avantage de sauver votre frère, de laisser votre honneur intact, de combler les vœux de la pauvre Mariana et de dévoiler le ministre corrompu. Je vais faire la leçon à la demoiselle et la disposer à l'entreprise d'Angelo. Si vous jugez convenable de mener à bonne fin ce stratagème comme vous le pouvez faire, le double bienfait qui en résultera l'absout de tout reproche. Qu'en pensez-vous?

Isabella. — La seule idée de ce projet me charme déjà, et j'ai la pleine confiance qu'il réussira en perfection.

Le duc. — Cela dépend beaucoup de la manière dont vous jouerez votre rôle. Allez en toute hâte trouver Angelo; s'il vous presse de coucher avec lui cette nuit, accordez-lui sa demande. Je vais aller immédiatement à Saint-Luc; c'est là, dans la ferme solitaire, que réside Mariana la refusée. Venez m'y rejoindre, et dépêchez-vous avec Angelo, afin que nous puissions en finir bien vite.

Isabella. — Je vous remercie de ce remède consolateur. Adieu, mon bon père.   (*Ils sortent.*)

SCÈNE II.

La rue devant la prison.

Entrent le duc, *sous son déguisement de moine,* ELBOW, *et* des officiers de police *avec* POMPÉE.

Elbow. — Vrai, s'il n'y a pas de remède à cela, et si vous devez continuer à vendre les hommes et les femmes comme les bêtes, tout le monde finira par boire du *bâtard* rouge et blanc [1].

Le duc. — O ciel! qu'est-ce que cela?

Pompée. — Le monde a cessé d'être amusant depuis que de deux usuriers, le plus gai a été ruiné, et le plus méchant autorisé par la loi à porter une robe fourrée pour le tenir chaud; une robe fourrée de peau de renard et aussi de peau d'agneau, pour signifier que la duplicité étant plus riche que l'innocence, a le droit de faire plus d'étalage.

Elbow. — Allez votre chemin, Monsieur. — Dieu vous bénisse, mon bon père le frère.

Le duc. — Et vous de même, mon bon frère le père. Quelle offense cet homme a-t-il commise envers vous, Monsieur?

Elbow. — Pardi, Monsieur, il a offensé la loi; et, Monsieur, nous croyons aussi qu'il est un voleur, Monsieur : car nous avons trouvé sur lui, Monsieur, un étrange crochet que nous avons envoyé au délégué.

Le duc. — Fi, drôle! un maquereau, un vil maquereau! Le mal que tu contribues à faire commettre, c'est là ton moyen de vivre! Songe seulement à ce que cela est, que de remplir sa panse et de couvrir son dos par le moyen d'un vice aussi infect: dis-toi à toi-même, ce sont leurs attouchements abominables et brutaux que je bois, que je mange, dont je m'habille, dont je tire ma vie. Crois-tu que ce soit une vie, celle qui dépend de pareilles ordures? Corrige-toi, corrige-toi.

Pompée. — C'est vrai, Monsieur; cette vie sent mauvais d'une certaine façon : cependant, Monsieur, je prouverai....

Le duc. — Certes! si le diable t'a donné des preuves pour pécher, tu prouveras que tu es son homme. Emmenez-le en prison, officier; la correction et l'instruction auront beaucoup à faire avant que cette grossière brute devienne meilleure.

Elbow. — Il faut qu'il aille devant le délégué, Monsieur; il lui a déjà donné un avertissement; le délégué ne peut pas supporter un souteneur de catins : s'il est un souteneur de catins et qu'il comparaisse devant le ministre, il vaudrait autant pour lui qu'il fût allé faire quelque commission à un mile d'ici.

Le duc. — Plût au ciel que nous fussions tous ce que quelques-uns voudraient paraître : exempts de vices, ou avec des vices exempts d'hypocrisie !

Elbow. — Votre ceinture lui servira de cravate, Monsieur; une corde pour lui, Monsieur.

Pompée. — J'aperçois du secours et je demande caution ! Voici un gentilhomme et un ami à moi.

Entre LUCIO.

Lucio. — Eh bien, noble Pompée! comment, te voilà accroché au char de César! Est-ce que tu es mené en triomphe? Comment, n'y a-t-il plus de statues de Pygmalion, nouvellement changées en femmes, qu'on puisse avoir en mettant la main dans sa poche et en la retirant fermée? Quelle réponse, eh? Que dis-tu de cet air, de cette chanson, et de cette méthode? Est-ce que ta voix s'est noyée dans la dernière pluie, eh? Que dis-tu, macaque? Le monde est-il toujours comme il était, l'ami? Quelle est la mode? d'être sérieux et laconique? ou comment? Le chic du jour, eh?

Le duc. — Toujours, toujours le même ; plus débauché de jour en jour !

Lucio. — Et ce cher morceau de mon cœur, ta maîtresse, comment va-t-elle? Procure-t-elle toujours, eh?

Pompée. — La vérité, Monsieur, c'est qu'elle a mangé tout son bœuf et qu'elle est elle-même à son tour dans la marmite.

Lucio. — Parbleu ! c'est bien, c'est légitime; il faut qu'il en soit ainsi. Putain fraîche, maquerelle salée; c'est une conséquence inévitable, il faut qu'il en soit ainsi. Tu vas en prison, Pompée?

Pompée. — Oui, Monsieur, en vérité.

Lucio. — Eh bien! il n'y a pas de mal à cela, Pompée.

Adieu; marche et dis que c'est moi qui t'y envoie. Pour dettes, Pompée, ou pour quelle cause?

Elbow. — Pour métier de maquereau, Monsieur, pour métier de maquereau.

Lucio. — Bien, emprisonnez-le alors; si la prison est le dû d'un maquereau, il y a droit. Maquereau il est, incontestablement et de toute antiquité; maquereau-né. Adieu, mon bon Pompée. Recommandez-moi à la prison, Pompée: vous allez devenir très-bon mari, maintenant, Pompée; vous garderez la maison.

Pompée. — J'espère, Monsieur, que Votre Honneur voudra bien se porter caution pour moi.

Lucio. — Non vraiment, je ne ferai pas cela, Pompée, ce n'est pas la mode. Je vais prier qu'on vous mette encore plus à l'étroit, Pompée; si vous ne supportez pas cela patiemment, eh bien! cela prouvera que vous avez du cœur. Adieu, fidèle Pompée! — Dieu vous bénisse, Frère.

Le duc. — Et vous aussi.

Lucio. — Brigitte se maquille-t-elle toujours, Pompée, eh?

Elbow. — Continuez votre route, Monsieur; marchons.

Pompée. — Vous ne voulez pas être ma caution, alors, Monsieur.

Lucio. — *Alors*, Pompée! Ni *alors*, ni maintenant.... Quoi de nouveau dans le monde, Frère? Quoi de nouveau?

Elbow. — Allez votre chemin, Monsieur, allez.

Lucio. — Allez au chenil, Pompée, allez au chenil. (*Sortent Elbow, les officiers et Pompée.*) Quelles nouvelles du duc, Frère?

Le duc. — Je n'en connais pas; pouvez-vous m'en apprendre quelqu'une?

Lucio. — Les uns disent qu'il est avec l'empereur de Russie, les autres qu'il est à Rome; mais où pensez-vous qu'il soit?

Le duc. — Je ne sais où il est; mais où qu'il soit, je lui souhaite toute prospérité.

Lucio. — Ç'a été à lui une fantaisie bien étrange de s'esquiver de ses états et de se lancer dans un vagabondage pour lequel il ne fut jamais né. Le seigneur Angelo fait bien le métier de duc en son absence; il le fait même un peu trop.

Le duc. — En cela, il a raison.

Lucio. — Un peu plus d'indulgence de sa part envers la paillardise ne serait pas un mal; il est un peu trop dur sur ce chapitre, Frère.

Le duc. — C'est un vice trop répandu, et la sévérité doit y porter remède.

Lucio. — Oui, en bonne vérité, le vice est de très-bonne race, il est bien apparenté; mais quant à l'extirper tout à fait, Frère, impossible, jusqu'à ce qu'on cesse de boire et de manger. On dit que cet Angelo n'a pas été fait par un homme et une femme, selon la méthode ordinaire de la création. Est-ce vrai, croyez-vous?

Le duc. — Et comment croyez-vous alors qu'il ait été engendré?

Lucio. — Quelques-uns disent qu'il est né d'une sirène; d'autres qu'il a été engendré entre deux morues; mais, ce qui est certain, c'est que lorsqu'il fait de l'eau son urine se change en glace; cela, je sais que c'est vrai; lui, c'est une marionnette impuissante, cela est indubitable.

Le duc. — Vous avez l'esprit plaisant, Monsieur, et votre langue va d'un bon pas.

Lucio. — Mais aussi quelle barbarie c'est à lui d'enlever la vie à un homme parce qu'une braguette se révolte! Est-ce que le duc absent aurait fait rien de pareil? Avant de faire pendre un homme pour avoir créé cent bâtards, il aurait payé pour en nourrir un millier; il avait quelque expérience de cet exercice, il connaissait le service et cela lui apprenait l'indulgence.

Le duc. — Je n'ai jamais entendu dire que le duc absent fût très-fort sur le chapitre des femmes : il ne penchait pas de ce côté-là.

Lucio. — Oh! Monsieur, vous vous trompez.

Le duc. — Ce n'est pas possible!

Lucio. — Qui? le duc? mais jusqu'à la mendiante de cinquante ans; son habitude était de lui mettre un ducat dans sa sébille-crécelle⁵. Le duc avait ses lubies. Il s'enivrait aussi; laissez-moi vous apprendre cela.

Le duc. — Certainement vous le calomniez.

Lucio. — Monsieur, j'étais un de ses intimes. Un gaillard sournois que le duc, et je crois que je sais la cause de sa retraite.

Le duc. — S'il vous plaît, quelle peut être cette cause?

Lucio. — Non, excusez-moi; c'est un secret qui doit rester entre les dents et les lèvres; mais je puis vous laisser comprendre ceci : le plus grand nombre de ses sujets tenait le duc pour sage.

Le duc. — Sage! il l'était sans aucun doute.

Lucio. — Un gaillard superficiel, ignorant, étourdi.

Le duc. — Ce jugement vient chez vous d'envie, de sottise ou de méprise; le cours entier de sa vie et les affaires dont il a été le pilote, pourraient, s'il en était besoin, rendre de lui meilleur témoignage. Que ses propres actes soient ses témoins, et il se fera reconnaître à l'envieux pour un lettré, un politique et un guerrier. Vous parlez donc sans savoir ce que vous dites, ou si vous le connaissez mieux, votre méchanceté rend votre jugement fort aveugle.

Lucio. — Monsieur, je le connais et je l'aime.

Le duc. — L'affection parle avec une meilleure information, et la bonne information avec une plus tendre affection.

Lucio. — Allons, Monsieur, je sais ce que je sais.

Le duc. — J'ai vraiment peine à le croire, attendu que vous ne savez pas ce que vous dites; mais si jamais le duc revenait, — comme le demandent au ciel nos prières, — je serais désireux que vous répétassiez votre jugement devant lui. Si c'est en toute sincérité que vous parlez, vous aurez le courage de maintenir vos paroles; je serai forcé de vous assigner; quel est votre nom, s'il vous plaît?

Lucio. — Monsieur, mon nom est Lucio, nom bien connu du duc.

Le duc. — Il vous connaîtra mieux, Monsieur, si je puis vivre assez pour lui rapporter vos paroles.

Lucio. — Je ne vous crains pas.

Le duc. — Oh! vous vous imaginez que le duc ne reviendra plus, ou bien vous croyez que je suis un adversaire trop inoffensif. La vérité est que je ne puis vous faire grand mal; vous nierez les propos que vous avez tenus.

Lucio. — Je serai pendu avant de faire cela : tu te trompes sur mon compte, Frère. Mais ne parlons plus de cela. Peux-tu me dire si Claudio meurt demain ou non?

Le duc. — Pourquoi mourrait-il, Monsieur?

Lucio. — Pourquoi? pour avoir rempli une bouteille au moyen d'un entonnoir. Je voudrais que le duc, dont nous parlions, fût revenu; ce châtré de ministre dépeuplera la province par la continence; les moineaux ne peuvent plus faire leurs nids sous son toit parce qu'ils sont paillards. Le duc, au moins, aurait fait juger dans l'ombre des actes commis dans l'ombre; il n'aurait pas souffert qu'ils fussent mis au grand jour; plût au ciel qu'il fût de retour! Morbleu, ce pauvre Claudio condamné à mort pour avoir troussé une jupe! Adieu, mon bon Frère, je te demande de prier pour moi. Le duc, je te le répète, mangeait du mouton le vendredi. Il n'en est plus question maintenant; mais, je te le dis, il se serait collé bouche à bouche avec une mendiante, quand bien même elle eût senti le pain bis et l'ail : dis-lui que c'est moi qui t'ai dit cela. Adieu.

(*Il sort.*)

Le duc. — Ni la grandeur, ni la puissance, en ce monde mortel, ne peuvent échapper à la censure; la calomnie, qui blesse par derrière, frappe la plus blanche vertu. Quel roi est assez puissant pour retenir le fiel sur une langue calomnieuse? Mais qui vient ici?

Entrent ESCALUS, LE PRÉVÔT, DES OFFICIERS DE POLICE *avec* MADAME OVERDONE.

Escalus. — Allons, qu'on la conduise en prison!

Madame Overdone. — Mon bon Seigneur, soyez bon

pour moi ! Votre Honneur a la réputation d'être un homme clément; mon bon Seigneur !

ESCALUS. — Avertie deux et trois fois et toujours coupable du même délit ! Cette persistance ferait blasphémer la clémence en personne et l'exaspérerait à lui faire jouer le rôle de tyran.

LE PRÉVÔT. — Une maquerelle qui a onze années d'exercice, n'en déplaise à Votre Honneur.

MADAME OVERDONE. — Monseigneur, c'est la dénonciation d'un certain Lucio contre moi. Madame Katy Keepdown était grosse de lui dès le temps du duc ; il lui avait promis mariage. Son enfant aura un an et trois mois vienne le jour de saint Philippe et saint Jacques. J'ai gardé l'enfant moi-même, et voyez maintenant comme il s'amuse à me faire tort.

ESCALUS. — Ce garçon est un drôle très-libertin ; qu'on le cite devant nous. A la prison avec elle, vous autres ! allez, plus un mot. (*Sortent les officiers de police et madame Overdone.*) Prévôt, mon confrère Angelo est inébranlable dans sa résolution ; Claudio doit mourir demain : qu'on lui procure l'assistance des prêtres et qu'il reçoive tous les secours de la charité. Si mon confrère prenait conseil de ma pitié, le sort de Claudio ne serait pas le même.

LE PRÉVÔT. — Plaise à Votre Honneur, le Frère que voici l'a visité et lui a donné ses conseils pour se préparer à mourir.

ESCALUS. — Bonsoir, mon bon père.

LE DUC. — Le bien et le bonheur soient avec vous !

ESCALUS. — D'où êtes-vous ?

LE DUC. — Je ne suis pas de ce pays, bien que ce soit aujourd'hui mon destin de l'habiter pour un temps. Je suis un religieux d'un saint ordre et j'ai récemment quitté le saint-siége, envoyé par Sa Sainteté pour affaires spéciales.

ESCALUS. — Et quelles nouvelles dans le vaste monde ?

LE DUC. — Aucune, si ce n'est que le bien est si malade, que le seul remède est la dissolution. La nouveauté est la seule chose demandée, et il est aussi dangereux d'être âgé dans n'importe quel genre de vie, qu'il est vertueux d'être constant dans n'importe quelle entreprise ; il subsiste à peine assez de vérité pour rendre les sociétés sûres, mais il y a assez de sécurité pour faire maudire les relations sociales. C'est sur cette énigme que roule beaucoup la sagesse du monde. Ces nouvelles sont d'assez ancienne date ; cependant ce sont les nouvelles de tous les jours. Mais je vous en prie, Monsieur, de quelle nature était le duc ?

Escalus. — C'était un homme dont le premier et le plus grand effort était de s'appliquer à se connaître lui-même.

Le duc. — A quels plaisirs était-il adonné ?

Escalus. — Il se réjouissait plutôt de voir les autres en joie, qu'il n'était joyeux d'aucune des choses qu'on inventait pour l'amuser ; c'était un gentilhomme d'une parfaite tempérance. Mais laissons-le aux chances de sa fortune, en priant Dieu qu'elles soient heureuses, et dites-moi dans quelles dispositions vous avez trouvé Claudio. On vient de m'apprendre que vous lui avez fait visite.

Le duc. — Il déclare que la sentence de son juge n'est nullement inique, et qu'il se soumet humblement à l'arrêt de la justice ; cependant, il s'était forgé, sous les inspirations de la chair fragile, certaines trompeuses espérances de vivre, dont je me suis appliqué à le désabuser, et maintenant il a pris son parti de mourir.

Escalus. — Vous avez acquitté envers le ciel la dette de votre caractère sacré, et envers le prisonnier la dette de votre ministère. J'ai plaidé en faveur du pauvre gentilhomme jusqu'à extinction de réserve ; mais j'ai trouvé mon collègue en justice si sévère qu'il m'a forcé de lui dire qu'il était la justice elle-même.

Le duc. — Si sa propre vie répond à la sévérité de sa manière d'agir, cette rigueur lui sied bien ; mais s'il lui arrive de faillir, il se sera condamné lui-même.

Escalus. — Je vais aller voir le prisonnier ; portez-vous bien.

Le duc. — La paix soit avec vous ! (*Sortent Escalus et le prévôt.*) Celui qui veut tenir l'épée du ciel devrait être aussi saint que sévère, avoir en lui-même un idéal de perfection où il trouverait la grâce pour résister, la vertu pour agir, et peser exactement les fautes d'autrui dans la balance qui pèse ses propres fautes. Honte à celui dont la main cruelle tue pour des fautes où l'entraîne son propre penchant! C'est deux fois une triple honte à Angelo, de sarcler mon vice et de laisser croître le sien! Oh! quel démon peut cacher en lui un homme tout en portant à l'extérieur la figure d'un ange! Combien l'hypocrisie exercée au crime, tendant ses piéges à son époque, peut, dans ses subtils fils d'araignée, attirer de choses solides et substantielles! Ruse contre vice, tel sera mon plan d'action. Avec Angelo, couchera cette nuit sa fiancée ancienne mais dédaignée; c'est ainsi qu'un déguisement payera en fausseté par la personne déguisée elle-même les promesses faussées et réalisera un ancien engagement. *(Il sort.)*

ACTE IV.

SCÈNE PREMIÈRE.

Un jardin à la ferme isolée, devant la maison de Mariana.

MARIANA *est assise; un* PAGE *chante.*

CHANT.

Éloigne, ô éloigne ces lèvres
Qui si doucement furent parjures,
Et ces yeux, aubes du jour,
Lumières qui abusent l'aurore:

Mais rapporte-moi mes baisers,
Rapporte-les,
Sceaux de l'amour, en vain scellés,
En vain scellés[1].

MARIANA. — Interromps ta chanson et retire-toi bien vite : voici venir un homme de consolation dont les bons avis ont souvent apaisé les révoltes de mon âme mécontente. (*Sort le page.*)

Entre LE DUC *sous son travestissement de moine.*

MARIANA. — Je vous demande pardon, Messire, j'aurais autant aimé que vous ne m'eussiez pas trouvée dans des dispositions si musicales ; excusez-moi, et croyez bien que cette musique n'avait pas pour but d'éveiller ma gaieté, mais d'endormir mon chagrin.

LE DUC. — C'est très-légitime, quoique la musique ait souvent un charme particulier pour transformer le mal en bien et provoquer le bien au mal. Mais, dites-moi, quelqu'un est-il venu me demander aujourd'hui ? J'avais donné un rendez-vous ici, à peu près à cette heure.

MARIANA. — On n'est pas venu vous demander ; je suis restée ici tout le jour.

LE DUC. — J'ai toujours foi en ce que vous dites. Voici maintenant l'heure à peu près venue. Je vais vous demander de vous retirer quelques instants ; il se peut que je vous fasse appeler tout à l'heure pour certaine affaire qui doit vous être utile.

MARIANA. — Je suis toujours à votre service.

(*Elle sort.*)

Entre ISABELLA.

LE DUC. — Vous arrivez fort à propos et vous êtes la bienvenue. Quelles nouvelles de ce vertueux ministre ?

ISABELLA. — Il possède un jardin enceint d'un mur de briques, et attenant sur la gauche à un vignoble ; on entre dans ce vignoble par une porte en planches, qu'ouvre cette grosse clef ; cette autre clef commande à une petite porte qui conduit du vignoble au jardin ; c'est là que je lui ai donné promesse d'aller le rejoindre aux heures silencieuses du milieu de la nuit.

Le duc. — Mais saurez-vous trouver le chemin sans autre guide que vous-même?

Isabella. — J'en ai pris bonne et minutieuse note : lui-même, à voix basse et avec une vivacité très-coupable, par une pantomime soigneusement expressive, m'a deux fois enseigné le chemin.

Le duc. — N'a-t-il pas été arrêté entre vous quelques autres conventions qu'elle doive observer ?

Isabella. — Non, aucune, si ce n'est que le rendez-vous doit avoir lieu dans les ténèbres, et que je lui ai déclaré que notre tête-à-tête devrait être fort court, car je l'ai averti que je me ferais accompagner d'une servante qui, persuadée que je viens pour mon frère, attendra mon retour.

Le duc. — Les choses sont bien arrangées ainsi. Je n'ai pas encore informé Mariana d'un seul mot de cette affaire. Hé! de là dedans, arrivez !

Rentre MARIANA.

Le duc. — Je vous en prie, faites connaissance avec cette jeune fille; elle vient pour vous rendre service.

Isabella. — C'est mon plus vif désir.

Le duc. — Croyez-vous que je vous porte intérêt?

Mariana. — Oui, mon bon Frère, et j'en ai eu la preuve.

Le duc. — Alors donnez la main à cette compagne, elle a une histoire à confier de suite à votre oreille. J'attendrai que vous ayez fini : mais hâtez-vous, voici les vapeurs de la nuit qui montent.

Mariana. — Vous plairait-il de vous promener à l'écart?

(*Sortent Isabella et Mariana.*)

Le duc. — O dignité! ô grandeur! des millions d'yeux menteurs sont attachés sur toi, et des volumes de commérages inspirés par les témoignages erronés et contradictoires de ces espions, courent le monde sur tes actes!

Mille esprits, à jugements téméraires, t'attribuent la paternité de leurs lubies et te travestissent par leurs billevesées !

Rentrent ISABELLA *et* MARIANA.

LE DUC. — Soyez les bienvenues ! de quoi êtes-vous tombées d'accord ?

ISABELLA. — Elle se chargera de l'entreprise, mon père, si vous le lui conseillez !

LE DUC. — Non-seulement je le lui conseille, mais je l'en supplie.

ISABELLA. — Vous n'aurez autre chose à lui dire en le quittant que ces quelques paroles chuchotées doucement et à voix basse : *maintenant, rappelez-vous mon frère.*

MARIANA. — Soyez sans crainte.

LE DUC. — Et vous, mon aimable fille, soyez aussi sans crainte aucune. Il est votre mari de par un contrat antérieur ; vous réunir ainsi tous les deux n'est pas un péché, puisque la légitimité des titres que vous avez sur lui absout la supercherie. Allons, venez ; notre moisson est dans l'avenir, car nous avons encore à faire nos semailles.

(*Ils sortent.*)

SCÈNE II.

Une chambre dans la prison.

Entrent LE PRÉVÔT *et* POMPÉE.

LE PRÉVÔT. — Venez ici, maraud. Pourriez-vous couper le chef d'un homme ?

POMPÉE. — Oui, Monsieur, si cet homme est garçon ; mais s'il est marié, il est le chef de sa femme, et je ne pourrais jamais couper le chef d'une femme.

LE PRÉVÔT. — Voyons, Monsieur, laissez-moi là vos fauxfuyants et donnez-moi une réponse directe. Demain matin, doivent mourir Claudio et Bernardin. Nous avons ici, dans notre prison, un exécuteur public qui a besoin d'un aide pour ses fonctions : si vous voulez prendre sur vous de l'assister, cette action vous délivrera de vos fers; sinon, vous ferez en entier votre temps de prison, et vous ne serez délivré qu'après avoir été fouetté sans merci, car vous avez été un maquereau notoire.

Pompée. — Monsieur, j'ai été de temps immémorial un illégal maquereau; mais aujourd'hui je serai charmé d'être un bourreau légal. Je serais heureux de recevoir quelques instructions de mon collègue.

Le prévôt. — Holà! Abhorson! où est Abhorson? ici!

Entre ABHORSON.

Abhorson. — Vous m'appelez, Monsieur?

Le prévôt. — Maraud, voici un camarade qui vous assistera dans votre exécution de demain. Si la chose vous agrée, arrangez-vous avec lui à l'année, et logez-le ici avec vous; sinon, employez-le pour l'occasion présente et congédiez-le. Il ne peut vous objecter son honneur, il a été maquereau.

Abhorson. — Un maquereau, Monsieur, fi de lui! il va discréditer notre mystère.

Le prévôt. — Allez donc, Monsieur, vous pesez poids pareil : une plume ferait pencher la balance.

(*Il sort.*)

Pompée. — S'il vous plaît, Monsieur, si c'est un effet de votre bonne grâce, — car assurément, Monsieur, vous avez fort bonne grâce, quoique vous ayez une mine patibulaire, — est-ce que vous appelez votre profession un *mystère?*

Abhorson. — Oui, Monsieur, un mystère.

Pompée. — La peinture, Monsieur, à ce que j'ai entendu dire, est un mystère; vos catins, Monsieur, qui sont des membres de ma profession, usant de la peinture, prouvent que ma profession est un mystère; mais quel mystère il y a dans la pendaison, dussé-je être pendu, je ne puis l'imaginer.

Abhorson. — Monsieur, c'est un mystère.

POMPÉE. — La preuve?

ABHORSON. — La défroque de tout honnête homme convient au voleur...

POMPÉE. — Si elle est trop petite pour le voleur, l'honnête homme la trouve assez large pour lui; si elle est trop large pour le voleur, le voleur la trouve suffisamment petite; ainsi la défroque de tout honnête homme convient au voleur².

Rentre LE PRÉVÔT.

LE PRÉVÔT. — Êtes-vous d'accord?

POMPÉE. — Monsieur, je veux bien le servir, car je trouve qu'il y a plus de pénitence dans le métier de bourreau que dans celui de maquereau; on y demande plus souvent pardon.

LE PRÉVÔT. — Vous, maraud, apprêtez votre billot et votre hache pour demain à quatre heures.

ABHORSON. — Allons, viens, maquereau, je vais t'instruire dans mon métier; suis-moi.

POMPÉE. — J'ai le désir d'apprendre, Monsieur, et j'espère que si vous avez occasion de m'employer pour votre compte personnel, vous me trouverez alerte à la besogne, car, vraiment, Monsieur, en retour de vos bontés, je vous dois un bon compte.

LE PRÉVÔT. — Faites venir ici Claudio et Bernardin. (*Sortent Pompée et Abhorson.*) L'un a toute ma pitié; l'autre, fût-il mon frère, n'en obtiendrait pas un brin, car c'est un assassin.

Entre CLAUDIO.

LE PRÉVÔT. — Regarde, Claudio, voici l'ordre d'exécution pour ta mort; il est maintenant minuit sonné et à huit heures du matin tu dois entrer dans l'immortalité. Où est Bernardin?

CLAUDIO. — Perdu dans un sommeil aussi profond que le sommeil innocent qui garrotte de son engourdissement les membres du voyageur fatigué; il ne se réveillera pas.

LE PRÉVÔT. — Qui pourrait lui faire quelque bien? C'est

bon, allez et préparez-vous. (*On frappe à la porte.*) Mais chut! quel est ce bruit? Le ciel donne consolation à votre âme! (*Sort Claudio.*) — On y va! — J'espère que c'est un pardon ou un sursis pour le très-aimable Claudio.

Entre LE DUC *sous son travestissement de moine.*

LE PRÉVÔT. — Bonsoir, mon père!

LE DUC. — Que les meilleurs et les plus purs esprits de la nuit entourent ta personne, bon prévôt! Qui est venu ici tantôt?

LE PRÉVÔT. — Personne depuis que le couvre-feu a sonné.

LE DUC. — Pas même Isabella?

LE PRÉVÔT. — Non.

LE DUC. — Elles seront ici avant qu'il soit longtemps.

LE PRÉVÔT. — Y a-t-il quelques ressources pour Claudio?

LE DUC. — Quelques-unes en espérance.

LE PRÉVÔT. — Nous avons un délégué sévère.

LE DUC. — Non pas, non pas; sa vie est conforme aux décisions et aux arrêts de sa grande justice. Avec une religieuse abstinence, il subjugue en lui-même les vices qu'il met un zèle ardent à châtier chez les autres. S'il était infecté de ce mal qu'il s'applique à corriger, il pourrait passer pour tyrannique; mais les choses étant comme elles sont, il n'est que juste. (*On frappe à la porte.*) — Les voici venues. — (*Sort le prévôt.*) Voilà un prévôt humain : il est bien rare que le geôlier au cœur d'acier ait de la sympathie pour les hommes. (*On frappe de nouveau.*) Eh bien! quel tapage! il est vraiment possédé du démon de la diligence, celui qui ébranle de tels coups la porte retentissante.

LE PRÉVÔT, *du dehors parlant à quelqu'un qui est à la porte.* — Il faut qu'il reste là jusqu'à ce que l'officier se lève pour le faire entrer : on vient de l'appeler.

Rentre LE PRÉVÔT.

LE DUC. — N'avez-vous pas reçu contre-ordre pour Claudio? doit-il toujours mourir demain?

Le prévôt. — Non, Messire, aucun contre-ordre.

Le duc. — Quoique l'aube soit bien proche, vous en saurez plus long avant le matin, prévôt.

Le prévôt. — Plaise au ciel que vous sachiez quelque chose de favorable! Cependant, je ne crois pas qu'il vienne de contre-ordre : nous n'avons jamais eu d'exemple pareil : en outre, sur le siége même de la justice, le seigneur Angelo a déclaré publiquement le contraire.

Entre UN MESSAGER.

Le prévôt. — Voici l'homme de Sa Seigneurie.

Le duc. — Et il apporte le pardon de Claudio.

Le messager, *remettant un papier au prévôt.* — Monseigneur vous envoie cette note, et il vous fait enjoindre par ma bouche d'avoir à ne pas vous écarter d'une syllabe de ses instructions, soit pour l'heure, soit pour l'affaire elle-même ou pour toute autre circonstance. Sur ce, bonjour, car je crois qu'il est bientôt matin.

Le prévôt. — Je lui obéirai.

(*Sort le messager.*)

Le duc, *à part.* — C'est son pardon; son pardon acheté par un péché dont est complice celui-là même qui pardonne. Telle est la rapide allure du mal quand il émane d'une haute autorité. Lorsque le vice fait clémence, la clémence va si loin que pour l'amour de la faute même on fait fête à l'offenseur. — Eh bien! Monsieur, quelles nouvelles?

Le prévôt. — Je vous l'avais dit; le seigneur Angelo, pensant sans doute que je pourrais mettre de la négligence dans mes fonctions, me réveille par cette injonction inusitée, un peu étrangement ce me semble, car il n'avait jusqu'ici rien fait de semblable.

Le duc. — Voyons cette note, je vous en prie.

Le prévôt, *lisant.* — « Quelque avis contraire qu'on vous donne, veillez à ce que Claudio soit exécuté à quatre heures et Bernardin dans l'après-midi; pour ma plus ample satisfaction, qu'on m'envoie la tête de Claudio à cinq heures. Que ces ordres soient ponctuellement exécutés, et soyez averti que leur exécution importe plus que nous ne pouvons le dire encore. Ainsi ne manquez pas à votre office; vous en répondriez à vos risques et périls. » Qu'en dites-vous, Messire?

Le duc. — Quel est ce Bernardin qui doit être exécuté dans l'après-midi?

Le prévôt. — Un Bohémien de naissance, mais nourri et élevé ici; voici neuf ans qu'il est en prison.

Le duc. — Comment se fait-il que le duc absent ne l'ait pas rendu à la liberté ou ne l'ait pas fait exécuter? J'ai entendu dire que c'était son habitude d'agir ainsi.

Le prévôt. — Ses amis ont toujours réussi à lui obtenir des sursis, et de fait, jusqu'au gouvernement du seigneur Angelo, son crime n'avait jamais paru bien certain.

Le duc. — Est-il certain maintenant?

Le prévôt. — Très-évident et avoué par lui-même.

Le duc. — Et par sa conduite dans la prison a-t-il montré quelque repentir? semble-t-il touché?

Le prévôt. — C'est un homme qui ne redoute pas plus la mort que le sommeil d'une ivresse; insouciant, indifférent, n'ayant crainte du passé, du présent ou de l'avenir, insensible à la mort, et désespérément mortel.

Le duc. — Il a besoin de conseils.

Le prévôt. — Il ne veut en entendre aucun. Il a toujours eu la liberté de la prison; vous lui donneriez la permission de s'échapper qu'il n'en ferait rien : il est ivre plusieurs fois par jour quand il n'est pas ivre plusieurs jours de suite. Nous l'avons souvent éveillé comme pour le mener à la mort en lui montrant un faux ordre d'exécution; cela ne l'a pas ému du tout.

Le duc. — Nous reparlerons de lui plus tard. Prévôt, il est écrit sur votre front : *honnêteté* et *fermeté;* si je ne sais pas y bien lire, c'est que mon ancienne expérience me trompe beaucoup, mais je me risque hardiment sur la foi de ma sagacité. Claudio, que vous avez ordre d'exécuter, n'est pas un plus grand coupable envers la loi qu'Angelo qui l'a condamné. Pour vous faire comprendre avec évidence le sens de mes paroles, je ne vous demande qu'un terme de quatre jours, et pour cela il faut que vous m'accordiez sur l'heure une faveur dangereuse.

Le prévôt. — S'il vous plaît, Messire, en quoi consiste-t-elle ?

Le duc. — A différer la mort.

Le prévôt. — Hélas! comment le puis-je, ayant une heure assignée et l'expresse injonction, sous peine d'en répondre moi-même, de mettre sa tête sous les yeux d'Angelo? Si j'enfreins cet ordre d'un iota, je me mets dans le même cas que Claudio.

Le duc. — Par le vœu de mon ordre, je vous garantis contre tout péril; si vous voulez vous laisser guider par mes instructions, vous ferez exécuter ce Bernardin, le matin venu, et vous ferez porter sa tête à Angelo.

Le prévôt. — Angelo les a vus tous deux et reconnaîtra les traits.

Le duc. — Oh! la mort défigure tant, et d'ailleurs vous pouvez encore y ajouter. Rasez la tête et liez la barbe; dites que le désir du supplicié a été d'être ainsi rasé avant sa mort : vous savez que c'est un fait d'occurrence ordinaire. S'il vous revenait par hasard de cette action autre chose que des remerciments et une heureuse fortune, par le saint auquel je suis voué, je me charge de vous défendre au péril de ma vie.

Le prévôt. — Pardonnez-moi, mon bon père, une telle action est contraire à mon serment.

Le duc. — Est-ce au duc que vous avez prêté serment, ou à son lieutenant?

Le prévôt. — Au duc et à ses substituts?

Le duc. — Si le duc approuve la justice de votre conduite, vous penserez sans doute n'avoir commis aucune offense ?

Le prévôt. — Mais quelle vraisemblance y a-t-il à cela?

Le duc. — Ce n'est pas une vraisemblance, c'est une certitude. Cependant, puisque je vous vois si craintif que ni mon habit, ni mon honnêteté, ni la persuasion que j'essaye sur vous ne peuvent suffisamment vous ébranler, j'irai plus loin que je n'en avais d'abord l'intention, afin de vous débarrasser de toutes vos craintes. Regardez, Monsieur; voici la main et le sceau du duc : vous connaissez l'écriture, je n'en doute pas, et le sceau ne vous est pas étranger.

LE PRÉVÔT. — Je connais les deux.

LE DUC. — Le contenu de cette lettre se rapporte au retour du duc; vous la relirez plus tard à loisir et vous y verrez que le duc doit être de retour d'ici à deux jours. C'est une nouvelle qu'Angelo ne connaît pas; car aujourd'hui même il reçoit des lettres d'une étrange teneur, qui lui annoncent peut-être la mort du duc, peut-être son entrée dans quelque monastère, mais, par un hasard singulier, rien de ce qui est l'exacte vérité. Voyez, l'étoile du matin qui se lève appelle le berger. Ne vous mettez pas l'esprit à la torture pour savoir comment ces choses sont possibles; toutes les difficultés sont aisées lorsqu'elles sont une fois connues. Appelez votre exécuteur et faites tomber la tête de Bernardin; je m'en vais le confesser immédiatement et lui donner mes instructions pour une meilleure contrée. Vous êtes encore tout étonné, mais cette lettre va lever tous vos doutes. Partons, il est déjà presque grand jour.   (*Ils sortent.*)

SCÈNE III.

Une autre chambre dans la prison.

Entre POMPÉE.

POMPÉE. — J'ai autant de connaissances ici que j'en avais dans la maison de notre commerce; on jurerait que c'est la propre maison de madame Overdone, tant il s'y trouve de ses vieilles pratiques. D'abord il y a le jeune M. Étourneau, qui est ici pour avoir reçu une livraison de papier gris et de vieux gingembre montant à la somme de cent quatre-vingt-dix-sept livres, dont il a fait cinq marcs, argent comptant : parbleu, le gingembre n'était pas alors très-demandé, parce que toutes les vieilles femmes étaient mortes³. Il y a là aussi un M. Cabriole, qui est enfermé à la requête de M. Trois-Pièces, le mercier, pour quelques vêtements complets de satin couleur pêche dont il est *empêché,* maintenant qu'il n'a plus le sou. Nous avons ensuite le jeune M. Léger, et le jeune M. Beau-Serment, et M. Éperon-de-cuivre, et M. de Laquais-Étique, l'homme à la rapière et au poignard, et M. Casse-Héritier, qui a tué le corpulent Pudding, et M. Bienfendu, le spadassin, et le brave M. Semelle, le grand voyageur, et le tapageur Demi-Litre, qui a poignardé Pots, et plus de quarante autres encore, je crois, tous grands chalands de notre commerce, qui sont ici maintenant dans la maison, où l'on dit : « pour l'amour de Dieu, s'il vous plaît⁴. »

Entre ABHORSON.

ABHORSON. — Drôle, amène ici Bernardin.

POMPÉE. — Monsieur Bernardin ! il faut vous lever pour vous faire pendre ! monsieur Bernardin !

ABHORSON. — Hé ! Bernardin !

BERNARDIN, *de l'intérieur.* — La vérole vous serre la gorge ! Qui est-ce qui fait tout ce bruit ici ? Qui êtes-vous ?

POMPÉE. — Votre ami, Monsieur ; le bourreau. Veuillez être assez bon pour vous lever et vous laisser mettre à mort.

BERNARDIN, *de l'intérieur.* — Décampe, drôle, décampe ! j'ai sommeil.

ABHORSON. — Dis-lui qu'il doit se réveiller, et cela promptement.

POMPÉE. — Je vous en prie, monsieur Bernardin, tenez-vous éveillé jusqu'à ce que vous soyez exécuté ; vous dormirez après.

ABHORSON. — Entre et fais-le sortir.

POMPÉE. — Il vient, Monsieur, il vient ; j'entends le bruissement de sa paille.

ABHORSON. — La hache est-elle sur le billot, drôle ?

Pompée. — Toute prête, Monsieur.

Entre BERNARDIN.

Bernardin. — Eh bien! Abhorson, quelles nouvelles y a-t-il?

Abhorson. — En vérité, Monsieur, je vous engagerais à expédier vos prières; car voyez-vous, l'ordre d'exécution est venu.

Bernardin. — Coquin que vous êtes, j'ai bu toute la nuit; je ne suis pas préparé.

Pompée. — Oh! cela n'en vaut que mieux, Monsieur; car celui qui boit toute la nuit et qui est pendu de bonne heure dans la matinée peut dormir bien mieux son soûl tout le jour suivant.

Abhorson. — Tenez, Monsieur, voici venir votre père spirituel. Plaisantons-nous maintenant? qu'en pensez-vous?

Entre LE DUC, *sous son déguisement de moine.*

Le duc. — Monsieur, poussé par ma charité, en apprenant avec quelle hâte vous deviez quitter ce monde, je suis venu pour vous donner mes conseils, mes consolations, et prier avec vous.

Bernardin. — Moi, Frère? non. J'ai bu dur toute la nuit, et j'ai besoin de plus de temps que cela pour me préparer; sinon, qu'ils m'assomment à coups de bûche. Je ne veux pas consentir à mourir aujourd'hui, voilà qui est certain.

Le duc. — Oh! Monsieur, il le faut; par conséquent, je vous en conjure, pensez au voyage que vous allez entreprendre.

Bernardin. — Je vous jure qu'il n'y a personne au monde qui puisse me persuader de mourir aujourd'hui.

Le duc. — Mais écoutez....

Bernardin. — Pas un mot; si vous avez quelque chose à me dire, venez à mon cachot, car je n'en sortirai pas d'aujourd'hui. *(Il sort.)*

LE DUC. — Incapable de vivre ou de mourir : ô, cœur de caillou! Suivez-le, mes amis, menez-le au billot.

(*Sortent Abhorson et Pompée.* — *Entre le prévôt.*)

LE PRÉVÔT. — Eh bien! Messire, comment avez-vous trouvé le prisonnier?

LE DUC. — C'est une créature qui n'est nullement préparée, nullement disposée à mourir; le faire sortir de ce monde dans l'état d'esprit où il est serait une chose damnable.

LE PRÉVÔT. — Ici, dans cette prison, mon père, est mort ce matin d'une fièvre cruelle un individu de Raguse, pirate notoire, à peu près de l'âge de Claudio; sa barbe et sa chevelure sont juste de la même couleur. Si nous laissions tranquille ce réprouvé jusqu'à ce qu'il fût mieux disposé à mourir, et si nous donnions satisfaction au délégué, au moyen de la tête de ce Ragusain qui ressemble davantage à celle de Claudio?

LE DUC. — Oh! c'est une circonstance que le ciel nous fournit! Dépêchez cette affaire immédiatement; l'heure fixée par Angelo s'avance : veillez à ce que la tête soit détachée et envoyée conformément aux ordres donnés, tandis que je vais préparer cette malheureuse brute à accepter la mort.

LE PRÉVÔT. — Cela sera fait immédiatement, mon bon père. Mais Bernardin doit mourir cette après-midi, et comment ferons-nous pour continuer à garder Claudio, tout en me préservant du danger qui peut m'atteindre si on arrive à savoir qu'il est vivant?

LE DUC. — Faites ceci : placez Bernardin et Claudio dans des réduits secrets; avant que le soleil ait fait deux fois sa visite habituelle aux humains, vous verrez votre sûreté garantie.

LE PRÉVÔT. — J'ai entière confiance en vous.

LE DUC. — Vite, dépêchez et envoyez la tête à Angelo. (*Sort le prévôt.*) Maintenant, je vais écrire à Angelo des lettres que le prévôt lui portera, et dont la teneur l'informera que je suis près du pays; et que par suite de graves nécessités je me vois obligé de faire publiquement mon en-

ACTE IV, SCÈNE III.

trée. Je lui exprimerai le désir qu'il vienne m'attendre à la fontaine consacrée, à une lieue au-dessous de la ville, et de là, avec une tranquille progression et une méthodique lenteur, nous dévoilerons peu à peu Angelo.

Entre LE PRÉVÔT, *avec la tête du Ragusain.*

LE PRÉVÔT. — Voici la tête. Je vais la porter moi-même.

LE DUC. — C'est convenable. Revenez bien vite, car j'aurai à vous communiquer certaines choses que vos oreilles seules doivent entendre.

LE PRÉVÔT. — Je vais faire toute diligence.

(Il sort.)

ISABELLA, *de l'extérieur.* — Holà! que la paix soit ici!

LE DUC. — C'est la voix d'Isabella. Elle vient pour savoir si le pardon de son frère est arrivé déjà; mais je vais la tenir dans l'ignorance de son bonheur, afin de changer son désespoir en une félicité divine lorsqu'elle s'y attendra le moins.

Entre ISABELLA.

ISABELLA. — Oh! avec votre permission!

LE DUC. — Bonjour, ma belle et gracieuse fille.

ISABELLA. — Souhait d'autant meilleur, qu'il m'est adressé par un si saint homme. Le lieutenant a-t-il envoyé déjà le pardon de mon frère?

LE DUC. — Il l'a délivré du monde, Isabella : sa tête est tombée et a été envoyée à Angelo.

ISABELLA. — Il n'en est pas ainsi!

LE DUC. — Il n'en est pas autrement. Montrez votre sagesse, ma fille, par une patience à toute épreuve.

ISABELLA. — Oh! j'irai le trouver et je lui arracherai les yeux!

LE DUC. — Vous ne serez pas admise en sa présence.

ISABELLA. — Malheureux Claudio! misérable Isabella! O monde injuste! ô damné Angelo!

LE DUC. — Ces exclamations ne lui font aucun mal et ne vous profitent pas d'un brin; abstenez-vous-en donc et remettez votre cause au ciel. Faites attention à ce que je vous dis; vous verrez que c'est l'exacte vérité jusqu'à la plus petite syllabe. Le duc revient demain; — voyons, séchez vos yeux. Un frère de notre couvent, qui est son confesseur, me donne cet avis : déjà il en a porté la nouvelle à Angelo et à Escalus, qui se préparent à venir au-devant de lui aux portes de la ville et à lui remettre leurs pouvoirs. Si cela vous est possible, mettez donc votre patience au pas dans ce bon sentier où je voudrais la voir marcher, et vous obtiendrez votre revanche sur ce misérable, la faveur du duc, la vengeance que vous avez à cœur et l'estime générale.

Isabella. — Je me laisse guider par vous.

Le duc. — Alors, portez cette lettre au frère Pierre; c'est celle où il m'avertit du retour du duc. Dites-lui, que par ce signe de reconnaissance, je désire le retrouver, ce soir, à la maison de Mariana. Je le mettrai entièrement au courant de l'affaire de Mariana et de la vôtre, et il vous conduira devant le duc. Accusez Angelo en face même; ferme et fort. Quant à mon pauvre individu, un vœu sacré auquel je suis soumis m'obligera à être absent. Allez-vous-en avec cette lettre; faites-vous un cœur joyeux, et qu'il commande à ces larmes de douleur de s'arrêter; n'ayez plus confiance en mon saint ordre si je dirige mal votre conduite. Qui va là?

Entre LUCIO.

Lucio. — Bonsoir. Frère, où est le prévôt ?

Le duc. — Il n'est pas ici, Monsieur.

Lucio. — O gentille Isabella, j'ai le cœur tout pâle de te voir les yeux si rouges : prends patience. Me voici presque contraint de dîner et de souper avec de l'eau et du son; je n'ose plus, par souci pour ma tête, m'emplir le ventre; un dîner copieux m'exciterait à la bagatelle. Mais on dit que le duc revient demain. Sur ma foi, Isabella, j'aimais ton frère : si ce fantasque vieux duc des cachettes noires avait été ici, ton frère vivrait.

(*Sort Isabella.*)

Le duc. — Monsieur, le duc vous est singulièrement redevable pour vos rapports ; mais heureusement, sa réputation ne dépend pas d'eux.

Lucio. — Frère, tu ne connais pas le duc aussi bien que moi ; il s'entend bien mieux à battre les buissons que tu ne le crois.

Le duc. — Fort bien ; vous répondrez un jour de vos paroles. Portez-vous bien.

Lucio. — Mais non, arrête un peu. Je vais m'en aller avec toi ; je puis te conter de jolies histoires sur le duc.

Le duc. — Vous m'en avez déjà trop dit sur lui, si elles sont vraies, Monsieur ; et si elles sont fausses, il aurait mieux valu n'en dire aucune.

Lucio. — J'ai été une fois mené devant lui pour avoir fait un enfant à une fille.

Le duc. — Aviez-vous fait une telle chose ?

Lucio. — Oui parbleu, je l'avais faite ; mais je fus forcé de la nier, autrement ils m'auraient marié à cette nèfle pourrie.

Le duc. — Monsieur, votre compagnie est plus agréable qu'honnête. Portez-vous bien.

Lucio. — Sur ma foi, je vais aller avec toi jusqu'au bout de l'allée ; si les propos grivois t'offensent, je n'en dirai que très-peu. Vrai, Frère, je suis une manière de chardon, je m'attache. (*Ils sortent.*)

SCÈNE IV.

Un appartement dans la maison d'Angelo.

Entrent ANGELO *et* ESCALUS.

Escalus. — Chacune de ses lettres a désavoué l'autre.

Angelo. — De la manière la plus contradictoire et la plus incohérente. Ses actions ressemblent beaucoup à de la folie ; plaise au ciel que sa sagesse n'en soit pas atteinte! Et pourquoi nous ordonner d'aller le retrouver aux portes et de lui rendre là nos pouvoirs?

Escalus. — Je ne le devine pas.

Angelo. — Et pourquoi nous faire proclamer une heure avant son entrée, que si quelques personnes désirent le redressement d'une injustice elles devront présenter leur pétition dans la rue?

Escalus. — Il en donne la raison; c'est pour expédier en une seule fois toutes les plaintes et pour nous délivrer pour jamais de toutes les récriminations qui, ce moment passé, n'auront plus de pouvoir contre nous.

Angelo. — Fort bien; je vous en prie, donnez des ordres pour cette proclamation : de bon matin j'irai vous retrouver chez vous. Donnez avis à toutes les personnes de rang et de condition qui doivent aller à sa rencontre.

Escalus. — Je vais m'en occuper, Monsieur. Portez-vous bien.

Angelo. — Bonne nuit. (*Escalus sort.*) Cette action me met tout sens dessus dessous, me rend stupide et inapte à toute sorte d'affaire. Une vierge déflorée! et déflorée par l'homme éminent qui a fait appliquer avec rigueur la loi contre la luxure! Heureusement que sa pudeur timide ne lui permettra pas d'avouer sa virginité perdue; sans cela, comme elle pourrait m'arranger! Non, par raison, elle ne l'osera pas; car mon autorité porte avec elle un si écrasant crédit, qu'aucun scandale particulier ne pourrait la toucher qu'elle n'écrasât l'accusateur. Il aurait vécu, sans ma crainte que sa jeunesse turbulente, mue par un dangereux ressentiment, ne cherchât dans un temps à venir à se venger d'avoir acheté une vie déshonorée au prix d'une telle honte. Cependant, je voudrais qu'il eût vécu! Hélas! lorsqu'une fois nous avons oublié notre honneur, rien plus ne marche droit; nous voudrions et nous ne voudrions pas.

(*Il sort.*)

SCÈNE V.

La pleine campagne en dehors de la ville.

Entrent LE DUC, *dans ses habits ordinaires,*
et LE FRÈRE PIERRE.

LE DUC. — Remettez-moi ces lettres en temps opportun. (*Il lui remet des lettres.*) Le prévôt connaît notre dessein et notre plan; une fois l'affaire en train, observez bien vos instructions et tenez-vous ferme à notre but principal, quels que soient les écarts auxquels de temps à autre l'occasion puisse vous obliger. Allez; frappez à la maison de Flavius et dites-lui où je me trouve; donnez le même avis à Valentinus, à Roland et à Crassus, et ordonnez-leur d'amener les trompettes aux portes de la ville; mais envoyez-moi d'abord Flavius.

LE FRÈRE PIERRE. — Cela sera fait en toute diligence.
(*Il sort.*)
Entre VARRIUS.

LE DUC. — Je te remercie, Varrius; tu as fait bonne diligence. Viens, nous allons promener ensemble. D'autres de nos amis nous rejoindront tantôt, mon aimable Varrius. (*Ils sortent.*)

SCÈNE VI.

Une rue près des portes de la ville.

Entrent ISABELLA *et* MARIANA.

ISABELLA. — Parler aussi indirectement me répugne; je voudrais dire la vérité. L'accuser de cette façon serait votre rôle; cependant le Frère me recommande de faire ainsi, pour cacher notre véritable jeu, dit-il.

MARIANA. — Laissez-vous guider par lui.

ISABELLA. — En outre, il me dit, que si par aventure, il prenait contre moi le parti de mon adversaire, je ne devrais pas le trouver étrange, car ce serait une médecine amère qui aurait un doux résultat.

MARIANA. — Je voudrais que le frère Pierre....

ISABELLA. — O silence ! le Frère est arrivé.

Entre LE FRÈRE PIERRE.

LE FRÈRE PIERRE. — Venez ; je vous ai trouvé un lieu d'attente tout à fait propre à notre but, où vous serez si bien à la portée du duc, qu'il ne pourra passer près de vous sans vous voir. Les trompettes ont sonné deux fois. Les plus nobles et les plus importants citoyens assiégent les portes, et le duc est très-près de faire son entrée : par conséquent, partons d'ici ; marchons !

(Ils sortent.)

ACTE V.

SCÈNE UNIQUE.

Une place publique près des portes de la ville.

MARIANA *voilée*, ISABELLA *et* LE FRÈRE PIERRE *se tiennent à distance. Entrent d'un côté* LE DUC, VARRIUS *et les* SEIGNEURS ; *de l'autre* ANGELO, ESCALUS, LUCIO, LE PRÉVÔT, *des* OFFICIERS *et des* CITOYENS.

LE DUC. — Mon très-digne cousin, vous êtes le bienvenu. — Notre vieil et fidèle ami, nous sommes heureux de vous revoir.

Angelo *et* Escalus, *ensemble*. — Un heureux retour à Votre Royale Grâce !

Le duc. — Mille fois merci à tous les deux du fond du cœur. Nous nous sommes enquis de vous, et nous avons reçu de si bons rapports sur votre justice, que force est à notre âme de vous adresser des remercîments publics, avant-coureurs de plus grandes récompenses.

Angelo. — Vous resserrez encore les liens de ma reconnaissance.

Le duc. — Oh ! votre mérite parle haut, et je lui ferais tort si je le renfermais dans les chambres muettes de mon cœur, alors qu'il est digne de trouver dans une inscription de bronze une résidence assurée contre les morsures du temps et les ratures de l'oubli. Donnez-moi votre main, et que nos sujets, en voyant cela, comprennent que ces démonstrations extérieures de courtoisie sont un faible témoignage du bien que nous vous voulons au fond de notre cœur. — Venez, Escalus, vous marcherez à notre autre côté. Vous êtes tous deux de bons soutiens.

(*Le frère Pierre et Isabella s'avancent.*)

Le frère Pierre. — Maintenant, le moment est venu. Parlez haut et agenouillez-vous devant lui.

Isabella. — Justice, ô royal duc ! Abaissez vos regards sur une créature, j'aurais voulu pouvoir dire sur une vierge, outragée ! O digne prince, ne déshonorez pas votre œil en le jetant sur un autre objet, jusqu'à ce que vous ayez entendu ma plainte légitime et que vous m'ayez rendu justice, justice, justice, justice !

Le duc. — Racontez vos griefs : qui vous a fait tort ? en quoi vous a-t-on fait tort ? soyez brève. Voici le seigneur Angelo qui vous rendra justice ; révélez-vous à lui.

Isabella. — O digne duc ! vous me commandez de chercher la rédemption auprès d'un démon : écoutez-moi vous-même, car ce que j'ai à vous dire doit, ou bien m'attirer un châtiment, si je ne suis pas crue, ou bien vous arracher une réparation en ma faveur. Écoutez-moi ! oh ! écoutez-moi !

Angelo. — Monseigneur, son bon sens, je le crains, n'est pas solide. Elle a sollicité auprès de moi pour son frère, décapité par nécessité de justice....

Isabella. — Par nécessité de justice !

Angelo. — Et elle va se répandre en récriminations amères et étranges.

Isabella. — Très-étranges, et cependant très-véridiques. N'est-il pas étrange, qu'Angelo soit un parjure ? N'est-il pas étrange, qu'Angelo soit un meurtrier ? N'est-il pas étrange, et encore étrange, qu'Angelo soit un voleur adultère, un hypocrite et un violateur de vierges ?

Le duc. — Certes, cela est dix fois étrange.

Isabella. — Et vrai comme il est Angelo, ce que je dis est aussi vrai qu'étrange ; bien mieux, cela est dix fois vrai ; car il n'est pas de chiffre qui puisse faire que la vérité soit plus ou moins la vérité.

Le duc. — Emmenez-la. Pauvre âme ! c'est l'infirmité de son bon sens qui la fait ainsi parler.

Isabella. — O prince, je t'en conjure, si tu crois qu'il y a un monde consolateur, meilleur que le nôtre, ne me repousse pas sous ce prétexte que je suis atteinte de folie ! Ne rends pas impossible ce qui ne semble qu'improbable : il n'est pas impossible que le plus misérable gredin de la terre paraisse aussi grave, aussi réservé, aussi juste, aussi parfaitement vertueux qu'Angelo ; il se peut de même qu'Angelo, avec tous ses costumes officiels, toutes ses armoiries, tous ses titres, tous ses insignes, soit un archi-scélérat. Crois-moi, prince royal, il n'est rien, s'il est moins que cela ; mais il est plus que cela, si je pouvais trouver un nom plus fort pour sa méchanceté.

Le duc. — Sur mon honneur, si elle est folle, — et je ne puis croire autre chose, — sa folie a le plus étrange caractère de raison ; ses paroles ont un enchaînement comme je n'en ai jamais connu aux paroles de la folie.

Isabella. — O gracieux duc, ne vous obstinez pas dans

cette supposition; ne repoussez pas la raison sous prétexte d'incohérence; mais que votre raison vous serve à faire apparaître la vérité là où elle semble cachée, et à faire rentrer dans les ténèbres la fausseté qui semble la vérité.

Le Duc. — Beaucoup qui ne sont pas fous ont certainement moins de raison. — Que voulez-vous dire?

Isabella. — Je suis la sœur d'un certain Claudio, condamné à perdre la tête pour fait de fornication; condamné par Angelo. Mon frère m'envoya chercher dans le couvent où je faisais mon noviciat; son messager, un certain Lucio....

Lucio. — C'est moi, n'en déplaise à Votre Grâce. J'allai la trouver de la part de Claudio, et je la priai d'essayer les chances de sa bonne fortune auprès du seigneur Angelo pour obtenir le pardon de son pauvre frère.

Isabella. — C'est bien lui, en effet.

Le Duc. — On ne vous avait pas ordonné de parler.

Lucio. — Non, mon bon Seigneur; mais on ne m'avait pas non plus ordonné de me taire.

Le Duc. — Je vous l'ordonne maintenant. Prenez-en note, je vous prie; et lorsque vous aurez à votre tour une affaire qui vous concerne, priez le ciel d'être alors irréprochable.

Lucio. — Je le garantis à Votre Honneur.

Le Duc. — Gardez cette garantie pour vous-même : prenez bien garde à cela.

Isabella. — Ce gentilhomme a dit quelque chose de mon histoire....

Lucio. — C'est vrai.

Le Duc. — Cela peut être vrai; mais vous, vous êtes dans le faux en parlant avant votre tour. — Continuez.

Isabella. — J'allai trouver ce pernicieux gredin de délégué....

Le Duc. — Voilà des paroles qui sentent un peu la folie.

Isabella. — Pardonnez-les, ces expressions sont à leur place en cette affaire.

Le duc. — Une fois rectifiées. Voyons donc l'affaire : continuez.

Isabella. — Bref, je laisse de côté tous les détails inutiles, comment j'essayai sur lui de la persuasion, des prières, des génuflexions; comment il me repoussa et comment je lui répondis, car tout cela fut très-long, et j'en viens à exprimer avec douleur et honte la vile conclusion de notre entrevue. Il ne voulut relâcher mon frère qu'à la condition que je livrerais mon chaste corps à la concupiscence de sa luxure effrénée. Après beaucoup de résistance, ma pitié fraternelle l'emporta sur mon honneur, et je lui cédai; mais le matin suivant de bonne heure, son désir étant assouvi, il envoya l'ordre de faire tomber la tête de mon pauvre frère.

Le duc. — Voilà qui est très-vraisemblable!

Isabella. — Oh! plût au ciel que cela fût aussi vraisemblable que cela est vrai.

Le duc. — Par le ciel, misérable folle, tu ne sais pas ce que tu dis, ou bien tu as été subornée pour parler contre son honneur, par quelque odieuse conspiration. En premier lieu, son intégrité est sans tache; ensuite, il est contraire à la raison qu'il eût poursuivi avec une telle ardeur des fautes dont il serait lui-même coupable; s'il avait commis le péché que tu dis, il aurait jugé ton frère d'après lui-même et ne l'aurait pas fait décapiter. Quelqu'un t'a lancée contre lui; confesse la vérité et dis-nous sur le conseil de qui tu es venue te plaindre auprès de nous.

Isabella. — Est-ce là tout? Eh bien, alors, ô bienheureux ministres d'en haut, gardez-moi en patience, et l'heure venue, dévoilez le crime qui est ici présent, drapé dans sa fausse dignité! Que le ciel écarte tout malheur de Votre Grâce, par une protection aussi grande que l'incrédulité que je rencontre, et qui me force à m'éloigner avec mon outrage impuni!

Le duc. — Je me doute bien que vous voudriez être loin d'ici. — Hé! un officier! qu'on la conduise en prison! — Pouvons-nous permettre qu'une imputation déshonorante et scandaleuse tombe sur un homme qui nous touche de si près ? Il doit, de toute nécessité, y avoir là-dessous quelque machination. Quelle personne était informée de votre projet et de votre résolution de nous approcher ?

Isabella. — Quelqu'un que je voudrais voir ici, le frère Ludovic.

Le duc. — Un saint homme, sans doute ? Qui connaît ce Ludovic ?

Lucio. — Monseigneur, je le connais ; c'est un moine intrigant. Je n'aime pas cet homme ; s'il avait été laïque, Monseigneur, pour certains propos qu'il a tenus contre Votre Grâce pendant votre absence, je l'aurais fustigé solidement.

Le duc. — Des propos contre moi ! voilà, ma foi, ce qui s'appelle un honnête religieux ! et il lâche, en outre, cette misérable femme ici présente contre notre lieutenant ! Il faut qu'on trouve ce moine.

Lucio. — Pas plus tard qu'hier soir, Monseigneur, je les ai vus à la prison, elle et le moine : c'est un moine impertinent, un très-misérable drôle.

Le frère Pierre. — Bénie soit Votre Grâce royale ! J'étais tout proche d'ici, Monseigneur, et j'ai entendu les paroles dont on a outragé votre oreille royale. D'abord, cette femme a très-iniquement accusé votre lieutenant, qui est aussi innocent de tout contact et de toute souillure avec elle, qu'elle-même est innocente des mêmes impuretés avec un homme encore à naître.

Le duc. — C'est exactement ce que nous croyons. Connaissez-vous ce frère Ludovic dont elle parle ?

Le frère Pierre. — Je le connais pour un pieux et saint homme, qui n'est ni un misérable, ni un intrigant mondain, comme le dépeint ce gentilhomme, et qui, sur ma parole, n'a jamais, comme il le prétend, calomnié Votre Grâce.

Lucio. — Calomnié très-vilainement, Monseigneur ; croyez-le bien.

Le frère Pierre. — Fort bien, en temps et lieu il se justifiera lui-même ; mais pour le moment, Monseigneur, il est malade d'une fièvre singulière. Comme il est arrivé à sa connaissance qu'une plainte devait être portée contre le seigneur Angelo, je suis venu ici, sur sa requête particulière, pour faire, en son nom, la déclaration de ce qu'il sait être vrai et faux, et qu'il prouvera sous serment jusqu'à l'évidence lorsqu'il en sera sommé. D'abord, quant à cette femme, afin de justifier ce digne seigneur, si grossièrement et si directement accusé, vous allez l'entendre démentir en face en attendant qu'elle-même avoue son crime.

LE DUC. — Nous écoutons, mon bon Frère. (*Isabella est éloignée sous escorte et Mariana s'avance.*) Est-ce que cela ne vous fait pas sourire, Seigneur Angelo? O ciel! quelle outrecuidance chez de misérables insensés! — Donnez-nous des siéges. — Venez, mon cousin Angelo; je veux rester neutre en cette affaire; soyez juge vous-même dans votre propre cause. Est-ce là le témoin, Frère? qu'elle nous laisse d'abord voir son visage et puis qu'elle parle.

MARIANA. — Pardonnez-moi, Monseigneur, je ne montrerai pas mon visage jusqu'à ce que j'y sois autorisée par mon époux.

LE DUC. — Quoi donc! êtes-vous mariée?

MARIANA. — Non, Monseigneur.

LE DUC. — Êtes-vous fille?

MARIANA. — Non, Monseigneur.

LE DUC. — Veuve, alors?

MARIANA. — Pas davantage, Monseigneur.

LE DUC. — Ni fille, ni veuve, ni femme? eh bien alors, vous n'êtes rien?

LUCIO. — Monseigneur, c'est peut-être une catin; car beaucoup ne sont ni filles, ni veuves, ni femmes.

LE DUC. — Faites-moi taire ce gaillard-là; je voudrais qu'il se trouvât dans le cas de bavarder pour son propre compte.

LUCIO. — Bien, Monseigneur.

MARIANA. — Monseigneur, je confesse que je n'ai jamais été mariée; je confesse, en outre, que je ne suis pas vierge : j'ai connu mon époux, cependant mon époux ne sait pas qu'il m'a jamais connue.

Lucio. — Il était ivre alors, Monseigneur : cela ne peut pas être autrement.

Le duc. — Plût au ciel que tu le fusses aussi, dans l'intérêt du silence.

Lucio. — Bien, Monseigneur.

Le duc. — Ce n'est pas là un témoin pour le seigneur Angelo.

Mariana. — J'arrive à ce qui le concerne, Monseigneur. Celle qui l'accuse de fornication, accuse en même temps mon époux du même crime, et elle l'en accuse, Monseigneur, à une heure où je prouverai que je le tenais entre mes bras dans toute l'ivresse de l'amour.

Angelo. — Accuse-t-elle quelque autre que moi ?

Mariana. — Non pas que je sache.

Le duc. — Non ? cependant vous venez de dire votre mari.

Mariana. — Justement, Monseigneur, et ce mari est Angelo, qui croit être sûr de n'avoir jamais connu ma personne, mais croit être sûr d'avoir connu Isabella.

Angelo. — Voilà une étrange fourberie. Voyons votre visage.

Mariana. — Mon époux me l'ordonne ; maintenant je vais me démasquer. (*Elle lève son voile.*) Voici ce visage, cruel Angelo, que tu jurais autrefois être digne de tes regards ; voici la main qu'un contrat solennel riva étroitement à la tienne ; voici le corps qui remplit l'engagement d'Isabella et qui tint pour toi la place de sa personne imaginaire, à la villa de ton jardin.

Le duc. — Connaissez-vous cette femme ?

Lucio. — Charnellement, à ce qu'elle dit.

Le duc. — Drôle, plus un mot !

Lucio. — Cela suffit, Monseigneur.

Angelo. — Monseigneur, je dois confesser que je connais cette femme. Il y a cinq ans il fut quelque peu question de mariage entre elle et moi ; ce mariage manqua, en partie parce que sa fortune se trouva inférieure à ce qu'elle l'avait déclarée; mais surtout parce que sa réputation fut entachée d'accusations de légèreté : depuis ce terme de cinq années, sur ma foi et mon honneur, je ne l'ai pas vue, je ne lui ai pas parlé et je n'ai pas entendu parler d'elle.

Mariana. — Noble prince, aussi vrai que la lumière vient du ciel et les paroles de notre souffle, que la raison est vérité et la vérité vertu, je suis fiancée à cet homme par des liens aussi forts que les paroles en peuvent forger pour les serments, et mon bon Seigneur, pas plus loin que mardi dernier, dans la nuit, à la villa de son jardin, il m'a connue comme sa femme. Si ce que je dis est vrai, permettez-moi de me relever en sécurité, et si c'est faux, puissé-je être pour toujours fixée à cette place comme une statue de marbre !

Angelo. — Je n'ai fait que sourire jusqu'à présent: maintenant, mon bon Seigneur, permettez-moi de donner à la justice toute latitude; ma patience est ici à bout. Je m'aperçois que ces pauvres folles ne sont autre chose que les instruments de quelqu'un de plus puissant qui les fait agir; donnez-moi champ libre, Monseigneur, pour découvrir cette intrigue.

Le duc. — Certes, de tout mon cœur, et je vous permets de leur infliger tel châtiment que votre cœur vous inspirera. Moine insensé, et toi, femme pernicieuse, complice de celle qu'on a éloignée, avez-vous cru que vos serments, quand bien même ils en attesteraient tous les saints, seraient des témoignages contre la dignité et le crédit de celui qui a reçu le sceau de notre confiance? — Seigneur Escalus, assistez mon cousin, prêtez-lui votre aide amical pour découvrir l'origine de cette intrigue. Il y a un autre religieux qui les a poussées en avant; qu'on aille le chercher.

Le frère Pierre. — Plût au ciel qu'il fût ici, Monseigneur! car c'est lui, en vérité, qui a poussé ces femmes à se plaindre : votre prévôt sait où il se trouve; il peut le faire venir.

Le duc. — Allez, amenez-le immédiatement. (*Sort le*

prévôt.) Et vous, mon noble et inattaquable cousin, à qui il appartient de poursuivre cette affaire, punissez du châtiment qui vous plaira le mieux les outrages que vous recevez : je vais vous quitter pour un instant; mais vous, ne bougez pas jusqu'à ce que vous ayez bien examiné ces calomniateurs.

Escalus. — Monseigneur, nous allons couler cette affaire à fond. (*Sort le duc*.) Signor Lucio, ne disiez-vous pas que vous connaissiez ce frère Ludovic pour un malhonnête homme ?

Lucio. — *Cucullus non facit monachum :* il n'a d'honnête que le costume; c'est un homme qui a tenu sur le duc les plus vilains propos.

Escalus. — Nous vous prierons de rester ici jusqu'à son arrivée et d'en témoigner contre lui. Nous allons découvrir en ce moine un insigne drôle.

Lucio. — Comme il n'y en a pas dans Vienne, sur ma parole.

Escalus. — Rappelez cette Isabella : je voudrais lui parler. (*Sort un assistant*.) Je vous en prie, Monseigneur, permettez-moi de la questionner; vous allez voir comme je vais la manœuvrer.

Lucio. — Pas mieux que lui, s'il faut l'en croire.

Escalus. — Vous dites ?

Lucio. — Parbleu, Monsieur, je pense que si vous la manœuvriez en secret, elle avouerait plus vite; peut-être qu'en public elle n'osera pas.

Escalus. — Je vais procéder avec elle sournoisement, de manière à la tenir dans l'obscurité.

Lucio. — Parbleu, c'est le moyen; car c'est sur le coup de minuit que les femmes se laissent voir le plus clairement.

Rentrent des gardes avec ISABELLA.

Escalus. — Avancez, commère : voici une dame qui nie tout ce que vous avez dit.

Lucio. — Monseigneur, voici la canaille dont je parlais qui arrive avec le prévôt.

Escalus. — Il arrive fort à propos ; ne lui parlez pas jusqu'à ce que je vous appelle à témoigner contre lui.

Lucio. — Bouche close.

Rentrent le duc, *sous son déguisement de moine,* et le prévôt.

Escalus. — Avancez, Monsieur : est-ce vous qui avez poussé ces femmes à calomnier le seigneur Angelo ? Elles ont avoué que c'était vous.

Le duc. — C'est faux.

Escalus. — Comment ! Savez-vous bien où vous êtes ?

Le duc. — Respect à votre haute situation ! Il est bon que de temps à autre le diable soit honoré par considération pour son trône de feu ! Où est le duc ? c'est lui qui devrait m'entendre.

Escalus. — C'est nous qui représentons le duc, et nous devons vous entendre. Tâchez de parler sincèrement.

Le duc. — Je parlerai du moins hardiment. Quoi donc, pauvres âmes ! êtes-vous venues réclamer l'agneau au renard ? alors, bonne nuit à la réparation qui vous est due. Est-ce que le duc est parti ? en ce cas votre cause l'a suivi. Le duc est injuste de repousser ainsi l'appel public que vous lui avez fait et de remettre votre jugement à la bouche du scélérat que vous êtes venu accuser ici.

Lucio. — C'est là mon coquin ; c'est celui dont je parlais.

Escalus. — Comment, moine irrévérencieux et impie, il ne te suffit pas d'avoir suborné ces femmes pour accuser cet homme vertueux, il faut encore que ton infâme bouche vienne à ses oreilles même l'appeler scélérat ? Et tu oses, remontant de lui au duc même, taxer le duc d'injustice ? Emmenez-le ; qu'on le mette au chevalet ! nous vous déchiqueterons membre après membre, mais nous connaîtrons votre dessein. Comment ! injuste !

Le duc. — Pas tant d'emportement ! le duc n'oserait pas plus pincer ce doigt que voici que soumettre le sien propre à la torture : je ne suis ni son sujet ni le justiciable de son clergé. Mes affaires dans cet État m'ont conduit à observer Vienne, où j'ai trouvé une corruption qui bout et bouillonne à déborder de la marmite : la ville a des lois pour toutes les fautes, il est vrai, mais ces fautes sont si puissamment protégées, que les plus forts statuts y ressemblent aux prohibitions suspendues dans la boutique d'un barbier; on les lit, mais on s'en moque [1].

ESCALUS. — Attaque calomnieuse à l'État! Qu'on l'emmène en prison!

ANGELO. — Qu'avez-vous à témoigner contre lui, Signor Lucio? Est-ce là l'homme dont vous nous aviez parlé?

LUCIO. — C'est lui-même, Monseigneur. Venez ici, bonhomme tonsuré : me reconnaissez-vous?

LE DUC. — Je vous reconnais au son de votre voix, Monsieur; je vous ai rencontré à la prison, pendant l'absence du duc.

LUCIO. — Ah! vraiment! et vous rappelez-vous ce que vous avez dit du duc?

LE DUC. — Parfaitement, Monsieur.

LUCIO. — Ah! vous vous le rappelez! et le duc est-il toujours le marchand de chair humaine, l'imbécile et le lâche que vous prétendiez alors qu'il était?

LE DUC. — Il nous faut échanger nos personnes, avant que vous rapportiez ainsi mes paroles, Monsieur; c'est vous qui avez ainsi parlé de lui, et en termes pires encore.

LUCIO. — O damnable faquin! ne t'ai-je pas tiré par le nez pour tes discours?

LE DUC. — Je proteste que j'aime le duc autant que moi-même.

ANGELO. — Observez un peu comme le scélérat cherche à raccommoder les choses, après ses calomnieuses félonies!

ESCALUS. — Il n'y a pas à discuter avec un pareil drôle : qu'on l'emmène en prison! Où est le prévôt? qu'on l'emmène en prison, et qu'on l'enferme à triple verrou! qu'on ne le laisse plus parler. Emmenez aussi ces catins et cet autre individu, leur complice.

(*Le prévôt pose la main sur le duc.*)

LE DUC. — Arrêtez, Monsieur; arrêtez un peu.

ANGELO. — Comment! il résiste? Prêtez main forte au prévôt, Lucio.

Lucio. — Allons, Monsieur! allons, Monsieur! allons, Monsieur! mais allons donc, Monsieur! Eh bien! tonsuré, canaille de menteur! il vous faut rester encapuchonné, eh! Montrez-nous votre visage de coquin, et que la vérole vous étrangle! montrez-nous votre face de prêteur à la petite semaine, et puis soyez pendu une heure durant! Ça ne veut donc pas tomber?

(*Il fait tomber le capuchon et découvre le duc.*)

Le duc. — Tu es le premier coquin qui ait jamais fait un duc. — Pour commencer, prévôt, permettez que je serve de caution à ces trois nobles personnes. (*A Lucio.*) Ne vous esquivez pas, Monsieur, car le Frère et vous, vous aurez tout à l'heure à tenir un bout de conversation ensemble. — Assurez-vous de lui.

Lucio. — Cela peut tourner plus mal que la pendaison.

Le duc, *à Escalus*. — Je vous pardonne ce que vous avez dit. Asseyez-vous; nous emprunterons la place de celui-ci. — (*A Angelo.*) Monsieur, avec votre permission. — As-tu encore quelque parole, quelque ressource d'esprit, quelque impudence qui puisse t'être utile? Si oui, emploie cela bien vite avant que j'aie fait mon récit, et puis cesse de te défendre.

Angelo. — O mon redouté Seigneur, je serais plus coupable que ma culpabilité même, si je croyais pouvoir cacher mes fautes, alors que je m'aperçois que Votre Grâce, comme une puissance divine, a surveillé tous mes méfaits. Ainsi, bon prince, ne prolongez pas davantage le procès de ma honte, et que ma confession me serve de jugement. Une sentence immédiate et puis la mort sans délai, voilà toutes les grâces que je sollicite.

Le duc. — Approchez, Mariana. — Dis-moi, as-tu jamais été fiancé à cette femme?

Angelo. — Oui, Monseigneur.

Le duc. — Eh bien! emmène-la et épouse-la immédiatement. — Faites votre office, Frère, et une fois cet office accompli, ramenez-le ici. Allez avec lui, prévôt.

(*Sortent Angelo, Mariana, le frère Pierre et le prévôt.*)

Escalus. — Monseigneur, je suis plus étonné de son déshonneur que de l'étrangeté des circonstances dans lesquelles il s'est produit.

Le duc. — Approchez, Isabella. Votre religieux est maintenant votre prince : je n'ai pas changé de cœur en changeant d'habit, et comme j'étais alors votre conseiller dévoué, je suis encore tout disposé à vous rendre service.

Isabella. — Oh! pardonnez-moi, à moi votre vassale, d'avoir occupé et tracassé de mes affaires Votre Altesse, qui m'était inconnue.

Le duc. — Vous êtes pardonnée, Isabella; et maintenant, belle fille, soyez aussi généreuse envers nous. La mort de votre frère vous tient au cœur, je le sais; et vous vous demandez avec étonnement pourquoi je suis resté dans l'obscurité, à m'efforcer de lui sauver la vie, au lieu de faire une brusque démonstration de mon pouvoir caché, ce qui aurait empêché sa perte. O très-généreuse jeune fille, c'est l'extrême rapidité de sa mort que je croyais s'avancer à pas lents qui a trompé mes projets : mais la paix soit avec lui! La vie qui est au delà de la crainte de la mort est une vie meilleure que celle qui se passe à craindre; que ce bonheur dont jouit votre frère vous serve de consolation.

Isabella. — Oui, Monseigneur.

Rentrent ANGELO, MARIANA, le frère Pierre *et* le prévôt.

Le duc. — Quant à cet homme nouvellement marié qui s'avance, à cet homme dont l'imagination lubrique a outragé votre honneur si bien défendu, vous pouvez lui pardonner, par amour pour Mariana; mais comme il a adjugé votre frère à la mort, qu'il a été criminel par la double violation de la chasteté sacrée et de la foi due à la promesse donnée, il se trouve avoir à répondre de ses actes. Pour venger la vie de votre frère, la clémence même de la loi nous crie de la manière la plus éclatante, par la propre bouche du coupable : *Un Angelo pour un*

Claudio, la mort pour la mort! Rapidité exige rapidité; lenteur égale lenteur; le semblable paye le semblable : en toutes choses, mesure pour mesure. Ainsi donc, Angélo, en punition de ton crime manifeste que tu ne peux nier et qu'il ne te servirait à rien de nier, nous te condamnons à ce même billot sur lequel Claudio se pencha pour subir la mort, et nous exigeons autant de promptitude dans ton exécution que tu en as exigé dans la sienne. Qu'on l'emmène.

MARIANA. — O mon très-gracieux Seigneur, j'espère que vous ne voulez pas vous moquer de moi en me donnant l'illusion d'un mari!

LE DUC. — C'est votre mari qui vous a fait la moquerie d'un mari. J'ai jugé votre mariage convenable parce que j'ai accepté la sauvegarde de votre honneur; si j'eusse agi autrement, l'imputation de l'avoir connu aurait pesé sur votre vie et aurait étouffé tout votre bonheur à venir. Quant à ses biens, quoiqu'ils soient nôtres par confiscation, nous vous les concédons comme votre douaire de veuve, pour vous acheter un meilleur mari.

MARIANA. — O mon cher Seigneur, je n'en désire pas d'autre, ni un meilleur homme.

LE DUC. — Ne persistez pas à le vouloir; notre résolution est définitive.

MARIANA, *s'agenouillant*. — Mon noble Suzerain....

LE DUC. — Vous perdez vos peines. Qu'on le mène à la mort. (*A Lucio.*) A vous, maintenant, Monsieur.

MARIANA. — O mon bon Seigneur! Douce Isabella, prenez mon parti; mettez vos genoux à mon service, et tous mes jours à venir, je mettrai ma vie à votre service.

LE DUC. — Tu l'importunes contre tout bon sens; si elle s'agenouillait pour demander grâce d'un tel fait, le spectre de son frère briserait son lit de pierre et viendrait l'entraîner d'ici avec horreur.

MARIANA. — Isabella, douce Isabella, agenouillez-vous seulement avec moi : élevez vos mains et ne dites rien, je dirai tout ce qu'il faudra. On prétend que les hommes les meilleurs sont ceux que leurs fautes ont formés, et que pour la plupart ils valent beaucoup mieux s'ils sont un peu mauvais ; il peut en être ainsi de mon époux. O Isabella ! ne voulez-vous pas me prêter vos genoux ?

Le duc. — Angelo meurt pour la mort de Claudio.

Isabella, *s'agenouillant.* — Très-indulgent Seigneur, qu'il vous plaise de regarder cet homme condamné des mêmes yeux que si mon frère vivait : je crois qu'en partie une véritable sincérité a gouverné ses actions, jusqu'au jour où il me vit : puisqu'il en est ainsi, ne permettez pas qu'il meure. Mon frère n'a eu que justice, en ce sens qu'il avait commis la faute pour laquelle il est mort ; quant à Angelo, sa mauvaise intention n'ayant pas été réalisée, on doit l'ensevelir comme une intention qui a péri en route : la loi n'atteint pas les pensées, et les intentions sont de simples pensées.

Mariana. — Pas autre chose, Monseigneur.

Le duc. — Votre plaidoyer est inutile ; relevez-vous, vous dis-je. — Je viens de me rappeler une autre faute commise. Prévôt, comment se fait-il que Claudio ait été exécuté à une heure inaccoutumée ?

Le prévôt. — On l'avait ordonné ainsi.

Le duc. — Aviez-vous reçu un ordre écrit spécial pour cette circonstance ?

Le prévôt. — Non, mon bon Seigneur ; l'ordre a été apporté par un message particulier.

Le duc. — Pour ce fait, je vous casse de vos fonctions ; rendez vos clefs.

Le prévôt. — Pardonnez-moi, mon noble Seigneur : je me doutais bien que c'était une faute, mais je n'en étais pas sûr ; je m'en suis ensuite repenti, après de plus amples réflexions, et la preuve, c'est que j'ai gardé vivant un prisonnier qui, de par ce même ordre particulier, devait mourir en même temps que Claudio.

Le duc. — Quel est-il ?

Le prévôt. — Son nom est Bernardin.

Le duc. — J'aurais souhaité que tu eusses fait de même pour Claudio. Va me chercher cet homme ; fais-le-moi voir. *(Sort le prévôt.)*

ESCALUS. — Je suis chagrin qu'un homme aussi instruit et aussi sage que vous l'aviez toujours paru, Seigneur Angelo, ait pu pécher si grossièrement, d'abord par obéissance aux sens, et puis par manque d'équité dans l'exécution de la justice.

ANGELO. — Je suis chagrin, moi, de vous procurer un tel chagrin, et j'en ai le cœur si percé de repentir, que j'aspire à la mort plus volontiers qu'au pardon; la mort est tout ce que je mérite, et je la demande avec instance.

Rentre LE PRÉVÔT, *avec* BERNARDIN, CLAUDIO *la tête enveloppée, et* JULIETTE.

LE DUC. — Quel est celui qui est ce Bernardin?
LE PRÉVÔT. — Celui-ci, Monseigneur.
LE DUC. — Un certain religieux m'a parlé de cet homme. Maraud, on m'a dit que tu as une âme endurcie qui ne voit pas plus loin que ce monde-ci, et que tu arranges ta vie en conséquence. Tu es condamné; mais je te tiens quitte de toutes tes fautes terrestres, et je te prie de mettre à usage cette clémence pour te préparer de meilleures années à venir. — Frère, conseillez-le; je le remets entre vos mains. — Quel est ce personnage encapuchonné?

LE PRÉVÔT. — C'est un autre prisonnier que j'ai sauvé; il devait mourir lorsque Claudio a perdu sa tête, et ressemble à Claudio autant que Claudio lui-même.

(*Il découvre Claudio.*)

LE DUC, *à Isabella.* — S'il ressemble à votre frère, par amour pour lui je lui pardonne, et par amour pour votre aimable personne, donnez-moi votre main et dites que vous serez à moi. Il est donc aussi mon frère; mais nous parlerons mieux de cela plus tard. — Je crois que le seigneur Angelo s'aperçoit qu'il n'est plus en danger; il me semble que je vois son œil se ranimer. Bien, Angelo, vos mauvaises actions vous ont fort profité: tâchez d'aimer votre femme; elle vous vaut bien. Je me sens une inclination à l'indulgence, et cependant il y a ici quelqu'un que je ne puis pardonner. (*A Lucio.*) Vous, faquin, qui me connaissiez pour un imbécile, un lâche, un luxurieux sans frein, un âne, un fou, qu'ai-je fait pour si bien mériter de vous que vous m'honoriez de tels titres?

Lucio. — Ma foi, Monseigneur, je n'ai fait que parler selon l'usage général. Si vous voulez me faire pendre pour cela, vous le pouvez; mais je préférerais qu'il vous plût de me faire fouetter.

Le duc. — Fouetté d'abord, et pendu ensuite, Monsieur. Prévôt, proclamez dans toute la ville que si ce polisson a fait tort à quelque femme, — et je l'ai entendu jurer lui-même qu'il y en avait une enceinte de lui, — cette femme n'a qu'à se présenter et il l'épousera : les noces une fois faites, qu'on le fouette et qu'on le pende.

Lucio. — Je supplie Votre Altesse de ne pas me marier avec une catin! Votre Altesse disait, il n'y a qu'un instant, que j'avais fait de vous un duc; mon bon Seigneur, ne me récompensez pas en faisant de moi un cocu.

Le duc. — Sur mon honneur, tu l'épouseras. Je te pardonne tes calomnies, et je te fais grâce des autres châtiments que tu mérites. Conduisez-le en prison, et veillez à ce que nos volontés soient exécutées.

Lucio. — Épouser une catin, Monseigneur, équivaut à la mort, à la fustigation, et à la pendaison.

Le duc. — Calomnier un prince ne mérite rien moins. (*Sortent des gardes avec Lucio.*) Claudio, voyez à faire réparation à celle que vous avez compromise. — Bonheur à vous, Mariana! — Aimez-la, Angelo; je l'ai confessée et je connais ses vertus. — Merci de ta grande bonté, mon bon Escalus; je ne m'en tiendrai pas aux louanges : j'ai en réserve pour toi quelque chose de plus flatteur. — Merci, mon bon prévôt, pour ta vigilance et ta discrétion; nous te trouverons un emploi plus digne de toi. Pardonnez-lui, Angelo, pour avoir apporté la tête du Ragusain en place de celle de Claudio; c'est une faute qui s'excuse d'elle-même. — Chère Isabella, j'ai à vous faire une proposition qui importe beaucoup à votre bonheur : si vous consentez à incliner vers moi une oreille complaisante, ce qui est à moi sera vôtre, ce qui est vôtre sera mien. Ainsi, rendons-nous à notre palais, où nous vous expliquerons ce qui vous est encore caché, et qu'il est convenable que vous connaissiez tous.

(*Ils sortent.*)

COMMENTAIRE.

ACTE I.

> .... *Then no more remains*
> *But that, to your sufficiency, as your worth is able,*
> *And let them work.*

Théobald et Malone ont soupçonné qu'il devait y avoir ici quelque omission dans le texte. Ce passage est en effet vraiment obscur. Quel sens donner au mot *sufficiency?* Est-ce celui de science, d'érudition, d'instruction acquise, comme Théobald le pensait, ou celui de pouvoir délégué, d'autorité transmise, comme le voulait Warburton? Nous nous rapprocherions plutôt de l'avis de Théobald que de celui de Warburton ; *sufficiency* doit ici s'entendre, croyons-nous, non pas précisément dans le sens de science, mais dans celui de *capacité*, d'intelligence pratique des choses, de faculté du jugement. Ce mot ainsi interprété renferme à la fois quelque chose des deux sens que lui prêtaient les deux commentateurs. *Sufficiency* n'est pas la science, mais la faculté qui résulte de la science, le bon jugement ; il n'est pas l'autorité, mais il implique la faculté d'agir qui peut en tenir lieu, et c'est là le vrai sens français du mot *capacité* qui indique une faculté en puissance plutôt qu'en acte. Cela dit, nous ne pouvons plus apercevoir la difficulté qui arrêtait Théobald. Il se demandait ce que Escalus devait faire agir d'accord avec sa *sufficiency* : était-ce sa science? mais *sufficiency* ayant selon lui ce même sens, il s'ensuivait qu'Escalus devait faire marcher de concert sa science avec la science, ce qui ne signifiait plus rien du tout. Aussi la véritable difficulté porte-t-elle non sur ce mot, mais sur le pronom *that*, ce, cela, qui indique obscurément la chose que Escalus doit faire marcher d'accord avec sa capacité. A quoi se rapporte ce pronom *that?* est-ce à *science?* non, ce serait plutôt à *strength* (force, pouvoir, autorité), qui se rencontre dans la ligne précédente. C'est donc l'autorité du duc qu'Escalus doit faire marcher de concert avec sa propre capacité de gouvernement. Mais il se pourrait bien aussi que *that* se rapportât tout simplement à la commission écrite, au titre de transmission de pouvoir que le duc remet à Escalus, et dans ce cas la phrase signifierait : « il ne manque donc plus que *cela* (la commission) à votre capacité de gouvernement. » Les obscurités de ce genre abondent dans cette pièce, plus qu'en aucune autre de Shakespeare.

2. *We have with special soul*
Elected him our absence to supply.

Mesure pour Mesure est une des pièces de Shakespeare où abondent le plus les hardiesses d'expressions. L'auteur anglais qui ferait un traité des figures de rhétorique, y trouverait les meilleurs exemples à citer pour donner une idée exacte de toutes ces formes du langage poétique dont la liste fut jadis donnée par Aristote : métaphores, hyperboles, litotes, catachrèses, etc. Les mots les plus généraux sont employés pour désigner les idées les plus particulières, et les mots les plus particuliers pour désigner les idées les plus générales. Aussi cette pièce, grâce au caractère de son style, présente-t-elle plus d'obscurité en apparence qu'elle n'en contient en réalité. Ainsi, dans ce passage, Warburton a cru à une erreur qui n'existait que dans son imagination : il a voulu substituer à ces mots *special soul*, âme spéciale, ces mots *special roll*, commission spéciale, et il ne s'est pas aperçu qu'ici Shakespeare se servait de cette figure, par laquelle on exprime le moins par le plus ; que *soul*, l'âme générale, était prise pour une de ses opérations particulières, le jugement, la faculté de choisir, et que d'ailleurs ce mot général était restreint et ramené à un sens particulier par l'épithète *special* qui l'accompagne. Le duc veut dire qu'il a mis toute son âme dans une des opérations particulières de cette âme, afin de mieux faire comprendre les scrupules qui l'ont guidé dans le choix d'Angelo et le cas qu'il fait de son ministre. Peut-être aussi ce mot devrait-il se traduire par ceux d'affection toute spéciale, ou encore d'estime particulière.

3. *We have with a leavened and prepared choice.* Encore un autre exemple d'obscurité qui est dû tout simplement à la hardiesse du langage poétique. Le mot *leavened*, fermenté (*leaven*, levain), a embarrassé Warburton, qui a voulu très à tort lui substituer le mot *levelled*, visé. Mais n'est-il pas évident qu'ici le duc, en parlant de son choix fermenté, où il a déposé le levain, veut dire qu'il a laissé son jugement mûrir sous l'effet de la délibération, comme on laisse la pâte fermenter sous l'effet du levain qu'on y a déposé? En outre la fermentation ayant pour effet une purification générale de la matière qui est soumise à l'action de cette force, le duc ne veut-il pas indiquer en même temps que son choix a été également purifié de toutes erreurs de jugement par l'effet du ferment de la délibération?

4. *Their loud applauses and aves vehement.* Shakespeare, toujours attentif aux moindres nuances des choses, ayant à faire qualifier par un souverain les applaudissements populaires, emploie le mot latin par lequel le peuple romain acclamait les empereurs aux jeux du cirque, dans les fêtes publiques et au retour des expéditions militaires.

5. Dans une collection de prières intitulée : *Preces privatæ*, publiée et imposée par l'autorité de la reine Élisabeth en 1564, il est ordonné que les grâces se termineront toujours par les demandes suivantes : « Deus servet ecclesiam, regem vel reginam custodiat, consiliarios ejus regat, populum universum tueatur, et *pacem nobis donet perpetuam*. Amen. » (Note de l'édition STAUNTON.)

6. Nous avons ici un exemple des intraduisibles plaisanteries de Shakespeare, qui reposent généralement sur des à peu près et des ressemblances lointaines de signification entre deux mots très-différents. Un des gentilshommes dit qu'il s'est trouvé une douzaine de fois au moins, à des époques différentes, là où se disaient les grâces : *a dozen times at least*. Ce mot *times*, temps, suggère sans doute au second gentilhomme l'idée des *temps* en musique ; il transforme immédiatement ce mot en celui de *metre*, mesure, et Lucio continue la plaisanterie.

7. Calembour qui porte sur le mot *piled*, qui, appliqué au velours, signifie velours ras, à soie courte, et appliqué à Lucio, signifie chauve, épilé. Lucio est donc du velours français ras, parce qu'il a perdu ses cheveux par suite du mal qu'on appelait en Angleterre le mal français.

8. C'était une opinion répandue qu'on gagnait l'infection d'une personne atteinte du mal français si on buvait après elle dans le même verre.

9. Calembour sur le mot *dollar* et le mot *dolour*, douleur. — Nous l'avons déjà rencontré dans *la Tempête*, et nous le trouverons dans *le Roi Lear*. La *couronne française*, dont parle Lucio à la ligne suivante, est une allusion à ce qu'on appelle *corona veneris*, conséquence du mal français. La couronne était et est encore aujourd'hui une des divisions de la monnaie anglaise.

10. Madame *Overdone*, nom composé qui signifie madame la ruinée, l'enfoncée, et qui convient à merveille à ce personnage, dont le commerce, ainsi qu'elle s'en plaint amèrement, est ruiné par l'application des édits ressuscités.

11. Le personnage de Pompée a donné lieu à une très-piquante observation du commentateur Douce. Dans les indications pour la mise en scène, ce personnage est désigné sous la qualification de bouffon : « Entre le bouffon. » Mais comme Pompée est présenté comme un valet de maison publique, on n'a pas voulu voir en lui ce personnage familier à la vieille société aristocratique et monarchique, le bouffon ou le fou, et le prendre pour un frère des personnages qui égayent les comédies de *Comme il vous plaira*, de *Tout est bien qui finit bien*, du *Soir des rois*, et le sombre drame du *Roi Lear*. Si Pompée, a-t-on dit, est un bouffon, c'est au même titre que les innombrables valets de Shakespeare ou que le *clown* du *Conte d'hiver*, par exemple. Mais Pompée n'est pas seulement un *clown*, ou bouffon de nature, c'est un *fool*, fou, au même titre que Touchstone, car les maisons publiques, jalouses de faire participer leurs habitués à tous les avantages de la bonne société, entretenaient fréquemment des fous, à l'instar des cours et des demeures seigneuriales.

12. *The sword of heaven*. L'ancien texte porte *the words of heaven*,

les paroles du ciel ; mais il est plus que probable que la correction proposée par les modernes éditeurs est fondée, et qu'il faut lire *sword*, épée, et non pas *words*. Néanmoins le sens reste le même dans l'un et l'autre texte ; dans tous les deux, l'autorité terrestre est assimilée à l'autorité divine qui frappe ou absout sans que nous connaissions les raisons de sa sévérité ou de son indulgence ; seulement dans le texte corrigé, l'assimilation est plus saisissable et plus complète. Du reste, cette correction, due au docteur Roberts, se trouve justifiée, ainsi que l'a très-justement fait remarquer Malone par ce passage de la dernière scène du troisième acte où le duc assimile le glaive du prince au glaive de Dieu : « Celui qui veut porter l'épée du ciel, etc.... »

13. *Only for propagation of a dower*
Remaining in the coffers of her friends.

On a beaucoup discuté pour savoir quel sens exact on devait attacher à ce passage et surtout au mot *propagation*. L'édition Staunton contient une excellente note pour démontrer que ce mot doit s'entendre dans le sens d'accroissement. Le douaire s'accroît à mesure que le temps s'écoule par l'accumulation des intérêts réunis à la somme principale. C'était en effet une coutume très-répandue autrefois et qu'on trouverait peut-être encore chez les familles qui ont conservé les vieilles mœurs, de constituer longtemps d'avance la dot des enfants au moyen d'une somme qui, faible à l'origine, constituait une fortune véritable lorsque venait l'heure marquée pour sa destination. Quelquefois, un oncle, une tante, un cousin disposait d'une certaine somme en faveur d'un enfant et la remettait aux parents avec injonction de la lui donner à une époque déterminée et pour un but déterminé : l'époque de la majorité, l'époque du mariage, un séjour à l'université d'une grande ville, un voyage à l'étranger, etc. Ne serait-ce pas d'une somme de ce genre que Juliette serait héritière plutôt que du douaire qui doit lui venir de ses parents ? Le texte porte non le douaire, mais *un* douaire, ce qui semblerait indiquer que ses parents ne sont que les détenteurs d'une certaine somme qui leur a été remise pour leur fille, et ce sens est confirmé par le verbe *remaining*, restant, reposant. Ce douaire particulier, qui n'est pas le douaire véritable, reste, repose dans les coffres des parents. Il est vrai, d'autre part, qu'il est assez singulier que ce soit pour un motif d'avarice et d'intérêt que Claudio et Juliette font mystère de leur amour. Aussi certains commentateurs croient-ils devoir attribuer au mot *propagation* le sens de payement, d'obligation de payement. Claudio et Juliette n'ont rien dit parce que leurs parents n'étant pas favorables à leur union, ils ont craint, s'ils déclaraient leur amour, que le simple douaire de Juliette ne leur fût refusé.

14. Malone a rapproché ce passage de la conclusion de la défense de lord Strafford devant la Chambre des pairs, et a conjecturé que l'illustre accusé avait bien pu avoir en mémoire les paroles de Claudio. « Il y a maintenant deux cent quarante ans qu'aucun homme n'a été inculpé de ce prétendu crime, avec cette sévérité. Contentons-nous de l'héritage que nos pères nous ont laissé, et n'allons pas réveiller pour notre propre ruine

ces *lions endormis*, en ramassant quelques édits moisis qui depuis tant de siècles ont dormi au pied des murs tout à fait oubliés et négligés. »

15. Depuis combien de temps ces édits n'étaient-ils plus appliqués ? Claudio dit depuis dix-neuf ans; le duc depuis quatorze. Ces exemples de contradictions et de négligences abondent dans Shakespeare. Lorsque la contradiction ne porte que sur des faits matériels, et qu'elle ne change pas le caractère des faits moraux, elle lui importe peu. Ainsi, il est indifférent qu'il y ait quatorze ou dix-neuf ans que ces lois ne sont plus appliquées, il suffit qu'il y ait un très-long temps, et ce temps est aussi bien désigné par le chiffre quatorze que par le chiffre dix-neuf. Cependant cette pièce contient une plus grave négligence; la durée de son action est si mal déterminée qu'il est presque impossible de la fixer avec certitude. Il semble quelquefois que l'action soit comprise en quelques jours ; alors il devient invraisemblable que tant d'événements se soient écoulés en si peu de temps, et que les personnages aient pu exécuter toutes les actions dont ils nous entretiennent. Un certain temps doit s'être écoulé nécessairement entre le départ du duc et l'arrestation de Claudio, puisqu'il a fallu remettre en vigueur les édits oubliés, avertir les citoyens par proclamation, et puisque ces édits, ainsi que Pompée et madame Overdone nous l'apprennent, ont reçu un commencement d'application ; cependant il semble que ces événements ont suivi immédiatement le départ du duc. Plus tard, les conversations des personnages semblent indiquer que le duc est parti depuis si longtemps qu'on commence à l'oublier, et qu'on dit déjà : *du temps du duc*. L'unité de temps n'a jamais beaucoup préoccupé Shakespeare : aussi ne lui reprocherons-nous point de ne pas l'avoir observé; mais cette fois la durée de l'action est vraiment trop mal déterminée. Si l'on peut faire un reproche à cette admirable comédie, c'est plutôt celui-là que celle d'immoralité dont on l'a si légèrement taxée.

16. On dit que le vanneau, pour détourner l'attention de l'endroit où est son nid, s'en éloigne en poussant des cris comme pour indiquer un endroit opposé. Nous avons déjà rencontré cette comparaison dans la *Comédie des méprises*.

ACTE II.

1. *Some run from brakes of vice*. Brakes signifie-t-il ici fourré, ou bien par ce mot Shakespeare fait-il allusion à l'instrument de torture nommé *brakes ?* Steevens pensait, et nous adoptons son opinion qui nous semble pleinement justifiée par l'examen attentif du texte, que *brake* veut dire ici fourré, forêt. Il y a des gens qui se tirent de forêts de vices sans avoir à répondre d'un seul délit, et ceux-là sont placés en opposition avec ceux qui encourent un châtiment pour une simple faute.

2. Calembour intraduisible qui roule sur le nom du constable *Elbow*, le coude. Elbow ne peut parler, dit Pompée, parce qu'il est *out at Elbow*, parce qu'il a le coude emporté, percé; Pompée, identifiant la personne d'Elbow avec son habit râpé et troué, veut insinuer qu'il est mis hors de combat par l'ahurissement où il est plongé.

3. Les chambres d'auberge portaient autrefois des noms particuliers empruntés à quelque détail d'ameublement, de couleur ou de tapisserie: cette coutume s'est continuée presque jusqu'à nos jours en Angleterre et en France. Goldsmith y fait allusion d'une manière comique dans sa jolie pièce, *She stoops to conquer*, par cette phrase amusante : « Voyez un peu au *lion*, des pipes et du tabac à l'*ange*, l'*agneau* a été d'une humeur terrible cette dernière demi-heure. » Plus près de nous encore, dans le *Vieil ami des morts* de Walter Scott (*Old Mortality*), une des chambres de l'auberge de Jedediah Cleisbotham s'appelait la chambre du *prophète*. On désignait l'hôte passager d'après le nom de la chambre qu'il habitait comme dans les modernes hôtels on le désigne par le numéro de cette chambre; il s'appelait l'ange, le lion, ou l'agneau, comme il s'appelle aujourd'hui le numéro 24 ou 36.

4. *Hannibal.* Elbow veut dire *Cannibale.*

5. Métaphore empruntée aux opérations chirurgicales par lesquelles on fait revenir artificiellement la peau sur une partie du corps ouverte par blessure ou amputée.

6. Une note d'Henley rappelle que cette transformation des édifices religieux en lieux d'aisance était une des méthodes orientales pour exprimer le mépris : ainsi dans le IIe *livre des Rois*, lorsque les Israélites ont brisé l'image de Baal et renversé son temple, ils y placent des lieux d'aisance.

7. *Oh injurious law,*
That respites me a life....

Faut-il lire *law*, comme le proposent les modernes éditeurs, ou *love*, amour, comme le porte le texte de l'édition in-folio. Dans ce dernier cas, *love* serait pris pour clémence, indulgence, la clémence qui épargne Juliette tandis que Claudio est puni pour la même faute qu'elle, clémence qui lui est odieuse puisqu'elle lui laisse une vie qui ne sera qu'une agonie. Quel que soit le mot qu'on adopte, le sens de la phrase n'en est pas changé.

8. *If not a feodary, but only he*
Owe, and succeed thy weakness.

Deux vers singulièrement entortillés plutôt que vraiment obscurs, mais fort difficiles à expliquer mot à mot. Isabella veut dire que si Claudio n'a pas de frères en fragilité, s'il est l'unique au monde qui ait commis le délit pour lequel il est puni, il mérite justement de mourir ; mais dans le cas contraire, non. Quel est le sens exact de *feodary*, est-ce compagnon, est-ce vassal ? Si c'est compagnon, cette expression peut donner lieu à l'interprétation suivante qui a été proposée par quelques commentateurs : « si mon frère n'a pas de complices, qu'il meure; » mais ce sens est peu probable et n'a rien d'ailleurs de satisfaisant. Il est bien plus évident que ce mot pris dans n'importe laquelle de ces deux acceptions — frère en fragilité, ou vassal soumis à une loi commune à tous, deux acceptions qui se ressemblent beaucoup — est mis en opposition avec les expressions de *owe* et de *succeed* qui indiquent une idée de propriété.

Isabella, se servant des termes familiers à une société féodale, demande si son frère est le vassal de ce vice, ou bien s'il en est, au contraire, l'unique feudataire.

ACTE III.

1. *Thou art death's fool.* Allusion aux anciens mystères où le fou essayait d'échapper à la mort qui finissait toujours par le saisir et très-probablement aussi aux gravures encore si populaires de l'ancienne danse macabre.

2. *All thy blessed youth*
   Becomes as aged and doth beg the alms
   Of palsied eld....

Ce passage est singulièrement obscur, mais cette obscurité ne peut cependant nous déterminer à adopter les corrections qui ont été imaginées par divers éditeurs, notamment par Warburton. Ce très-ingénieux mais trop imaginatif commentateur avait transformé le texte de manière à lui faire signifier que la brillante jeunesse qui se laissait aller aux plaisirs affaiblissait ses forces et contractait prématurément les infirmités de la vieillesse. Quoique le sens exact soit très-difficile à fixer, il est bien plus probable que Shakespeare a voulu dire que la jeunesse se vieillissait au sein même de sa fleur en convoitant les biens qui appartiennent particulièrement à la vieillesse.

3. *The goodness that is cheap in beauty, makes beauty brief in goodness; but grace being the soul of your complexion, shall keep the body of it ever fair.* Nous avons traduit avec la plus grande exactitude cette phrase singulièrement obscure, sans nous dissimuler que le mot à mot exact ne présente à l'esprit aucun sens satisfaisant. Dans cette phrase, nous avons un exemple frappant des obscurités propres à Shakespeare, lesquelles consistent à faire dire aux mots plus qu'ils ne peuvent dire raisonnablement et à concentrer avec une intensité effroyable dans le plus petit nombre de paroles possibles une pensée que plusieurs phrases suffiraient à peine à rendre claire. Dans le passage ci-dessus, nous croyons que Shakespeare a voulu dire que lorsque la vertu d'une jolie femme n'est pas assez forte pour lui faire défendre sa beauté, cette beauté si mal défendue cesse bien vite d'avoir aucun charme, aucun pouvoir de séduction, ou de mériter l'estime.

4. *Brown and white bastardo.* Le *bastardo* était le nom d'un vin d'Espagne très en vogue au temps de Shakespeare. Il y en avait, comme Elbow nous l'apprend, du rouge et du blanc.

5. *Clack dish.* Les mendiants, il y a deux ou trois siècles, avaient coutume de demander la charité au moyen d'un petit vase de bois dont ils faisaient sonner le misérable couvercle pour indiquer que le contenant était vide. (STEEVENS.)

ACTE IV.

1. Ce chant délicieux se rencontre assez singulièrement dans la pièce de Fletcher intitulée : *le Frère sanglant* ou *Rollon duc de Normandie*, avec ce second couplet d'une sensualité charmante, mais qui dépare la mélancolie plus charmante encore du premier couplet :

> Cache, ô cache ces collines de neige
> Que porte ton sein glacé
> Dont les teintes roses qui couronnent ses sommets
> Sont semblables à celles qui embellissent Avril.
> Mais d'abord mets en liberté mon pauvre cœur
> Retenu par toi dans ces chaînes de glace.

Est-ce à Fletcher que l'on doit ce second couplet qui est bien dans la veine sensuelle et galante de ce poëte, ou bien Shakespeare en est-il l'auteur? Quoi qu'il en soit, ces deux couplets figurent dans la collection des petits poëmes de Shakespeare, sous ce titre : *le Pèlerin passionné, the Passionnate Pilgrim*.

2. Quelques éditeurs attribuent à Abhorson seul la fin inintelligible de ce dialogue, au lieu de la diviser entre lui et Pompée; mais qu'il soit attribué à un seul des personnages ou distribué entre tous les deux, ce passage n'en est pas moins plein de ténèbres et laisse supposer qu'il y a eu quelque chose de passé, d'omis, ou de perdu dans le manuscrit. Cependant il est probable que Pompée veut dire que l'habillement de tout honnête homme convient au voleur ; car si cet habillement est trop étroit pour l'honnête homme, le voleur le trouvera cependant assez large pour le voler, et il aura beau être trop large pour le voleur, le voleur le trouvera encore trop étroit, c'est-à-dire regrettera de n'avoir pu voler davantage.

3. On voit que cette coutume de nos usuriers modernes de faire entrer dans leurs prêts, comme parties intégrantes, des marchandises de rebut, ou difficiles à placer par les emprunteurs, remonte haut. Les comédies du temps de Shakespeare y font fréquemment allusion. Cette coutume prit probablement son origine dans le désir de dissimuler l'usure afin d'éviter les sévérités de la loi.

4. *For the Lord's sake*. C'était la formule par laquelle les prisonniers pour dettes avaient coutume de leur fenêtre d'implorer la charité des passants. Les vieilles mœurs et coutumes dont Shakespeare est un si grand peintre sont aujourd'hui entièrement abolies, mais il est extraordinaire de remarquer à quel point cette abolition est de date récente. Les enfants et les jeunes gens d'aujourd'hui ne les connaissent plus, mais ceux qui ont à peine âge d'homme ont pu les observer presque aussi aisément que le grand poëte lui-même. Innombrables sont les vieilles coutumes qui se sont traînées jusqu'à nos jours et ne sont expirées que d'hier. Ainsi dans nos villes du centre, les prisonniers, non plus seulement pour dettes,

mais de toute catégorie, avaient, il y a quelques années encore, conservé l'habitude de faire passer une petite bourse en toile par la fenêtre de leurs cellules et d'accompagner cette bourse d'un écriteau où ils demandaient aux passants la charité au nom de Dieu.

ACTE V.

4. Les boutiques de barbiers ont été de temps immémorial des espèces de lieux publics où les oisifs venaient flâner et causer; de tout temps aussi ces visites trop familières et trop prolongées ont entraîné des irrégularités ou des espiègleries que les défenses écrites et affichées mentionnées par le duc avaient pour but de prévenir. Cette coutume s'était conservée jusqu'au dernier siècle dans quelques districts de l'Angleterre, et le docteur Kenrick, dans un examen critique de l'édition de Shakespeare par Johnson, a cité une de ces listes qu'il avait lue et apprise par cœur dans une boutique de barbier d'une petite ville du Yorkshire. Voici cette liste de défenses ou *règles pour observer une conduite convenable :*

Premier arrivé, premier servi; ne venez donc pas trop tard, et une fois arrivé, ayez de la tenue; car celui qui s'écartera des règles ci-dessous devra payer les amendes. Maintenant observez les suivantes recommandations.

I. Celui qui entre avec des bottes et des éperons doit garder son coin; car s'il bouge et s'il donne un coup de son talon armé, il payera une pinte pour chaque piqûre.

II. Celui qui grossièrement prendra le tour d'un autre, payera un pot pour apprendre les bonnes manières.

III. Celui qui irrespectueusement jurera ou pestera, devra tirer sept liards de sa poche.

IV. Celui qui interrompra le barbier dans son discours, devra payer pour chaque fois un pot d'ale.

V. Celui qui ne voudra ou ne pourra tirer son chapeau pendant qu'on le coiffe, payera une pinte pour ce fait.

VI. Et celui qui ne veut ou ne peut pas payer, sera renvoyé d'ici à moitié coiffé, car, bon gré mal gré, s'il est en faute, il devra payer l'amende en choses bonnes à manger ou à boire. — Mais observez bien : à celui qui est déjà gris, il est interdit de faire sonner le broc. » (Edition STAUNTON.)

LA
MÉGÈRE DOMPTEE

IMPRIMÉE POUR LA PREMIÈRE FOIS DANS L'ÉDITION DE 1623.
DATE DE LA REPRÉSENTATION INCONNUE.

AVERTISSEMENT.

La Mégère domptée a donné lieu à une controverse intéressante qui n'a pas été encore résolue de manière à dissiper tous les doutes. La première édition connue de cette amusante comédie est celle de l'in-folio de 1623, mais il existait déjà une comédie de ce nom, imprimée en 1594, et représentée par les comédiens de lord Pembroke. Sauf les noms des personnages, les deux pièces sont tellement identiques par les caractères, la composition, le style même, qu'on s'est demandé si Shakespeare n'avait fait dans *la Mégère domptée* que ce qu'on pourrait appeler un ressemelage de génie, ou si cette première pièce n'était pas de lui, Shakespeare a-t-il corrigé sa propre œuvre, a-t-il corrigé l'œuvre d'autrui? Voilà toute la question. Pope avait adopté vigoureusement la première opinion, et il la soutint en insérant dans cette pièce un assez grand nombre de passages de la comédie de 1594, qui ne se trouvent pas dans l'édition de 1623 : un fragment de dialogue dans la scène entre le lord et les comédiens, les réflexions de Sly, à la fin de chacun des actes, et enfin la courte scène où Sly est montré ramené à sa condition naturelle et s'éveillant comme d'un rêve, qui termine la comédie de 1594. Ces additions de Pope ont été faites un peu arbitrairement, il faut en convenir. Ces fragments n'ont pas une si grande valeur qu'ils nous obligent à les accepter comme du Shakespeare, et par conséquent rien ne prouve qu'en ne s'en tenant pas strictement à l'édition de 1623, Pope n'a pas attribué au grand poëte les phrases d'un autre ; mais au point de vue de la logique ces corrections sont irréprochables, car les passages ajoutés encadrent la pièce de Shakespeare de la manière la plus naturelle et sont tout à fait d'accord avec sa composition générale. *La Mégère domptée* est en effet une pièce dans une pièce, et puisque cette comédie est représentée devant Sly transformé en lord, il est assez raisonnable que ce personnage reparaisse de temps à autre, et que le spectateur connaisse le dénoûment de la pièce particulière qui est commencé dans le prologue. Or dans l'édition de 1623, cette pièce du prologue reste sans dénoûment.

Malone et Steevens, au contraire, ont émis l'avis que cette première *Mégère domptée* n'était pas de Shakespeare, en se fondant sur des raisons tirées de l'examen philologique de l'œuvre et du fait de la concurrence que faisaient à la troupe de Shakespeare les comédiens par qui fut représentée la pièce de 1594. Il faudrait croire en ce cas que ce n'est pas sa propre œuvre, mais l'œuvre d'un autre que Shakespeare a remaniée. Pour nous, c'est l'hypothèse à laquelle nous nous arrêterons. Cette supposition n'a rien d'arbitraire, car elle est d'accord avec les habitudes des auteurs dramatiques de cette époque. Shakespeare lui-même a donné l'exemple de ces remaniements, et *le Roi Jean* entre autres n'est qu'un drame obscur de son temps refait avec génie. Mais la grande raison qui milite en faveur de cette opinion c'est l'examen du style. Pour peu qu'on y regarde, on découvre facilement deux styles dans cette pièce : l'un qui n'a rien de Shakespeare et qui fait la grosse trame de la pièce, simple, aisé, naturel, presque prosaïque, souvent terre à terre ; l'autre, qui semble ajouté au premier, plein d'audace, d'expressions heureuses, de métaphores et d'images. Cette pièce, dans l'état où nous la présente l'édition de 1623, ressemble

AVERTISSEMENT.

moins à un enfant de Shakespeare qu'à un enfant habillé avec la défroque des enfants de Shakespeare. Le fonds du costume semble d'un autre ; les ornements, les galons, les nœuds de rubans, sont bien de Shakespeare. Il aura paré, pomponné, attifé, empanaché cette pièce primitive, ici restaurant un défaut trop visible, là dissimulant une lacune ou une tache, relevant par une expression énergique tel passage terne, animant par une pluie d'images tel passage traînant. Le contraste de ces deux styles frappera, je crois, quiconque lira attentivement cette comédie.

On a émis une troisième hypothèse que je ne veux citer que pour mémoire, c'est que la primitive *Mégère domptée* ne serait qu'une contrefaçon de la pièce de Shakespeare. Cette opinion ne peut guère, je crois, se soutenir, car la pièce primitive qui est par elle-même très-complète, n'offre aucune des maladresses ou des faiblesses propres aux contrefaçons. Telle qu'elle se présente, c'est une ébauche et non une copie, un germe et non une dégénérescence, un patron et non un calque.

La date de la représentation de *la Mégère domptée*, en supposant que la première pièce de ce nom ne soit que la première édition de celle de 1623, serait donc 1594 ; mais si de ces deux pièces la dernière seule appartient à Shakespeare, il est à peu près impossible de lui assigner une date certaine. Toutefois, quelques menus faits permettent de penser qu'elle est postérieure à l'an 1600. D'abord elle n'est pas mentionnée dans le catalogue des pièces de Shakespeare, donné par Meres en 1598 ; ensuite il se trouve au quatrième acte, une allusion au titre de la fameuse pièce de Thomas Heywood, *Une femme tuée avec tendresse :* or le journal d'Henslowe nous apprend que cette pièce fut représentée en l'année 1602 ou 1603.

A notre avis, *la Mégère domptée* n'est donc qu'un remaniement fait avec génie d'une pièce antérieure dont le sujet et les caractères avaient plu à Shakespeare. Mais pourquoi supposer, demandera-t-on, qu'un auteur si riche de son propre fonds, se soit volontairement imposé la tâche de remanier l'œuvre d'autrui ? A cela nous ne pouvons répondre que par les lumières que nous donne notre expérience de la vie littéraire. Pour trouver la raison de faits de ce genre, il faudrait connaître minutieusement la vie de l'auteur et les circonstances qu'il traversait à l'époque où il opéra ce remaniement. Combien de fois sous l'empire de telle ou telle circonstance, n'avons-nous pas vu des hommes de génie se condamner à des tâches moins agréables que celle-là ? Il y a des périodes où la verve et l'invention font relâche, et où l'activité intellectuelle se rabat pour quelques semaines ou quelques mois sur une besogne de second ordre. Shakespeare a eu peut-être besoin, pour son théâtre, d'une pièce qui pût être montée dans un court délai ; or, à ce moment, les sujets lui faisant défaut, ou ceux qu'il méditait demandant un trop long temps pour être traités, il aura pensé à cette pièce dont le sujet lui avait plu. Si ce n'est lui qui s'est trouvé dans cet embarras, ce sont peut-être ses camarades et ses associés qui se seront adressés à lui dans sa demi-retraite, et c'est pour leur compte et non pour le sien (à supposer que *la Mégère domptée* soit postérieure à 1603) qu'il aura opéré ce remaniement. Enfin il suffit tout simplement que le sujet l'ait intéressé pour que son génie ait eu le caprice de lui consacrer quelques semaines de son temps précieux.

Mais si par hasard ce n'était pas un simple remaniement, si c'était une pièce de l'invention de Shakespeare, il deviendrait alors impossible de l'attribuer à la période de sa maturité. Si c'est un remaniement, il peut l'avoir écrite à toutes les époques de sa vie ; si c'est une pièce de son invention, il ne peut l'avoir écrite qu'à l'époque de sa jeunesse, alors qu'il tâtonnait, qu'il cherchait encore sa voie et son originalité si vite trouvées, d'ailleurs, et *la Mégère domptée* serait alors nécessairement contemporaine des *Deux gentilshommes de Vérone*, de *Peines d'amour perdues* et de *la Comédie des méprises*, c'est-à-dire des pièces où, à travers une originalité déjà plus qu'aux trois quarts formée, on reconnaît cependant l'influence de la mode contemporaine ou l'imitation des modèles étrangers. Dans *les Deux gentilshommes de Vérone* et dans *Peines d'amour perdues* on sent l'imitation du mauvais goût de l'époque ; dans *la Comédie des méprises* et *la Mégère domptée*, on voit que Shakespeare s'est proposé l'imitation des théâtres exotiques. *La Comédie des méprises* est une étude d'après la comédie latine ; *la Mégère domptée* est une étude d'après la comédie italienne : or, comme ces deux pièces sont les seules où Shakespeare ait sacrifié à des modèles étrangers, il est plus facile de croire (si notre hypothèse du remaniement n'est pas la vraie) qu'il les a composées l'une et l'autre à une époque où il ne s'était pas encore trouvé, que de croire qu'il a pu s'oublier lui-même à une époque où il avait depuis longtemps pris possession de sa pleine originalité.

Shakespeare dans cette pièce a fait plus que prendre la comédie italienne pour modèle, il lui a fait un emprunt tout à fait direct. Il y a trois pièces dans cette comédie touffue comme toutes les œuvres de Shakespeare : celle du prologue, celle des amours de Petruchio et de Catharina et celle des amours de Lucentio et de Bianca. Cette dernière est littéralement tirée d'une pièce d'Arioste, *I Suppositi* (les supposés, les travestis) dont Shakespeare a eu connaissance par une traduction de sir Georges Gascoigne. Les noms seuls des personnages et le lieu de la scène que le poëte italien a placé dans sa chère Ferrare, sont changés. Aucun des personnages de la pièce d'Arioste ne manque dans la pièce de Shakespeare, depuis le vieil amoureux jusqu'au valet travesti ; tous y sont, sauf ce personnage que la comédie italienne n'a pas eu même à emprunter à la comédie latine, celui du parasite, car ce personnage se perpétua dans les mœurs de la société italienne aussi vivant et aussi bouffon qu'il l'était dans la société antique : mais la société anglaise ne présentant pas à Shakespeare l'original de ce caractère, le grand poëte l'a dédaigné ou peut-être même n'a pas compris le parti que la comédie pouvait en tirer. Un autre personnage a subi aussi dans Shakespeare une notable transformation, celui du vieux gobe-mouches qui consent à jouer avec tant de candeur un rôle à lui mériter les galères. Dans la comédie d'Arioste, ce personnage s'appelle simplement le Siennois, *Il Sanese*. La dupe de l'amoureux et du valet, son compère, est tout simplement l'étranger à la localité, l'homme d'une autre ville, et par là l'invention de ce personnage dérive plus que celle du personnage de Shakespeare de la réalité des anciennes mœurs. Un trait fort particulier des anciennes sociétés telles que les avaient faites le morcellement féodal et par suite l'isolement relatif de chaque centre de population petit ou grand, c'est que l'étranger à une localité semblait presque un être ridicule aux habitants de cette localité. L'habitant de tel village considérait presque comme une chose bouffonne de n'être pas né sur la même motte de terre que lui, et avait par suite une disposition invincible à traiter comme une dupe l'homme du village voisin. Alors on n'avait pas besoin de venir de Perse pour faire l'effet d'un être singulier, et l'habitant de Poitiers aurait dit volontiers de l'habitant d'Angoulême, ce que disaient d'Usbek les Parisiens de Montesquieu. Shakespeare qui voyait surtout l'Italie à travers sa littérature et qui se proposait de faire une comédie divertissante à la façon italienne plutôt qu'une comédie d'observation, a échangé ce personnage du *Siennois* contre le type si connu et si marqué de la comédie italienne, le pédant ; il a mis un masque comique, à la place d'un personnage vrai. Mais quoique cette transformation soit exclusivement littéraire, elle est singulièrement heureuse. Il a transporté dans sa pièce ce type de la comédie italienne avec la même adresse qu'un jardinier habile transporte un arbrisseau avec ses racines et la terre qui leur est adhérente, dans un terrain étranger. Du reste, pour toute cette partie de la pièce qui regarde les amours de Lucentio et de Bianca, il est assez difficile de dire lequel des deux grands poètes est supérieur. On ne trouvera pas dans la pièce de Shakespeare cette bonhomie cordiale, cette franche familiarité, cette bourgeoise simplicité, cette grasse bonne humeur qui règnent dans la comédie d'Arioste comme dans la plupart des vieilles œuvres italiennes, mais en revanche on ne trouvera pas dans Arioste autant de verve, de pétulance, de mouvement, d'imagination, que dans Shakespeare.

L'épisode des amours de Lucentio et de Bianca suffirait donc à former une pièce toute seule. Avec quel art le poëte a su enrouler cet épisode si considérable autour de l'action principale, celle du mariage de Petruchio et de Catharina! avec quelle profondeur il a fait de la première de ces deux histoires, la contre-partie, l'antithèse et le complément logiques de la seconde et de la plus importante! Nous ne comprendrions pas si bien à quel point Petruchio a dompté sa mégère, si le poëte n'avait pas placé en regard du tableau de ses victoires et conquêtes le tableau des amours moins orageux de Lucentio et de Bianca. Ce mariage de Bianca et de Lucentio, accompli sous les heureux auspices et sous la lumière de l'amour, tiendra-t-il toutes ses promesses? apportera-t-il aux époux autant de bonheur qu'en trouveront Petruchio et Catharina dans ce mariage orageux qui a dû être accompli pendant un de ces jours mêlés de pluie, de grésil, de vent et de soleil, où, selon l'expression populaire, le diable bat sa femme? Catharina, la mégère épousée contre son gré, devient une excellente femme; Bianca fera-t-elle seulement une épouse passable? Voilà les doutes qui s'élèvent dans l'esprit à la lecture de cette admirable dernière scène du cinquième acte, un des plus beaux dénoûments qui soient au théâtre et qui, pour le genre d'impression qu'il produit, ne se peut comparer, toutes différences observées, qu'au dénoùment d'*Hamlet*. Comme à la fin d'*Hamlet*, on entrevoit une nouvelle pièce qui va commencer, de nouveaux acteurs qui vont arriver pour remplacer la pièce terminée et les acteurs qui ont fini leur rôle. Le sort de Petruchio et de Catharina est réglé; la comédie de leur vie est finie, elle expire au sein d'un bonheur que rien plus ne troublera, et l'on sent que comme les peuples heureux ils n'auront pas d'histoire; mais il n'en est pas ainsi du sort de Lucentio et de Bianca, et l'on devine que le mariage qui pour le premier couple est la fin de son roman, n'est que le commencement du leur. L'opposition des amours de Lucentio et de Bianca donne donc à l'histoire de Petruchio et de Catharina sa portée morale, et ces deux comédies, si dissemblables que, pour tout autre poëte, elles n'auraient jamais pu se rejoindre, rapprochées par le profond bon sens de Shakespeare, se sont réunies dans la plus parfaite unité et ne sont pas plus deux pièces qu'une face et un revers ne sont deux médailles.

Il y a encore une troisième pièce dans *la Mégère domptée*, celle du prologue. Ce n'est autre chose que la vieille histoire du dormeur éveillé connue de tous les lecteurs des *Mille et une Nuits*. Je n'ai pas besoin de dire que ce n'est pas dans les *Mille et une Nuits* que Shakespeare a pris cette aventure, puisque plusieurs générations de lecteurs devaient s'écouler avant que M. Galland vînt révéler au public européen ces contes magnifiques. Mais cette histoire courait le monde et plusieurs faits de même nature se rencontrent dans les chroniques du moyen âge. Un vieil historien, Heuterus, a attribué une fantaisie semblable à celle du lord, à Philippe le Bon, duc de Bourgogne, et plus près de Shakespeare un écrivain anglais, sir Richard Barkley, a prêté ce même caprice au plus illustre descendant de Philippe le Bon, à l'empereur Charles-Quint lui-même.

Maintenant il ne nous reste plus qu'à faire admirer comment le génie de Shakespeare brille jusque dans le personnage de l'ivrogne Sly. Shakespeare a peint plusieurs fois des types d'ivrognes, dans *le Soir des rois*, dans *Henri IV*, mais quelle différence entre l'ivrognerie pleine de verve et d'immoralité de Fastalff, ou l'ivrognerie joyeuse, amusante et d'honnête humeur de messire Tobie Belch et l'ivrognerie stupide de l'abruti Sly, le chaudronnier! Ainsi les plus légères nuances du plus crapuleux des vices de l'humanité n'auront pas échappé davantage à Shakespeare que les plus délicieuses nuances de ses plus délicates vertus.

PERSONNAGES DU PROLOGUE.

UN LORD.
CHRISTOPHE SLY, chaudronnier.
UNE HÔTESSE.
UN PAGE.
COMÉDIENS, CHASSEURS ET VALETS.

PERSONNAGES DU DRAME.

BAPTISTA, riche gentilhomme de Padoue.
VINCENTIO, vieux gentilhomme de Pise.
LUCENTIO, fils de VINCENTIO, amoureux de BIANCA.
PETRUCHIO, gentilhomme de Vérone, prétendu de KATHARINA.
GREMIO,
HORTENSIO, } prétendants à la main de BIANCA.
TRANIO,
BIONDELLO, } valets de LUCENTIO.
GRUMIO,
CURTIS, } valets de PETRUCHIO.
LE PÉDANT.

CATHARINA, la mégère,
BIANCA, sa sœur, } filles de BAPTISTA.
UNE VEUVE.
UN TAILLEUR, UN MERCIER, DOMESTIQUES de BAPTISTA et de PETRUCHIO.

SCÈNE. — Tantôt à Padoue et tantôt à la maison de campagne de Petruchio.

LA MEGÈRE DOMPTÉE.

PROLOGUE.

SCÈNE PREMIÈRE.

Devant la porte d'un cabaret, sur une bruyère.

Entrent L'HÔTESSE *et* SLY.

SLY. — Sur ma foi, je vous peignerai le chignon.

L'HÔTESSE. — Une paire de menottes, coquin.

SLY. — Vous êtes une drôlesse ; les Sly ne sont pas des coquins : regardez dans les chroniques, vous verrez que nous sommes venus avec Richard le Conquérant. Donc, *pocas pallabris;* laissez tourner le monde : *Sessa!*

L'HÔTESSE. — Vous ne voulez pas payer les verres que vous avez cassés ?

SLY. — Non, pas un denier. Va-t'en, par saint Giérome ! ton lit est froid, va t'y chauffer [1].

L'HÔTESSE. — Je sais le bon moyen ; je vais aller chercher le quartenier [2].

SLY. — Tiercenier, quartenier ou quintenier, je lui répondrai avec la loi ; je ne bougerai pas d'un pouce, mon garçon ; qu'il vienne et qu'il soit poli. (*Il se couche à terre et s'endort.*)

Bruit de cors de chasse. Entre un lord *revenant de la chasse avec ses piqueurs et ses valets.*

Le lord. — Piqueur, je te recommande mes chiens, soigne-les bien : frotte *Merriman*, la pauvre bête ne peut plus souffler, et accouple *Clowder* avec la braque à large gueule. As-tu vu, mon garçon, comme *Silver* a bien pris la piste au coin de la haie, alors que les autres chiens ne sentaient plus? je ne voudrais pas perdre ce chien pour vingt livres.

Premier piqueur. — Eh! *Belman* est un aussi bon chien que lui, Milord; il s'est mis à aboyer lorsque la trace était perdue, et deux fois dans la journée il a retrouvé la piste éventée : je le tiens pour le meilleur chien, je vous en réponds.

Le lord. — Tu es un imbécile; si *Écho* était aussi bon coureur, je l'estimerais plus qu'une douzaine de *Belman :* mais fais-les bien souper et prends soin d'eux tous; j'ai l'intention de chasser encore demain.

Premier piqueur. — C'est bien, Milord.

Le lord, *apercevant Sly.* — Qu'est-ce qu'il y a là? un mort ou un ivrogne? Regardez, respire-t-il?

Second piqueur. — Il respire, Milord : heureusement qu'il est échauffé par l'ale, sans cela ce serait un lit bien froid pour dormir si profondément.

Le lord. — Oh! monstrueuse bête! le voilà couché tout comme un cochon! Ô affreuse mort, que te voilà donc une image ignoble et dégoûtante! Messieurs, je veux faire une farce à cet ivrogne. Si on le transportait au lit, enveloppé dans des draps bien doux, avec des bagues à ses doigts, un repas délicieux près de son lit et des domestiques bien mis pour le servir quand il s'éveillerait, croyez-vous que le mendiant n'oublierait pas ce qu'il est? qu'en dites-vous?

Premier piqueur. — Je vous assure, Milord, qu'il ne pourrait faire autrement.

Second piqueur. — Ça lui semblerait bien drôle quand il s'éveillerait.

PROLOGUE.

Le lord. — A peu près comme un rêve flatteur, ou un château en Espagne. Eh bien! enlevez-le, et menez bien la plaisanterie. Portez-le doucement dans ma plus belle chambre et décorez-la de tous mes tableaux galants. Baignez sa tête sale dans de tièdes eaux parfumées et brûlez des bois odorants pour que l'appartement embaume. Tenez de la musique prête pour l'heure où il s'éveillera, afin de lui faire un concert délicieux et divin; si par hasard il parle, accourez immédiatement et dites avec une révérence d'humble soumission : que commande Votre Honneur? Qu'un de vous lui présente un bassin d'argent, rempli d'eau de rose, avec des fleurs effeuillées dedans; qu'un autre lui présente l'aiguière, un troisième, l'essuie-mains damassé; et qu'il dise : « Plairait-il à Votre Seigneurie de se rafraîchir les mains? » Qu'il y en ait un qui se tienne prêt avec un riche costume et qu'il lui demande quel vêtement il veut mettre; qu'un autre lui parle de ses chiens et de ses chevaux, et de la douleur que sa maladie cause à sa dame; persuadez-lui qu'il a été lunatique, et, lorsqu'il dira qu'il est un tel, dites-lui qu'il rêve, car il n'est rien moins qu'un puissant seigneur. Faites cela, et faites-le gentiment, mes aimables Messieurs. Ce sera un passe-temps amusant au delà de toute expression, si la chose est adroitement et décemment conduite.

Premier piqueur. — Monseigneur, je vous le garantis, nous jouerons si bien notre rôle, qu'il sera forcé de croire, tant nous y mettrons de sérieux, qu'il n'est pas moins que ce que nous lui dirons qu'il est.

Le lord. — Enlevez-le doucement, portez-le au lit et que chacun soit à son rôle lorsqu'il s'éveillera. (*Les valets emportent Sly. On entend un bruit de trompette.*) Maraud, va voir ce que c'est que cette trompette. (*Un valet sort.*) Sans doute quelque noble gentilhomme en voyage qui désire se reposer ici.

(*Rentre le valet.*)

Eh bien! qui c'est-il?

Le valet. — Sous le bon plaisir de Votre Honneur, ce

sont des comédiens qui offrent leurs services à Votre Seigneurie[3].

Le lord. — Ordonne-leur d'approcher.

Entrent les comédiens.

Eh bien ! mes garçons, vous êtes les bienvenus.

Les comédiens. — Nous en remercions Votre Honneur.

Le lord. — Avez-vous l'intention de loger chez moi cette nuit ?

Second comédien. — S'il plaît à Votre Seigneurie d'accepter nos services.

Le lord. — De tout mon cœur.... Ce garçon que voilà, je me rappelle l'avoir vu jouer autrefois le fils aîné d'un fermier ; c'était dans cette pièce où vous faisiez si bien la cour à la dame noble : j'ai oublié votre nom, mais vraiment ce rôle était joué en perfection et rendu au naturel.

Premier comédien. — Je pense que c'était Soto, dont Votre Honneur veut parler[4] ?

Le lord. — C'est cela même ; tu jouais à ravir. Eh bien ! vous êtes, ma foi, venus d'autant mieux en bon temps, que je suis en train d'arranger un divertissement pour lequel votre adresse peut m'être d'un grand secours. Il y a ici un lord qui assistera ce soir à votre représentation : mais je me défie de votre discrétion, et j'ai peur qu'en vous apercevant de ses étranges façons, — car Son Honneur n'a jamais entendu un drame, — il ne vous échappe quelque éclat de joyeuse humeur, et que vous ne l'offensiez ; car je vous le dis, Messieurs, si vous souriez, il montrera de l'impatience.

Premier comédien. — Soyez sans crainte, Monseigneur, nous saurons nous contenir, fût-il le plus parfait grotesque du monde.

Second comédien ; *à son camarade*. — Allez chercher un torchon pour nettoyer vos souliers, et je vais conclure nos arrangements. (*Sort un comédien.*) Milord, nous nous arrangerions volontiers d'une épaule de mouton et d'un peu de vinaigre pour faire rugir notre diable[5].

Le lord. — Va, maraud, emmène-les à l'office, et qu'on leur fasse bon accueil à tous; qu'on ne les laisse manquer de rien de ce que peut fournir ma maison. (*Sortent un valet et les comédiens.*) Toi, maraud (*à un autre valet*), va-t'en chercher Barthélemy, mon page, et dis-lui de s'habiller de la tête aux pieds comme une dame : cela fait, conduis-le dans la chambre de l'ivrogne, appelle-le Madame et montre-lui tous les signes de l'obéissance. Dis-lui, s'il veut se faire bien venir de moi, d'imiter les bonnes façons qu'il a pu observer chez les dames nobles, dans leurs rapports avec leurs maris : qu'il rende à l'ivrogne ces mêmes devoirs d'une voix douce et soumise et avec de respectueuses révérences; qu'il lui dise, par exemple : Que peut commander Votre Honneur qui permette à sa dame, à son humble femme, de lui montrer son dévoûment et de lui faire connaître son amour? qu'ensuite, avec de tendres enlacements, des baisers tentateurs, et en inclinant la tête sur son sein, il répande des larmes en lui disant que ces larmes viennent de la joie qu'elle éprouve de voir rendu à la santé son noble Seigneur qui, pendant ces sept dernières années, s'est imaginé n'être qu'un pauvre et immonde mendiant. Si le garçon n'avait pas ce don des femmes de pleurer à volonté des averses de larmes, il se tirerait d'affaire avec un oignon qui, enveloppé soigneusement dans un mouchoir, lui ferait, quoi qu'il en eût, venir les larmes aux yeux. Vois à terminer ces arrangements avec toute la promptitude possible; tantôt je te donnerai de nouvelles instructions. (*Sort le valet.*) Je sais que le gamin saura attraper à merveille la grâce, la voix, la démarche et les gestes d'une femme de qualité; il me tarde de l'entendre appeler l'ivrogne, époux, et de voir comment feront mes gens pour se retenir de rire, lorsqu'ils rendront hommage à ce simple paysan. Je vais entrer pour les conseiller; à l'occasion ma présence suffira pour modérer l'excès de leur joyeuse humeur qui, sans cela, pourrait bien dépasser toute mesure.

(*Ils sortent.*)

SCÈNE II.

Une chambre à coucher dans la maison du lord.

On aperçoit SLY, *vêtu d'une riche robe de chambre, avec des valets autour de lui, les uns tenant de riches habits, les autres un bassin, une aiguière et autres objets. Entre* LE LORD *sous des habits de valet.*

SLY. — Au nom de Dieu, un pot de petite ale.

PREMIER VALET. — Plairait-il à Votre Honneur de boire un verre de vin des Canaries?

SECOND VALET. — Plairait-il à Votre Honneur de goûter de ces conserves?

TROISIÈME VALET. — Quel costume Votre Honneur portera-t-il aujourd'hui?

SLY. — Je m'appelle Christophe Sly; ne me donnez pas de l'*honneur* ni de la *seigneurie*; je n'ai jamais bu de vin des Canaries de ma vie, et si vous voulez me donner des conserves, donnez-moi des conserves de bœuf. Ne me demandez jamais quel costume je veux mettre, car j'ai juste autant de vestes que j'ai d'échines, autant de bas que j'ai de jambes et autant de souliers que j'ai de pieds; même il arrive quelquefois que j'ai plus de pieds que de souliers, ou que j'ai de tels souliers que mes doigts de pied se mettent à la fenêtre par les trous du cuir.

LE LORD. — Le ciel débarrasse Votre Honneur de cette triste lubie! Faut-il qu'un homme si puissant, d'une telle naissance, si riche et si considéré, soit tourmenté par une aussi vilaine monomanie!

SLY. — Quoi donc? Voulez-vous me rendre fou? Ne suis-je pas Christophe Sly, le fils du vieux Sly, de Burton-Heath[6], colporteur de naissance, faiseur de cartes par éducation, conducteur d'ours par changement d'état et actuellement exerçant la profession de chaudronnier? Demandez à Marian Hacket, la grosse cabaretière de

Wincot[7], si elle ne me connaît pas ; si elle dit que je ne suis pas sur son compte pour quatorze pence d'ale simple, comptez-moi pour le plus fieffé menteur de la chrétienté. Comment donc! je ne suis pas hors de mon bon sens, sans doute. Voici....

Premier valet. — Oh! voilà ce qui fait pleurer votre Dame.

Second valet. — Oh! voilà ce qui désole vos serviteurs.

Le lord. — Voilà pourquoi vos parents évitent votre maison, chassés qu'ils en sont par votre étrange hallucination. O noble Seigneur, souviens-toi de ta naissance, rappelle de leur exil tes anciennes pensées et exile loin de toi ces rêves abjects et bas. Vois comme tes serviteurs s'empressent autour de toi, chacun prêt à accomplir la tâche qui lui est propre, sur un de tes signes. Veux-tu entendre de la musique? écoute! (*Musique.*) Apollon joue et vingt rossignols encagés chantent. Aimes-tu mieux dormir? nous te conduirons à une couche plus douce et plus moelleuse que le lit somptueux orné exprès pour Sémiramis. Parle; veux-tu te promener? nous tapisserons ta route : veux-tu monter à cheval? nous allons tenir prêts tes chevaux et leur mettre des harnais brodés d'or et de perles. Aimes-tu à chasser à l'oiseau? tu possèdes des faucons dont le vol dépasse celui de l'alouette matinale : préfères-tu la chasse au chien? tes limiers vont forcer le ciel de répondre à leurs cris et tirer des échos retentissants de la sourde terre.

Premier valet. — Demande une chasse à courre; tes lévriers sont aussi rapides que des cerfs à longue haleine et plus légers que des biches.

Second valet. — Aimes-tu les peintures? nous allons t'apporter immédiatement un tableau représentant Adonis sur le bord d'un ruisseau et Vénus cachée dans les roseaux, qui semblent se balancer et folâtrer sous son haleine, tout comme les roseaux lorsqu'ils ondulent en jouant avec le vent.

Le lord. — Nous te montrerons Io quand, encore

vierge, elle fut trompée et surprise; l'acte réel ne fut pas plus vivant que sa représentation peinte.

Troisième valet. — Ou bien encore Daphné errante à travers un bois épineux, se déchirant les jambes avec tant de vérité qu'on jurerait qu'elles saignent, et qu'Apollon, désolé, pleure devant ce spectacle, tant le sang et les larmes sont figurés avec un art magistral.

Le lord. — Tu es un Lord et rien qu'un Lord, et tu possèdes une Dame d'une beauté infiniment supérieure à aucune autre dans ce siècle de décadence.

Premier valet. — Avant que les larmes qu'elle a versées à cause de toi eussent sillonné comme des flots envieux son aimable visage, elle était la plus belle créature du monde, et elle ne le cède encore à aucune.

Sly. — Suis-je un Lord? est-ce que je possède une telle Dame? Est-ce que je rêve? ou bien ai-je rêvé jusques à aujourd'hui? Je ne dors pas; je vois, j'entends, je parle; je flaire de douces odeurs et je touche de doux objets; oui, sur ma vie, je suis vraiment un Lord, et non pas Christophe Sly, non pas un chaudronnier. Bon, conduisez notre Dame ici pour que nous la voyions, et pour la seconde fois un pot de toute petite ale.

Second valet. — Plairait-il à Votre Puissance de se laver les mains? (*Les valets lui présentent une aiguière, un bassin et un essuie-mains.*) Oh! combien nous sommes heureux de vous voir revenu à la raison! Oh! puissiez-vous connaître de nouveau ce que vous êtes! pendant ces quinze dernières années vous avez été plongé dans un rêve; et lorsque vous vous réveilliez, votre veille ressemblait au sommeil.

Sly. — Ces quinze dernières années! Ma foi, voilà un somme d'une bonne longueur. Mais, est-ce que je n'ai pas parlé pendant tout ce temps-là?

Premier valet. — Oh! si, Monseigneur, mais des paroles qui équivalaient à de vrais non-sens; car, quoique vous fussiez couché dans cette bonne chambre, vous prétendiez qu'on vous avait flanqué à la porte, et vous clabaudiez contre l'hôtesse de la maison, disant que vous la feriez passer devant le tribunal des fraudes, parce qu'elle vous apportait des cruches de grès au lieu de quarts cachetés : quelquefois vous appeliez Cécile Hacket.

SLY. — Oui, la servante de la maîtresse du cabaret.

TROISIÈME VALET. — Vraiment, Seigneur, vous ne connaissez pas une telle maison, ni une telle servante, pas plus que les hommes dont vous avez cité maintes fois les noms, tels que Stephen Sly et le vieux John Naps le Vert[8] et Peter Turf, et Henry Pimpernell, et vingt autres individus de noms semblables, qui n'ont jamais existé et que personne n'a jamais vus.

SLY. — Eh bien alors, Dieu soit loué pour mon bon rétablissement !

TOUS ENSEMBLE. — *Amen !*

SLY. — Je te remercie ; tu n'y perdras rien.

Entre LE PAGE, *en habits de femme, avec*
DES SUIVANTS.

LE PAGE. — Comment se traite mon noble Seigneur ?

SLY. — Parbleu, je me traite bien ; car la bonne chère abonde. Où est ma femme ?

LE PAGE. — La voici, noble Seigneur ; que lui voulez-vous ?

SLY. — Vous êtes ma femme et vous ne m'appelez pas mari ? Ce sont mes gens qui doivent m'appeler Seigneur ; moi, je suis votre bon homme.

LE PAGE. — Mon époux et mon Seigneur, mon Seigneur et mon époux, je suis votre femme en toute obéissance.

SLY. — Je le sais parfaitement. Comment dois-je l'appeler ?

LE LORD. — Madame.

SLY. — Alice Madame, ou Jeanne Madame ?

LE LORD. — Madame et rien d'autre ; c'est ainsi que les Lords appellent les Ladies.

SLY. — Madame ma femme, ils disent que j'ai rêvé et dormi quelque chose comme quinze ans, et même plus.

LE PAGE. — Oui, et il me semble qu'il y en a trente, tant le temps m'a duré séparée ainsi de votre lit.

Sly. — C'est beaucoup. Valets, laissez-moi seul avec elle. Madame, déshabillez-vous maintenant et venez au lit.

Le page. — Trois fois noble Seigneur, laissez-moi vous conjurer de m'excuser encore pour une nuit ou deux, ou tout au moins jusqu'à ce que le soleil soit couché ; car vos médecins m'ont expressément recommandé, sous peine de vous voir retomber dans votre ancienne maladie, de m'absenter encore quelque temps de votre lit. J'espère que cette raison me servira d'excuse.

Sly. — Fort bien ; mais il se trouve qu'il m'est très-difficile d'attendre aussi longtemps ; cependant, comme je ne voudrais pas retomber dans mes lubies, j'attendrai en dépit de la chair et du sang.

Entre un valet.

Le valet. — Les comédiens de Votre Honneur, ayant appris votre rétablissement, sont venus pour représenter une amusante comédie. Vos médecins ont jugé ce divertissement convenable ; car ayant considéré que trop de tristesse a congelé votre sang, et que la mélancolie est la mère de la frénésie, ils ont pensé qu'il serait bon de vous faire entendre une comédie et de tonifier votre esprit par la gaieté et le rire, qui préviennent mille maux et allongent la vie.

Sly. — Parbleu, oui, qu'ils la jouent ! Une *comadie*, c'est une gigue de Noël ou des tours de saltimbanques, n'est-ce pas ?

Le page. — Non, mon bon Seigneur, c'est d'une étoffe plus divertissante.

Sly. — Quoi donc, d'une étoffe de ménage ?

Le page. — C'est une manière d'histoire.

Sly. — Bien, nous allons la voir ; venez, Madame ma femme, asseyez-vous à côté de moi, et laissons la terre tourner ; nous ne serons jamais plus jeunes que maintenant. *(Ils s'asseyent.)*

ACTE I.

SCÈNE PREMIÈRE.

Padoue. Une place publique.

Entrent LUCENTIO *et* TRANIO.

Lucentio. — Tranio, puisque je suis arrivé dans la fertile Lombardie, jardin délicieux de la grande Italie, poussé par le vif désir que j'avais de voir la belle Padoue, nourrice des arts, et que grâces à l'affection et à l'autorisation de mon père, je me trouve muni de la protection que peuvent me donner sa bienveillance et ton utile compagnie, à toi, mon fidèle serviteur, dont j'ai en toute chose éprouvé le dévouement, soufflons un peu ici et entamons-y heureusement une carrière de travail et d'études libérales. Pise, renommée par la gravité de ses citoyens, me donna la naissance, et mon père, Vincentio, marchand dont le commerce est considérable dans le monde, descend des Bentiviglio. Il convient au fils de Vincentio, qui a été élevé à Florence, s'il veut tenir toutes les espérances qu'on a conçues de lui, de rehausser sa fortune par ses actions vertueuses. C'est pourquoi, Tranio, pendant le temps de mes études, je veux m'appliquer à la vertu et à cette partie de la philosophie qui traite du bonheur que l'on peut atteindre particulièrement par la vertu. Dis-moi ton avis, car j'ai quitté Pise et je suis venu à Padoue comme un homme qui sort d'un petit étang pour se plonger dans un grand fleuve et qui cherche à éteindre sa soif par la satiété.

Tranio. — *Mi perdonate*[1], mon gentil maître, je veux toujours ce que vous voulez, et je serai heureux de vous voir persister dans votre résolution de sucer les douceurs de la douce philosophie ; cependant, mon bon maître, tout en admirant cette vertu et cette discipline morale, ne soyons, je vous en prie, ni des stoïques ni des souches, et ne donnons pas tant de notre dévouement à la morale d'Aristote que nous traitions Ovide comme un paria absolument repoussé. Employez la logique à discuter avec vos compagnons, pratiquez la rhétorique dans votre conversation, servez-vous de la musique et de la poésie pour stimuler votre esprit ; quant aux mathématiques et à la métaphysique, adonnez-vous-y selon que le cœur vous en dira : où il n'y a pas de plaisir, il n'y a pas de profit. Bref, Monsieur, étudiez ce qui vous plaira le plus.

Lucentio. — Grand merci, Tranio, tu me conseilles bien. Biondello, si tu étais débarqué maintenant, nous pourrions de suite prendre nos dispositions et choisir un logement digne de recevoir les amis qu'avec le temps nous ne manquerons pas de faire à Padoue. Mais arrêtons un peu ; quelle est cette société ?

Tranio. — Maître, sans doute quelque députation qui vient nous souhaiter la bienvenue dans cette ville.

Entrent BAPTISTA, CATHARINA, BIANCA, GREMIO *et* HORTENSIO. LUCENTIO *et* TRANIO *se tiennent à l'écart*.

Baptista. — Messieurs, ne m'importunez pas davantage ; vous savez que ma résolution est fermement arrêtée, et cette résolution est de ne pas établir ma seconde fille avant que mon aînée soit pourvue d'un mari : si l'un de vous deux aime Catharina, comme je vous connais très-bien et que je vous aime beaucoup, celui-là a toute permission de l'entretenir à son plaisir.

Gremio. — L'entretenir ! la contenir plutôt : elle est trop méchante pour moi. Dites, dites, Hortensio, voudriez-vous d'une telle femme ?

CATHARINA, *à Baptista*. — Dites-moi, Monsieur, je vous en prie, est-ce votre volonté de me laisser mettre à dame par ces beaux joueurs-là ?

HORTENSIO. — Vous mettre à dame, Mademoiselle ! comment entendez-vous la chose ? Il faudrait que vous fussiez d'une pâte plus tendre et plus douce pour que nous songeassions à vous mettre à dame.

CATHARINA. — Vrai, Monsieur, vous n'aurez jamais rien à craindre de semblable ; je vous déclare qu'une telle pensée n'est pas encore à mi-chemin du cœur de la personne que voilà ; mais si cela était, son premier soin serait, n'en doutez pas, de vous peigner la boule avec un escabeau à trois pieds, de vous barbouiller la figure et de vous traiter comme un sot.

HORTENSIO. — De tous diables semblables, délivrez-nous, mon bon Seigneur !

GREMIO. — Et moi pareillement, mon bon Seigneur !

TRANIO, *à Lucentio*. — Chut, maître ! voici une pièce divertissante qui est en train de se jouer ; cette fille est folle à lier, ou c'est une fameuse pie-grièche.

LUCENTIO, *à Tranio*. — Mais dans le silence de l'autre je découvre cette modestie et ce maintien réservé qui conviennent aux jeunes filles. Paix, Tranio.

TRANIO, *à Lucentio*. — Bien dit, maître ; motus ! et regardez tout votre soûl.

BAPTISTA. — Messieurs, pour commencer par exécuter ce que j'ai dit, Bianca va rentrer au logis. Que cela ne te fâche pas, ma bonne Bianca ; je ne t'en aimerai jamais moins, ma fille.

CATHARINA. — Une charmante enfant ! si on lui fourrait le doigt dans l'œil, elle saurait mieux pourquoi elle pleure.

BIANCA. — Ma sœur, soyez contente de mon mécontentement. Monsieur, je dois humblement obéir à votre bon plaisir : mes livres et mes instruments vont me tenir compagnie ; j'étudierai les uns et m'exercerai avec les autres.

LUCENTIO. — Écoute, Tranio ! ne te semble-t-il pas entendre parler Minerve ?

HORTENSIO. — Signor Baptista, pourquoi cette conduite singulière ? Je suis fâché que notre affection pour Bianca lui vaille ce chagrin.

GREMIO. — Voyons, est-ce que vous allez la mettre en cage pour faire plaisir à ce diable d'enfer, et lui faire porter le poids des péchés de sa langue, signor Baptista ?

BAPTISTA. — Messieurs, prenez-en votre parti; ma résolution est arrêtée. Rentrez, Bianca. (*Bianca sort.*) Comme je sais qu'elle aime avec passion la musique, les instruments, la poésie, je veux avoir chez moi des maîtres qui puissent instruire sa jeunesse. Si vous connaissez de tels maîtres, Hortensio, et vous aussi, signor Gremio, envoyez-les-moi, car j'aurai toujours de grands égards pour les hommes capables, et je serai toujours libéral pour tout ce qui regarde l'éducation de mes enfants; là-dessus, adieu. Vous pouvez rester, Catharina; car j'ai à m'entretenir plus longuement avec Bianca. (*Il sort.*)

CATHARINA. — Parbleu ! mais j'imagine que je puis m'en aller aussi, n'est-ce pas ? Comment donc ! ne va-t-on pas me régler mes heures ? Comme si je ne savais pas ce que je dois prendre ou laisser, je vous le demande ! (*Elle sort.*)

GREMIO. — Vous pouvez aller rejoindre la femelle du diable; vos qualités sont tellement recommandables que personne ne voudra de vous. Notre amour n'est pas si grand, Hortensio, que nous ne puissions souffler ensemble sur nos doigts et nous en débarrasser en le faisant jeûner; notre gâteau n'a senti le feu d'aucun côté. Adieu. — Cependant, pour l'amour que je porte à ma douce Bianca, si je puis d'une manière quelconque mettre la main sur un homme capable de lui enseigner ces arts qui la passionnent, je me ferai un plaisir de l'envoyer à son père.

HORTENSIO. — Moi de même, signor Gremio: mais un mot, je vous en prie. Quoique jusqu'à présent la nature de notre rivalité ne nous ait pas mis en goût de grands entretiens, il me paraît, après mûre réflexion, si nous voulons encore avoir accès auprès de notre belle maitresse et devenir d'heureux rivaux dans l'amour de Bianca, que tous nos efforts doivent tendre particulièrement à amener une certaine chose.

Gremio. — Quelle chose, je vous prie?

Hortensio. — Parbleu! trouver un mari pour sa sœur.

Gremio. — Un mari! un diable.

Hortensio. — Je dis un mari.

Gremio. — Je dis un diable. Est-ce que tu crois, Hortensio, que malgré la fortune de son père, il y ait un homme assez fou pour se marier avec l'enfer?

Hortensio. — Bah! bah! Gremio, quoiqu'il soit au-dessus de votre patience et de la mienne d'endurer le tapage de ses criailleries, croyez-moi, mon cher, il ne manque pas de bons garçons dans le monde, si on savait où les pêcher, qui la prendraient fort bien avec tous ses défauts et une somme suffisamment ronde

Gremio. — Je n'en sais rien; mais, pour moi, j'aimerais juste autant toucher sa dot à cette condition qu'être fouetté tous les matins à la croix du carrefour.

Hortensio. — Ma foi, vous avez en effet raison; entre plusieurs pommes gâtées le choix est difficile. Mais voyons: puisque cet obstacle légal nous rend amis, maintenons notre amitié jusqu'à ce que nous ayons aidé la fille aînée de Baptista à se trouver un mari; alors la plus jeune se trouvant libre de se marier, nous recommencerons sur nouveaux frais. Douce Bianca! heureux l'homme qui l'aura! Celui qui court le plus vite gagne la bague : qu'en dites-vous, signor Gremio?

Gremio. — Je partage votre avis, et je donnerais de bon cœur le meilleur cheval de Padoue à celui qui consentirait à commencer sa cour à Catharina, et qui réussirait à la conquérir, à l'épouser, à coucher avec elle et à débarrasser d'elle la maison de son père. Partons.

(Ils sortent.)

Tranio, *s'avançant*. — Mais, dites-moi, Monsieur, je vous en prie, est-il possible que l'amour s'empare de quelqu'un si subitement?

Lucentio. — O Tranio! je n'avais jamais cru que cela

fût possible ou probable jusqu'au moment où je me suis aperçu que c'était vrai. Mais vois un peu! pendant que j'étais là à regarder vaguement ce spectacle, j'ai ressenti l'effet du *vague d'amour*, et maintenant, je te le confesse en toute franchise, car tu m'es un confident aussi cher, aussi discret qu'Anne le fut à la reine de Carthage [2], je brûle, je languis, je me meurs, Tranio, si je ne fais pas la conquête de cette modeste jeune fille! Conseille-moi, Tranio, car tu peux me conseiller, je le sais ; aide-moi, Tranio, car tu voudras m'aider, je le sais.

Tranio. — Maître, ce n'est pas le moment de vous gronder, maintenant ; le cœur n'a jamais été guéri de l'amour par les remontrances. Si l'amour vous a touché, il ne vous reste qu'à appliquer ce vers :

Redime te captum quam queas minimo[3].

Lucentio. — Grand merci, mon garçon ; continue, je me sens déjà soulagé ; ce qui va suivre me ranimera tout à fait, car tu es de bon conseil.

Tranio. — Maître, vous regardiez si passionnément la jeune fille, que vous n'avez peut-être pas remarqué l'essentiel de l'affaire.

Lucentio. — Oh! oui ; je contemplais sur son visage une exquise beauté comparable à celle de la fille d'Agénor [4], qui fut assez puissante pour que le grand Jupiter consentît à s'humilier sous sa main, lorsque de ses genoux il baisa le rivage de Crète.

Tranio. — N'en avez-vous pas vu davantage? n'avez-vous pas remarqué comment sa sœur a commencé à gronder et à soulever une tempête telle, que des oreilles humaines pouvaient à peine endurer son vacarme?

Lucentio. — Tranio, j'ai vu se mouvoir ses lèvres de corail, et parfumer l'air de son haleine ; je n'ai vu en elle que des choses exquises et sacrées.

Tranio. — Alors, il n'est que temps de le tirer de son extase. — Réveillez-vous, Monsieur, je vous en prie. Si vous aimez la jeune fille, tendez vos pensées et votre esprit vers sa conquête. Voici comment se présentent les choses :

sa sœur aînée est si méchante et si pie-grièche que jusqu'à ce que son père en ait débarrassé ses mains, l'objet de votre amour devra rester fille au logis, mon maître ; c'est pourquoi il l'a soigneusement mise en cage pour que les prétendants ne viennent pas l'importuner.

LUCENTIO. — Ah ! Tranio, quel père cruel ! mais n'as-tu pas entendu qu'il s'inquiétait de lui procurer d'habiles professeurs pour l'instruire ?

TRANIO. — Oui, parbleu, Monsieur, je l'ai entendu, et maintenant notre plan est trouvé.

LUCENTIO. — Je le tiens, Tranio.

TRANIO. — Maître, j'en jurerais, nos deux inventions se rencontrent et n'en font qu'une seule.

LUCENTIO. — Dis-moi d'abord la tienne.

TRANIO. — Vous voulez vous faire professeur et entreprendre l'éducation de la jeune fille : voilà votre plan.

LUCENTIO. — C'est cela, et le crois-tu possible ?

TRANIO. — Possible, non ! car alors, qui jouera à Padoue le personnage du fils de Vincentio ? qui tiendra sa maison, étudiera dans ses livres, recevra ses amis, visitera ses compatriotes et les traitera à dîner.

LUCENTIO. — *Basta*, ne t'inquiète pas ; j'ai trouvé mon affaire. On ne nous a encore vus dans aucune maison, et on ne peut connaître à nos visages lequel est le maître et lequel le valet. Voici donc comment nous arrangerons les choses : tu seras maître à ma place, Tranio ; tu tiendras ma maison, mon état, mes serviteurs comme moi-même ; moi, je serai quelqu'autre personnage, quelque Florentin, quelque Napolitain ou quelque Pisan de basse condition. Voilà notre plan conçu, les choses marcheront ainsi. Tranio, déshabille-toi sur-le-champ, prends mon chapeau de couleur [5] et mon manteau : lorsque Biondello sera venu, il te servira de valet ; mais d'abord je prendrai des précautions pour brider sa langue.

TRANIO. — Vous en aurez bien besoin. (*Ils échangent leurs vêtements.*) En somme, Monsieur, puisque c'est votre bon plaisir et que je me suis engagé à être obéissant (car votre père me le recommanda bien à notre départ : sois serviable pour mon fils, me dit-il, quoiqu'il entendît, je crois, la chose dans un autre sens), je suis heureux d'être Lucentio, parce que j'aime beaucoup Lucentio.

LUCENTIO. — Tranio, sois Lucentio par égard pour l'amour que ressent Lucentio. Pour moi, je veux être un esclave afin de conquérir cette jeune fille dont l'aspect a soudainement captivé mes yeux blessés.

Entre BIONDELLO.

Mais voici le coquin. Maraud, où avez-vous été?

BIONDELLO. — Où j'ai été! eh bien, mais, et vous-même, où êtes-vous pour le moment? Maître, est-ce mon camarade Tranio qui a volé vos habits ou vous les siens? ou bien vous êtes-vous volés l'un l'autre? Qu'est-ce que cela veut dire, je vous prie?

LUCENTIO. — Venez ici, maraud; nous ne sommes pas dans des circonstances à plaisanter, tâchez, par conséquent, de mettre vos manières d'accord avec les circonstances. Votre camarade Tranio, ici présent, a revêtu mes habits et mon individualité pour sauver ma vie, et moi j'ai pris les siens pour m'évader; car depuis que nous sommes débarqués, j'ai tué un homme dans une querelle, et je crains d'avoir été aperçu. Servez-le comme il sied, je vous l'ordonne, pendant que je vais tâcher de m'échapper d'ici pour sauver ma vie; vous me comprenez?

BIONDELLO. — Moi, Monsieur? pas le moins du monde.

LUCENTIO. — Et pas une syllabe du nom de Tranio sur vos lèvres; Tranio est changé en Lucentio.

BIONDELLO. — Tant mieux pour lui : que ne m'en est-il arrivé autant!

TRANIO. — Et à moi aussi, mon garçon; je le voudrais bien, ma foi, afin de réaliser un second souhait et de faire obtenir à Lucentio la plus jeune fille de Baptista. Mais, maraud, je te recommande, — non pour moi, mais pour mon maître, — de garder des manières discrètes dans tous les genres de compagnie où nous nous trouverons; lorsque je serai seul, je serai

Tranio; mais partout ailleurs, je serai votre maître Lucentio.

Lucentio. — Tranio, partons; il te reste encore une chose à exécuter, c'est de te mettre au nombre des soupirants; si tu me demandes pourquoi, qu'il te suffise de savoir que mes raisons sont bonnes et solides.

(*Ils sortent.*)

LES PERSONNAGES DU PROLOGUE.

Premier valet. — Monseigneur, vous vous assoupissez; vous n'aimez pas la pièce?

Sly. — Si fait, par sainte Anne : c'est une bonne histoire, vraiment; est-ce qu'elle continue?

Le page. — Monseigneur, elle ne fait que commencer.

Sly. — C'est un excellent morceau d'ouvrage, Madame la dame. Je voudrais que ça fût fini!

SCÈNE II.

Padoue. — Devant la demeure d'Hortensio.

Entrent PETRUCHIO *et* GRUMIO.

Petruchio. — Vérone, je prends congé de toi quelque temps pour voir mes amis de Padoue, mais avant tous, mon ami le plus cher et le plus éprouvé, Hortensio. Je crois que voici sa maison. Ici, faquin de Grumio, frappe, te dis-je.

Grumio. — Frapper, Monsieur! qui frapperai-je? Est-ce que quelqu'un aurait outragé Votre Honneur?

Petruchio. — Manant, frappe-moi ici, te dis-je; frappe solidement.

Grumio. — Vous frapper ici, Monsieur! mais, Monsieur, qui suis-je, Monsieur, pour vous frapper ici, Monsieur?

Petruchio. — Manant, dis-je, frappez-moi à cette porte, et frappez-moi solidement ou je vais calotter votre caboche de coquin.

GRUMIO. — Mon maître est d'humeur querelleuse : je vous frapperais bien le premier, mais je sais qui, après ça, serait le plus maltraité.

PETRUCHIO. — Vous refusez ? Ma foi, drôle, puisque vous ne voulez pas frapper, je vais le faire, moi ; je vais essayer de voir si vous savez votre gamme et comment vous chantez *sol, fa*.

(*Il tire les oreilles à Grumio.*)

GRUMIO. — Au secours, Messieurs ! au secours ! mon maître est fou !

PETRUCHIO. — Frappez, maintenant, puisque je vous l'ordonne, coquin de manant !

Entre HORTENSIO.

HORTENSIO. — Eh bien ! qu'est-ce ? Eh quoi ! mon vieil ami Grumio, et mon bon ami Petruchio ! Et comment allez-vous tous là-bas, à Vérone ?

PETRUCHIO. — Signor Hortensio, vous arrivez à point pour faire cesser la querelle. *Con tutto il core bene trovato*, je puis le dire.

HORTENSIO. — *Alla nostra casa bene venuto,*
Molto honorato signor mio Petruchio.
Lève-toi, Grumio, lève-toi ; nous allons arranger cette querelle.

GRUMIO. — Vrai, Monsieur, cela ne fait rien à l'affaire, ce qu'il *allège* en latin. Ne serait-ce pas là, je vous le demande, un motif légitime pour quitter son service ? Figurez-vous, Monsieur, qu'il me demandait de le frapper et de le heurter solidement, Monsieur. Bon, dites-moi s'il était convenable qu'un domestique traitât ainsi son maître, qui, autant que je le sache, doit marcher sur ses trente-deux ans, et qui, par conséquent, n'est plus en âge d'être battu[6]. Plût à Dieu que je l'eusse frappé ! Grumio n'aurait pas eu ensuite les plus mauvais coups en partage.

PETRUCHIO. — Manant insensé ! Mon bon Hortensio, j'ai commandé à cette canaille de frapper à votre porte, et je n'ai pu réussir à obtenir cela de lui.

ACTE I, SCÈNE II.

Grumio. — Frapper à la porte! O ciel! Est-ce que vous ne m'avez pas dit ces propres paroles : « Maraud, frappe-moi ici, heurte-moi ici, et frappe-moi fort, et frappe-moi solidement, » et maintenant vous venez parler de frapper à la porte?

Petruchio. — Je te conseille de te taire ou de t'en aller, maraud.

Hortensio. — Patience, Petruchio; je me porte garant pour Grumio : vraiment c'est une mauvaise querelle entre vous deux. Quoi ! votre fidèle, joyeux serviteur, votre vieux Grumio ! — Mais dites-moi maintenant, mon aimable ami, quel bon vent vous amène ici, à Padoue, de la vieille Vérone?

Petruchio. — Le vent qui disperse les jeunes hommes à travers le monde, pour leur faire chercher fortune plus loin que leur foyer, où peu d'expérience s'acquiert. En résumé, signor Hortensio, voici l'état de mes affaires. Mon père Antonio est mort, et moi je me suis lancé en plein dans ce tourbillon humain, soit pour tâcher de m'y marier, soit pour tâcher d'y faire fortune, du mieux que je pourrais. J'ai des écus dans ma bourse, j'ai des biens à la maison, et je me suis mis en route pour voir le monde.

Hortensio. — Petruchio, j'aurais bien envie de te parler rondement et de te proposer, pour femme, une certaine pie-grièche de mauvais caractère; mais tu me remercierais médiocrement de mon conseil. Cependant je te promets qu'elle sera riche, et très-riche; mais tu es trop mon ami, et je ne te la souhaite pas.

Petruchio. — Signor Hortensio, entre des amis tels que nous, peu de mots suffisent; par conséquent, si vous connaissez une personne assez riche pour être la femme de Petruchio, comme l'argent est le refrain de ma danse matrimoniale, fût-elle aussi ignoble que l'amante de Florentius[7], aussi vieille que la Sibylle, aussi mégère et acariâtre que la Xantippe de Socrate, ou même pis encore, cela m'est égal; oui, fût-elle plus mauvaise que les flots orageux de l'Adriatique[8], elle ne réussirait pas à ébranler ou à changer la fermeté de ma résolution. Je suis venu pour me marier richement à Padoue ; si je m'y marie richement, je m'y marierai heureusement.

Grumio. — Vous voyez, Monsieur, il vous ouvre carrément son âme : donnez-lui de l'or en quantité et mariez-le à une poupée ou à une figurine d'aiguillettes[9], ou à une vieille fée sans une dent dans la bouche, et quand bien même elle aurait autant de maladies que cinquante-deux chevaux. Tout ira bien pourvu que l'argent abonde.

Hortensio. — Petruchio, puisque nous nous sommes tant avancés, je vais poursuivre ce que je n'ai entamé que par plaisanterie. Petruchio, je puis te trouver une femme très-suffisamment riche, jeune, belle et élevée comme il convient à une femme de qualité. Son seul défaut, et il est fort suffisant, c'est d'être d'une humeur intolérable, et tellement pie-grièche, tellement méchante, que quand même mon état de fortune serait bien plus médiocre qu'il n'est, je ne voudrais pas l'épouser pour une mine d'or.

Petruchio. — Paix, Hortensio ; tu ne connais pas le pouvoir de l'or. Dis-moi le nom de son père et cela suffit ; car je veux faire sa connaissance, dût-elle gronder plus fort que le tonnerre, lorsque les nuages éclatent en automne.

Hortensio. — Son père est Baptista Minola, un gentilhomme affable et courtois ; son nom est Catharina Minola, renommée à Padoue pour sa langue querelleuse.

Petruchio. — Je connais son père, quoique je ne la connaisse pas ; il connaissait parfaitement feu mon père. Je ne me coucherai pas avant de l'avoir vue, Hortensio ; ainsi excusez-moi si je prends la liberté de vous quitter dès cette première entrevue : — à moins pourtant que vous ne vouliez m'accompagner chez elle.

Grumio. — Je vous en prie, Monsieur, laissez-le aller pendant que son humeur le tient. Sur ma parole, si elle le connaissait aussi bien que moi, elle penserait que les disputes ne peuvent lui faire que peu de mal. Elle peut bien le traiter dix fois de drôle, ou d'autres noms semblables ; cela lui est bien égal. S'il commence une fois, il la bernera par ses plaisanteries ; et je vais vous dire, Monsieur, si elle lui résiste un peu, il lui jettera à la face une figure de rhétorique, qui lui bouleversera tellement la figure qu'elle n'aura pas plus d'yeux pour y voir qu'un chat. Vous ne le connaissez pas, Monsieur.

Hortensio. — Arrête un instant, Petruchio, j'irai avec toi ; car mon trésor est sous la garde de Baptista : il tient en sa possession le joyau de ma vie, sa plus jeune fille la belle Bianca ; il la refuse à ma vue et à celle d'autres encore, soupirants comme moi et mes rivaux en amour. Supposant, à cause des défauts que je vous ai signalés, qu'il était impossible que Catharina se mariât jamais, il a pris le parti d'interdire à tous l'accès auprès de Bianca jusqu'à ce que Catharina la mégère ait trouvé un mari.

Grumio. — Catharina la mégère ! un joli sobriquet pour une jeune fille, le pire de tous les sobriquets.

Hortensio. — Maintenant, mon ami Petruchio va me faire un plaisir. Je vais me déguiser sous de simples vêtements, et il me présentera au vieux Baptista comme un professeur très-versé dans la musique et capable d'instruire Bianca, afin que je puisse, par ce stratagème, avoir au moins le loisir et le moyen de lui faire l'amour et de la courtiser sans être soupçonné.

Grumio, *à part*. — Eh bien ! je ne sais pas si cela peut s'appeler une coquinerie ! Voyez comme pour tromper les vieux, les jeunes savent bien s'entendre.

Entrent GREMIO *et* LUCENTIO *déguisé,*
avec des livres sous son bras.

Grumio. — Maître, maître ! regardez à côté de vous ; qui vient ici, eh ?

Hortensio. — Paix, Grumio ; c'est mon rival en amour. Petruchio, écartons-nous un peu.

Grumio. — Un joli jeune homme et un bel amoureux, ma foi ! *(Ils se retirent à l'écart.)*

Gremio. — Oh ! fort bien ; j'ai parcouru votre liste. Écoutez bien, Monsieur, je veux qu'ils aient tous de belles reliures et qu'ils soient tous des livres d'amour ; je tiens à ce point par-dessus tout : ayez soin de ne pas lui lire d'autres livres ; vous me comprenez. Outre les émoluments que vous accordera la libéralité du signor Baptista, mes largesses reconnaîtront vos services. Prenez aussi vos papiers et ayez soin de les faire bien parfumer, car la personne à laquelle ils sont destinés est plus douce que le parfum lui-même. Que lui lirez-vous ?

Lucentio. — Quoi que je lui lise, je plaiderai pour vous comme pour mon patron, vous pouvez en être assuré, et aussi fermement que vous le feriez vous-même si vous étiez à ma place ; oui, et peut-être avec plus de succès que vous ne le feriez, à moins que vous ne soyez un lettré, Monsieur.

Gremio. — Oh ! cette instruction ! quelle chose cela est !

Grumio. — Oh ! ce dindon ! quel âne cela fait !

Petruchio. — Silence, maraud !

Hortensio. — Chut, Grumio ! (*Il s'avance.*) Dieu vous garde, signor Gremio.

Gremio. — Eh ! vous êtes le bienvenu, signor Hortensio ! Devinez donc où j'allais ? chez Baptista Minola. Je lui avais promis de m'enquérir soigneusement d'un professeur pour la belle Bianca, et, par un heureux hasard, j'ai mis la main sur ce jeune homme, qui lui convient parfaitement pour la science et les manières ; il est très-versé dans la poésie ainsi que dans d'autres livres, et de bons livres, je vous le garantis.

Hortensio. — C'est fort bien ; moi, de mon côté, j'ai rencontré un gentilhomme qui m'a promis de m'en procurer un autre, un habile musicien, capable d'instruire notre maîtresse. Ainsi je ne resterai pas en arrière de vous pour rendre service à la belle Bianca que j'aime tant.

Gremio. — Que j'aime aussi, et cela mes actes le prouveront.

Grumio, *à part*. — Et cela ses sacs d'écus le prouveront.

Hortensio. — Gremio, ce n'est pas le moment de nous jeter notre amour à la tête. Écoutez-moi, et si vous voulez être convenable avec moi, je vous apprendrai des nouvelles qui sont faites pour nous plaire également à tous deux. Voici un gentilhomme que j'ai rencontré par hasard, qui s'arrange de notre convention et qui entreprendra de faire la cour à la méchante Catharina et même de l'épouser, si la dot lui va.

Gremio. — Que ce qui est dit soit fait, et tout va bien. Hortensio, l'avez-vous informé de tous ses défauts ?

Petruchio. — Je sais que c'est une insupportable et braillarde querelleuse ; si c'est là tout, Messieurs, je n'y vois aucun mal.

Gremio. — Non ? c'est là votre avis, l'ami ? De quel pays êtes-vous ?

Petruchio. — Natif de Vérone et fils du vieil Antonio. Mon père est mort, ma bonne fortune est ma protectrice, et j'espère voir de longs et heureux jours.

Gremio. — O Monsieur, une telle vie avec une telle femme serait quelque chose de drôle : mais si vous avez du cœur, allez-y, au nom de Dieu ; vous trouverez en moi un auxiliaire en toutes choses. Ainsi vous voulez courtiser ce chat sauvage ?

Petruchio. — Veux-je vivre ?

Grumio, *à part*. — La courtisera-t-il ? Oui, ou je la pendrai.

Petruchio. — Pourquoi suis-je venu ici, si ce n'est à cette intention ? Pensez-vous qu'un peu de vacarme puisse effaroucher mon oreille ? N'ai-je donc pas, en mon temps, entendu des lions rugir ? N'ai-je pas entendu la mer, soulevée par les vents, gronder comme un sanglier furieux que sa colère inonde de sueur ? N'ai-je pas entendu les décharges des canons sur les champs de bataille, et, dans les nuages, le tonnerre, cette artillerie des cieux ? N'ai-je pas entendu, dans les batailles rangées, les cris d'alarmes retentissants, les hennissements des coursiers de guerre et les fanfares des trompettes ? et vous venez me parler de la langue d'une femme, qui ne donne pas, à l'entendre, la moitié de l'émotion de surprise que donne à l'oreille une châtaigne qui éclate dans l'âtre d'un fermier? Allons, allons! effrayez les enfants avec des Croquemitaines.

Grumio, *à part*. — Car il n'en craint aucun.

Gremio. — Écoutez, Hortensio, quelque chose me dit que ce gentilhomme est venu fort à propos pour son bien et pour le nôtre.

Hortensio. — Fort bien, mais je lui ai promis que nous serions ses banquiers et que nous supporterions les dépenses que cette tentative lui occasionnera.

Gremio. — Et nous tiendrons promesse, pourvu qu'il réussisse.

Grumio. — Je voudrais être aussi sûr d'un bon dîner.

Entrent TRANIO, *vêtu de beaux habits,*
et BIONDELLO.

Tranio. — Messieurs, Dieu vous garde! excusez, je vous prie, la liberté que je prends de vous demander quel est le plus court chemin pour aller à la demeure du signor Baptista Minola.

Biondello. — Celui qui a les deux belles filles; est-ce celui-là que vous voulez dire?

Tranio. — Celui-là même, Biondello.

Gremio. — Mais écoutez, Monsieur, vous ne venez pas pour celle....

Tranio. — Peut-être pour *celui*, peut-être pour *celle*, Monsieur; est-ce que cela vous regarde?

Petruchio. — Pas au moins pour la querelleuse, je vous en prie, Monsieur.

Tranio. — Je n'aime pas les querelleuses, Monsieur. Partons, Biondello.

Lucentio, *à part*. — Bien débuté, Tranio.

Hortensio. — Monsieur, un mot avant que vous partiez; êtes-vous, oui ou non, un prétendant à la main de la jeune fille dont vous parlez?

Tranio. — Et si cela était, Monsieur, serait-ce une offense?

Gremio. — Non, si sans parler davantage vous voulez bien décamper d'ici.

Tranio. — Comment, Monsieur, est-ce que les rues ne sont pas libres pour moi aussi bien que pour vous?

Gremio. — Oui, mais non pas la demoiselle.

Tranio. — Et pour quelle raison, je vous prie?

Gremio. — Pour cette raison, si vous voulez la savoir, qu'elle est la personne préférée du signor Gremio.

Hortensio. — Et qu'elle est la personne préférée du signor Hortensio.

Tranio. — Doucement, mes maîtres! Si vous êtes des gentilshommes, soyez assez justes pour m'écouter avec patience. Baptista est un noble gentilhomme à qui mon père n'est pas du tout inconnu, et quand sa fille serait encore plus belle qu'elle n'est, elle pourrait avoir encore plus de prétendants qu'elle n'en a, moi y compris. La fille de la belle Léda avait mille amants; Bianca peut donc bien en avoir un de plus, et elle l'aura. Lucentio se mettra sur les rangs avec l'espérance de l'emporter seul, quand bien même Pâris se présenterait.

Gremio. — Quoi! ce monsieur va nous réduire tous au silence!

Lucentio. — Monsieur, vous pouvez lui laisser prendre la tête; je suis sûr qu'il n'est qu'une haridelle.

Petruchio. — Hortensio, à quel propos tous ces discours?

Hortensio. — Monsieur, permettez-moi de vous demander si vous avez jamais vu la fille de Baptista.

Tranio. — Non, Monsieur; mais j'ai entendu dire qu'il en a deux : l'une aussi fameuse pour sa méchante langue que l'autre pour son adorable modestie.

Petruchio. — Monsieur, Monsieur, la première est pour moi; n'y touchez pas.

Gremio. — Oui, oui, laissez ce travail au grand Hercule; il lui sera plus difficile à accomplir que les douze travaux d'Alcide.

Petruchio. — Monsieur, comprenez bien ce que je vais dire. Cette plus jeune fille à laquelle vous prétendez, son père interdit à tous les galants accès auprès d'elle, et il refuse de la promettre à qui que ce soit, avant que sa sœur aînée soit mariée : alors la plus jeune sera libre, mais pas avant.

Tranio. — S'il en est ainsi, Monsieur, vous êtes un homme qui peut nous rendre un grand service à tous, moi y compris. Si vous rompez cette glace, si vous accomplissez cet exploit, si vous conquérez l'aînée et nous permettez ainsi accès auprès de la cadette, celui qui aura le bonheur de l'obtenir ne sera pas assez mal appris pour être ingrat.

Hortensio. — Vous parlez et pensez à merveille, Monsieur ; et puisque vous avez l'intention de vous mettre au nombre des prétendants, vous devez, comme nous, une gratification à ce gentilhomme à qui nous restons tous si obligés.

Tranio. — Monsieur, je ne serai pas en reste de générosité, et comme preuve, voulez-vous que nous passions cette après-midi ensemble ; nous ferons de nombreuses libations à la santé de notre maîtresse, et nous nous comporterons à la manière des avocats qui luttent vaillamment comme des adversaires, mais qui mangent et boivent comme des amis.

Grumio *et* Biondello *ensemble*. — O l'excellente motion ! Partons, camarades !

Hortensio. — La motion est bonne, en effet ; acceptée ! Petruchio, je serai votre *ben venuto*.

(*Ils sortent.*)

ACTE II.

SCÈNE UNIQUE.

Padoue. — Un appartement dans la maison de Baptista.

Entrent CATHARINA *et* BIANCA.

BIANCA. — Ma bonne sœur, ne me faites l'injure, ne vous faites pas l'injure à vous-même de me traiter comme une servante et une esclave; cela me fait de la peine, mais quant à ces autres bijoux, lâchez mes mains et je vais les détacher moi-même; oui, je vais me dépouiller de tous mes habits, jusqu'à mon jupon; je ferai tout ce que vous me commanderez, tant je connais bien le respect que je dois à mes aînés.

CATHARINA. — De tes soupirants quel est celui que tu aimes le mieux? Réponds, je te l'ordonne, et tâche de ne pas mentir.

BIANCA. — Croyez-moi, ma sœur, parmi tous les hommes vivants, je n'ai pas encore rencontré ce visage particulier que je pourrais aimer plus qu'aucun autre.

CATHARINA. — Tu mens, ma mignonne : n'est-ce pas Hortensio?

BIANCA. — Si vous l'aimez, ma sœur, je vous jure que je plaiderai moi-même votre cause de manière à vous le faire obtenir.

CATHARINA. — Ah! peut-être, estimez-vous davantage les richesses; vous voudriez Gremio afin d'avoir un grand état.

BIANCA. —Est-ce à cause de lui que vous m'outragez ainsi? Oh bien, alors, vous plaisantez, et je vois maintenant que vous n'avez fait que plaisanter pendant tout ce temps : je t'en prie, ma sœur Caty, lâche-moi les mains.

CATHARINA. — Oui, c'était une plaisanterie, si ce que voici en est une. (*Elle la bat.*)

Entre BAPTISTA.

BAPTISTA. — Eh bien! qu'est-ce donc, Mademoiselle? que veut dire cette insolence? Retire-toi, Bianca: pauvre fille! elle pleure. Va prendre ton aiguille, n'aie pas affaire à elle. Fi donc, pécore, caractère diabolique! pourquoi lui fais-tu du mal, à elle, qui ne t'en a jamais fait? Quand donc t'a-t-elle humiliée par un mot amer?

CATHARINA. — Son silence m'insulte et je veux me venger. (*Elle s'élance sur Bianca.*)

BAPTISTA. — Comment! sous mes yeux? — Rentre, Bianca. (*Bianca sort.*)

CATHARINA.— Comment, vous ne pouvez donc pas me souffrir? Je vois bien maintenant qu'elle est votre trésor; vous lui donnerez un mari, et moi il faudra que je danse nu-pieds le jour de son mariage, et qu'à cause de l'amour que vous lui portez, je conduise les diables en enfer. Ne me parlez pas; je vais m'asseoir et pleurer jusqu'à ce que je trouve une occasion de me venger.

(*Elle sort.*)

BAPTISTA. — Fut-il jamais gentilhomme plus affligé que moi? Mais qui vient ici?

Entrent GREMIO *avec* LUCENTIO, *pauvrement vêtu;* PETRUCHIO, *avec* HORTENSIO, *déguisé en musicien;* TRANIO, *avec* BIONDELLO, *portant des livres et un luth.*

GREMIO. — Bonjour, voisin Baptista.

BAPTISTA. —Bonjour, voisin Gremio. Dieu vous garde, Messieurs.

PETRUCHIO. — Et vous aussi, mon bon Monsieur.

Dites-moi, je vous prie, n'avez-vous pas une fille belle et vertueuse nommée Catharina?

Baptista. — Oui, Monsieur, j'ai une fille appelée Catharina.

Gremio. — Vous entrez trop brusquement en matière; allez-y plus doucement.

Petruchio. — Vous me jugez mal, signor Gremio; veuillez me laisser faire. (*A Baptista*) Monsieur, je suis un gentilhomme de Vérone qui, ayant ouï parler de sa beauté et de son esprit, de son affabilité et de sa timide modestie, de ses merveilleuses qualités et de sa douceur de conduite, ai pris la liberté de me présenter chez vous en visiteur téméraire, pour vérifier de mes propres yeux les propos que j'ai si souvent entendus. Pour payer mon entrée en relations avec vous, je vous présente un homme à moi (*il lui présente Hortensio*), très-versé dans la musique et les mathématiques; il pourra compléter son instruction dans ces sciences, qui, je le sais, lui sont déjà familières : acceptez-le de moi, sinon vous m'affligeriez; son nom est Licio, natif de Mantoue.

Baptista. — Vous êtes le bienvenu, Monsieur, et cet homme aussi, à votre considération. Quant à ma fille Catharina, elle ne vous convient pas, et vous m'en voyez fort affligé.

Petruchio. — Je vois que vous n'avez pas l'intention de vous en séparer, ou bien que ma compagnie ne vous plaît pas.

Baptista. — Ne vous méprenez pas sur ma pensée, je dis les mots comme ils m'arrivent. D'où êtes-vous, Monsieur, et comment dois-je vous nommer?

Petruchio. — Mon nom est Petruchio, le fils d'Antonio, un homme bien connu dans toute l'Italie.

Baptista. — Je le connais parfaitement; soyez le bienvenu en son honneur.

Gremio. — J'en demande pardon à votre langue, Petruchio, mais vous devez nous laisser aussi parler, nous pauvres solliciteurs. Tout beau! vous allez bien vite en besogne.

PETRUCHIO. — Oh! pardonnez-moi, signor Gremio; j'aurais voulu vite finir.

GREMIO. — Je n'en doute pas, Monsieur, mais vous compromettrez votre affaire matrimoniale. — Voisin, c'est là un cadeau qui vous a fait plaisir, j'en suis sûr. Pour vous montrer la même amitié, moi qui vous suis plus obligé que personne, je prends la liberté de vous présenter ce jeune lettré (*il présente Lucentio*), qui a longtemps étudié à Reims, et qui est aussi versé dans le grec, le latin et autres langages, que celui-là dans la musique et les mathématiques : son nom est Cambio; acceptez ses services, je vous en prie.

BAPTISTA. — Mille remercîments, signor Gremio. Soyez le bienvenu, mon bon Cambio. Mais, mon aimable Monsieur (*à Tranio*), il me semble que vous êtes ici un étranger. Oserai-je prendre la liberté de vous demander le motif de votre visite?

TRANIO. — Pardonnez-moi, Monsieur; il n'y a d'audacieux que moi seul, qui, étranger dans cette ville, ose me proposer comme prétendant à la main de votre fille, la belle et vertueuse Bianca. Je n'ignore pas votre ferme résolution de marier avant elle sa sœur aînée; tout ce que je vous demande, c'est, après que vous aurez appris ma naissance, de vouloir bien m'accepter au nombre de ses prétendants et m'accorder le même libre accès et les mêmes faveurs qu'aux autres. Pour ce qui concerne l'éducation de vos filles, je vous fais cadeau de ce simple instrument et de ce petit paquet de livres grecs et latins; si vous les acceptez, leur valeur en deviendra bien grande [1].

BAPTISTA. — Votre nom est Lucentio? d'où êtes-vous, s'il vous plaît?

TRANIO. — De Pise, Monsieur; le fils de Vincentio.

BAPTISTA. — C'est un homme considérable de Pise; je le connais beaucoup de réputation: vous êtes le bienvenu, Monsieur. (*A Hortensio*) Prenez le luth; (*à Lucentio*) et vous le paquet de livres; vous allez faire connaissance immédiatement avec vos élèves. Holà! quelqu'un!

ACTE II.

Entre UN DOMESTIQUE.

Maraud, conduis ces messieurs auprès de mes filles, et dis-leur que ce sont leurs professeurs; recommande-leur de les bien traiter. (*Sort le domestique avec Hortensio, Lucentio et Biondello.*) Nous allons faire un petit tour dans le jardin et puis nous rentrerons dîner. Vous êtes les tout à fait bienvenus, et je vous prie tous de vous considérer comme tels.

PETRUCHIO. — Signor Baptista, mon affaire presse; je ne peux pas venir ici tous les jours faire ma cour. Vous connaissiez mon père, vous me connaissez par lui; il m'a laissé seul héritier de ses biens et de ses terres, que j'ai plutôt accrus que diminués. Eh bien ! répondez-moi, si je conquiers l'amour de votre fille, quelle dot ma femme m'apportera-t-elle ?

BAPTISTA. — Après ma mort, la moitié de mes terres, et pour le présent vingt mille écus comptants.

PETRUCHIO. — En retour de ce douaire, je lui assurerai, dans le cas où elle me survivrait, ses droits de veuve sur toutes mes propriétés et fermages quelconques. Ainsi, signons entre nous ces articles, afin que nos conditions soient bien observées des deux côtés.

BAPTISTA. — Oui, lorsque la condition principale sera gagnée, c'est-à-dire son amour; car c'est là le tout du tout.

PETRUCHIO. — Bah ! cela n'est rien; car je vous le dis, mon père, je suis aussi tranchant qu'elle est orgueilleuse, et lorsque deux feux violents se rencontrent, ils consument l'objet qui alimente leur furie. Un petit vent peut bien suffire pour faire un grand feu d'un petit, mais les tempêtes excessives soufflent feu et tout; c'est ainsi que j'agirai envers elle et qu'elle me cédera, car je suis énergique et ne fais pas l'amour comme un enfant.

BAPTISTA. — Puisses-tu l'épouser, et cela bien vite ! mais tu feras bien de te cuirasser contre quelques mots malheureux....

PETRUCHIO. — Oh ! je suis à l'épreuve, comme les

montagnes sont à l'épreuve des vents; ils ont beau souffler éternellement, elles ne bougent pas.

Rentre HORTENSIO, *la tête contusionnée.*

Baptista. — Qu'y a-t-il donc, mon ami? Pourquoi es-tu si pâle?

Hortensio. — Si je suis pâle, c'est de peur, je vous en réponds.

Baptista. — Eh bien! croyez-vous que ma fille puisse faire une bonne musicienne?

Hortensio. — Je crois qu'elle pourrait beaucoup mieux faire un soldat; le fer peut résister avec elle, mais les luths jamais.

Baptista. — Comment donc, est-ce que tu n'as pas pu ouvrir avec elle tes leçons de luth?

Hortensio. — Et parbleu non, car c'est elle qui a ouvert le luth sur moi. Je lui disais tout bonnement qu'elle se trompait de touches et je pliais sa main pour lui apprendre à diriger ses doigts, lorsque, dans un accès d'impatience diabolique, elle s'est écriée : « Vous appelez cela des touches, eh bien! je vais vous en toucher; » et là-dessus elle m'a frappé sur la tête si fortement que ma caboche a passé à travers l'instrument, et que, pendant quelques instants j'ai regardé, tout étourdi, ma tête hors du luth, comme un homme au pilori, pendant qu'elle m'appelait canaille de ménétrier, paillasse de racleur, et me donnait vingt autres qualifications aussi grossières, comme si elle avait pris des leçons pour m'injurier ainsi.

Petruchio. — Par l'univers, voilà, ma foi, une luronne! je l'aime dix fois plus qu'auparavant. O! comme il me tarde d'avoir avec elle un bout de causerie.

Baptista, *à Hortensio.* — Allons, venez avec moi et ne soyez pas si déconfit. Continuez vos leçons avec ma plus jeune fille; elle a des dispositions à apprendre et elle est reconnaissante des soins qu'on a pour elle. Signor Petruchio, voulez-vous venir avec nous, ou vous enverrai-je ma fille Caty?

Petruchio. — Faites cela, je vous prie; je vais l'attendre ici. (*Sortent Baptista, Hortensio, Gremio et Tranio.*) Ah! je vais lui faire une cour un peu vive dès qu'elle viendra. Supposons qu'elle m'injurie, je lui dirai froidement qu'elle chante avec autant de douceur qu'un rossignol; supposons qu'elle fronce le sourcil, je lui dirai que son visage est aussi pur que les roses du matin fraîchement lavées par la rosée; supposons qu'elle soit muette et refuse de dire un mot, je louerai sa volubilité et je lui dirai qu'elle s'exprime avec une pénétrante éloquence; si elle m'ordonne de faire mes paquets, je la remercierai comme si elle m'ordonnait de rester près d'elle toute une semaine; si elle refuse de m'épouser, je la supplierai de m'indiquer le jour où je ferai publier les bans et où nous serons mariés. Mais la voici qui vient; maintenant, à l'œuvre, Petruchio.

Entre CATHARINA.

PETRUCHIO. — Bonjour, Cateau; car c'est là votre nom, je crois.

CATHARINA. — Vous avez bien entendu, quoique avec une oreille un peu dure; ceux qui parlent de moi m'appellent Catharina.

PETRUCHIO. — Vous mentez, sur ma foi, car on vous appelle partout Cateau tout court, et la bonne Cateau, et quelquefois Cateau la Mégère; mais tu es, ô Cateau, la plus jolie Cateau de la chrétienté, Cateau de château Cateau, ma friande Cateau, car toutes les friandises sont des *gâteaux*. Donc, ô Cateau, apprends ceci de moi, Cateau de ma consolation : ayant entendu louer ta douceur dans chaque ville, célébrer tes vertus et vanter ta beauté, — pas autant cependant qu'elle le mérite, — je me suis senti mû à te demander pour femme.

CATHARINA. — Mû! à la bonne heure. Eh bien! que celui qui vous a *mû* jusques ici vous *remue* d'ici; j'avais reconnu tout d'abord que vous étiez une espèce d'objet mobilier.

PETRUCHIO. — Un objet mobilier, qu'est-ce que cela?

CATHARINA. — Un escabeau ².

Petruchio. — Tu as touché juste ; viens, assieds-toi sur moi.

Catharina. — Les ânes sont faits pour porter ; il en est ainsi de vous.

Petruchio. — Les femmes sont faites pour porter ; il en est ainsi de vous.

Catharina. — Non pas une rosse comme vous, en tout cas, si c'est moi que vous avez en vue.

Petruchio. — Hélas ! ma bonne Cateau, je ne te chargerai pas ; car sachant que tu n'es que jeunesse et légèreté....

Catharina. — Je suis trop légère pour qu'un rustre comme vous m'attrape ; mais cependant mon poids est ce qu'il doit être.

Petruchio. — Ce qu'il doit être ? le poids d'un oiseau[3].

Catharina. — Bien trouvé, tout à fait comme un busard.

Petruchio. — O tourterelle, au vol si doux ! un busard te prendra-t-il ?

Catharina. — Oui, il me prendra pour une tourterelle, à peu près comme il prend un autre busard pour un faucon.

Petruchio. — Voyons, voyons, guêpe que vous êtes ; vraiment, vous êtes trop méchante.

Catharina. — Si je suis une guêpe, vous ferez bien de prendre garde à mon aiguillon.

Petruchio. — Je puis m'en préserver en l'arrachant.

Catharina. — Oui bien, si votre imbécillité peut découvrir où il est caché.

Petruchio. — Qui ne sait pas où la guêpe porte son aiguillon ? c'est à la queue.

Catharina. — C'est à la langue.

Petruchio. — La langue de qui ?

Catharina. — La vôtre, car vous parlez sans queue ni tête ; et, là-dessus, adieu.

Petruchio. — Comment ! ma langue à votre queue ? Voyons, revenez, ma bonne Cateau ; je suis un gentilhomme.

CATHARINA. — Je vais le savoir. (*Elle le frappe.*)

PETRUCHIO. — Je vous jure que je vous calotterai, si vous me frappez encore.

CATHARINA. — Alors vous perdrez vos armes; si vous me frappez, vous n'êtes pas un gentilhomme, et pas de gentilhomme, pas d'armes.

PETRUCHIO. — Vous êtes un héraut, Cateau? Oh! mettez-moi dans vos livres de blason.

CATHARINA. — Quelle est votre cimier? une tête de fat?

PETRUCHIO. — Un coq sans crête, et Cateau sera ma poule.

CATHARINA. — Vous n'êtes pas un coq pour moi, vous chantez trop comme un chapon.

PETRUCHIO. — Voyons, Cateau, voyons, n'ayez donc pas l'air si aigre.

CATHARINA. — C'est l'air que j'ai lorsque je vois un sauvageon.

PETRUCHIO. — Il n'y a pas ici de sauvageon; donc, laissez là cet air aigre.

CATHARINA. — Il y en a un, il y en a un.

PETRUCHIO. — Alors montrez-le-moi.

CATHARINA. — Si j'avais un miroir, je vous le montrerais.

PETRUCHIO. — Comment! vous voulez parler de mon visage?

CATHARINA. — Bien deviné, pour un si jeune homme.

PETRUCHIO. — Par saint Georges, je suis trop jeune pour vous.

CATHARINA. — Cependant vous êtes ridé.

PETRUCHIO. — Ce sont les soucis.

CATHARINA. — Je n'en ai souci.

PETRUCHIO. — Voyons, Catharina, écoutez-moi! Vous ne partirez pas ainsi.

CATHARINA. — Je vais vous fâcher si je reste plus longtemps; laissez-moi partir.

PETRUCHIO. — Non pas le moins du monde; je te trouve charmante au delà de toute expression. On me disait que tu étais hérissée, boudeuse, maussade; mais je m'aperçois maintenant que c'étaient là des cancans menteurs; car tu es aimable, rieuse, polie au possible, et quoique lente de la langue, aussi suave que les fleurs du printemps. Tu ne sais pas froncer le sourcil, ni regarder de travers, ni mordre ta lèvre comme les filles qui ont l'humeur emportée; tu ne prends pas plaisir à contredire tes interlocuteurs, mais tu entretiens tes soupirants avec douceur dans des conversations aimables, calmes et affables. Pourquoi le monde prétend-il que Cateau cloche du pied? O monde calomniateur! Cateau est aussi droite et aussi mince qu'une baguette de coudrier, son teint est brun comme la noisette, et elle est plus onctueuse que l'amande. Marche un peu, pour voir; non, tu ne boites pas.

CATHARINA. — Va donc, imbécile, et commande à ceux qui sont à tes ordres.

PETRUCHIO. — Diane a-t-elle jamais embelli un bosquet autant que Cateau embellit cette chambre par sa démarche princière? O! sois Diane et que Diane soit Cateau! que Cateau soit chaste et Diane folâtre!

CATHARINA. — Où donc avez-vous appris tous ces beaux mots!

PETRUCHIO. — Ils me viennent spontanément; je les tiens de mère nature.

CATHARINA. — Une bonne mère que vous avez là; sans elle, son fils aurait peu d'esprit.

PETRUCHIO. — Est-ce que je ne suis pas avisé?

CATHARINA. — Certes, tenez-vous chaud.

PETRUCHIO. — Parbleu, c'est ce que je prétends faire dans ton lit, ma douce Catharina : donc, pour mettre tout bavardage de côté, je dois vous apprendre tout rondement que votre père a consenti à ce que vous soyez ma femme, que nous sommes d'accord sur le douaire, et que je vous épouserai, bon gré, mal gré. Pour dire vrai, Cateau, je suis le mari qui vous convient; par cette lumière qui me permet de voir ta beauté, cette beauté pour laquelle je t'aime passionnément, tu ne peux être mariée à un autre homme que moi, car je suis né tout exprès pour vous dompter, Cateau, et pour vous transformer de Cateau sauvage en Cateau convenable, comme sont les autres Cateaux en ménage. Voici votre père, ne lui répondez pas par un non; je veux et j'aurai Catharina pour femme.

Rentrent BAPTISTA, GREMIO *et* TRANIO.

Baptista. — Eh bien! signor Petruchio, vos affaires avancent-elles avec ma fille?

Petruchio. — Mais fort bien, Monsieur, fort bien; il était impossible qu'elles ne marchassent pas.

Baptista. — Eh bien! qu'est-ce donc, ma fille Catharina? vous voilà en humeur de rêverie.

Catharina. — M'appelez-vous votre fille? en ce cas, je vous réponds que vous m'avez donné une jolie preuve d'affection paternelle en manifestant le désir de me marier à une moitié de fou, à un chenapan écervelé, à un pierrot qui jure sans cesse et qui croit qu'il a raison des choses avec ses jurons.

Petruchio. — Père, voici ce qui en est : vous et tous ceux qui ont parlé d'elle, vous en avez parlé tout de travers. Si elle est méchante, c'est par politique : elle n'est pas arrogante, elle est, au contraire, modeste comme la colombe; elle n'a pas la tête chaude, elle l'a, au contraire, froide comme l'air du matin; pour la patience, elle sera une seconde Griselidis[4], et, pour la chasteté, une Lucrèce romaine : pour conclure, nous sommes tombés d'accord que dimanche serait le jour de notre mariage.

Catharina. — Je te verrai pendu dimanche avant que cela soit.

Gremio. — Entends-tu, Petruchio? elle dit qu'elle te verra pendu auparavant.

Tranio. — Vous êtes aussi avancé que cela? eh bien! alors, bonne nuit à notre affaire.

Petruchio. — Prenez patience, Messieurs; je la choisis pour moi; si elle et moi nous nous plaisons, qu'avez-vous à dire à ça? Il a été convenu entre nous deux, pendant que nous étions seuls, qu'elle pourrait être encore méchante en société. Je vous le dis, c'est vraiment incroyable à quel point elle m'aime! O la plus tendre des Cateaux! elle s'est pendue à mon cou, me prodiguant baiser sur baiser avec une telle rapidité, et m'affirmant sa tendresse par tant de serments qu'en un clin d'œil elle m'a eu conquis à son amour. O vous êtes des novices! c'est extraordinaire avec quelle facilité la plus pauvre poule mouillée de galant, — lorsque l'homme et la femme sont seuls ensemble, — peut dompter la plus méchante mégère. Donne-moi ta main, Cateau; je vais aller à Venise acheter nos habits de noce[5]. Commandez la fête, mon père, et invitez les convives; je veux être certain que ma Catharina sera très-belle.

Baptista. — Je ne sais que dire, mais donnez-moi vos mains. Dieu vous envoie la joie, Petruchio! c'est une affaire conclue.

Gremio et Tranio, *ensemble*. — Nous répondons, *Amen*; nous serons témoins.

Petruchio. — Adieu, mon père; adieu, ma femme; adieu, Messieurs. Je m'en vais à Venise; voici dimanche qui s'approche. Nous aurons des bagues, de beaux habits et toutes sortes de beaux accoutrements; embrasse-moi, Cateau; nous nous marierons dimanche.
(*Sortent Petruchio et Catharina, chacun de leur côté.*)

Gremio. — Vit-on jamais mariage si soudainement bâclé!

Baptista. — Ma foi, Messieurs, je joue pour le quart d'heure la partie d'un marchand qui s'est hasardé follement sur un coup désespéré.

Tranio. — C'était une marchandise qui se détériorait entre vos mains; elle vous rapportera du bénéfice ou bien elle se perdra en mer.

Baptista. — Le bénéfice que je cherche dans cette affaire, c'est la paix.

Gremio. — Il est hors de doute qu'il a fait là une conquête pacifique. Mais venons maintenant à votre fille cadette, Baptista. Le jour après lequel nous soupirions depuis si longtemps est enfin venu : je suis votre voisin et j'étais le premier prétendant.

Tranio. — Et moi je suis un prétendant qui aime Bianca plus que mes paroles ne peuvent l'exprimer et que vos pensées ne peuvent le supposer.

Gremio. — Jouvenceau, tu ne peux pas l'aimer aussi chèrement que moi.

Tranio. — Barbe-grise, ton amour gèle.

Gremio. — Et le tien rôtit. Allons, blanc-bec, retire-toi ; c'est l'âge qui donne la nourriture.

Tranio. — Mais c'est la jeunesse qui donne la fleur, aux yeux des dames.

Baptista. — Pas d'altercation, Messieurs; je vais vider ce différend : ce sont les faits positifs qui décideront de la victoire, et celui de vous deux qui pourra assurer à ma fille le plus fort douaire aura l'amour de Bianca. Dites, signor Gremio, que pouvez-vous lui assurer ?

Gremio. — D'abord, ainsi que vous le savez, ma maison de ville est richement fournie de vaisselle d'or et d'argent. J'ai des bassins et des aiguières pour laver ses mains délicates ; les tentures de mes appartements sont toutes en tapisseries de Tyr; mes coffres d'ivoire sont bourrés d'écus et mes bahuts d'ébène remplis de tapisseries, de courtes-pointes [6], de vêtements somptueux, de rideaux, de ciels de lit, de beau linge, de coussins de Turquie rehaussés de perles, de garnitures de chambre en étoffe de Venise brodée d'or, d'ustensiles d'étain [7] et de cuivre et de tous les objets nécessaires à la tenue d'une maison. A ma ferme, j'ai cent vaches laitières qu'on trait chaque jour, mes étables contiennent cent vingt bœufs gras et tout le reste est à l'avenant. Je suis fort avancé en âge, je l'avoue, et si je meurs demain tout cela est à elle pourvu qu'elle consente seulement à être à moi le temps que je vivrai.

Tranio. — Ce *seulement* est tout à fait bien trouvé. Monsieur, écoutez-moi : je suis le fils unique et l'unique héritier de mon père; si je puis obtenir votre fille pour femme, je lui laisserai dans l'enceinte de Pise plusieurs maisons, trois ou quatre fois aussi belles qu'aucune que puisse posséder à Padoue le signor Gremio, plus une rente annuelle de deux mille ducats en bonne terre; tout cela constituera son douaire. Eh bien! vous ai-je pincé, signor Gremio?

Gremio. — Deux mille ducats de rente en terre! tous mes immeubles ne montent pas à autant; mais elle les aura, et de plus un navire qui est maintenant à l'ancre dans le port de Marseille. Eh bien! pouvez-vous digérer ce navire?

Tranio. — Gremio, il est connu que mon père n'a pas moins de trois grands navires, outre deux galiotes et douze galères en bon état; je les assure à Bianca, et, quelque chose que vous lui offriez en plus, je lui en offre le double.

Gremio. — J'ai offert tout ce que j'avais, je ne possède pas davantage; je ne puis lui donner plus que la somme entière de mes biens. Si je vous conviens, elle m'aura personne et biens.

Tranio. — Alors la demoiselle m'appartient, de par votre promesse positive, à l'exclusion de tout autre; Gremio est évincé.

Baptista. — Je dois avouer que vos offres sont préférables; que votre père ratifie vos promesses et elle est à vous, sinon je vous prierai de m'excuser: car si vous mouriez avant votre père, où serait le douaire de ma fille?

Tranio. — Ce n'est là qu'une chicane; il est vieux et je suis jeune.

Gremio. — Est-ce que les jeunes ne peuvent pas mourir aussi bien que les vieux?

Baptista. — Bien, Messieurs, ma résolution est ainsi arrêtée: vous savez que ma fille Catharina doit se marier dimanche prochain: le dimanche d'après vous serez fiancé à Bianca, si vous pouvez m'assurer lesdites garanties, sinon elle sera au signor Gremio. Là-dessus je prends congé de vous et je vous présente mes remercîments à tous les deux. (*Il sort.*)

Gremio. — Adieu, mon bon voisin. — Maintenant je ne vous crains pas, vous, jeune maraud, monsieur le beau joueur. Votre père serait un sot de vous donner tous ses biens pour venir, dans ses vieux jours, mettre les pieds sous votre table. Allons donc! sornettes! un vieux renard italien ne se laisse pas attendrir comme cela, mon garçon. (*Il sort.*)

Tranio. — Malédiction sur votre vieille peau de renard! Malgré tout j'ai tenu imperturbablement brelan d'as contre son jeu[8]. J'ai mis dans ma tête de faire réussir mon maître et je ne vois pas pourquoi le faux Lucentio ne se créerait pas pour père un faux Vincentio. Voilà un miracle : les pères ordinairement engendrent leurs enfants; mais dans cette aventure amoureuse, si je n'échoue pas dans mon stratagème, c'est un enfant qui engendrera un père. (*Il sort.*)

ACTE III.

SCÈNE PREMIÈRE.

Padoue. — Un appartement dans la maison de Baptista.

Entrent LUCENTIO, HORTENSIO et BIANCA.

Lucentio. — Arrêtez, ménétrier; vous êtes trop pressé, Monsieur. Avez-vous donc oublié si vite l'accueil que vous a fait sa sœur Catharina?

Hortensio. — Mais, chicanier de pédant, celle-ci est la protectrice de la céleste harmonie; permettez-moi donc de prendre le pas sur vous, et quand nous aurons fait de la musique pendant une heure, vous pourrez employer le même temps à vos lectures.

Lucentio. — Ane qui marches à reculons, tu n'es même pas assez instruit pour savoir pourquoi la musique fut inventée! Est-ce que ce ne fut pas dans le but de rafraîchir l'esprit de l'homme après ses études ou ses fatigues habituelles? Permettez-moi donc de lire un peu de philosophie, et, lorsque j'aurai fini, alors commencez votre musique.

Hortensio. — Maraud, je ne souffrirai pas ces bravades de ta part.

Bianca. — Vraiment, Messieurs, vous me faites doublement tort en luttant pour une prérogative qui dépend de mon choix. Je ne suis pas une écolière à laquelle on donne le fouet en classe, je n'entends pas être assujettie à des heures fixes et arrêtées d'avance, j'entends prendre mes leçons de la manière qu'il me plaira. Pour couper court à tout débat, asseyons-nous : vous, prenez votre instrument et amusez-vous à en jouer en attendant ; sa lecture sera finie avant que vous ayez accordé.

Hortensio. — Et quitterez-vous sa lecture lorsque j'aurai pris le ton ? *(Il se retire.)*

Lucentio. — Cela ne sera jamais; accordez votre instrument.

Bianca. — Où en sommes-nous restés?

Lucentio. — Ici, Madame:

Hac ibat Simois : hic est Sigeia tellus;
Hic steterat Priami regia celsa senis [1].

Bianca. — Faites la construction.

Lucentio. — *Hac ibat*, ainsi que je vous l'ai dit déjà, *Simois*, je suis Lucentio, *hic est*, fils de Vincentio de Pise, *Sigeia tellus*, qui me suis ainsi déguisé pour obtenir votre amour : *Hic steterat*, et le Lucentio qui est venu ici vous demander en mariage, *Priami*, est mon valet Tranio, *regia*, qui fait mon personnage, *celsa senis*, afin que nous puissions mieux tromper le vieux Pantalon [2].

HORTENSIO, *s'avançant.* — Madame, mon instrument est accordé.

BIANCA. — Voyons un peu. (*Hortensio joue.*) Oh fi ! la grosse corde détonne.

LUCENTIO. — Crachez dans le trou, l'ami, et accordez-le de nouveau.   (*Hortensio se retire de nouveau.*)

BIANCA. — Voyons maintenant si je pourrai faire la construction. *Hac ibat Simois*, je ne vous connais pas ; *Hic est Sigeia tellus*, je ne me fie pas à vous ; *Hic steterat Priami*, prenez garde qu'il ne nous entende pas ; *regia*, ne présumez pas ; *celsa senis*, ne désespérez pas.

HORTENSIO, *s'avançant de nouveau.* — Madame, il est maintenant d'accord.

LUCENTIO. — Oui, sauf la basse.

HORTENSIO. — La basse est au ton. (*A part.*) C'est ta basse polissonnerie qui est hors de ton. Comme notre pédant est pétulant et empressé ! Sur ma vie, le drôle fait la cour à ma bien-aimée. *Pedascule*[3], je vous surveillerai mieux encore.

BIANCA. — Avec le temps j'arriverai peut-être à croire ; cependant je me méfie.

LUCENTIO. — Ne vous méfiez pas,... car, à coup sûr, Æacides était Ajax, ainsi nommé du nom de son grand-père.

BIANCA. — Je dois en croire mon maître, sans cela, je vous assure que j'insisterais encore sur ce point douteux ; mais laissons cela. A vous maintenant, Licio. Mes bons maîtres, ne soyez pas fâchés que j'aie voulu être gracieuse pour tous les deux, je vous en prie.

HORTENSIO, *à Lucentio.* — Vous pouvez aller faire un tour, Monsieur, et me laisser un moment ; mes leçons ne sont pas de la musique à trois parties.

LUCENTIO. — Vous êtes si formaliste que cela, Monsieur ? (*A part.*) Je vais rester et me tenir au guet ; ou je suis bien trompé, ou notre beau musicien devient amoureux.

HORTENSIO. — Madame, avant que vous touchiez à l'instrument, pour vous apprendre la manière dont j'entends le doigté, je dois commencer par les rudiments de l'art.

et vous enseigner la gamme d'après une méthode plus brève, plus amusante, plus sûre et plus profitable que toute autre qu'ait jamais enseignée aucun homme de ma profession. La voici sur papier, écrite d'une belle main.

Bianca. — Bah! j'ai dépassé ma gamme depuis longtemps.

Hortensio. — Lisez cependant celle d'Hortensio.

Bianca, *lisant :*
Je suis la gamme, base de tout accord,
A. ré, pour plaider la passion d'Hortensio;
B. mi, Bianca, prends-le pour ton seigneur,
C. fa, ut, lui qui t'aime avec tout son cœur,
D. sol, ré, sur une clé j'ai deux notes,
E. la, mi, aie pitié de moi, ou je meurs.

C'est ce que vous appelez la gamme? Eh bien! elle ne me plaît pas : les vieilles méthodes me plaisent davantage; je ne suis pas assez précieuse pour vouloir échanger des règles certaines contre des innovations singulières.

Entre un valet.

Le valet. — Madame, votre père vous prie de laisser là vos livres et de venir aider à décorer la chambre de votre sœur; vous savez que c'est demain le jour du mariage.

Bianca. — Adieu à mes deux aimables maîtres; il faut que je m'en aille. *(Sortent Bianca et le valet.)*

Lucentio. — Ma foi, maîtresse, en ce cas, je n'ai plus de motif pour rester. *(Il sort.)*

Hortensio. — Mais moi j'ai des motifs pour surveiller ce pédant; il me semble qu'il se conduit comme s'il était amoureux : cependant, Bianca, si tes pensées sont assez basses pour te porter à jeter les yeux sur le premier venu, t'épouse qui voudra.. Si je te prends une fois en flagrant délit de caprice, Hortensio en sera quitte pour changer d'amour. *(Il sort.)*

SCÈNE II.

Padoue. — Devant la maison de Baptista.

Entrent BAPTISTA, TRANIO, CATHARINA, BIANCA, LUCENTIO *et* GENS DE LA SUITE.

BAPTISTA, *à Tranio.* — Signor Lucentio, voici le jour convenu pour le mariage de Catharina et de Petruchio, et cependant nous n'avons aucune nouvelle de notre gendre. Que va-t-on dire? quelle dérision ça va être de ne pas voir le fiancé alors que le prêtre se dispose à prononcer les formules sacrées du mariage! Que dit Lucentio de l'affront qui nous est fait?

CATHARINA. — Il n'y a d'affront que pour moi. Voilà ce que c'est que de me forcer à donner ma main, contre le gré de mon cœur, à un malotru toqué, plein de boutades, qui fait l'amour au grand galop, et qui ne se presse plus quand il faut se marier. Je vous avais bien dit que c'était un frénétique animal, qui cachait, sous des dehors de brusque bonhomie, ses mauvaises farces. Pour s'acquérir la réputation d'un joyeux compère, il va vous faire la cour à mille femmes, fixer le jour du mariage, faire inviter les amis et publier les bans, et cependant il n'aura l'intention d'épouser aucune de celles à qui il aura fait la cour. Maintenant, les gens vont montrer au doigt la pauvre Catharina et dire : « Eh! voilà la femme de Petruchio le fou! s'il voulait bien venir et l'épouser. »

TRANIO. — Patience, ma bonne Catharina; patience, vous aussi, Baptista. Sur ma vie, Petruchio n'a que de bonnes intentions, quelle que soit la nécessité qui l'empêche de tenir exactement sa parole : je le connais pour excessivement sage, quoique bourru, et pour honnête, quoique joyeux.

CATHARINA. — Plût au ciel que Catharina ne l'eût jamais vu!

(*Elle sort en pleurant, suivie de Bianca et d'autres.*)

BAPTISTA. — Va, ma fille, je ne puis, cette fois, blâmer tes pleurs. Une telle insulte vexerait une sainte même; à plus forte raison, doit-elle vexer une mégère de ton humeur impatiente.

Entre BIONDELLO.

BIONDELLO. — Maître, maître! des nouvelles d'un autre temps, des nouvelles comme on n'en a jamais appris!

BAPTISTA. — Ah! alors ce sont des nouvelles anciennes et récentes à la fois. Comment cela peut-il se faire?

BIONDELLO. — Est-ce que ce n'est pas une nouvelle d'apprendre l'arrivée de Petruchio?

BAPTISTA. — Est-il arrivé?

BIONDELLO. — Non, Monsieur.

BAPTISTA. — Eh bien! quoi, alors?

BIONDELLO. — Il arrive.

BAPTISTA. — Quand sera-t-il ici?

BIONDELLO. — Quand il sera là où je suis et qu'il vous verra là où vous êtes.

TRANIO. — Mais voyons, qu'est-ce que c'est que tes nouvelles d'un autre temps?

BIONDELLO. — Eh bien! Petruchio arrive avec un chapeau neuf et un vieux justaucorps, une paire de vieilles culottes trois fois retournées, une paire de bottes qui ont servi de récipient aux bouts de chandelle, l'une bouclée, l'autre lacée; une vieille épée rouillée tirée d'un musée d'antiquités, avec la poignée brisée et sans nœud à la ceinture; pour ses aiguillettes, elles sont rompues en deux endroits. Son cheval est couvert d'une selle mangée des vers, avec des étriers dépareillés, et ce cheval est en outre malade de la morve, mais morveux au dernier degré, atteint du lampas, infecté du farcin, criblé de molettes, rongé d'éparvins, rayé de bandes de jaunisse, plein d'avives incurables, complétement imbécile de vertigos, mangé de la vermine, échiné et fourbu : il ne peut pas mettre les pieds l'un devant l'autre; il a la moitié d'un mors dans la bouche, une têtière en peau de mouton qui, à force d'avoir été tirée pour empêcher l'animal de trébucher, s'est déchirée en plusieurs endroits et est maintenant rattachée avec des nœuds, une sangle qui a été rapiécée six fois et une croupière de femme, en velours, avec les deux lettres initiales d'un nom formées par de gros clous, et rafistolée en maint endroit avec de la ficelle.

BAPTISTA. — Qui vient avec lui?

BIONDELLO. — Son laquais, Monsieur, qui est aussi bien caparaçonné que son cheval, un bas de fil à une jambe, une jambière de serge à l'autre, avec des jarretières de lisière rouge et bleue, un vieux chapeau qui, en place de plumet, porte cette inscription : *la facétie des quarante fantaisies*[4]; un monstre, un véritable monstre par le costume, et non pas un valet chrétien ou le laquais d'un gentilhomme.

TRANIO. — C'est quelque caprice qui l'aura fait se travestir ainsi; cependant il lui arrive assez souvent d'être médiocrement vêtu.

BAPTISTA. — Je suis charmé qu'il soit venu, de quelque manière qu'il vienne.

BIONDELLO. — Mais, Monsieur, il ne vient pas.

BAPTISTA. — N'as-tu pas dit qu'il venait?

BIONDELLO. — Qui ça? que Petruchio venait?

BAPTISTA. — Oui, que Petruchio venait.

BIONDELLO. — Non, Monsieur; j'ai dit que son cheval venait, avec Petruchio sur son dos.

BAPTISTA. — Eh bien! c'est tout un.

BIONDELLO. — Mais non, par saint Jacques! je vous parie deux sous qu'un cheval et un homme font plus d'un, sans cependant faire plusieurs.

Entrent PETRUCHIO *et* GRUMIO.

PETRUCHIO. — Voyons, où sont ces braves? Qui est à la maison?

BAPTISTA. — Vous êtes le bienvenu, Monsieur.

PETRUCHIO. — Et pourtant je ne *viens* pas *bien*.

BAPTISTA. — Vous ne boitez cependant pas.

TRANIO. — Oui, vous ne venez pas aussi bien vêtu que j'aurais désiré que vous le fussiez.

PETRUCHIO. — Il valait mieux que je me pressasse d'arriver. Mais où est Cateau? où est mon aimable fiancée? comment se porte mon père? Messieurs, il me semble que votre physionomie est un peu sombre? Pourquoi cette noble compagnie me regarde-t-elle comme si elle voyait quelque monument merveilleux, quelque comète ou quelque prodige inusité?

BAPTISTA. — Parbleu, Monsieur, vous savez bien que c'est aujourd'hui le jour de votre mariage: nous étions d'abord tristes, parce que nous avions peur que vous ne vinssiez pas, et maintenant nous sommes plus tristes encore de vous voir si mal accoutré. Fi! jetez bas cet habit qui fait honte à votre condition et qui enlaidit notre fête.

TRANIO. — Et dites-nous, quelle occasion importante vous a si longtemps retenu loin de votre femme et vous a obligé de venir ici si différent de vous-même?

PETRUCHIO. — Ce serait ennuyeux à raconter et assommant à entendre. Qu'il vous suffise de savoir que je suis venu pour tenir ma parole, quoique j'aie été obligé, sur quelques points, de m'écarter de mes promesses; je vous en expliquerai le pourquoi plus à loisir, de manière à vous satisfaire pleinement. Mais où est Cateau? Elle me fait trop attendre. La matinée se passe; il est temps d'aller à l'église.

TRANIO. — Ne vous présentez pas devant votre fiancée avec ce costume inconvenant; venez dans ma chambre, vous mettrez quelques-uns de mes habits.

PETRUCHIO. — Non, non, sur ma foi; je dois me présenter ainsi devant elle.

BAPTISTA. — Mais j'espère bien que vous ne l'épouserez pas ainsi?

PETRUCHIO. — Absolument ainsi, sur ma foi; par conséquent, trêve aux paroles; c'est moi qu'elle épouse et non pas mes habits. Si je pouvais réparer ce qu'elle usera en moi aussi facilement que je puis changer ce pauvre accoutrement, Cateau s'en trouverait fort bien et moi mieux encore. Mais quel fou je suis de rester là à babiller avec vous, lorsque je devrais aller dire bonjour à ma fiancée et sceller ce titre d'un baiser d'amour!
(Sortent Petruchio et Grumio.)

TRANIO. — Cet accoutrement insensé cache quelque intention; nous allons le persuader, si c'est possible, de mettre de meilleurs habits avant d'aller à l'église.

BAPTISTA. — Je cours après lui; je veux voir comment cela se passera. *(Sortent Baptista et Biondello.)*

TRANIO. — Vraiment, Monsieur, à l'amour de Bianca, il nous faut ajouter le consentement de son père; pour l'obtenir, ainsi que je l'ai déjà dit à Votre Honneur, j'ai besoin de trouver un homme, — peu importe ce qu'il sera, nous le stylerons en vue de notre dessein, — qui jouera le rôle de Vincentio de Pise et qui donnera à Baptista, ici même à Padoue, l'assurance de plus grandes sommes encore que celles que j'ai promises. Ainsi vous pourrez réaliser en paix votre espérance et épouser la douce Bianca avec le consentement de son père.

LUCENTIO. — Si mon collègue en professorat ne surveillait pas de si près les démarches de Bianca, le mieux serait, je crois, de nous marier secrètement; notre mariage une fois célébré, tout le monde aurait beau dire non, je garderais ma bien-aimée en dépit de tout le monde.

TRANIO. — Nous verrons progressivement ce que nous devons faire et nous nous arrangerons pour avoir l'avantage dans cette aventure. Nous l'emporterons sur le barbon Gremio, et sur le papa soupçonneux, Minola, et sur le beau musicien, l'amoureux Licio; nous l'emporterons sur tous au profit de Lucentio, mon maître.

Entre GREMIO.

Tranio. — Est-ce que vous revenez de l'église, signor Gremio?

Gremio. — Oui, et d'aussi bon cœur que je suis jamais revenu de l'école.

Tranio. — Est-ce que le marié et la mariée reviennent à la maison?

Gremio. — Le marié, dites-vous? dites plutôt un palefrenier, un palefrenier mal appris, et cela la demoiselle le verra bien.

Tranio. — Comment! il est plus méchant qu'elle? mais c'est impossible!

Gremio. — C'est un diable, un diable, un véritable démon.

Tranio. — Eh bien! mais elle, est un diable, un diable, la femelle du démon.

Gremio. — Bah! elle est un agneau, une colombe, une bonne bête auprès de lui! Je vais vous raconter les choses, monsieur Lucentio. Lorsque le prêtre lui a demandé s'il voulait prendre Catharina pour femme : « Oui, par les blessures du Christ[5]! » a-t-il répondu; alors il s'est mis à sacrer si fort que, tout épouvanté, le prêtre a laissé tomber son livre, et, comme il se baissait pour le ramasser, voici que le fou de marié lui donne une telle taloche que le prêtre tombe sur le livre et que le livre roule sur le prêtre : « Maintenant les ramasse qui voudra, » a-t-il dit.

Tranio. — Et qu'a dit la donzelle lorsqu'il s'est relevé?

Gremio. — Elle tremblait et frémissait, car il frappait du pied et jurait comme si le curé avait eu l'intention de le duper. Le plus grand nombre des cérémonies une fois terminées, voilà qu'il crie pour qu'on lui apporte du vin : « A la santé générale! » dit-il, comme s'il avait été à porter des toasts à bord d'un navire avec ses camarades, après une tempête. Il avale le muscat et vous jette les rôties à la figure du sacristain, sans lui donner d'autre raison, sinon que sa barbe était maigre, qu'elle avait l'air affamée et paraissait lui demander ses rôties en le regardant boire⁸. Cela fait, il a pris la fiancée par le cou et l'a embrassée sur la bouche avec un tel claquement des lèvres que, lorsqu'il a eu fini, toute l'église a fait écho. Quand j'ai vu cela, j'ai eu tellement honte que je m'en suis enfui; mais je sais que toute la bande vient par derrière moi. On n'a jamais vu un mariage aussi insensé. (*Bruit de musique.*) Mais écoutez, écoutez, j'entends les ménétriers qui jouent.

Rentrent PETRUCHIO, CATHARINA, BAPTISTA, BIANCA, HORTENSIO, GRUMIO *et la suite.*

Petruchio. — Messieurs et amis, je vous remercie de vos peines. Je sais que vous pensez que je dîne avec vous et que vous avez préparé un abondant repas de noces; mais il se rencontre que j'ai besoin de partir en toute hâte; mon intention est donc de prendre ici congé de vous.

Baptista. — Est-il possible que vous partiez ce soir?

Petruchio. — J'ai besoin de partir aujourd'hui, avant que la nuit soit venue. Que cela ne vous étonne pas; si vous saviez quelle affaire m'appelle, vous me presseriez plutôt de partir que de rester. Donc, mes remercîments à l'honnête assistance qui est venue me voir faire l'abandon de moi-même à cette très-patiente, très-douce et très-vertueuse femme. Dînez, je vous prie, avec mon père, buvez à ma santé, car il faut que je parte, et là-dessus adieu à vous tous.

Tranio. — Laissez-nous vous supplier de rester jusqu'après le dîner.

Petruchio. — C'est impossible.

Gremio. — Laissez-moi vous en supplier.

Petruchio. — C'est impossible.

Catharina. — Laissez-moi vous en supplier.

Petruchio. — J'en suis heureux.

Catharina. — Heureux de rester?

Petruchio. — Heureux que vous m'engagiez à rester,

mais décidé à ne pas rester, quelques supplications que vous puissiez me faire.

CATHARINA. — Voyons, restez, si vous m'aimez.

PETRUCHIO. — Grumio, mon cheval!

GRUMIO. — Les chevaux sont prêts, Monsieur : leurs avoines *ils* les ont mangés⁷.

CATHARINA. — Eh bien! alors, faites ce qui vous plaira; je ne partirai ni aujourd'hui, ni demain, ni avant que cela me plaise. La porte est ouverte, Monsieur; voici votre chemin, vous pouvez trotter tant que vos bottes seront graissées. Quant à moi, je ne bougerai que lorsqu'il me plaira. Un homme qui agit aussi grossièrement dès le premier jour, ne peut manquer de se montrer par la suite un joli rustre bien maussade.

PETRUCHIO. — Oh! Cateau! apaise-toi; ne te mets pas en colère, je t'en prie.

CATHARINA. — Je veux me mettre en colère. Qu'est-ce que tu as donc à faire? Père, soyez tranquille, il attendra mon bon plaisir.

GREMIO. — Oui, parbleu, Monsieur; voilà que cela commence à bien marcher.

CATHARINA. — Au repas de noces, Messieurs; je vois qu'on pourrait faire aisément une sotte d'une femme qui n'aurait pas l'énergie de résister.

PETRUCHIO. — Ils vont aller au repas de noces sur ton commandement, Cateau. Obéissez à la fiancée, vous tous qui l'entourez, allez à la fête, amusez-vous et faites bombance, portez force toasts à son pucelage, faites les fous et soyez gais, sinon allez vous faire pendre; mais quant à ma bonne Cateau, elle viendra avec moi. Mais oui, ne me faites pas les gros yeux, ne tapez pas du pied, ne faites pas l'immobile, ne vous agitez pas; je veux être maître de ce qui m'appartient. Elle est mes biens, mes bijoux, ma maison et mes ustensiles de ménage, mon champ, ma grange, mon cheval, mon bœuf, mon âne, mon toute chose : la voici, la touche qui l'osera! Que le plus fier-à-bras de vous tous ose me retenir à Padoue, je saurai le mettre à la raison. Grumio, tire ton épée, nous sommes entourés de voleurs; secours ta maîtresse, si tu es un homme. Ne crains pas, ma douce fillette; ils ne te toucheront pas, Cateau; je te protégerai contre un million d'assaillants.

(*Sortent Petruchio, Catharina et Grumio.*)

BAPTISTA. — Et parbleu qu'ils s'en aillent! voilà un couple paisible!

GREMIO. — S'ils ne s'étaient pas dépêchés de partir, j'allais mourir de rire.

TRANIO. — De tous les mariages insensés, voilà le plus insensé.

LUCENTIO. — Maîtresse, quelle est votre opinion sur votre sœur?

BIANCA. — Que folle elle-même, elle est accouplée à un fou.

GREMIO. — Petruchio est cuit, je lui en réponds.

BAPTISTA. — Voisins et amis, quoique le marié et la mariée nous fassent défaut, vous savez que notre fête ne manquera pas de bonnes choses pour les remplacer. Lucentio, vous tiendrez la place du marié; que Bianca prenne la place de sa sœur.

TRANIO. — L'aimable Bianca saura-t-elle comment jouer le personnage de la mariée?

BIANCA. — Elle le saura, Lucentio. Allons, Messieurs, partons. (*Ils sortent.*)

ACTE IV.

SCÈNE PREMIÈRE.

Une salle dans la maison de campagne de Petruchio.

Entre GRUMIO.

Grumio. — Ah ! fi, fi, de toutes les rosses éreintées, de tous les fous de maîtres, et de tous les mauvais chemins! A-t-on jamais vu homme si moulu? homme si crotté? homme si fatigué? Ils m'envoient en avant pour faire le feu, et ils arrivent pour se chauffer. Si je n'étais pas « *petit pot qui chauffe vite*, » mes lèvres se gèleraient sur mes dents, ma langue contre le palais de ma bouche et mon cœur dans ma poitrine, avant que j'eusse assez de feu pour me dégeler; mais moi je vais me réchauffer rien qu'en soufflant le feu, car par le temps qu'il fait un plus grand que moi attraperait un rhume. Holà! ho! Curtis!

Entre CURTIS.

Curtis. — Qui donc appelle d'une voix si grelottante?

Grumio. — Un morceau de glace; si tu en doutes, tu peux patiner depuis mon épaule jusqu'à mon talon sans avoir besoin pour ton élan de plus que la longueur de ma tête et de mon cou. Du feu, mon bon Curtis!

Curtis. — Est-ce que mon maître vient avec sa femme, Grumio?

Grumio. — Oh oui, Curtis, oh oui : donc du feu, du feu, et n'y jette pas d'eau.

Curtis. — Est-ce qu'elle a la tête si chaude qu'on le dit?

Grumio. — Elle l'avait, mon bon Curtis, avant cette gelée; mais, tu sais, l'hiver dompte homme, femme et bête, car il a dompté mon ancien maître, et ma nouvelle maîtresse, et moi-même, camarade Curtis.

Curtis. — Allons donc, pantin de trois pouces, je ne suis pas une bête.

Grumio. — Comment! je n'ai que trois pouces? mais ta corne de cocu a un pied, et je suis pour le moins aussi grand. Tâche de faire du feu ou bien je me plaindrai de toi à notre maîtresse, dont la main (maintenant elle nous serre presque le coude) te fera bientôt sentir, à ton froid contentement, que tu as été trop lent à lui préparer de quoi la tenir chaude.

Curtis. — Je t'en prie, mon bon Grumio, dis-moi comment va le monde?

Grumio. — Le monde va froidement, Curtis, dans toutes les fonctions qui ne sont pas la tienne; donc, du feu : fais ton devoir et prends ton dû; car mon maître et ma maîtresse sont presque morts de froid.

Curtis. — Il y a du feu tout prêt, tu ne peux donc pas te dispenser de me dire les nouvelles, mon bon Grumio.

Grumio. — « Mon Jacquot! ohé, mon Jacquot[1]! » toutes les nouvelles qu'il te plaira.

Curtis. — Voyez un peu comme il est bourré de malices!

Grumio. — Eh bien alors du feu, car pour le moment je suis bourré d'un très-grand froid. Où est le cuisinier? Le souper est-il prêt, la maison mise en état, les nattes étendues, les toiles d'araignées enlevées, les domestiques en futaine neuve et en bas blancs, et tous nos gens dans leurs habits de noces? Nos marmites sont-elles propres en dedans et nos marmitons propres en dehors[2]? Les nappes sont-elles mises et toutes choses en ordre?

Curtis. — Tout est prêt : donc les nouvelles, je te prie?

Grumio. — Sache d'abord que mon cheval est fatigué et que mon maître et ma maîtresse sont tombés.

Curtis. — Comment cela?

GRUMIO. — Ils sont tombés de leur selle dans la boue : cela fait toute une histoire.

CURTIS. — Voyons-la, mon bon Grumio.

GRUMIO. — Prête-moi ton oreille.

CURTIS. — Voici.

GRUMIO, *lui donnant une tape.* — Voilà.

CURTIS. — Cela s'appelle sentir une histoire et non pas l'entendre.

GRUMIO. — C'est pourquoi cela s'appelle une histoire de sentiment ; ce soufflet n'avait d'autre but que de frapper à votre oreille et de la prier d'écouter. Maintenant je commence : *Imprimis*, nous descendions une très-mauvaise côte, mon maître en croupe derrière ma maîtresse....

CURTIS. — Tous deux sur un seul cheval?

GRUMIO. — Qu'est-ce que cela te fait ?

CURTIS. — Parbleu, cela fait un cheval.

GRUMIO. — Alors raconte l'histoire toi-même :... si tu ne m'avais pas interrompu, tu aurais appris comment son cheval est tombé et elle sous le cheval ; tu aurais appris dans quel bourbier ; comment elle a été couverte de boue ; comment mon maître l'a laissée avec le cheval sur elle ; comment il m'a battu parce que son cheval avait trébuché ; comment elle a pataugé à travers la boue pour venir le séparer de moi ; comment il jurait ; comment elle suppliait, elle qui n'avait jamais supplié de sa vie ; comment je criais ; comment les chevaux se sont sauvés ; comment sa bride s'est rompue ; comment j'ai perdu ma croupière avec beaucoup d'autres choses dignes de souvenir qui mourront maintenant dans l'oubli, et tu rejoindras ta tombe sans les connaître.

CURTIS. — Mais à ce compte, il est plus méchant qu'elle.

GRUMIO. — Oui certes, et toi et les plus fameux de vous tous vous en apercevrez bien lorsqu'il reviendra. Mais à quoi bon parler de tout cela ? Appelle-moi Nathaniel, Joseph, Nicolas, Philippe, Walter, Rôtie de Sucre, et tous les autres. Qu'ils peignent et lissent leurs cheveux, qu'ils brossent leurs habits bleus [3], et que leurs jarretières soient bien également nouées ; qu'ils fassent la révérence de la jambe gauche et qu'ils ne s'avisent pas de toucher un poil de la queue du cheval de mon maître avant qu'ils aient baisé les mains des époux. Sont-ils tous prêts?

CURTIS. — Ils sont tous prêts.

GRUMIO. — Appelle-les.

CURTIS. — Entendez-vous? hé! Il vous faut aller à la rencontre de notre maître pour faire bonne figure à notre maîtresse.

GRUMIO. — Bah! elle a une figure à elle

CURTIS. — Qui ne sait pas cela?

GRUMIO. — Toi, à ce qu'il paraît, puisque tu appelles du monde pour lui faire bonne figure.

CURTIS. — J'appelle du monde pour lui prêter respect.

GRUMIO. — Mais elle ne vient pas dans l'intention de leur emprunter quelque chose.

Entrent DIVERS VALETS.

NATHANIEL. — Sois le bienvenu, Grumio!

PHILIPPE. — Eh bien! comment ça va, Grumio?

JOSEPH. — Eh, voilà Grumio!

NICOLAS. — Ah, ah, le camarade Grumio!

NATHANIEL. — Eh bien! comment ça va-t-il, mon vieux compère?

GRUMIO. — Soyez le bienvenu, vous! — Comment ça va, vous? — Eh, vous voilà, vous? — Ah, ah, camarade, vous! — Et voilà assez de bienvenues comme ça. Maintenant, mes jolis compagnons, tout est-il prêt et toutes les choses en bon ordre?

NATHANIEL. — Tout est prêt: notre maître arrive-t-il bientôt?

GRUMIO. — Il est tout proche, il a mis pied à terre à deux pas d'ici; par conséquent ne soyez pas.... Silence, de par le coq de la passion[1]! j'entends mon maître.

Entrent PETRUCHIO et CATHARINA.

PETRUCHIO. — Eh bien! où sont ces drôles? comment, il n'y a personne à la porte pour me tenir l'étrier et prendre mon cheval? Où sont Nathaniel, Grégoire, Philippe?

Tous les valets *à la fois*. — Ici, Monsieur! ici, ici, Monsieur!

Petruchio. — Ici, Monsieur! ici, Monsieur! ici, Monsieur! ici, Monsieur! Tas de têtes de bois et de valets malhonnêtes! Comment, personne pour venir à mon avance! pas d'égards, pas de respect! où est l'imbécile drôle que j'avais dépêché en avant?

Grumio. — Me voici, Monsieur, et aussi imbécile qu'avant.

Petruchio. — Ah! rustre de paysan! fils de catin! cheval de brasseur! rosse! ne t'avais-je pas dit de venir me rejoindre dans le parc et d'amener ces drôles avec toi?

Grumio. — Monsieur, l'habit de Nathaniel n'était pas tout à fait fini et les souliers de Gabriel étaient tout décousus au talon; il n'y avait pas de noir de fumée pour teindre le chapeau de Pierre,[5] et la dague de Walter attendait son fourreau : il n'y avait de propres qu'Adam, Ralph et Grégoire; les autres étaient déguenillés, crasseux et misérables; cependant tels qu'ils sont, ils sont venus vous souhaiter la bienvenue.

Petruchio. — Allez, coquins, allez, et servez-moi mon souper.

(*Sortent quelques-uns des valets. Petruchio chante.*)

Où est la vie qu'autrefois je menais....

Eh bien, où sont ces.... Assieds-toi, Catharina, et sois la bienvenue.... Oh là là! ouf! ouf! ouf! (*Rentrent les valets avec le souper.*) Allons, nous dépêcherons-nous? — Voyons, ma bonne, mon aimable Cateau, soyez gaie.... Allons vite, qu'on m'enlève mes bottes, coquins, manants! quand vous déciderez-vous? (*Il chante.*)

C'était le moine des ordres gris;
mme il se promenait sur la route....

Au diable, coquin! vous me tirez le pied de travers : attrapez cela et apprenez à mieux tirer l'autre. (*Il le frappe* Sois gaie, Cateau. Hé! de l'eau ici! Où est mon épagneul Troïlus? Maraud, va-t'en dire à mon cousin Ferdinand de venir. (*Sort un valet.*) Un garçon que vous embrasserez, Cateau, et dont vous allez faire la connaissance. Où sont mes pantoufles? m'apportera-t-on de l'eau? (*On lui présente un bassin et une aiguière.*) Venez, Cateau, lavez-vous les mains et soyez la bienvenue de tout cœur. (*Le valet laisse tomber l'aiguière.*) Eh bien! manant, fils de catin! pourquoi laisser tomber cette aiguière?

Catharina. — Patience, je vous prie; c'est une faute involontaire de sa part.

Petruchio. — Fils de catin, ganache, coquin à oreilles d'âne! Allons, Cateau, asseyez-vous! je sais que vous avez faim. Voulez-vous que je dise les grâces, Cateau, ou bien voulez-vous les dire? Qu'est-ce que c'est que cela? du mouton?

Premier valet. — Oui.

Petruchio. — Qui l'a porté?

Premier valet. — Moi.

Petruchio. — Il est brûlé et tout le souper aussi. Quels chiens que ces gens-là! Où est cette canaille de cuisinier? Comment avez-vous l'audace, coquins, de m'apporter cela de l'office et de me le servir, à moi, qui ne l'aime pas? Tenez, reprenez cela, plats, verres et tout. (*Il leur jette à la tête les plats, etc.*) Lourdauds, imbéciles, manants malappris! Comment, vous murmurez? je suis à vous tout à l'heure.

Catharina. — Je vous en prie, mon mari, ne soyez pas si fort agité: cette viande était bonne, si vous aviez voulu vous en contenter.

Petruchio. — Je te dis, Catharina, qu'elle était toute brûlée et desséchée, et il m'est expressément défendu de toucher à des viandes pareilles, parce qu'elles engendrent la colère et poussent à la fureur[6]; il vaudrait mieux que nous jeûnassions, nous qui sommes par nature bien assez colériques, plutôt que de manger d'une viande trop rôtie comme celle-là. Prenez patience, demain tout sera réparé; pour cette nuit, nous jeûnerons de compagnie: viens, je vais te conduire à ta chambre nuptiale.

(*Sortent Petruchio, Catharina et Curtis.*)

NATHANIEL. — Pierre, as-tu jamais vu chose pareille?
PIERRE. — Il la tue avec sa propre humeur à elle.

Rentre CURTIS.

GRUMIO. — Où est-il?
CURTIS. — Dans sa chambre, et il lui fait un sermon sur la continence. Il tempête, il jure, il gronde de telle sorte, qu'elle, la pauvre âme, ne sait plus comment se tenir, quelle contenance faire ni quoi dire, et, qu'elle reste là comme une personne nouvellement éveillée d'un rêve. Partons, partons! le voici qui revient.

(*Ils sortent.*)

Rentre PETRUCHIO.

PETRUCHIO. — J'ai commencé mon règne en fin politique, et j'ai l'espoir de le terminer heureusement. Mon faucon est maintenant en haleine et a le ventre aussi vide que possible; jusqu'à ce qu'il cède, il ne doit pas être trop gorgé, car autrement il ne ferait plus attention au leurre. J'ai une autre manière de dompter mon oiseau sauvage et de lui apprendre à venir et à reconnaître l'appel de son maître; c'est de le faire veiller comme nous faisons à ces oiseaux qui se débattent, résistent et ne veulent pas obéir. Elle n'a rien mangé d'aujourd'hui et ne mangera rien; elle n'a pas dormi la nuit passée et ne dormira pas de celle-ci; je vais, comme pour le souper, trouver à son lit quelque défaut de négligence; je jetterai le traversin par-ci, l'oreiller par-là, la couverture de ce côté, les draps de cet autre, et j'entends qu'au milieu de ce tohu-bohu tout se passe pour elle avec le plus grand respect. La conclusion, c'est qu'elle veillera toute la nuit: s'il lui arrive de s'assoupir, je tempêterai, je braillerai, et je la tiendrai éveillée à force de tapage. Voilà une façon de tuer une femme avec tendresse[7]. C'est ainsi que je ferai plier son humeur violente et têtue; si quelqu'un connaît un meilleur moyen de dompter une mégère, qu'il parle; c'est une charité de l'enseigner.

(*Il sort.*)

SCÈNE II.

Padoue. — Devant la demeure de Baptista.

Entrent TRANIO *et* HORTENSIO.

Tranio. — Est-il possible, ami Licio, que madam. Bianca en aime un autre que Lucentio? Je vous dis, Monsieur, qu'elle m'honore de ses encouragements!

Hortensio. — Monsieur, pour vous prouver ce que je vous ai dit, arrêtez-vous un peu et remarquez la manière dont il lui donne ses leçons. (*Ils s'écartent.*)

Entrent BIANCA *et* LUCENTIO.

Lucentio. — Eh bien! maîtresse, profitez-vous bien de vos lectures?

Bianca. — Et vous, maître, que lisez-vous? répondez-moi d'abord à cela.

Lucentio. — Je lis ce que je professe, l'art d'aimer.

Bianca. — Et puissiez-vous, Monsieur, devenir maître dans votre art!

Lucentio. — Pendant que vous, ma douce chérie, vous deviendrez maîtresse de mon cœur.

(*Ils se retirent.*)

Hortensio, *s'avançant*. — Ils vont, ma foi, d'un bon pas. Eh bien, qu'en pensez-vous, je vous prie, vous qui osiez jurer que madame Bianca n'aimait personne au monde autant que Lucentio?

Tranio. — O amour malheureux! ô sexe inconstant! Je te dis, Licio, que c'est extraordinaire.

Hortensio. — Ne t'abuse pas plus longtemps : je ne suis pas Licio, ni un musicien, comme j'ai l'air de l'être; mais je suis un homme qui dédaigne de rester plus longtemps sous ce déguisement, pour l'amour d'une personne qui abandonne un gentilhomme pour se faire un dieu d'un tel goujat : sachez, Monsieur, que je m'appelle Hortensio.

Tranio. — Signor Hortensio, j'ai souvent entendu parler de votre grande affection pour Bianca, et puisque mes yeux sont témoins de sa légèreté, je veux, si cela peut vous faire plaisir, abjurer pour toujours, de compagnie avec vous, Bianca et son amour.

Hortensio. — Voyez comme ils s'embrassent et comme ils se font la cour! Signor Lucentio, voici ma main : je jure solennellement de ne plus jamais lui faire la cour, mais de la renier comme une personne indigne de toutes les faveurs antérieures dont je l'ai passionnément honorée.

Tranio. — Et moi je fais en toute franchise le même serment de ne jamais l'épouser, quand bien même elle m'en supplierait. Fi d'elle! voyez comme elle lui fait bestialement la cour!

Hortensio. — Puisse-t-elle être reniée de tout le monde, sauf de lui! Quant à moi, pour tenir plus sûrement mon serment, je veux être marié avant trois jours à une riche veuve, qui m'aime depuis aussi longtemps que j'aime cette grue orgueilleuse et dédaigneuse : là-dessus, adieu, signor Lucentio. Ce qui gagne mon amour chez les femmes, c'est leur tendresse et non leurs beaux yeux : et sur ce, je prends congé, fermement résolu à tenir mon serment.

(*Il sort. — Lucentio et Bianca s'avancent.*)

Tranio. — Madame Bianca, Dieu vous bénisse de toutes les grâces qui appartiennent à un amour heureux. Ah! ah! je vous y ai prise, à vous laisser aller, mon aimable maîtresse, et je vous ai reniée en compagnie d'Hortensio.

Bianca. — Vous plaisantez, Tranio : vraiment vous m'avez reniée tous deux?

Tranio. — Oui, maîtresse.

Lucentio. — Alors nous sommes débarrassés de Licio?

Tranio. — Ma foi, il veut avoir maintenant une veuve aux charmes opulents, qu'il courtisera et épousera en un même jour.

Bianca. — Le ciel lui donne joie!

TRANIO. — Oui, et il la domptera.

BIANCA. — Il dit cela, Tranio.

TRANIO. — Ma foi, mais il s'est trouvé à la bonne école du dressage.

BIANCA. — L'école du dressage! Est-ce qu'il y a une telle école?

TRANIO. — Oui, maîtresse, et Petruchio en est le maître; Petruchio qui enseigne par douzaines des tours longs de vingt aunes pour dompter une mégère et ensorceler sa langue babillarde.

Entre BIONDELLO, *en courant.*

BIONDELLO. — Ah! maître, maître, j'ai tant fait sentinelle que je suis éreinté; mais, à la fin, j'ai découvert un bon vieux gobe-mouche [8] qui descendait la colline et qui fera l'affaire.

TRANIO. — Quel est-il, Biondello?

BIONDELLO. — Si c'est un boutiquier ou un pédagogue, je ne le sais pas, maître; mais, à coup sûr, son costume, sa démarche et son maintien lui donnent tout l'air d'un vrai papa.

LUCENTIO. — Qu'allons-nous faire de lui, Tranio?

TRANIO. — S'il est crédule et s'il gobe mon conte, je le rendrai tout heureux de jouer le personnage de Vincentio et de donner sa garantie à Baptista Minola, tout comme s'il était le vrai Vincentio. Emmenez votre bien-aimée et laissez-moi seul.   (*Sortent Lucentio et Bianca.*)

Entre UN PÉDANT.

LE PÉDANT. — Dieu vous bénisse, Monsieur!

TRANIO. — Et vous de même, Monsieur: vous êtes le bienvenu. Allez-vous plus loin ou êtes-vous au bout de votre voyage?

LE PÉDANT. — Monsieur, je suis au bout de mon voyage pour une semaine ou deux; mais, après cela, j'ai l'intention d'aller jusqu'à Rome, et puis de là à Tripoli, si Dieu me prête vie.

TRANIO. — De quel pays êtes-vous, je vous prie?

LE PÉDANT. — De Mantoue.

TRANIO. — De Mantoue, Monsieur? plaise à Dieu que non. Comment, vous êtes venu à Padoue sans inquiétude pour votre vie?

LE PÉDANT. — Ma vie, Monsieur! qu'est-ce à dire, s'il vous plaît? voilà qui est sérieux.

TRANIO. Il y a peine de mort contre tout habitant de Mantoue qui vient à Padoue. N'en savez-vous pas la cause? Vos vaisseaux sont retenus à Venise; le duc (à la suite d'une querelle particulière entre lui et votre duc) l'a fait annoncer et proclamer publiquement. Il est étonnant que vous ne le sachiez pas; mais vous êtes nouvellement arrivé, sans cela vous auriez pu entendre cette proclamation.

LE PÉDANT. — Hélas! Monsieur, cela est encore plus malheureux pour moi que vous ne sauriez croire, car j'ai des lettres de change de Florence, et je dois les toucher ici.

TRANIO. — Eh bien, Monsieur, pour vous obliger, je veux bien vous les faire escompter et vous donner mes bons conseils; mais d'abord, dites-moi, êtes-vous jamais allé à Pise?

LE PÉDANT. — Oui, Monsieur, je suis souvent allé à Pise, à Pise renommée pour la gravité de ses citoyens.

TRANIO. — Parmi ces citoyens, connaissez-vous un certain Vincentio?

LE PÉDANT. — Je ne le connais pas, mais j'ai entendu parler de lui; c'est un marchand d'une incomparable richesse.

TRANIO. — C'est mon père, Monsieur, et, pour dire la vérité, sa personne ressemble quelque peu à la vôtre.

BIONDELLO, *à part.* — Autant qu'une pomme ressemble à une huître; c'est tout aussi frappant.

TRANIO. — Pour vous sauver la vie dans l'extrémité où vous êtes, je veux vous rendre service à sa considération. Ce n'est pas, croyez-le bien, la plus médiocre de vos bonnes fortunes que cette ressemblance avec messire Vincentio. Vous allez représenter son nom et son crédit, et vous serez logé chez moi sur le pied d'un ami. Veillez à bien jouer votre personnage; vous me comprenez, Monsieur. Vous resterez chez moi jusqu'à ce que vous ayez terminé vos affaires dans cette ville : si cette offre vous agrée, acceptez-la, Monsieur.

Le pédant. — O Monsieur, je l'accepte, et je vous tiendrai éternellement pour le protecteur de ma vie et de ma liberté.

Tranio. — Alors venez avec moi; nous allons tout arranger pour le mieux. En attendant que nous arrivions, je dois vous faire savoir que mon père est attendu ici de jour en jour, pour assurer la garantie du douaire d'une des filles de Baptista que j'épouse. Je vous instruirai de toutes les circonstances de cette affaire : venez avec moi, Monsieur, vous habiller comme il vous convient de l'être.

(*Ils sortent.*)

SCÈNE III.

Une chambre dans la maison de Petruchio.

Entrent CATHARINA *et* GRUMIO.

Grumio. — Non, non, vraiment; sur ma vie, je ne l'ose pas.

Catharina. — Plus je souffre et plus il est méchant. Comment, il m'a donc épousée pour me faire mourir de faim? Les mendiants, lorsqu'ils viennent demander aux portes de mon père, obtiennent immédiatement l'aumône sinon ils rencontrent ailleurs de la charité; mais moi, qui n'ai jamais su supplier et qui n'ai jamais eu besoin de supplier, il me faut souffrir de la faim et tomber de sommeil. Il me tient éveillée par ses jurements et me nourrit de ses braillements: et ce qui m'enrage plus que toutes ces privations, c'est qu'il me les inflige sous le prétexte d'un amour parfait; on dirait que si je sommeillais ou que si je mangeais, je courrais danger de maladie mortelle ou même de mort immédiate. Va donc, je t'en prie, et porte-moi quelque chose à manger, n'importe quoi, cela m'est égal, pourvu que ce soit sain.

Grumio. — Que pensez-vous d'un pied de veau?

Catharina. — C'est excellent, va-t'en m'en chercher un, je te prie.

Grumio. — Je crains que ce ne soit une viande qui pousse trop à la colère. Que dites-vous d'un bout de boudin gras gentiment grillé?

Catharina. — Je l'aime beaucoup; va-t'en me le chercher, mon bon Grumio.

Grumio. — Je ne sais trop que vous dire; je crains que cela ne pousse à la colère. Que dites-vous d'un morceau de bœuf avec de la moutarde?

Catharina. — C'est un plat dont je raffole.

Grumio. — Oui, mais la moutarde est un peu trop irritante.

Catharina. — Eh bien! alors, le bœuf, et laisse là la moutarde.

Grumio. — Non, cela je ne le ferai pas; vous aurez la moutarde ou bien Grumio ne vous donnera pas de bœuf.

Catharina. — Et parbleu! les deux, ou l'un des deux, ou ce que tu voudras.

Grumio. — Eh bien! alors, la moutarde sans le bœuf.

Catharina. — Va donc, sors d'ici, serf hypocrite et trompeur! (*Elle le bat.*) Tu prétends me nourrir avec les noms des mets: le chagrin tombe sur toi et sur toute votre séquelle, vous qui vous amusez ainsi de mon malheur! Va-t'en, sors d'ici, te dis-je.

Entrent PETRUCHIO, *portant un plat, et* HORTENSIO.

Petruchio. — Comment se porte ma Cateau? Eh bien! petite chérie, qu'est-ce donc? vous voilà avec une mine de trépassée!

Hortensio. — Madame, comment allez-vous?

Catharina. — Ma foi, aussi froidement que possible.

Petruchio. — Ranime tes esprits; regarde-moi gaiement. Ici, ma chérie. Vois comme je suis diligent; je prépare moi-même ton repas et je te l'apporte. (*Il pose le plat sur une table.*) Certainement, Cateau, cette tendresse me vaut des remerciments.... Quoi! pas un mot!

ACTE IV, SCÈNE III.

ors tu n'aimes pas cela et toutes mes peines sont perdues.... Holà ! enlevez ce plat.

CATHARINA. — Non, laissez-le, je vous en prie.

PETRUCHIO. — Le plus pauvre service vaut des remercîments ; il en sera ainsi du mien avant que vous touchiez à ce plat.

CATHARINA. — Je vous remercie, Monsieur.

HORTENSIO. — Fi ! signor Petruchio, votre conduite est blâmable. Venez, madame Caty, je vais vous tenir compagnie.

PETRUCHIO, *à part, à Hortensio.* — Mange tout, si tu as de l'amitié pour moi. (*A Catharina.*) Grand bien te fasse, mon aimable cœur ! Mange vite, Cateau, et ensuite, mon doux amour, nous retournerons à la maison de ton père, et nous y paraderons comme les plus huppées, avec un étalage de robes de soie, de chapeaux, de bagues, de fraises, de manchettes, de vertugadins et tout le tremblement ; avec des écharpes, des éventails, des parures de rechange, des bracelets d'ambre, des colliers et toutes ces fariboles. Eh bien, as tu dîné ? Le tailleur attend ton bon plaisir pour orner ta personne de ses chatoyants trésors [9].

Entre UN TAILLEUR.

Venez, tailleur, montrez-nous ces ajustements. Déployez la robe.

Entre UN MARCHAND DE MODES.

Et vous, Monsieur, que voulez-vous ?

LE MARCHAND DE MODES. — Voici le chapeau que Votre Honneur a demandé.

PETRUCHIO. — Et mais vraiment, il a été moulé sur une écuelle ; c'est un plat en velours ; fi ! fi ! il est vilain et malséant. Parbleu ! c'est une coquille ou une enveloppe de noix, une babiole, un joujou, une fanfreluche, un bonnet d'enfant. Remportez-le, allez, j'en veux un plus grand.

CATHARINA. — Je n'en veux pas de plus grand ; celui-ci

est très à la mode, et les dames de qualité portent des chapeaux comme ceux-là.

Petruchio. — Lorsque vous serez gentille, vous en aurez un comme celui-là, mais pas avant.

Hortensio, *à part*. — Cela ne sera pas de sitôt.

Catharina. — Parbleu, Monsieur, j'imagine que j'ai le droit de parler, et je parlerai. Je ne suis ni un enfant, ni une petite fille, et des gens qui valaient mieux que vous ont souffert que je dise ma pensée en leur présence ; si cela ne vous plaît pas, vous ferez bien de vous boucher les oreilles. Ma langue exprimera l'indignation de mon cœur, ou bien, s'il doit la contenir, mon cœur se brisera. Plutôt que d'en arriver là, je parlerai comme il me plaira, et jusqu'à mon dernier souffle.

Petruchio. — Parbleu, tu dis vrai ; c'est un affreux chapeau, une croûte de pâté [10], un joujou, un plat monté en soie : je t'en aime davantage pour ne pas l'aimer.

Catharina. — Aimez-moi ou ne m'aimez pas, moi j'aime ce chapeau ; et je l'aurai ou je n'en aurai pas d'autre.

Petruchio. — Ta robe? ah ! oui, c'est juste : approchez, tailleur, montrez-nous-la. O bonté divine! voyez donc quelle étoffe de mascarade ! Qu'est-ce que c'est que cela? une manche? on dirait un demi-canon. Comment! taillée du haut en bas comme une tarte aux pommes! Ça vous a des découpures, des piqûres, des figures, des jours et des crevés, comme la chaufferette d'une boutique de barbier [11]. Comment, nom d'un diable, appelles-tu cela, tailleur ?

Hortensio, *à part*. — Je vois qu'elle court risque de n'avoir ni le chapeau, ni la robe.

Le tailleur. — Vous m'avez ordonné de faire une robe bien coupée et à la mode du jour.

Petruchio. — Oui, parbleu, mais si vous vous rappelez bien, je ne vous ai pas dit de la gâter selon la mode. Allons, enjambez-moi bien vite les ruisseaux d'ici chez vous, et sans remporter ma pratique, Monsieur : je ne veux rien de tout cela ; faites-en ce que vous pourrez

Catharina. — Je n'ai jamais vu une robe mieux faite, de

meilleur goût, plus charmante et plus convenable : il me semble que vous avez l'intention de faire de moi une poupée.

Petruchio. — C'est vrai, cet homme a l'intention de faire de vous une poupée.

Le tailleur. — Elle dit que Votre Honneur a l'intention de faire d'elle une poupée.

Petruchio. — O! monstrueuse arrogance! tu mens, espèce de fil et de dé à coudre! tu mens, aune et trois quarts d'aune, demi-aune, un quart et un pouce! tu mens, puce, œuf de pou, cricri de cheminée! Comment cet écheveau de fil viendra me braver chez moi? Dehors, chiffon, mesure, coupon, ou je m'en vais te mesurer les côtes avec ton aune de manière à te faire souvenir pour le reste de tes jours de l'inconvénient du babillage! Je te dis que tu as gâté sa robe.

Le tailleur. — Votre Honneur se trompe; la robe est faite exactement selon les indications qu'a reçues mon maître. Grumio avait donné des ordres à cet égard.

Grumio. — Je ne lui ai pas donné d'ordres, je lui ai donné l'étoffe.

Le tailleur. — Mais comment avez-vous demandé qu'elle fût faite?

Grumio. — Parbleu, Monsieur, avec une aiguille et du fil.

Le tailleur. — Mais n'avez-vous pas demandé qu'elle eût des crevés?

Grumio. — Tu as retourné bien des habits, n'est-ce pas?

Le tailleur. — Oui.

Grumio. — Eh bien! ne me retourne pas : tu as fait *braves* bien des gens, eh bien! ne me brave pas : je ne veux être ni retourné, ni bravé. Je te le dis en face : j'ai dit à ton maître de couper la robe, mais je ne lui ai pas dit de la couper en morceaux : *ergo*, tu mens.

Le tailleur. — Parbleu, voici, pour en témoigner, la note des ordres que nous avons reçus.

Petruchio. — Lisez-la.

GRUMIO. — La note en a menti par sa gorge, si elle dit que j'ai dit cela.

LE TAILLEUR *lit*. — *Imprimis, une robe à ample corsage.*

GRUMIO. — Maître, si j'ai jamais parlé de robe à ample corsage, qu'on me couse dans ses jupes et qu'on me batte à mort avec la bobine d'un écheveau de fil noir : j'ai dit une robe.

PETRUCHIO. — Continuez.

LE TAILLEUR. — *Avec une petite pèlerine ronde.*

GRUMIO. — J'avoue la pèlerine.

PETRUCHIO. — *Avec la manche pendante.*

GRUMIO. — Je confesse deux manches.

LE TAILLEUR. — *Les manches minutieusement découpées.*

PETRUCHIO. — Oui, c'est là qu'est la scélératesse.

GRUMIO. — Erreur dans la note, Monsieur, erreur dans la note. J'ai commandé que les manches fussent coupées et puis recousues, et cela je te le prouverai quand bien même ton petit doigt serait armé d'un dé à coudre.

LE TAILLEUR. — Ce que je dis est vrai, et je te l'apprendrais si je te tenais quelque part.

GRUMIO. — Je suis ton homme sur-le-champ ; prends pour arme la colonne de ce mémoire, passe-moi ton aune et ne m'épargne pas.

HORTENSIO. — Dieu me pardonne, Grumio ! mais les armes ne seront pas égales entre vous.

PETRUCHIO. — Allons, Monsieur, pour conclure, cette robe n'est pas pour moi.

GRUMIO. — Vous avez raison, Monsieur, elle est pour ma maîtresse

PETRUCHIO. — Allons, emporte-la et que ton maître l'endosse à son compte.

GRUMIO. — Ne fais pas cela sur ta vie, faquin ; prendre la robe de ma maîtresse et la faire endosser par ton maître !

PETRUCHIO. — Eh bien ! Monsieur, quel trait d'esprit cachez-vous là-dessous ?

ACTE IV, SCÈNE III.

Grumio. — Oh! Monsieur, le trait d'esprit est plus profond que vous ne le pensez. Laisser endosser la robe de ma maîtresse par son maître. O! fi! fi! fi!

Petruchio, *à part à Hortensio.* — Hortensio, veille à ce que le tailleur soit payé. — Allons, emportez-la, partez, et plus un mot.

Hortensio. — Tailleur, je te ferai payer ta robe demain. Ne fais pas attention à ses expressions intempérantes : pars, te dis-je ; recommande-moi à ton maître.

(*Le tailleur sort.*)

Petruchio. — Eh bien, allons, ma Cateau, nous irons chez votre père avec ces simples honnêtes habits; nos bourses seront fières et nos vêtements humbles : c'est l'esprit qui donne au corps sa richesse, et de même que le soleil perce à travers les plus noirs nuages, ainsi l'honneur perce sous le plus modeste habit. Comment donc! le geai est-il plus précieux que l'alouette, parce que ses plumes sont plus belles? La couleuvre vaut-elle mieux que l'anguille parce que sa peau colorée satisfait l'œil? O non, ma bonne Cateau, et toi aussi tu n'en vaux pas moins sous ce pauvre accoutrement et ces humbles habits. Si tu tiens à honte une telle chose, fais tomber cette honte sur moi et sois d'heureuse humeur ; nous allons aller, de ce pas, nous amuser et faire grande chère à la maison de ton père. Va, appelle mes gens, et rendons-nous tout droit chez lui. Conduis nos chevaux au bout de la grande allée, c'est là que nous monterons en selle ; nous irons à pied jusqu'à cet endroit. Voyons un peu ; je pense qu'il est maintenant quelque chose comme sept heures, nous pourrons parfaitement être arrivés pour l'heure du dîner.

Catharina. — J'ose vous assurer, Monsieur, qu'il est près de deux heures, et qu'il sera l'heure du souper avant que nous arrivions.

Petruchio. — Il sera sept heures avant que je sois à cheval : voyez un peu, dans tout ce que je dis, ou fais, ou songe à faire, vous êtes toujours à me contrecarrer ! Messieurs, ne vous en occupez plus : je ne partirai pas d'aujourd'hui, et lorsque je voudrai partir, il sera l'heure que je dirai qu'il est.

HORTENSIO. — Parbleu, voilà un gaillard qui commanderait au soleil. (*Ils sortent.*)

LES PERSONNAGES DU PROLOGUE. SLY *s'est endormi.*

LE LORD. Y a-t-il quelqu'un ici?

Entrent DES VALETS.

Encore endormi! Enlevez-le doucement et remettez-le dans ses habits. Mais faites bien attention à ne pas l'éveiller.

UN VALET. — Cela sera fait, Monseigneur. Venez m'aider à l'emporter d'ici [12].

(*Ils emportent Sly.*)

SCÈNE IV.

[Padoue. — Devant la maison de Baptista.

Entrent TRANIO *et* LE PÉDANT *habillé comme le personnage de* VINCENTIO.

TRANIO. — Monsieur, voici la maison; vous plaît-il que j'appelle?

LE PÉDANT. — Certes, car autrement que serions-nous venus faire? Je serais bien trompé si le signor Baptista ne se souvenait pas de moi. Il y a près de vingt ans, nous nous sommes rencontrés à Gênes, où nous logions ensemble à l'hôtel de Pégase.

TRANIO. — C'est bien; songez à ne vous départir, dans aucune circonstance, de cette gravité qui convient à un père.

LE PÉDANT. — Pour cela, soyez sans crainte : mais, Monsieur, voici votre valet; il serait bon qu'il fût averti.

Entre BIONDELLO.

Tranio. — N'ayez pas peur de lui. Maraud de Biondello, je t'avertis de faire ton devoir en conscience : tâche de supposer que Monsieur est le vrai Vincentio.

Biondello. — Bah ! n'ayez pas peur de moi.

Tranio. — Mais as-tu rempli ton message auprès de Baptista ?

Biondello. — Je lui ai dit que votre père était à Venise et que vous l'attendiez aujourd'hui même à Padoue.

Tranio. — Tu es un brave garçon. (*Il lui donne de l'argent.*) Tiens, voilà pour boire. Voici le signor Baptista allons, Monsieur, préparez votre personnage.

Entrent BAPTISTA *et* LUCENTIO.

Tranio. — Signor Baptista, je suis heureux de vous rencontrer. — (*Au pédant.*) Monsieur, voici le gentilhomme dont je vous ai parlé : je vous en prie, montrez-vous maintenant bon père envers moi, donnez-moi Bianca pour mon patrimoine.

Le pédant. — Doucement, mon fils ! Monsieur, avec votre permission, étant venu à Padoue pour faire rentrer quelques dettes, mon fils Lucentio m'a révélé certaine grande affaire d'amour entre votre fille et lui. Ne voulant pas le faire attendre trop longtemps, je vous dirai que tant à cause des bons rapports qu'on me fait de vous que pour l'amour que les deux jeunes gens se portent réciproquement, cette union satisfait à toutes les conditions que peut exiger ma sollicitude paternelle : si donc vous n'êtes pas plus mal disposé que moi, après que nous aurons arrêté quelques conventions, vous me trouverez disposé de tout cœur à joindre mon consentement au vôtre pour ce mariage, car je ne dois pas être méticuleux avec vous, signor Baptista, dont j'entends dire tant de bien.

Baptista. — Monsieur, pardonnez-moi les paroles que je vais dire : votre façon d'aller rondement et droit au but me plaît beaucoup. Il est très-vrai que votre fils Lucentio aime ma fille et qu'elle l'aime de son côté, ou bien il faudrait que tous les deux fussent bien dissimulés dans leurs sentiments. Si donc, vous n'avez pas autre chose à me dire, sinon que vous agirez avec lui comme un père et que vous assurerez à ma fille un douaire suffisant, le mariage est fait et votre fils aura ma fille de mon plein gré.

TRANIO. — Je vous remercie, Monsieur. Où pensez-vous alors qu'il convient le mieux que nous soyons fiancés et que les conventions soient passées conformément à l'agrément des deux parties?

BAPTISTA. — Pas dans ma maison, Lucentio; car vous savez, les murs ont des oreilles et j'ai de nombreux serviteurs : en outre, le vieux Grumio n'a pas renoncé à ses prétentions, et il pourrait nous arriver d'être interrompus.

TRANIO. — Alors, à mon logement, si cela vous arrange, Monsieur; c'est là que loge mon père, et ce soir même nous pourrons y terminer cette affaire seuls et heureusement. Envoyez avertir votre fille par votre domestique ici présent, mon valet ira chercher tout de suite le notaire. Le pis, c'est que pris ainsi au dépourvu, vous risquez de faire un maigre et médiocre dîner.

BAPTISTA. — Les choses me conviennent ainsi. Cambio, allez à la maison et ordonnez à Bianca de se tenir prête immédiatement. Dites-lui, si vous voulez, ce qui s'est passé; que le père de Lucentio est arrivé à Padoue et qu'elle est destinée à être probablement la femme de Lucentio.

LUCENTIO. — Je prie de tout mon cœur les dieux qu'elle le soit!

TRANIO. — Ne t'attarde pas avec les dieux, mais va-t'en bien vite. Signor Baptista, ouvrirai-je la marche? Soyez le bienvenu! notre dîner se composera probablement d'un simple ordinaire; Allons, Monsieur, nous réparerons cela à Pise.

BAPTISTA. — Je vous suis. (*Sortent Baptista, Tranio et e pédant.*)

BIONDELLO. — Cambio?

Lucentio. — Que veux-tu, Biondello ?

Biondello. — Vous avez vu mon maître cligner de l'œil et rire en vous regardant ?

Lucentio. — Eh bien ! qu'y a-t-il là, Biondello ?

Biondello. — Rien, sur ma foi ; mais il m'a laissé derrière lui pour vous exposer le sens et la morale de ses signes et de ses gestes.

Lucentio. — Eh bien ! expose cette morale, je t'en prie.

Biondello. — Eh bien, voilà : Baptista est en lieu sûr, causant avec le père illusoire d'un fils illusoire.

Lucentio. — Eh bien ! après ?

Biondello. — Vous devez conduire sa fille au souper.

Lucentio. — Et puis ?

Biondello. — Le vieux prêtre de l'église de Saint-Luc est à votre disposition à toutes les heures.

Lucentio. — Qu'est-ce que tout cela veut dire ?

Biondello. — Je ne sais pas : mais supposons que pendant qu'ils sont occupés à se donner de fausses assurances, vous vous assuriez d'elle à l'église, *cum privilegio ad imprimendum solum;* que vous preniez le prêtre, le clerc et quelques témoins suffisamment honnêtes : si ce n'est pas là ce que vous demandez, alors je n'ai plus rien à dire, mais en ce cas dites adieu à Bianca pour toujours et un jour. (*Il fait mine de se retirer.*)

Lucentio. — Mais, entends-tu, Biondello....

Biondello. — Je n'ai pas le temps d'attendre. J'ai connu une fille qui s'était mariée en une seule après-midi, comme elle était allée au jardin chercher du persil pour farcir un lapin ; vous pouvez en faire autant, Monsieur, et là-dessus adieu. Mon maître m'a ordonné d'aller à Saint-Luc avertir le prêtre de se tenir prêt pour le moment où vous arriveriez avec votre complément. (*Il sort.*)

Lucentio. — Je le puis et je le veux, si elle y consent. Elle y consentira, pourquoi en douterais-je ? Arrive que pourra, je m'en vais mener les choses tambour battant avec elle, et Cambio aura bien du malheur s'il revient sans elle. (*Il sort.*)

SCÈNE V.

Une grande route.

Entrent PETRUCHIO, CATHARINA *et* HORTENSIO.

PETRUCHIO. — Marchons, en avant, au nom du ciel: continuons notre route vers la maison de votre père. Bon Dieu, comme la lune est splendide et brillante!

CATHARINA. — La lune! le soleil, voulez-vous dire; il ne fait pas clair de lune maintenant.

PETRUCHIO. — Je dis que c'est la lune qui brille avec tant d'éclat.

CATHARINA. — Et moi je sais que cet éclat est celui du soleil.

PETRUCHIO. Maintenant, par le fils de ma mère, c'est-à-dire par moi-même, ce sera lune, étoile, ou ce qu'il me plaira, ou bien je ne fais pas route pour la maison de votre père. Marchons et faisons rebrousser chemin à nos chevaux. Contredit et toujours contredit: rien que contradictions!

HORTENSIO. — Dites comme lui ou bien nous n'arriverons jamais.

CATHARINA. — Continuons, je vous prie, puisque nous sommes venus jusqu'ici, et que ce soit la lune, le soleil ou ce qu'il vous plaira. S'il vous plaît de l'appeler une chandelle de résine, je vous jure que dorénavant je l'accepterai pour telle.

PETRUCHIO. — Je dis que c'est la lune.

CATHARINA. — Je sais que c'est la lune.

PETRUCHIO. — Non, tu mens maintenant; c'est le soleil béni.

CATHARINA. — Bien; Dieu soit béni, c'est le soleil béni; mais ce n'est plus le soleil, si vous dites que ce n'est pas lui; et la lune changera selon que votre opinion changera. Cela s'appellera du nom que vous voudrez ; Catharina y consent et y consentira toujours.

HORTENSIO. — Petruchio, va ton chemin, la victoire est à toi.

PETRUCHIO. — En avant, en avant! voilà comment la boule doit courir au lieu d'aller maladroitement taper contre l'obstacle. Mais doucement! nous voici venir de la compagnie.

Entre VINCENTIO, *en habits de voyage.*

PETRUCHIO, *à Vincentio.* — Bonjour, aimable Madame, où allez-vous? (*A Catharina.*) Réponds-moi, mon aimable Cateau, et réponds-moi franchement : as-tu jamais vu une dame ayant le teint plus frais? jamais le blanc et le rose luttèrent-ils comme sur ses joues? Quelles étoiles ont jamais émaillé le ciel de leur beauté comme ses deux yeux ornent sa face céleste? Aimable belle fille, encore une fois bonjour à toi : ma douce Cateau, embrasse-la pour l'amour de sa beauté.

HORTENSIO. — Il va rendre cet homme furieux en en voulant faire une femme.

CATHARINA. — Jeune bouton virginal, frais, beau et suave, où vas-tu et quel est ton séjour? Heureux les parents qui ont un si bel enfant; plus heureux l'homme à qui son étoile favorable te destine pour son aimable compagne de lit.

PETRUCHIO. — Qu'est-ce à dire, Cateau? J'espère que tu n'es pas folle : c'est un homme, un vieillard, ridé, fané, flétri, et non pas une jeune fille, comme tu le dis.

CATHARINA. — Pardonne, mon vieux père, à mes yeux qui s'abusent; ils ont été tellement éblouis par le soleil, que tout ce que je regarde me semble vert. Je m'aperçois maintenant que tu es un respectable père; pardonne, je t'en prie, ma stupide méprise.

PETRUCHIO. — Pardonne-lui, mon bon vieux grand-père, et fais-nous savoir dans quelle direction tu t'achemines; si ton voyage a le même but que le nôtre, nous serons heureux de ta compagnie.

Vincentio. — Mon beau Monsieur, et vous ma joyeuse Madame, qui m'étonniez beaucoup par votre singulier accueil, mon nom est Vincentio, Pise est le lieu de ma demeure, et je m'en vais à Padoue pour y visiter un mien fils, que je n'ai pas vu depuis longtemps.

Petruchio. — Quel est son nom?

Vincentio. — Lucentio, mon aimable Monsieur.

Petruchio. — La rencontre est heureuse, et surtout pour ton fils. La loi, ainsi que ton âge respectable, me permettent maintenant de t'appeler mon tendre père. La sœur de ma femme, cette dame que voici, vient en ce moment même de se marier à ton fils. Que cela ne t'étonne, ni te chagrine; elle jouit d'une bonne réputation, elle est de bonne naissance et possède une riche dot; de plus, elle a toutes les qualités qui conviennent à l'épouse d'un noble gentilhomme. Permets-moi d'embrasser le vieux Vincentio et allons de compagnie voir ton honnête fils qui sera très-joyeux de ton arrivée.

Vincentio. — Mais est-ce que cela est vrai, ou bien vous amusez-vous, comme des voyageurs en belle humeur, à faire des mystifications aux compagnons de route que vous rencontrez?

Hortensio. — Je t'assure que cela est vrai, père.

Petruchio. — Allons, marchons, allons vérifier les faits de nos propres yeux; car je vois que notre précédente plaisanterie t'a rendu soupçonneux.

(*Sortent Petruchio, Catharina et Vincentio.*)

Hortensio. — Fort bien, Petruchio; ce spectacle m'a remonté le cœur. A ma veuve, maintenant; si elle se montre récalcitrante, tu auras appris à Hortensio à ne pas fléchir. (*Il sort.*)

ACTE V.

SCÈNE PREMIÈRE.

Padoue. — Devant la demeure de Lucentio.

Entrent d'un côté BIONDELLO, LUCENTIO *et* BIANCA; *de l'autre,* GREMIO.

Biondello. — Vite et sans bruit, Monsieur; car le prêtre attend.
Lucentio. — Je vole, Biondello : mais peut-être auront-ils besoin de toi au logis; donc, laisse-nous.
Biondello. — Non, ma foi, je veux voir l'église par-dessus vos épaules, et puis je m'en irai aussi vite que possible tomber sur les épaules de mon maître. (*Sortent Biondello, Lucentio et Bianca.*)
Gremio. — Je m'étonne que Cambio ne soit pas encore venu depuis le temps.

Entrent PETRUCHIO, CATHARINA, VINCENTIO *et* les gens de la suite.

Petruchio. — Monsieur, voici la porte, c'est ici le logis de Lucentio; celui de mon père est situé plus loin, vers la place du Marché. Je suis obligé de vous laisser ici et je vous y laisse, Monsieur.
Vincentio. — Vous ne refuserez pas de boire un coup avant de me quitter; j'espère qu'on m'autorisera à vous souhaiter ici la bienvenue, et, selon toute apparence, il y a dans ce logis de quoi vous faire fête. (*Il frappe à la porte.*)

GREMIO. — Ils sont occupés là dedans ; vous feriez bien de frapper plus fort.

LE PÉDANT *se montre à la fenêtre.*

LE PÉDANT. — Qui est-ce donc qui frappe comme s'il voulait enfoncer la porte ?

VINCENTIO. — Le signor Lucentio est-il chez lui, Monsieur ?

LE PÉDANT. — Oui, Monsieur ; mais on ne peut pas lui parler.

VINCENTIO. — Mais, cependant, si quelqu'un lui portait quelque cent ou deux cents livres pour s'amuser là dedans ?

LE PÉDANT. — Gardez vos cent livres pour vous-même ; il n'aura pas besoin d'un sou tant que je vivrai.

PETRUCHIO. — Quand je vous disais que votre fils était adoré à Padoue. (*Au pédant.*) Eh ! entendez-vous, Monsieur ? Pour laisser de côté tous détails inutiles, dites, je vous prie, au signor Lucentio que son père est arrivé de Pise et qu'il est à la porte, désirant lui parler.

LE PÉDANT. — Tu mens ; son père est déjà venu de Pise et c'est lui qui regarde par la fenêtre.

VINCENTIO — Est-ce que tu es son père ?

LE PÉDANT. — Oui, Monsieur, si j'en dois croire sa mère, qui m'affirme que je le suis.

PETRUCHIO, *à Vincentio.* — Qu'est-ce à dire, Monsieur ? c'est pure fourberie que de prendre le nom d'un autre.

LE PÉDANT. — Saisissez-vous de ce fripon ; sans doute il a l'intention de duper quelqu'un dans la ville en se faisant passer pour moi.

Rentre BIONDELLO.

BIONDELLO. — Je les ai vus ensemble à l'église ; que Dieu les conduise à bon port ! Mais qui est ici ? mon vieux maître Vincentio ! Ah bien ! nous voilà propres et dans de jolis draps.

VINCENTIO, *apercevant Biondello.* — Arrive ici, aspirant aux galères !

BIONDELLO. — J'espère que j'ai le droit de choisir ma profession, Monsieur.

Vincentio. — Arrive ici, drôle. Eh bien! est-ce que par hasard tu m'aurais oublié?

Biondello. — Vous avoir oublié? non, Monsieur; je ne puis vous avoir oublié, car je ne vous ai jamais vu de ma vie.

Vincentio. — Comment, coquin notoire, tu n'as jamais vu Vincentio, le père de ton maître?

Biondello. — Qui ça? mon vieux, mon digne vieux maître : oui, parbleu, Monsieur, je le connais; voyez, le voici qui regarde par la fenêtre.

Vincentio. — Ah vraiment! ah, c'est comme ça!
(Il le bat.)

Biondello. — Au secours! au secours! au secours! voilà un fou qui veut m'assassiner!   *(Il sort.)*

Le pédant. — Au secours, mon fils! au secours, signor Baptista!   *(Il se retire de la fenêtre.)*

Petruchio. — Je t'en prie, Cateau, tenons-nous à l'écart et voyons la fin de cette dispute.

Le pédant *sort de la maison avec* BAPTISTA, TRANIO *et* des valets.

Tranio. — Monsieur, qui êtes-vous, pour vous permettre de battre mon valet?

Vincentio. — Qui je suis, Monsieur? et vous, qui êtes-vous, Monsieur? O dieux immortels, quel élégant scélérat! Un pourpoint de soie! un haut-de-chausses de velours! un manteau de pourpre et un chapeau en pain de sucre[1]! Oh! je suis ruiné, ruiné! pendant que je m'épuise à économiser à la maison, mon fils et mon valet dépensent tout à l'Université.

Tranio. — Qu'est-ce à dire? qu'y a-t-il?

Baptista. — Eh bien! est-ce que cet homme est fou?

Tranio. — Monsieur, à votre costume on vous prendrait pour un vieux gentilhomme sensé, mais vos paroles révèlent un fou. Vraiment, Monsieur, en quoi vous importe-t-il que je porte des perles et de l'or? J'ai de quoi les porter et j'en remercie mon bon père.

Vincentio. — Ton père, scélérat ? il fabrique des voiles de vaisseaux à Bergame.

Baptista. — Vous vous trompez, Monsieur; vous vous trompez, Monsieur. Comment croyez-vous qu'il se nomme, je vous prie?

Vincentio. — Son nom! comme si je ne savais pas son nom! je l'ai élevé depuis l'âge de trois ans; son nom est Tranio.

Le pédant. — Arrière, arrière, âne insensé! son nom est Lucentio, et il est mon fils unique et l'héritier de tous mes biens à moi, le signor Vincentio.

Vincentio. — Lucentio! Oh, il a assassiné son maître! Saisissez-vous de lui; je vous en somme au nom du duc. Oh, mon fils! mon fils! Dis-moi, scélérat, où est mon fils Lucentio?

Tranio. — Appelez un officier; conduisez ce drôle insensé à la prison: mon père Baptista, je vous charge de le faire emmener.

Entre un officier de police.

Vincentio. — Me conduire en prison!

Gremio. — Arrêtez, officier; il n'ira pas en prison.

Baptista. — Ne parlez pas, signor Gremio; je dis qu'il ira en prison.

Gremio. — Prenez garde, signor Baptista, d'être pris au piège dans cette affaire; j'oserais jurer que c'est là le vrai Vincentio.

Le pédant. — Jure, si tu l'oses.

Gremio. — Ma foi, je n'ose pas jurer cela.

Tranio. — Tu ferais bien de dire alors que je ne suis pas le signor Lucentio.

Gremio. — Oui, je te connais pour le signor Lucentio.

Baptista. — A bas le radoteur! qu'on le conduise à la prison.

Vincentio. — Voilà comment les étrangers peuvent être maltraités et insultés. O monstrueux scélérat!

ACTE V, SCÈNE I.

Rentre BIONDELLO, *suivi de* LUCENTIO
et de BIANCA.

BIONDELLO. — Oh! nous sommes perdus! le voilà là-bas; reniez-le, désavouez-le, ou nous sommes tous perdus.

LUCENTIO, *s'agenouillant.* — Pardon, mon doux père.

VINCENTIO. — Mon doux fils vit donc encore?

(*Biondello, Tranio et le pédant se sauvent.*)

BIANCA, *s'agenouillant.* — Pardonnez, mon cher père.

BAPTISTA. — Quelle offense as-tu commise? où est Lucentio?

LUCENTIO. — Voici Lucentio, le vrai fils du vrai Vincentio, qui a fait sienne ta fille par mariage, pendant que des personnages supposés abusaient tes yeux.

GREMIO. — C'est un complot évident pour nous duper tous.

VINCENTIO. — Où est ce damné scélérat de Tranio, qui, dans cette affaire, a osé me braver ouvertement?

BAPTISTA. — Mais, voyons, n'est-ce pas là mon Cambio?

BIANCA. — Cambio s'est changé en Lucentio.

LUCENTIO. — Ces miracles sont l'œuvre de l'amour. L'amour que je portais à Bianca m'a poussé à changer de condition avec Tranio, et pendant qu'il remplissait en ville mon personnage, je suis arrivé heureusement au port désiré de mon bonheur. C'est moi qui ai forcé Tranio à faire ce qu'il a fait; pardonnez-lui donc, mon doux père, pour l'amour de moi.

VINCENTIO. — Je couperai le nez du scélérat qui voulait m'envoyer en prison.

BAPTISTA. — Mais écoutez donc, Monsieur; est-ce que vous avez épousé ma fille sans me demander mon consentement?

VINCENTIO. — Ne craignez rien, Baptista; nous vous donnerons satisfaction : allez, quant à moi, je vais rentrer pour me venger de cette scélératesse. (*Il sort.*)

BAPTISTA. — Et moi, pour examiner à fond cette fourberie. (*Il sort.*)

Lucentio. — Ne sois point pâle, Bianca; ton père ne grondera pas. *(Sortent Lucentio et Bianca.)*

Gremio. — Mon gâteau n'a pas même senti le feu : mais c'est égal, je vais rejoindre les autres. S'il me faut renoncer à mes espérances, je veux au moins avoir ma part de la fête. *(Il sort.)*

PETRUCHIO *et* CATHARINA *s'avancent.*

Catharina. — Mari, suivons-les pour voir la fin de tout cet embrouillamini.

Petruchio. — Embrasse-moi d'abord, Cateau, et nous irons ensuite.

Catharina. — Quoi, au milieu de la rue?

Petruchio. — Comment, tu as honte de moi?

Catharina. — Non, Monsieur, à Dieu ne plaise! mais j'ai honte de l'embrassade.

Petruchio. — Eh bien! alors, retournons au logis. Allons, maraud, partons.

Catharina. — Non, je vais t'embrasser. Maintenant, mon amour, reste, je t'en prie.

Petruchio. — Eh bien! n'est-ce pas parfait? Allons, ma douce Cateau, mieux vaut tard que jamais, car il n'est jamais trop tard. *(Ils sortent.)*

SCÈNE II.

Un appartement dans la demeure de Lucentio.

Un banquet dressé. — *Entrent* BAPTISTA, VINCENTIO, GREMIO, le pédant, LUCENTIO, BIANCA, PETRUCHIO, CATHARINA, HORTENSIO *et* une veuve. TRANIO, BIONDELLO *et* GRUMIO *font le service avec d'autres* valets.

Lucentio. — Enfin, quoique la désharmonie ait longtemps duré, nos mélodies discordantes se sont unies; c'est le moment, lorsqu'une guerre furieuse est terminée, de sourire aux dangers dont on s'est échappé et aux périls évanouis. Ma belle Bianca, souhaitez la bienvenue à mon père pendant que je ferai de même au vôtre, avec une égale tendresse. Mon frère Petruchio, ma sœur Catharina, et toi, Hortensio, avec ta veuve amoureuse, soyez les bienvenus dans ma demeure et prenez votre part de la fête tant que vous pourrez. Cette collation[2] est destinée à clore notre appétit après notre grande bonne chère. Asseyez-vous, je vous en prie ; maintenant nous nous asseyons pour causer autant que pour manger.

(*Ils s'asseyent autour de la table.*)

Petruchio. — Rien que s'asseoir et s'asseoir ! Manger et encore manger !

Baptista. — C'est là l'affabilité que l'on trouve à Padoue, fils Petruchio.

Petruchio. — Padoue n'offre rien qui ne soit affable.

Hortensio. — Pour notre bonheur à tous deux, je voudrais que ce mot fût vrai.

Petruchio. — Sur ma vie ! voilà qu'Hortensio a la peur de sa veuve.

La veuve. — Je consens, si j'ai peur, à ce que vous ne me croyiez jamais.

Petruchio. — Vous êtes très-sensée, et cependant vous vous méprenez sur le sens de mes paroles ; je dis que c'est Hortensio qui a peur de vous.

La veuve. — Celui à qui la tête tourne croit que tout fait la ronde autour de lui.

Petruchio. — Rondement répliqué.

Catharina. — Madame, comment entendez-vous la chose ?

La veuve. — C'est la manière dont je conçois son cas.

Petruchio. — Dont elle conçoit mon cas ! Comment Hortensio trouve-t-il l'expression?

Hortensio. — Ma veuve veut dire que c'est ainsi qu'elle interprète sa plaisanterie.

Petruchio. — Très-bien réparé : embrassez-le pour cela, bonne veuve.

CATHARINA. — Celui à qui la tête tourne croit que tout fait la ronde autour de lui : dites-moi, je vous prie, ce que vous entendez par là?

LA VEUVE. — Votre mari, qui est affligé d'une mégère, mesure le malheur de mon mari sur le sien : maintenant vous connaissez ma pensée.

CATHARINA. — Une très-méchante pensée.

LA VEUVE. — Il est juste qu'elle soit telle, elle s'appliquait à vous.

CATHARINA. — Et ainsi, selon vous, je suis méchante.

PETRUCHIO. — Mords-la, Cateau!

HORTENSIO. — Mords-la, ma veuve!

PETRUCHIO. — Cent marcs que ma Cateau la met sur le dos.

HORTENSIO. — La mettre sur le dos! c'est mon office, à moi.

PETRUCHIO. — Bien parlé et comme un officier. A ta santé, mon garçon!

BAPTISTA. — Comment Gremio goûte-t-il ces camarades aux vives reparties?

GREMIO. — Ma foi, Monsieur, ils se buttent bien de la tête.

BIANCA. — La tête et le but! Quelqu'un qui aurait l'esprit prompt dirait que les cornes sont le but de votre tête.

VINCENTIO. — Eh! eh! Madame la fiancée, cela vous a donc éveillée?

BIANCA. — Oui, mais non pas effrayée; c'est pourquoi je vais me remettre à dormir.

PETRUCHIO. — Non, non, vous ne ferez pas cela; puisque vous avez commencé, à vous un ou deux traits mordants!

BIANCA. — Est-ce que je suis votre oiseau? J'ai envie de changer de buisson; poursuivez-moi, si vous avez bandé votre arc.... Mes saluts à tout le monde.

(*Sortent Bianca, Catharina et la veuve.*)

PETRUCHIO. — Elle m'a prévenue. Voilà, signor Tranio, l'oiseau que vous aviez visé, quoique vous l'avez manqué. Allons, à la santé de tous ceux qui ont tiré et manqué leur coup !

Tranio. — O Monsieur, Lucentio s'est servi de moi comme de son lévrier, qui peut bien courir lui-même, mais qui attrape pour son maître.

Petruchio. — Heureuse comparaison, mais tant soit peu canine.

Tranio. — Vous êtes heureux, vous, Monsieur, d'avoir chassé pour vous-même : on dit que votre biche vous tient en arrêt.

Baptista. — Oh! oh! Petruchio! c'est au tour de Tranio à vous viser maintenant.

Petruchio. — Je te remercie pour cette pointe, mon bon Tranio.

Hortensio. — Avouez-le! avouez-le! il vous a touché.

Petruchio. — Il m'a quelque peu piqué, je l'avoue, et comme la plaisanterie a rebondi de moi sur vous, il y a dix à parier contre un qu'elle vous a estropiés tous deux.

Baptista. — Maintenant, pour parler sérieusement, mon fils Petruchio, je pense que tu as la plus méchante femme d'eux tous.

Petruchio. — Bien, je ne dis pas non : pour nous en assurer, que chacun envoie chercher sa femme; celui dont la femme sera la plus obéissante à venir aussitôt qu'il l'enverra chercher gagnera l'enjeu que nous allons proposer.

Hortensio. — Accepté! Quel est l'enjeu?

Lucentio. — Vingt écus.

Petruchio. — Vingt écus! c'est l'enjeu que j'aventurerais sur mon faucon, ou mon chien; mais j'en aventurerais vingt fois autant sur ma femme.

Lucentio. — Cent écus alors.

Hortensio. — Accepté.

Petruchio. — Tenu; affaire conclue.

Hortensio. — Qui commencera?

Lucentio. — Ce sera moi. (*A Biondello.*) Va, Biondello, ordonne à ta maîtresse de venir me trouver.

BIONDELLO. — J'y vais. (*Il sort.*)

BAPTISTA. — Mon fils, je parie la moitié de votre enjeu que Bianca viendra.

LUCENTIO. — Je ne veux pas de partner; je le tiendrai tout entier moi-même.

Rentre BIONDELLO.

LUCENTIO. — Eh bien! quelles nouvelles?

BIONDELLO. — Monsieur, ma maîtresse vous envoie dire qu'elle est occupée et qu'elle ne peut pas venir.

PETRUCHIO. — Comment, elle est occupée et elle ne peut pas venir! Est-ce que c'est là une réponse?

GREMIO. — Oui, et une affable réponse, encore : priez Dieu, Monsieur, que votre femme ne vous en envoie pas une pire.

PETRUCHIO. — J'en espère une meilleure.

HORTENSIO. — Maraud de Biondello, va et prie ma femme de venir me trouver immédiatement. (*Sort Biondello.*)

PETRUCHIO. — Oh! oh! vous la priez; alors elle viendra nécessairement.

HORTENSIO. — Je crains bien, Monsieur, que la vôtre ne se laisse pas fléchir, quelles que soient vos prières.

Rentre BIONDELLO.

HORTENSIO. — Eh bien! où est ma femme?

BIONDELLO. — Elle dit que vous avez apparemment quelque bonne plaisanterie en train; mais elle ne veut pas venir; elle vous invite à aller la rejoindre.

PETRUCHIO. — De pis en pis; celle-là ne *veut* pas venir. Oh! cela est vil, intolérable et ne peut être enduré! Grumio, maraud, va trouver ta maîtresse et dis-lui que je lui commande de venir me parler. (*Sort Grumio.*)

HORTENSIO. — Je connais sa réponse.

PETRUCHIO. — Quelle sera-t-elle?

HORTENSIO. — Qu'elle ne veut pas.

PETRUCHIO. — Pire est mon lot, et voilà tout.

BAPTISTA. — Par Notre-Dame! mais voici Catharina.

ACTE V, SCÈNE II.

Rentre CATHARINA.

CATHARINA. — Vous m'envoyez chercher, Monsieur ; que ne voulez-vous ?

PETRUCHIO. — Où sont votre sœur et la femme d'Hortensio ?

CATHARINA. — Elles sont à causer, au salon, devant le feu.

PETRUCHIO. — Allez, et amenez-les ici ; si elles refusent de venir, poussez-les-moi à coups de fouet solidement jusqu'à leurs maris ; allez, dis-je, et amenez-les immédiatement. (*Sort Catharina.*)

LUCENTIO. — Voilà une merveille, si nous parlons de merveilles.

HORTENSIO. — Et c'en est une vraiment : je me demande ce qu'elle présage.

PETRUCHIO. — Parbleu ! elle présage la paix, l'amour, une vie tranquille, une soumission déférente et une légitime suprématie, et en un mot tout ce qui est doux et tout ce qui fait le bonheur.

BAPTISTA. — Parbleu ! bonheur à toi, mon bon Petruchio ! tu as gagné l'enjeu, et je veux ajouter aux sommes qu'ils ont perdues vingt mille écus comme un nouveau douaire pour ma fille nouvelle, car elle est changée à tel point qu'elle n'est plus reconnaissable.

PETRUCHIO. — Vraiment je gagnerai encore mieux mon enjeu, car je vous donnerai de nouvelles preuves de son obéissance, de cette vertu de l'obéissance nouvellement engendrée en elle. Voyez, la voici qui vient, amenant vos femmes récalcitrantes comme des prisonnières de sa puissance féminine de persuasion.

Rentrent CATHARINA, BIANCA *et* LA VEUVE.

PETRUCHIO. — Catharina, ce chapeau ne vous va pas. Enlevez-moi ce colifichet ; jetez-le sous vos pieds. (*Catharina enlève son chapeau et le jette à terre.*)

LA VEUVE. — Seigneur, accordez-moi de n'avoir d'occasion de pleurer que le jour où je me laisserai imposer une aussi sotte obéissance !

BIANCA. — Fi donc! de quel nom appelez-vous cette obéissance insensée?

LUCENTIO. — Je voudrais que la vôtre fût aussi insensée : la sagesse de votre obéissance, belle Bianca, m'a coûté cent écus depuis la fin du souper.

BIANCA. — Vous n'en êtes que plus fou de parier sur mon obéissance.

PETRUCHIO. — Catharina, je te somme d'apprendre à ces femmes obstinées quels sont leurs devoirs envers leurs seigneurs et époux.

LA VEUVE. — Allons, allons, vous vous moquez; nous n'avons pas besoin de leçons.

PETRUCHIO. — Parlez, vous dis-je, et commencez par elle.

LA VEUVE. — Elle ne le fera pas.

PETRUCHIO. — Elle le fera, vous dis-je. Commencez par elle.

CATHARINA. — Fi! fi! ramène à la sérénité ce front qui se plisse en menaçant; ne darde pas de ces yeux des regards méprisants pour blesser ton seigneur, ton roi, ton maître. Ces grimaces tachent ta beauté autant que la gelée brûle les prairies, ébranlent ta réputation comme les tourbillons de vent secouent les branches en fleur, et ne sont en aucun sens convenables ou aimables. Une femme irritée est comme une fontaine troublée, boueuse, de vilain aspect, épaissie, dépouillée de beauté; pendant qu'elle est ainsi, il n'est personne si altéré et au gosier si brûlant qui daigne y tremper ses lèvres ou boire une goutte de son eau. Ton mari est ton seigneur, ta vie, ton gardien, ton chef, ton souverain, l'homme qui prend soin de ta personne et de ton entretien; il soumet son corps à de pénibles travaux sur terre et sur mer, qui le forcent à passer la nuit au milieu des tempêtes, le jour au milieu du froid, tandis que tu restes chaudement saine et sauve à la maison, et il ne te réclame d'autre tribut que ton amour, tes regards affectueux et ta fidèle obéissance, payement trop léger d'une si grande dette. La femme doit à son mari une obéissance analogue à celle que le sujet doit au prince, et lorsqu'elle est acariâtre, revêche, maussade, aigre, et qu'elle n'obéit pas à ses raisonnables volontés, qu'est-elle, sinon un vilain rebelle en armes, un traître disgracieux envers son aimant seigneur? J'ai honte que les femmes soient assez sottes pour déclarer la guerre lorsqu'elles devraient demander la paix à genoux, ou pour aspirer à l'autorité, à la suprématie, au commandement, lorsqu'elles sont tenues de servir, d'aimer et d'obéir. Pourquoi nos corps sont-ils gracieux, faibles et délicats, inaptes au travail et aux tourments du monde, sinon pour que nos facultés et nos sentiments intérieurs s'accordent par leur docilité et leur douceur avec nos formes extérieures? Allez, allez, papillons téméraires et impuissants, mon âme a été aussi fière que les vôtres, mon cœur aussi hautain que les vôtres, et j'ai eu peut-être plus de raisons que vous de rendre raillerie pour raillerie et grimace de colère pour grimace de colère; mais, maintenant, je vois que nos lances sont des roseaux, que notre force n'est que faiblesse et faiblesse hors de toute comparaison, et que ce que nous semblons être le plus, c'est ce que nous sommes le moins en réalité. Abaissez donc votre morgue, car elle ne sert à rien, et étreignez de vos mains les pieds de vos époux; s'il plaît au mien, voici ma main toute prête à lui donner, pour peu que cela lui semble agréable, cette marque d'obéissance.

Petruchio. — Parbleu, voilà une bonne femme! Viens ici et embrasse-moi, Cateau.

Lucentio. — Bon, va ton chemin, mon vieux; tu gagneras la partie.

Vincentio. — Il est doux d'entendre parler des enfants quand ils sont dociles.

Lucentio. — Mais désagréable d'entendre parler des femmes lorsqu'elles sont récalcitrantes.

Petruchio. — Allons, Cateau, allons nous coucher: nous sommes mariés tous les trois, mais vous deux, vous êtes attrapés. (*A Lucentio.*) C'est moi qui ai gagné l'enjeu, quoique vous, vous ayez touché le blanc; en ma qualité de gagnant, je vous souhaite une bonne nuit. (*Sortent Petruchio et Catharina.*)

Hortensio. — Maintenant va ton chemin ; tu as dompté une fameuse mégère.

Lucentio. — Avec votre permission, il est extraordinaire qu'elle se soit laissé dompter ainsi.

(*Ils sortent.*)

Entrent deux valets *portant* SLY *revêtu de son costume ordinaire. Ils le laissent sur la scène. Entre* un garçon de cabaret.

Sly, *s'éveillant*. — Sim, donne-moi un peu de vin. Eh bien, est-ce que tous les comédiens sont partis ; ne suis-je pas un lord ?

Le garçon de cabaret. — Un lord ! peste soit de toi ! Allons ! est-ce que tu es encore ivre ?

Sly. — Qui est celui-ci ? Ah ! c'est le garçon ! Oh ! j'ai fait le plus beau rêve dont tu aies jamais entendu parler.

Le garçon de cabaret. — Oui, parbleu ; mais vous feriez bien d'aller chez vous, car votre femme vous accablera de sottises pour être resté là à rêver toute la nuit.

Sly. — Elle ? Je sais comment on dompte une mégère : j'ai rêvé de cela toute la nuit ; et tu m'as réveillé du plus beau rêve que j'aie jamais fait. Mais je vais aller trouver ma femme, et la dompter, elle aussi, si elle s'emporte contre moi !

COMMENTAIRE.

PROLOGUE.

1. Shakespeare qui a connu les plus petites particularités de la nature humaine, n'a en garde de laisser échapper un des détails qui caractérise le plus spécialement l'ivresse illettrée, laquelle tourne plus qu'aucune autre à l'érudition et à la citation. Tous les lambeaux de phrases qui se sont accrochées à sa mémoire, tous les mots de tournure singulière qui ont frappé son imagination, tous ses souvenirs de lecture ou de théâtre, sortent alors du cerveau de l'ivrogne comme une manière d'éternuement ou d'éructation. Il en est ainsi de Christophe Sly. Il cite de l'espagnol en l'écorchant, *paucas pallabris* pour *pocas palabras*; il évoque le souvenir du conquérant de l'Angleterre, qu'il appelle Richard et non Guillaume; l se rappelle une phrase d'un drame contemporain, *Hieronymo ou La Tragédie espagnole : Hieronimo go by*, Jérôme, fuis, fuis ; mais il l'a mal comprise, il prend Jérôme pour le saint de ce nom, transpose les mots et lui donne ainsi cette signification très-différente : *Va, par saint Jérôme.*

2. *Thirdborough.* Le constable en second tenant la place du constable en chef lorsque celui-ci est absent ou ne réside pas dans la localité.

3. Les comédiens en tournée annonçaient leur arrivée dans les villages par des fanfares de trompettes. Du reste, ils n'étaient pas les seuls à avoir cette habitude; les paroles du lord indiquent que les grands seigneurs, lorsqu'ils allaient, selon un très-antique usage des gentilshommes de ne jamais loger en voyage que chez leurs égaux, demander l'hospitalité dans un château, annonçaient leur arrivée par une fanfare. C'est ainsi que dans *Le Marchand de Venise*, Bassanio annonce son retour à Belmont.

4. L'édition de 1623 nomme cet acteur Sinklo. Un des compagnons de théâtre de Shakespeare portait en effet ce nom. *Soto* n'est pas le nom d'un acteur, mais celui d'un personnage d'une comédie de Beaumont et Fletcher, *La Femme contente*, et son rôle se rapporte exactement à la description qu'en fait le lord.

5. Ces deux phrases ne se trouvent que dans l'édition de Pope et Warburton. Le vinaigre destiné à faire rugir le diable est une allusion à

une coutume du théâtre populaire de l'époque. Dans les représentations du mystère de la Passion, le diable était nécessairement un personnage sacrifié et devait partager avec Judas l'hostilité des spectateurs. Aussi n'était-il traitement ridicule et bouffon qu'on ne lui fît subir pour le tourner en dérision, et l'un de ces traitements consistait à lui appliquer sur les lèvres le fiel et le vinaigre.

6. Probablement *Barton on Heath*, petit village situé près de Stratford sur Avon, le lieu de naissance de Shakespeare.

7. Wincot ou Wilmecote, autre village près de Stratford sur Avon. Warton nous apprend qu'au dix-huitième siècle la maison de l'hôtesse subsistait encore, mais qu'elle avait été transformée en moulin.

8. Le texte adopté porte ce nom singulier, John Naps de Grèce. Est-ce un sobriquet que Sly et ses amis avaient donné à quelque illustre buveur de leurs camarades, par un souvenir confus du nom de quelque personnage célèbre dans la littérature romanesque de l'époque, Amadis de Grèce par exemple ? Blackstone proposa de lire *John Naps of the green*, John Naps du vert (du gazon). C'est un sobriquet, dit Malone dans son *Supplément*, qui était très-commun à cette époque et il cite une comédie jouée en 1659, où se trouve une ballade intitulée *Georges of the Green*. Dans le *Henri IV* de Shakespeare (2me partie) il est parlé d'un certain Pierre *Bull-Calf* (taureau-veau) *of the Green*.

ACTE I.

1. Le lecteur remarquera non sans quelque étonnement le grand nombre de phrases ou de vers italiens que Shakespeare a intercalés dans sa pièce. Cette particularité est d'autant plus faite pour attirer l'attention que les personnages sont Italiens et que par conséquent les citations qu'ils font dans leur langue n'ont rien de piquant. Si les personnages étaient Français ou Anglais, ce détail se comprendrait aisément ; l'italien étant la langue à la mode à l'époque de Shakespeare, des lambeaux de phrases italiennes et des locutions familières italiennes se trouvaient dans la bouche de tous les gens du bel air ou singes des gens du bel air, surtout dans la bouche de ce personnage si souvent mis en scène par Ben Jonson et les autres contemporains de Shakespeare, l'homme qui a voyagé et qui n'admire que les pays étrangers. Nul ne s'étonne par exemple de voir le pédant Holopherne de *Peines d'amour perdues* faire de longues citations italiennes. Du reste, cette habitude d'intercaler des phrases étrangères dans le dialogue, très-rare chez Shakespeare, est extrêmement fréquente chez ses contemporains. Ben Jonson tombe fréquemment dans cette manie ; ainsi fait aussi Webster ; chez Marston, c'est une vraie folie. Il faut croire que cette habitude qui nous paraît choquante et pédantesque ne produisait pas la même impression sur les esprits du temps passé, puisque nous voyons que de très-grands hommes la pratiquaient. Longtemps avant Shakespeare et ses contemporains, le plus grand poëte de l'Italie, Dante, avait donné l'exemple de cette manie.

Souvent un vers commencé en italien s'achève en latin, et il y a des tercets entiers qui sont écrits dans la langue de son maître Virgile.

2. Nom de la confidente de l'amour de Didon pour Énée au quatrième livre de l'*Énéide*.

3. *Rachète-toi à aussi bon marché que possible*. Vers de Térence que les détracteurs de l'érudition de Shakespeare prétendent avoir été pris par lui dans la grammaire de Lily où il est cité. En tout cas, cette citation est mieux à sa place dans cette pièce que les phrases italiennes que nous mentionnions dans une note précédente. Nul ne peut s'étonner qu'un Italien de la Renaissance cite des vers latins. Il est vrai que cet Italien est un valet, mais Tranio qui est de la vraie race des Scapins est si intelligent, qu'il a dû prendre facilement quelque teinture de la science de son maître.

4. Europe.

5. *Take my coloured hat and cloak*. Colorés, c'est-à-dire de couleurs gaies, brillantes, comme étaient les vêtements des jeunes gentilshommes par opposition à ceux des valets ou des gens de condition inférieure qui étaient de couleurs sombres ou éteintes.

6. Allusion au jeu de trente-un, où l'on est hors de jeu lorsque les cartes donnent au joueur un chiffre supérieur à celui de trente-un. Grumio veut dire que l'âge de son maître le met hors de jeu, ne lui permet plus de souffrir de telles familiarités.

7. Florent est le nom d'un chevalier d'une histoire de la *Confessio amantis* du vieux poëte Gower. Ce chevalier s'engage à épouser une vieille à condition qu'elle lui enseignera la solution d'une énigme d'où sa vie dépend, histoire répétée par Chaucer dans le *Conte de la femme de Bath* et d'où Voltaire a tiré sans doute, ainsi qu'on l'a rappelé, le sujet de son conte : *Ce qui plaît aux dames*. La *vieille* était du reste un personnage principal dans l'ancienne littérature chevaleresque. Tantôt elle était introduite pour éprouver la force amoureuse du chevalier, tantôt pour éprouver sa reconnaissance. La plupart du temps c'était une magicienne qui grâce à son art apparaissait au chevalier avec tout l'éclat de la jeunesse, le séduisait et puis l'heure de la déception venue se révélait à lui dans toute sa hideur. Tel est le rôle d'Alcine dans l'*Orlando furioso*. C'était une des pires rencontres qu'un chevalier pût faire ; elle pouvait entraîner selon les circonstances la perte de l'honneur ou celle de la vie. Qu'on se rappelle les déboires et la fin tragique du beau Zerbin chargé de servir de champion à la vieille et infâme Gabrina.

8. Traduction exacte de l'*improbo iracundior Adriâ* de l'ode d'Horace à Lydie : *Donec gratus eram*. Ceux qui veulent que Shakespeare n'eût aucune connaissance de la langue et de la littérature latines seraient sans doute bien embarrassés pour expliquer comment il se rencontre dans ses œuvres tant de passages littéralement traduits des auteurs anciens. On ferait un très-curieux travail en relevant les emprunts que Shakespeare a faits aux poëtes de l'antiquité. Ici c'est Horace qu'il traduit ; dans les deux *Gentilshommes de Vérone* et dans la *Comédie des méprises*, c'est Virgile. Lorsque dans les deux gentilshommes de Vérone,

Silvie repousse Protée qui lui annonce la mort de Valentin en lui disant que son cœur est enfermé dans la tombe du jeune seigneur, elle ne fait que traduire les paroles mêmes de Didon affirmant que son amour a été emporté par Sichée dans la tombe :

Ille habeat secum, servetque sepulchro.

Lorsque dans la *Comédie des méprises*, Ægeon faisant la description de la tempête qui le sépara de sa femme raconte que le ciel et la terre leur donnaient l'assurance d'une mort imminente, il traduit littéralement ce vers de la description de la tempête au premier livre de l'Énéide :

Præsentemque viris intentant omnia mortem.

Le discours de Prospero à ses esprits au cinquième acte de la *Tempête* est une imitation d'un passage des *Métamorphoses* d'Ovide, dont, il est vrai, Shakespeare pouvait avoir eu connaissance par une traduction en vers d'un certain Golding, célèbre de son temps.

9. Nous avons déjà vu dans *Beaucoup de bruit pour rien* que les épingles, broches, attaches d'aiguillettes, portaient de petites figurines en agate.

ACTE II.

1. Ce cadeau de livres latins offert à des dames, qui serait assez singulier de nos jours, était au contraire des plus galants dans cette Italie de la Renaissance, où la connaissance des langues antiques était le signe d'une éducation libérale et d'une bonne naissance. Les grandes dames d'Angleterre n'auraient pas non plus dédaigné un tel présent. La reine Élisabeth et lady Jane Grey conversaient familièrement, ainsi qu'on le sait, avec les auteurs antiques.

2. Raillerie intraduisible qui se rapporte à un dicton populaire du temps : « Je vous demande pardon, je vous prenais pour un escabeau. »

3. Il y a là une série de plaisanteries intraduisibles qui prennent leur point de départ dans la ressemblance de prononciation de ces deux membres de phrase : *Should be, should buz,* et dans celle du mot *be,* être, et du mot *bee,* abeille. Mon poids est aussi pesant qu'il doit être (*should be*), dit Catharina : Petruchio s'empare de ce mot et donnant au verbe *to be* la même signification qu'à *bee,* abeille, oppose ce mot à *buz,* bourdon. Les autres plaisanteries de cette scène sont à l'avenant de celle-là.

4. Griselidis, l'héroïne bien connue du dernier conte du *Décaméron* de Boccace.

5. La somptueuse Venise qui commençait alors à être la ville cosmopolite du plaisir et des fêtes, était renommée pour tous les articles de luxe et d'art. C'est là que le beau monde non-seulement italien mais européen s'approvisionnait de riches étoffes, de bijoux, d'orfévrerie, de miroirs, etc.

6. Les *courtes-pointes* ou couvertures de lit étaient autrefois un des

principaux articles de luxe. Le chroniqueur Stowe nous apprend que pendant l'insurrection de Wat Tyler, les insurgés détruisirent une courte-pointe qui valait mille marcs d'argent. MALONE.

7. On doit supposer que la vaisselle d'étain à l'époque d'Élisabeth était si coûteuse qu'elle était un objet de grand luxe. Le livre des règlements et dépenses pour la maison de Henri Algernon Percy, le cinquième comte de Northumberland, nous apprend que les vases d'étain étaient loués à l'année. Ce livre des dépenses avait été commencé en l'an 1512. STEEVENS.

8. *Faced him with a card of ten.* Je lui ai fait face avec une carte de dix, expression proverbiale dans le monde des joueurs pour dire qu'on maintenait avec assurance un point qu'on n'avait pas dans la main, de manière à tromper son adversaire. Notre jeu de la bouillotte où l'on embarrasse également son adversaire en tenant résolûment son jeu m'a fourni l'expression que j'ai employée comme équivalent.

ACTE III.

1. Deux vers tirés d'Ovide, épître de Pénélope à Ulysse.

2. Pantalon, le vieillard amoureux et dupé de la comédie italienne.

3. Diminutif de pédant, forgé par Shakespeare, peut-être avec une intention équivoque.

4. Warburton a conjecturé assez justement que ce devait être une ballade ou une collection de ballades ou de bons mots que Gremio avait placée sur son chapeau en guise d'ornement. D'autre part Malone nous apprend qu'un *caprice* ou une *fantaisie* était le nom pour désigner un objet dont les beaux de l'époque ornaient leurs chapeaux.

5. *Gog's wouns*, juron de l'époque, corruption probable de *God's wounds*, blessures de Dieu.

6. Cette coutume de présenter à l'église du vin et des rôties aux mariés était très-ancienne, et existait encore à l'époque du poëte. Le breuvage qu'on choisissait pour cette occasion était soit du vin muscat, soit de l'hippocras. Warton nous apprend qu'elle fut pratiquée au mariage de la reine Marie Tudor et de Philippe en 1554 dans la cathédrale de Winchester. « Les trompettes sonnèrent et ils retournèrent à leurs dais dans le chœur, où ils restèrent jusqu'à ce que la messe fût dite ; alors du vin et des rôties ayant été bénies leur furent présentés. » Cette coutume du vin sucré et des rôties s'est conservée chez nous jusqu'à nos jours, mais c'était au lit nuptial et non à l'église qu'on les présentait aux mariés.

7. Grumio parle-t-il tout simplement avec incorrection ou bien ne fait-il pas allusion à cette phrase proverbiale dans le monde des palefreniers du temps : « les chevaux ont mangé leur tête, » ce qui signifiait que l'argent dû pour leur nourriture valait plus qu'eux?

ACTE IV.

1. *Jack boy! ho! boy!* Commencement d'une ronde en trois parties, populaire au temps de Shakespeare.

2. *Be the Jacks fair within, the Jills fair without.* Jacks désigne ici les serviteurs mâles et des gobelets en cuir, *Jills* les servantes et de larges gobelets d'étain. Le premier de ces deux mots correspond à ce que le peuple parisien appellerait des *bonshommes* ou des *polichinelles*, le second à ce qu'on appelle partout des *dames Jeannes*.

3. Les domestiques portaient alors l'habit bleu dans les grandes maisons comme ils portent aujourd'hui l'habit noir.

4. *Cock's Passion.* Juron dont nous n'avons pu trouver une explication exacte, mais qui, très-probablement, doit se traduire par nom du coq de la Passion.

5. C'était une coutume des pauvres et aussi des fripiers et revendeurs du temps de redonner du lustre aux vieux chapeaux en les noircissant de noir de fumée absolument comme les pauvres de notre temps passent de l'encre sur les coutures de leurs habits pour en dissimuler les lignes blanches.

6. Nous avons déjà vu, notamment dans la *Comédie des méprises*, de fréquentes allusions à cette croyance que certain mets poussaient à la colère. Et tout à l'heure nous verrons Grumio refuser différentes viandes à Catharina sous ce même prétexte. La moutarde surtout passait pour posséder cette propriété au plus haut point.

7. On a supposé que ces paroles étaient une allusion au drame célèbre de Heywood : *une femme tuée avec tendresse*, et l'incertitude où l'on est sur la date de la représentation de *la Mégère domptée*, rend cette supposition très-possible. Le drame d'Heywood est mentionné dans le journal d'Henslowe à la date de 1602-1603.

8. L'expression anglaise est extrêmement pittoresque, *an old Angel*, un vieil ange, une vieille bonne bête, une âme honnête et simple frappée au vieux coin, qui paraît méprisable à la canaille de la ville dressée au *chic* du jour et dont la candeur n'est pas la première qualité. Cette expression qui s'explique d'elle-même a cependant singulièrement embarrassé les commentateurs. Cotgrave traduit *Angelot à la grosse écaille* par cette expression *an old angel*. Les angelots étaient des fromages dont la recette est donnée dans les livres de gastronomie du temps. Dans les *Suppositi*, comédie d'Arioste, d'où Shakespeare a tiré la partie de sa pièce qui se rapporte aux amours de Lucentio et de Bianca, le *Sanese* (Siennois) qui remplace *le pédant* est décrit par Érostrate comme un gentilhomme qui a une honnête figure et dès que Dulippo (le Tranio de la pièce italienne) l'aperçoit, il lui trouve l'air d'un bon père capucin, entendant par là qu'il a l'air d'une dupe honnête et vénérable, confite en bonnes mœurs et qui ne se méfie pas de la duplicité du monde. Voilà probablement la véritable origine du bon vieux ange. Ajoutons que lors-

que Érostrate rencontre le *Sanese*, c'est au moment où il sortait de la ville par la *porte des Anges*.

9. Les robes de femmes étaient anciennement confectionnées par les tailleurs, ce qui tenait peut-être à l'emploi des fortes étoffes dont on faisait alors usage. Ainsi la mode des tailleurs pour dames qui s'est récemment introduite parmi nous a, comme on le voit, des précédents, et M. Worth compte des ancêtres de sa profession dans les siècles passés.

10. *A costard-coffin*, un cercueil de crème, expression très-pittoresque par laquelle on désignait la croûte d'un pâté ou d'une tarte.

11. Ces chaufferettes étaient des sortes de brasiers avec jambes et couvercle convexe à découpures qui servaient à divers usages, à faire brûler des parfums pour purifier l'air de la boutique; à faire chauffer l'eau et les ustensiles du barbier, sécher les serviettes, etc.

12. Dans la pièce primitive le lord fait ici emporter Sly et ordonne qu'on lui enlève ses somptueux habits et qu'on lui mette les siens propres; puis nous retrouvons ce personnage devant le cabaret à la fin de la pièce. Nous rétablissons le texte de ces deux passages qui nous semblent encadrer très-logiquement la pièce de Shakespeare, d'après l'édition de Pope et de Warburton.

ACTE V.

1. Chapeaux de forme conique, extrêmement hauts, portés par les élégants de l'époque.

2. Ce banquet n'est qu'une collation, ou arrière-repas (*after repast*) correspondant à notre dessert.

PEINES D'AMOUR

PERDUES

IMPRIMÉE EN 1598. — DATE PROBABLE DE LA REPRÉSENTATION
ENTRE LES ANNÉES 1587-1591.

AVERTISSEMENT.

Il n'est guère une des pièces de Shakespeare, qui ne présente quelque problème difficile à résoudre. Tantôt c'est la source à laquelle le poëte a puisé qui est restée incertaine ou introuvable; tantôt c'est la date de la représentation qu'il est impossible de fixer exactement; une autre fois comme dans le cas de la *Mégère domptée*, il s'agira de décider si l'œuvre de Shakespeare a été calquée sur une pièce antérieure, où si ce modèle n'est pas tout simplement la première forme de la conception du poëte. *Peines d'amour perdues*, présente un problème moins important que celui de la *Mégère domptée*, mais qui ne laisse pas que d'être fort délicat. La plupart des commentateurs et éditeurs, ont regardé cette comédie comme une des premières productions de Shakespeare, et M. Staunton, n'hésite pas à en placer la date entre les années 87 et 91. Tout indique, en effet, dans cette pièce, qu'il faut l'attribuer à la jeunesse du grand poëte. L'inspiration en est fort inégale, le faux goût y abonde, les *concetti* y foisonnent, et quoique le *scenario* en soit très-brillant et qu'elle contienne plus d'un beau passage, on y sent comme dans *les Deux gentilshommes de Vérone* et même plus que dans *les Deux gentilshommes de Vérone*, une main qui n'est pas encore sûre d'elle-même et une originalité en voie de formation, plutôt qu'une originalité décidément formée. On peut donc en toute assurance tenir cette pièce pour contemporaine de la première jeunesse du poëte. A la vérité, la première édition que nous en ayons, est de 1598 ; mais comme les pièces de Shakespeare étaient souvent imprimées très-longtemps après leur représentation et qu'un très-grand nombre n'ont même été publiées qu'après sa mort, la date de cette publication ne peut en rien détruire l'opinion que nous avons rapportée et que nous tenons pour bien fondée. Les preuves morales plus fortes que toutes les dates, proclament avec la dernière évidence que nous avons affaire ici à une œuvre de la jeunesse du grand poëte, et non à une œuvre de sa maturité, et d'ailleurs, le style de la pièce a une si grande parenté avec celui des *poëmes* et des *sonnets*, que le moindre doute n'est pas possible.

Cela dit, voici le problème. S'il faut placer cette pièce entre les années 87 et 91, comment se fait-il que le titre de l'édition de 1598, nous apprenne qu'elle a été jouée à la Noël précédente devant la reine, c'est-à-dire, à la fin de 1597 ? Quelques menues allusions, sans grande importance, d'ailleurs, soit au traité sur le duel de Saviolo, publiée en 1595, soit à d'autres détails postérieurs à 1591, sembleraient prouver d'autre part que la composition de cette pièce est d'une date assez rapprochée de celle de sa publication. En outre, fait assez curieux, il existe un petit poëme d'un certain Robert Tofte, fort bien fait et d'un sentiment très-vrai, *Alba ou le bout du mois*[2] *de l'amant mélancolique*, daté de 1598, où le poëte parle de *Peines d'amour perdues*, qu'il associe aux déboires de son amour, comme s'il avait vu cette pièce à une époque peu éloignée de la composition de son poëme. La réponse à ces difficultés, se trouve, je crois, dans le titre même de l'édition de 1598 : « *Peines d'amour per-*

---

1. *Month's Mind.* C'était le nom qu'on donnait, ainsi que nous l'avons dit dans une note des *Gentilshommes de Vérone*, aux messes qu'on faisait célébrer en l'honneur d'un être chéri, un mois après sa mort : quelque chose comme notre *bout de l'an*.

dues, comédie plaisante et ingénieuse, telle qu'elle a été représentée devant Sa Majesté, à la Noël dernière, nouvellement *corrigée* et *augmentée* par W. Shakespeare. » Le titre, on le voit, mentionne seulement le fait d'une représentation devant Élisabeth, il ne dit pas que ce fut la première. En outre, il nous apprend que cette pièce a subi des corrections et reçu des augmentations. Ces corrections et ces augmentations, ont-elles été faites entre *cette représentation* de la Noël, devant Élisabeth et la publication de 1598, ou ont-elles été faites antérieurement à cette représentation, voilà ce qu'il est difficile de deviner d'après le texte du titre : mais une chose est certaine, c'est que des corrections et des augmentations ont été faites ; par conséquent, la pièce que nous possédons n'est pas exactement la pièce telle qu'elle était à l'origine. Il y a donc eu une première pièce que nous ne possédons plus. Pourquoi ne serait-ce pas cette première pièce non corrigée et augmentée, qui serait contemporaine de la jeunesse du poëte? La pièce que nous connaissons, peut donc parfaitement être rapportée à l'année 1598, sans que *Peines d'amour perdues* cesse pour cela d'appartenir aux jeunes années de Shakespeare. Longtemps après l'époque de sa composition, Shakespeare, par caprice ou par tendresse pour une de ses premières œuvres, peut-être sur les instances de quelques amis, ou encore poussé par quelque nécessité de métier, aura repris sa comédie, et sans en altérer le fond, ni en modifier le *scenario*, y aura fait de larges corrections, en sorte que la pièce que nous connaissons, appartient et n'appartient pas en même temps à sa jeunesse. Et, en effet, pour peu qu'on l'examine avec attention, cette comédie porte la marque de remaniements nombreux qui l'ont démesurément allongée dans quelques-unes de ses parties. Elle ressemble à ces édifices, dont la symétrie a été rompue par les réparations qu'on a opérées sur eux, et par les corps de bâtiments qu'on leur a ajoutés pour les embellir; il n'y a pas équilibre entre ses diverses parties. J'oserais jurer que quelques-unes des excellentes conversations entre messire Nathaniel et Holopherne, sont au nombre de ces remaniements; car dans ces conversations le comique qui peint les caractères, privilége de l'observation et de l'expérience, a remplacé ce comique de mots et de fantaisie, qui est l'apanage de la jeunesse et qui, sauf cette exception, règne d'un bout à l'autre de la pièce.

On ne sait si la conception de cette pièce appartient entièrement à Shakespeare ou s'il en a puisé la donnée dans quelque conte français de l'époque, ou dans quelque anecdote aujourd'hui inconnue qui courait alors le monde: les indications manquent absolument à cet égard. Mais un érudit, M. Hunter, a le premier, fait remarquer un tout petit détail qui, s'il ne prouve rien quant à l'origine de cette pièce, montre au moins une fois de plus, combien les lectures de Shakespeare étaient nombreuses et variées. Les *Choniques* de Monstrelet font mention d'une visite de Charles, roi de Navarre, au roi de France, à la suite de laquelle il aurait obtenu certains échanges de territoire, plus une indemnité de deux cent mille écus d'or. Les termes de ce traité sont exactement les mêmes que ceux du traité qui fait l'objet de l'ambassade de la princesse; le nom de ce roi de Navarre est celui même du père de l'amoureux de la princesse de France. Là ne se borne pas l'exactitude de Shakespeare qui était un aussi grand peintre des nations que des caractères. Il est extraordinaire de voir combien Shakespeare est fidèle jusque dans les plus minutieux détails à la vérité historique et à la couleur locale. De même que tous les détails de *Roméo et Juliette*, du *Marchand de Venise*, d'*Othello*, sont italiens, tous les détails de cette pièce sont français. Les conversations des seigneurs et des dames sont toutes françaises; vives, alertes, spirituelles; un jeu de volant perpétuel, une escarmouche de bons mots, une petite guerre de reparties. Leur mauvais goût même est tout français, et leur langage aiguisé, raffiné à l'excès, a cette pointe d'esprit précieux qui n'a jamais déplu aux Français, surtout dans les classes élevées. La tournure de leurs sentiments est aussi bien française ; ils cachent sous un déguisement de gaieté le sérieux de leurs affections, sous un voile de moquerie la sincérité de leurs passions, et ne s'avouent amoureux que lorsqu'ils se parlent à eux-mêmes ou qu'ils se croient seuls. En eux, éclate le plus délicatement du monde ce vice tout français, la crainte du ridicule, cette poltronnerie qui nous fait mettre une sourdine à tous nos sentiments et nous fait attacher un grelot à nos passions les plus sérieuses, afin de donner si nous le pouvons, le change à notre ennemi, c'est-à-dire à l'être que nous aimons, et de l'empêcher d'avoir sur nous la prise que lui assurerait notre amour.

Une des particularités les plus curieuses de cette pièce, c'est qu'elle est une satire du mauvais goût de l'époque, et du style prétentieux mis à la mode par les *Euphuistes* et l'imitation italienne, écrite dans le langage même qu'elle prétend ridiculiser. Shakespeare s'y montre attaqué de la maladie contre laquelle il veut réagir. Vous figurez-vous Molière infecté du jargon de Cathos et de Madelon, et écrivant dans le propre style de ses précieuses ? eh bien, *Peines d'amour perdues* présente un phénomène analogue. Dans aucune de ses pièces on ne pourrait compter autant d'extravagances précieuses, de métaphores quintessenciées, d'antithèses et de cliquetis de mots, de pointes et de *concetti*. Ce serait à croire, pour employer le mot ingénieux du petit page d'Armado, que tous les personnages de cette comédie ont été à un grand festin de langues et en ont une indigestion. La satire que se proposait Shakespeare est donc incomplète, puisqu'elle est elle-même entachée de l'abus qu'elle veut détruire et des ridicules qu'elle attaque, mais elle n'en est par là que plus piquante, et elle est en outre singulièrement instructive puisqu'elle nous montre combien il est difficile d'échapper à son époque même quand on réagit contre elle. Nous châtions nos propres vices dans la personne d'autrui, disait un révolutionnaire célèbre ; Shakespeare a fait ainsi, et il a châtié le mauvais goût de son époque avec son propre mauvais goût.

Cette pièce a cependant atteint son but par un autre moyen. Si *Peines d'amour perdues* n'était qu'une satire de quelques formes ridicules de langage, Shakespeare aurait complétement échoué, mais cette pièce a une portée plus sérieuse et frappe plus haut. On peut la considérer comme la véritable satire des bas et vilains côtés de la Renaissance tout entière. Tous les grands mouvements de l'humanité ont leurs côtés bas et déplaisants ; tous engendrent ce qu'on peut appeler leur vermine, comme les grandes pluies engendrent les colimaçons, et les étés trop ardents les sauterelles. L'admirable mouvement de la Renaissance, si fécond en savants illustres, en penseurs profonds, en grands poëtes, en érudits enthousiastes, eut sa canaille et sa vermine, car elle fit pulluler la race des pédants et des cuistres avec une désolante fertilité. Cette époque à jamais glorieuse, présente à chacune des pages de son histoire des traces de bave argentée, des souillures et des piqûres qui la déshonorent ; ce sont les marques du passage de cette vermine. Le maître d'école Holopherne fut, dit-on, calqué sur l'Italien Jean Florio qui tenait alors école de pédant à Londres et écrivait des préfaces où il osait comparer ses compilations aux *trésors* d'Estienne ; mais il porta des milliers de noms à cette époque et fut citoyen de toutes les nations de l'Europe. Holopherne le cuistre, c'est la chenille de la Renaissance ; Messire Nathaniel et don Armado n'en sont que les caricatures. Ces derniers sont simplement grotesques et bouffons ; leur sottise est inoffensive ; ils représentent la séquelle du cuistre, les faux connaisseurs, les faux amis du savoir qui ne seront dangereux que lorsqu'ils seront mus par le chef de file que leur faux jugement leur fera choisir. Mais une veine de férocité vaniteuse et de présomption méchante circule dans le pédant Holopherne. Le nouvel ennemi des lumières, l'obstacle nouveau à la civilisation morale est né ; voilà le cuistre qui va reprendre sous une nouvelle forme le rôle du moine ignorant contre lequel la Renaissance s'est tant élevée, et faire à son tour l'office d'inquisiteur, non plus au nom de Dieu, mais au nom des oracles de sa sottise et des sentences de sa stupidité.

C'est dans ce tableau satirique de la Renaissance que consiste l'intérêt durable de *Peines d'amour perdues*. Quant à la portée morale de cette pièce, elle est la même que celle de *Mesure pour mesure*. *Peines d'amour perdues* dit comme *Mesure pour mesure* : vaines sont les lois qui sont portées contre la nature et en dépit de la nature, car ceux-là même qui les édictent ne les observeront pas. Le roi de Navarre et ses compagnons ont fait vœu de se séparer en pleine jeunesse de la compagnie des femmes, de se sevrer de plaisir et d'amour au profit de l'étude; mais il suffit d'une occasion inattendue et du voisinage de quelques beaux yeux pour renverser toutes leurs résolutions. Angelo, au moment même où il condamne Claudio, viole l'édit contre nature qu'il a ressuscité ; le roi de Navarre et ses compagnons sont parjures à leurs propres serments au moment même où ils condamnent au jeûne et à la prison le pauvre Grossetète pour avoir enfreint leurs ordonnances. *Peines d'amour perdues* plaide gaiement la thèse que *Mesure pour mesure* plaide d'une manière tragique ; mais il y a entre les deux plaidoyers la distance qui sépare une œuvre aimable d'un chef-d'œuvre, et la distance qui sépare le sentiment qu'une vérité profonde inspire à un jeune homme du sentiment que cette même vérité inspire à un homme mûr. Étant donné cette vérité : il ne peut y avoir de loi contre la nature, tout jeune homme la sentira et l'interprétera comme l'a sentie et interprétée Shakespeare dans *Peines d'amour perdues*, tout homme mûr comme il l'a sentie et interprétée dans *Mesure pour mesure*.

PERSONNAGES DE LA COMÉDIE.

FERDINAND, roi de Navarre.
BIRON,
LONGUEVILLE, } seigneurs de la société du Roi.
DUMAINE,
BOYET,
MERCADE, } seigneurs de la suite de la Princesse de France.
DON ADRIANO DE ARMADO, Espagnol grotesque.
Messire NATHANIEL, curé.
HOLOPHERNE, maître d'école.
LÉPAIS, officier de police.
GROSSETÊTE, paysan.
PAPILLON, page d'Adriano [1].
UN GARDE-CHASSE.

LA PRINCESSE DE FRANCE.
ROSALINE,
MARIA, } dames de la suite de la Princesse.
CATHERINE,
JACQUINETTE, petite paysanne.
OFFICIERS ET AUTRES COMPARSES DE LA SUITE DU ROI ET DE LA PRINCESSE.

SCÈNE. — Navarre.

PEINES D'AMOUR PERDUES.

ACTE I.

SCÈNE PREMIERE.

En Navarre. — Un parc avec un palais au milieu.

Entrent LE ROI, BIRON, LONGUEVILLE *et* DUMAINE.

LE ROI. — Allons, qu'elle vive à jamais, gravée sur l'airain de nos tombeaux[2], et qu'elle proclame notre victoire au sein même de notre défaite par la mort, cette renommée que tous les hommes poursuivent de leur vivant; puisque, en dépit de ce cormoran glouton, le temps, l'effort de ces quelques heures où il nous est donné de respirer, peut nous acquérir un honneur capable d'émousser le tranchant aigu de sa faux et nous enrichir de gloire pour l'éternité. Ainsi donc, braves conquérants, — car vous êtes des conquérants, vous qui entrez en guerre contre vos propres affections, et l'énorme armée des désirs du monde, — notre édit récent sera rigoureusement appliqué dans toute son étendue. Navarre sera la merveille du monde, et notre cour une petite Académie, où la philosophie sera mise en action, au sein de la contemplation et du repos. Vous trois, Biron, Dumaine et Longueville, vous avez juré de vivre, avec moi pendant un terme de trois années, comme mes compagnons d'étude, et d'observer les statuts qui sont rédigés dans la cédule que voici : vous avez prêté vos serments, maintenant signez vos noms, afin qu'il frappe son honneur de sa propre main, celui qui violera le plus petit article de cet édit. Si votre courage est à la hauteur des engagements que vous avez jurés, confirmez par vos signatures vos serments solennels, et tenez-les.

Longueville. — J'ai pris ma résolution : ce n'est qu'un jeûne de trois années ; l'esprit fera grand festin, s'il faut que le corps languisse : à grasse panse, maigre cerveau ; les morceaux délicats font les formes opulentes, mais mettent les facultés presque en banqueroute.

Dumaine. — Mon aimable Seigneur, Dumaine se voue à la mortification. La grossière jouissance des plaisirs de ce monde, il l'abandonne à de plus vils esclaves du monde grossier. Je dis adieu et je meurs à l'amour, à la richesse, à la pompe, en compagnie de tous ceux qui vivent dans la philosophie.

Biron. — Je ne puis que répéter leurs protestations, au moins, mon cher Suzerain, en ce qui concerne les promesses que j'ai déjà jurées, lesquelles sont de vivre et d'étudier ici pendant trois ans. Mais il y a d'autres strictes obligations : par exemple, celle de ne pas voir de femmes pendant tout ce temps, qui, je l'espère bien, n'est pas couchée sur cet écrit ; cette autre aussi qui nous impose de passer un jour par semaine sans prendre aucune nourriture, et de ne faire en outre qu'un repas par jour, ne s'y trouve pas non plus, je l'espère bien ; cette autre encore qui nous impose de ne dormir que trois heures par nuit, et de ne pas nous laisser surprendre de tout le jour à taper de l'œil, — dure obligation pour moi, qui étais habitué à ne pas songer à malice de toute la nuit et à faire une nuit noire de la moitié de la journée, — j'espère bien qu'elle a été également écartée. Oh ! ce sont là des vœux trop austères, trop durs à tenir : ne pas voir de dames, étudier, jeûner, ne pas dormir !

Le roi. — Vous avez passé serment de vous passer de tout cela.

Biron. — Permettez-moi de vous répondre non, s'il vous plaît, mon cher Suzerain ; j'ai seulement juré d'étudier avec Votre Grâce, et de rester ici, dans votre cour, l'espace de trois ans.

Longueville. — Vous avez juré cela, Biron, et aussi le reste.

Biron. — Oui et non, Monsieur ; mon serment était une manière de plaisanterie. Quel est le but de l'étude ? veuillez me l'apprendre.

Le roi. — Parbleu ! de connaître ce que sans elle nous ne connaîtrions pas.

Biron. — Entendez-vous parler des choses cachées et interdites au simple sens commun ?

Le roi. — Oui, telle est la divine récompense de l'étude.

Biron. — Fort bien : alors, je veux bien jurer d'étudier ainsi pour apprendre les choses qu'il m'est interdit de savoir : comme, par exemple, d'étudier où je pourrai faire un bon dîner, lorsqu'il me sera expressément interdit de faire bonne chère ; ou d'étudier où je pourrai trouver quelque belle maîtresse, lorsque les maîtresses me seront cachées contre tout sens commun ; ou enfin, si j'ai prêté un serment trop difficile à tenir, de m'étudier à le briser sans manquer à ma parole. Si tels sont les bénéfices de l'étude, et si telle est notre étude, oui, en ce cas, elle consiste à connaître les choses qu'elle ne connaissait pas encore : demandez-moi de jurer de telles obligations, je ne vous répondrai jamais non.

Le roi. — Ces choses-là sont des obstacles qui font échec à l'étude et dressent nos intelligences au goût des vains plaisirs.

Biron. — Parbleu ! tous les plaisirs sont vains ; mais, de tous, le plus vain est celui qui, acheté par la peine, ne procure que la peine ; celui qui consiste à rester les yeux péniblement collés sur un livre pour chercher la lumière de la vérité, pendant que cette même vérité aveugle traîtreusement ces mêmes yeux de son aspect éclatant. La lumière qui cherche la lumière, frustre la lumière de la lumière ; car avant que vous puissiez découvrir au sein des ténèbres où est la lumière, votre lumière devient ténèbres par la perte de vos propres yeux. Étudiez plutôt pour apprendre comment on peut réjouir son œil en le fixant sur un œil plus beau qui, s'il vous éblouit, vous servira cependant de phare et vous rendra la lumière dont il vous avait privé[3]. L'étude est comme le glorieux soleil du ciel qui ne veut pas être épié de trop près par d'impertinents regards. Vos culs de plomb assidus ont gagné peu de chose en dehors d'une chétive autorité due aux livres d'autrui. Ces parrains mortels des lumières du ciel, qui donnent un nom à chaque étoile fixe, ne retirent pas plus de profit de leurs nuits brillantes que ceux qui se promènent sous leur clarté sans savoir ce qu'elles sont. Trop connaître est ne rien connaître que du vent, et tout parrain est bon pour nous donner un nom[4].

LE ROI. — Quel savoir il met à raisonner contre le savoir !

DUMAINE. — Très-méthodiquement argumenté pour empêcher toute bonne méthode.

LONGUEVILLE. — Il sarcle le blé et en même temps il laisse croître l'ivraie.

BIRON. — Lorsque les oisons couvent, le printemps approche.

DUMAINE. — Qu'est-ce que cela veut dire ?

BIRON. — Qu'il y a temps et lieu pour chaque chose.

DUMAINE. — Cela n'a aucune raison.

BIRON. — Alors cela a au moins la rime.

LE ROI. — Biron est comme une envieuse gelée meurtrière qui mord les premiers-nés du printemps.

BIRON. — Bien, mettons que cela soit ; pourquoi l'orgueilleux été paraderait-il avant que les oiseaux aient eu aucune raison de chanter ? Pourquoi prendrais-je plaisir à une floraison avortée ? A Noël, je ne désire pas plus une rose que je ne désire de la neige au milieu des pompes nouvellement écloses de mai ; mais j'aime chaque chose qui vient en sa saison. Ainsi de vous ; il est trop tard pour l'étude ; c'est monter sur le toit pour ouvrir la porte de la cave.

Le roi. — Eh bien ! quittez la partie ; retournez chez vous, Biron ; adieu !

Biron. — Non, mon bon Seigneur, j'ai juré de rester avec vous, et, quoique j'en aie plus dit en faveur de l'ignorance que vous ne pouvez en dire en faveur de votre angélique science, je garderai cependant le serment que j'ai prêté et j'accomplirai rigoureusement, jour par jour, les pénitences de ces trois années. Donnez-moi l'écrit, permettez-moi de le lire, et j'apposerai mon nom au-dessous de ses plus sévères articles.

Le roi. — Comme cette soumission te sauve honorablement de la honte !

Biron, *lisant*. — « *Item, aucune femme n'approchera de ma cour à une distance d'un mille.* » Cet article a-t-il été publié ?

Longueville. — Il y a quatre jours.

Biron. — Voyons la pénalité. (*Il lit.*) « *Sous peine de perdre la langue.* » Quel est l'inventeur de cette pénalité ?

Longueville. — C'est moi, parbleu !

Biron. — Et la raison de cela, mon aimable Seigneur ?

Longueville. — Pour les tenir à distance par la crainte de ce châtiment.

Biron. — Loi meurtrière pour la galanterie ![5] (*Il lit.*) « *Item, si un homme est vu parlant à une femme pendant un laps de trois ans, il subira telle humiliation publique que le reste de la cour jugera bon de lui imposer.* » Cet article, mon Suzerain, il vous faudra vous-même le violer, car vous savez que la fille du roi de France, une vierge d'une grâce et d'une majesté accomplies, vient ici en ambassade pour traiter avec vous de la cession de l'Aquitaine à son père, aujourd'hui décrépit, malade et obligé de tenir le lit. Cet article aura donc été rédigé en vain, ou c'est vainement que la princesse si admirée sera venue ici.

Le roi. — Qu'en dites-vous, Messeigneurs ? Parbleu ! cela avait été tout à fait oublié.

Biron. — C'est ainsi que l'étude est toujours battue; pendant qu'elle s'étudie à obtenir ce qu'elle voudrait, elle oublie de faire ce qu'elle devrait : et lorsqu'elle possède enfin la chose qu'elle a poursuivie avec le plus d'ardeur, il se trouve qu'elle l'a conquise, comme les villes sont conquises par le feu; autant de gagné, autant de perdu.

Le roi. — Nous sommes obligés de faire exception pour cet article. La princesse doit loger ici de toute nécessité.

Biron. — La nécessité nous rendra tous parjures trois mille fois avant que ces trois ans soient écoulés, car chaque homme naît avec ses penchants particuliers qu'une grâce spéciale, et non sa volonté, maîtrise. Si j'enfreins mon serment, ce mot me servira d'excuse ; je serai parjure par pure nécessité. Donc j'appose mon nom au-dessous de tous ces articles sans exception : que celui qui les enfreindra, aussi peu que ce soit, porte la peine d'une honte éternelle. Les tentations sont pour les autres comme pour moi; mais je crois bien, malgré la répugnance que j'ai montrée, que je serai le dernier à garder mon serment. Mais ne nous sera-t-il pas accordé quelque amusante récréation?

Le roi. — Oui, nous en avons une toute prête. Notre cour, vous le savez, est fréquentée par un raffiné d'Espagne en voyage, un homme qui est au courant de toutes les modes nouvelles du monde et dont la cervelle est une mine de phrases; un homme que la musique de sa langue frivole ravit comme pourrait le faire l'harmonie la plus enchanteresse; un homme rempli de perfections, que le droit et le tort ont choisi pour arbitre de leur duel. Cet enfant de l'imagination, qui répond au nom d'Armado, dans l'intervalle de nos études, nous racontera en phrases sublimes les exploits de l'un ou de l'autre de ces chevaliers de la brune Espagne, qui ont péri dans les querelles de ce monde[6]. Jusqu'à quel point il vous amuse, Messeigneurs, je n'en sais rien; mais pour moi, je déclare que j'adore l'entendre mentir et que je veux m'en servir pour me donner la comédie.

Biron. — Armado est un très-illustre individu, un

ACTE I, SCÈNE I.

homme riche en beaux mots de fabrique nouvelle, un vrai chevalier de la mode.

Longueville. — Grossetête le jeune paysan, et Armado nous serviront de divertissements : là-dessus, à l'étude; trois ans seront bientôt passés.

Entrent LÉPAIS, *portant une lettre, et* GROSSETÊTE.

Lépais. — Quelle est la propre personne du roi?

Biron. — Le voici, mon ami; que lui veux-tu?

Lépais. — Je *répréhende* moi-même sa propre personne, car je suis l'officier local de Sa Grâce, mais je voudrais voir sa propre personne en chair et en os.

Biron. — La voici.

Lépais. — Le signor Arm.... Arm.... se recommande à vous. Il y a de vilaines choses qui se passent; cette lettre vous en dira davantage.

Grossetête. — Monseigneur, les *contes nus* d'icelle me concernent.

Le roi. — Une lettre du magnifique Armado.

Biron. — Quelque basse que soit la matière, j'ai confiance dans le ciel que les mots sublimes ne nous manqueront pas[7].

Longueville. — Une bien haute confiance pour un ciel bien bas![8] Dieu nous accorde la patience.

Biron. — D'écouter ou d'étouffer notre envie de rire?

Longueville. — D'écouter avec douceur, Monsieur, et de rire avec modération; ou bien de nous abstenir des deux choses.

Biron. — Parbleu! Monsieur, cela dépendra des motifs que le style de cette lettre nous donnera de nous laisser aller à la gaieté.

Grossetête. — La matière de cette lettre, Monseigneur, me regarde, en ce qui concerne Jacquinette; et la manière c'est que j'ai été pris en manière.

Biron. — En quelle manière?

Grossetête. — Dans la manière et la forme suivantes, Monseigneur; voilà les trois choses: j'ai été vu avec elle dans le *Manouére*[9], assis avec elle sur la *plate-forme*, et puis la *suivant* dans le parc; trois choses mises ensemble qui font bien comme je l'ai dit *la manière et la forme suivantes*. Maintenant, Monseigneur, quant à la manière, c'est la manière d'un homme de causer avec une femme; quant à la forme, c'est aussi quelque peu la forme ordinaire.

Biron. — Et le mot *suivant*, Monsieur?

Grossetête. — Nous le verrons *suivant* ma punition, et que Dieu défende le droit!

Le roi. — Voulez-vous écouter cette lettre avec attention?

Biron. — Comme nous écouterions un oracle.

Grossetête. — Telle est la simplicité de l'homme d'écouter tout ce qui a rapport à la chair.

Le roi, *lisant*. — « Grand député, vice-gérant du ciel et unique dominateur de la Navarre, Dieu terrestre de mon âme et patron nourricier de mon corps. »

Grossetête. — Jusqu'ici pas un mot de Grossetête.

Le roi, *lisant*. — « Voici ce qui en est. »

Grossetête. — Il se peut qu'il en soit ce qu'il dit; mais s'il dit ce qui en est, en disant la vérité, il ne dit pas grand'chose.

Le roi. — Paix!

Grossetête. — ....Soit avec moi et avec tout homme qui n'ose pas se battre.

Le roi. — Pas un mot!

Grossetête. — ....Des secrets des autres, je vous en conjure.

Le roi, *lisant*. — « Voici ce qui en est; assiégé par une mélancolie noire, j'avais confié cette humeur sombre et oppressive à la médecine salutaire de l'air salubre de tes domaines, et vrai comme je suis un gentilhomme, j'étais en train de me promener. A quelle heure? Vers la sixième heure; l'heure où les bêtes broutent le plus, où les oiseaux becquètent le mieux, où les hommes s'asseyent pour prendre ce repas qui est appelé souper: voilà pour l'heure qu'il était. Maintenant, quant au lieu, — le lieu où je promenais, s'entend, — il est dénommé ton parc. Maintenant, quant à l'endroit, — j'entends l'endroit où j'ai surpris ce fait obscène et tout à fait irrégulier qui a tiré de ma plume blanche comme la neige cette encre couleur d'ébène que tu vois, regarde, contemple et considère, — quant à l'endroit du délit, dis-je, il se trouve au nord-nord-est et à l'est du côté ouest de ton jardin aux curieux méandres[10] : c'est là que j'ai vu ce rustre à l'esprit grossier, ce vil fretin qui te met en gaieté.... »

Grossetète. — Moi !

Le roi, *lisant*. — « Cette âme illettrée et de peu de savoir.... »

Grossetète. — Moi !

Le roi, *lisant*. — « Ce vulgaire vassal.... »

Grossetète. — Encore moi !

Le roi, *lisant*. — « Qui, autant que je m'en souvienne, s'appelle Grossetète.... »

Grossetète. — Oh ! c'est moi.

Le roi, *lisant*. — « Associé et accouplé contrairement à ton édit établi et à tes canons de continence, avec.... avec..., oh ! qu'il m'en coûte de dire avec quel objet.... »

Grossetète. — Avec une fillette.

Le roi, *lisant*. — « Avec une enfant de notre grand'mère Ève, une femelle, ou pour mieux parler à ton exquis entendement, une femme. Cet homme, moi, comme mon sentiment du devoir toujours en éveil me chatouille à le faire, je te l'envoie pour qu'il reçoive la punition qu'il mérite, par cet officier de Ta Grâce exquise, Antoine Lépais, homme d'excellentes renommée, conduite, manières et considération. »

Lépais. — C'est moi, s'il vous plaît : je suis Antoine Lépais.

Le roi, *lisant*. — « Pour Jacquinette, — c'est le nom du vase fragile que j'ai surpris avec le susdit rustre, — je la retiens ici comme le vase destiné à la colère de ta loi, et à la moindre de tes suaves requêtes, je l'enverrai recevoir sa sentence. Tout à toi, avec toute la plénitude d'un cœur dévoué et brûlant de l'ardeur du devoir.

« Don Adriano de Armado. »

BIRON. — Ce n'est pas aussi bien que je m'y attendais, mais c'est encore ce que j'ai entendu de mieux.

LE ROI. — De mieux, oui en effet, car c'est le superlatif du pire. — Mais vous, maraud, que dites-vous de cela?

GROSSETÈTE. — Sire, je confesse la fillette.

LE ROI. — Avez-vous entendu la proclamation?

GROSSETÈTE. — Je confesse que je l'ai beaucoup entendue, mais que j'y ai fait peu d'attention.

LE ROI. — Il a été proclamé qu'être surpris avec une fillette serait puni d'un an de prison.

GROSSETÈTE. — Je n'ai été pris avec aucune fillette, Sire; j'ai été pris avec une demoiselle.

LE ROI. — Fort bien! la proclamation disait demoiselle.

GROSSETÈTE. — Ce n'était pas une demoiselle non plus, Sire; c'était une vierge.

LE ROI. — Cette qualification était aussi comprise dans la proclamation; elle disait aussi une vierge.

GROSSETÈTE. — S'il en est ainsi, je nie sa virginité; j'ai été pris avec une femme non mariée.

LE ROI. — Cette femme non mariée ne vous fera pas toucher à votre but, Monsieur.

GROSSETÈTE. — Cette femme non mariée me fera toucher à mon but, Sire.

LE ROI. — Monsieur, je vais prononcer votre sentence: vous jeûnerez une semaine au pain et à l'eau.

GROSSETÈTE. — J'aimerais mieux prier un mois avec potage et mouton.

LE ROI. — Et don Armado sera votre geôlier. Monseigneur Biron, veillez à ce qu'il lui soit remis; et nous, Messeigneurs, allons mettre à exécution les engagements que nous avons mutuellement et avec tant d'énergie juré d'accomplir. (*Sortent le roi, Dumaine et Longueville.*)

BIRON. — J'engagerais ma tête contre le chapeau de n'importe que honnête homme que ces serments et ces édits tourneron en pure dérision. Allons, maraud, marchons.

GROSSETÊTE. — Je souffre pour la vérité, Monseigneur, car il est vrai que j'ai été pris avec Jacquinette, et que Jacquinette est une vraie fille. Donc adieu à la *coupe amère* de la prospérité! *l'affliction* sourira peut-être de nouveau quelque jour; jusque-là reste à demeure, *chagrin!*
(*Ils sortent.*)

SCÈNE II.

Une autre partie du parc. — Devant la demeure d'Armado.

Entrent ARMADO *et* PAPILLON.

ARMADO. — Enfant, quel signe cela est-il lorsqu'un homme d'un grand esprit devient mélancolique?

PAPILLON. — Un grand signe, Monsieur, qu'il sera triste.

ARMADO. — Mais la tristesse et la mélancolie sont une seule et même chose, mon cher gnôme.

PAPILLON. — Non, non, ô Dieu, non, Monsieur.

ARMADO. — Comment t'y prendrais-tu pour distinguer la tristesse de la mélancolie, mon tendre jouvenceau?

PAPILLON. — Par une démonstration familière de leurs effets, mon coriace ancien.

ARMADO. — Pourquoi coriace ancien? Pourquoi coriace ancien?

PAPILLON. — Pourquoi tendre jouvenceau? Pourquoi tendre jouvenceau?

ARMADO. — Je te nommais tendre jouvenceau, parce que cette épithète est congruante, et sied à tes jeunes années que nous pouvons dénominer tendres.

PAPILLON. — Et moi je disais coriace ancien, parce que c'est le titre qui convient à votre âge avancé que nous pouvons appeler coriace.

ARMADO. — Joli et plein d'à-propos.

PAPILLON. — Comment l'entendez-vous, Monsieur? Est-ce moi qui suis joli et ma parole qui est pleine d'à-propos? ou bien est-ce moi qui suis plein d'à-propos et ma parole qui est jolie?

ARMADO. — Tu es joli parce que tu es petit.

PAPILLON. — Petitement joli alors, puisque je suis petit. Pourquoi plein d'à-propos?

ARMADO. — Plein d'à-propos parce que tu as l'esprit vif.

PAPILLON. — Dites-vous cela à ma louange, maître?

ARMADO. — A ton insigne louange.

PAPILLON. — Je pourrais faire le même éloge d'une anguille.

ARMADO. — Comment, tu dirais qu'une anguille est ingénieuse?

PAPILLON. — Je dirais qu'une anguille est vive.

ARMADO. — Je dis que tu es vif dans tes réponses : tu m'échauffes la bile.

PAPILLON. — J'ai reçu ma réponse, Monsieur.

ARMADO. — Je n'aime pas qu'on joue double avec moi.

PAPILLON, *à part.* — Il dit tout le contraire de la vérité; ce sont les doublons qui ne l'aiment pas.

ARMADO. — J'ai promis d'étudier trois ans avec le roi.

PAPILLON. — Vous pouvez faire cela en une heure, Monsieur.

ARMADO. — Impossible.

PAPILLON. — Combien fait un trois fois répété?

ARMADO. — Je sais mal compter; cela convient à l'esprit d'un garçon de taverne.

PAPILLON. — Vous êtes un gentilhomme et un joueur, Monsieur[11].

ARMADO. — Je confesse ces deux qualités, toutes deux sont le vernis d'un homme accompli.

PAPILLON. — Alors, j'en suis sûr, vous savez à quelle grosse somme se montent deux et as.

ARMADO. — A la somme de deux plus un.

PAPILLON. — Ce que le vil vulgaire appelle trois.

ARMADO. — Exact.

PAPILLON. — Eh bien! Monsieur, est-ce là une étude si difficile? voilà que nous avons pu étudier le mot trois, avant que vous ayez eu le temps de cligner trois fois de l'œil : combien il est aisé maintenant d'ajouter le mot années au mot trois, et d'étudier ainsi trois années en deux mots, le cheval qui danse vous le dirait [11].

ARMADO. — Une très-jolie opération d'arithmétique!

PAPILLON, *à part*.—Pour prouver que vous n'êtes qu'un zéro.

ARMADO. — Je dois confesser que je suis amoureux, et comme il est bas à un soldat d'aimer, je suis amoureux d'une fille de basse condition. Si tirer l'épée contre l'humeur de mon affection pouvait me détourner de ces pensées maudites, je ferais Désir prisonnier, et je l'échangerais avec quelque courtisan français contre une révérence de nouvelle invention. Soupirer me paraît méprisable; il me semble que je devrais abjurer Cupidon. Enfant, assiste-moi : quels grands hommes ont été amoureux?

PAPILLON. — Hercule, maître.

ARMADO. — Délicieux Hercule! D'autres autorités, mon cher enfant, d'autres noms encore; et que ceux que tu me citeras, mon doux enfant, soient des hommes de bonne renommée et connus sous de bons rapports.

PAPILLON. —Samson, maître; c'était un homme de bon rapport, de grand rapport, car il emportait les portes des villes sur son dos, comme un portefaix : il fut amoureux.

ARMADO. — O Samson aux membres bien liés! ô Samson aux solides articulations! je te dépasse à la rapière autant que tu me dépasses dans l'enlèvement des portes. Je suis amoureux moi aussi. Quel était l'objet aimé de Samson, mon cher Papillon?

PAPILLON. — Une femme, maître.

ARMADO. — De quel teint?

PAPILLON. —Des quatre ensemble, ou de trois, ou d'un des quatre.

ARMADO. — Mais dis-moi avec précision de quel teint?

PAPILLON. — Vert de mer, Monsieur.

ARMADO.—Est-ce que c'est un des quatre teints?

PAPILLON.— Oui, Monsieur, à ce que disent les livres, et c'est même le plus beau de tous.

ARMADO. — Le vert est, il est vrai, la couleur des

amants; néanmoins, il me semble que Samson avait peu de raison d'avoir une maîtresse de cette couleur. Assurément il l'aimait pour son esprit.

PAPILLON. — Précisément, Monsieur, car elle avait l'esprit plein de verdeur.

ARMADO. — L'objet de mes amours est d'un blanc et d'un rose des plus immaculés.

PAPILLON. — Des pensées très-maculées, maître, sont masquées par ces couleurs-là.

ARMADO. — Définis, définis, enfant bien élevé.

PAPILLON. — Esprit de mon père et langue de ma mère, assistez-moi !

ARMADO. — Délicieuse invocation chez un enfant ! très-jolie et très-pathétique !

PAPILLON. — Si son teint est fait de blanc et de rose.
Ses fautes ne seront jamais connues ;
Car la rougeur des joues est engendrée par les fautes,
Et leur pâleur fait apparaître les craintes ;
Ainsi par cela même vous ne saurez jamais
Si elle craint ou si elle est à blâmer,
Car dans les deux cas ses joues conserveront les couleurs
Qu'elles doivent à la seule nature.

Voilà des rimes cruelles, maître, contre la raison du rouge et du blanc.

ARMADO. — Enfant, n'existe-t-il pas une ballade du *Roi et de la Mendiante* [13] ?

PAPILLON. — Le monde a été coupable d'une telle ballade, il y a quelque trois siècles ; mais je pense que maintenant on ne pourrait la trouver, ou bien que si on le pouvait, elle ne vaudrait plus rien ni pour les paroles, ni pour la musique.

ARMADO. — Je veux que ce sujet soit traité de nouveau, afin d'appuyer mon écart de conduite sur un puissant précédent. Enfant, j'aime cette petite campagnarde que j'ai surprise dans le parc avec cet animal doué de raison, Grossetête ; elle mérite beaucoup.

PAPILLON, *à part*. — D'être fouettée et néanmoins d'avoir un meilleur amant que mon maître.

ARMADO. — Chante, enfant : mon esprit s'alourdit par l'amour.

PAPILLON. — C'est un effet merveilleux chez quelqu'un qui aime une fille légère.

ARMADO. — Chante, dis-je.

PAPILLON. — Attendez que ces gens-ci soient passés.

Entrent LÉPAIS, GROSSETÊTE *et* JACQUINETTE.

LÉPAIS. — Monsieur, le plaisir du duc est que vous teniez Grossetête en sûreté ; vous ne devez lui laisser prendre ni plaisir ni pénitence, mais il devra jeûner trois jours de la semaine. Quant à cette demoiselle, je dois la conduire dans le parc ; elle est destinée à la laitière. Portez-vous bien.

ARMADO. — Je me trahis moi-même par ma rougeur. Jeune fille !

JACQUINETTE. — Homme !

ARMADO. — J'irai te visiter à la loge.

JACQUINETTE. — Faudra savoir.

ARMADO. — Je sais où elle est située.

JACQUINETTE. — Seigneur, comme vous êtes savant !

ARMADO. — Je te dirai des merveilles.

JACQUINETTE. — Avec cette figure ?

ARMADO. — Je t'aime.

JACQUINETTE. — Vous me l'aviez dit déjà.

ARMADO. Et là-dessus, adieu.

JACQUINETTE. — Le beau temps soit avec vous !

LÉPAIS. — Allons, Jacquinette, partons. (*Sortent Lépais et Jacquinette.*)

ARMADO. — Manant, tu jeûneras pour tes offenses avant d'obtenir ton pardon.

GROSSETÊTE. — Bien, Monsieur, j'espère que si je jeûne, ce sera l'estomac plein.

ARMADO. — Tu seras solidement puni.

GROSSETÊTE. — Alors je vous aurai plus d'obligation que ne vous en ont vos gens ; car ils sont faiblement récompensés.

ARMADO. — Emmenez ce manant, enfermez-le.

PAPILLON. — Allons, délinquant d'esclave, partons.

GROSSETÊTE. — Voyons, Monsieur, ne me parquez pas ; je jeûnerai bien en liberté.

PAPILLON. — Non, Monsieur, ce serait un jeûne trop libre : vous irez en prison.

GROSSETÊTE. — Si jamais je revois les heureux jours de *désolation* que j'ai vus, quelqu'un verra....

PAPILLON. — Qu'est-ce que ce quelqu'un verra?

GROSSETÊTE. — Rien parbleu, monsieur Papillon, que ce qu'il regardera. Ce n'est pas aux prisonniers à être trop *silencieux* dans leurs paroles, par conséquent je ne dirai rien; j'en remercie Dieu, j'ai aussi peu de *patience* qu'un autre homme, c'est pourquoi je puis être calme.

(*Sortent Papillon et Grossetête.*)

ARMADO. — J'aime jusqu'à ce sol bas, que foule son soulier qui est plus bas, guidé par son pied qui est très-bas. Si j'aime, je me parjurerai, ce qui est une grande preuve de fausseté: mais comment un amour pourrait-il être vrai lorsqu'il cherche faussement à se satisfaire? L'amour est un lutin familier, l'amour est un diable, il n'y a pas d'autre mauvais ange que l'amour. Cependant Samson fut tenté par lui, et Samson avait une force extrême; cependant Salomon fut séduit par lui, et Salomon avait un très-sage esprit. La massue d'Hercule est trop faible contre la flèche de Cupidon, et par conséquent la rapière d'un Espagnol est sans force contre elle. La première et la seconde cause ne me tireront pas d'affaire; l'amour ne respecte pas la parade, il n'a pas souci du duel; sa honte est d'être appelé enfant, mais sa gloire est de subjuguer des hommes. Adieu, valeur! rouille-toi, rapière! fais silence, tambour! car votre maître est maintenant au pouvoir de l'amour; oui, il aime. Que quelque dieu extraterrestre des vers m'assiste, car je suis sûr que je vais devenir faiseur de sonnets. Invente, mon esprit, écris, ma plume, car je vais accoucher de volumes in-folio. (*Il sort.*)

ACTE II.

SCÈNE UNIQUE.

Une autre partie du parc. — Un pavillon et des tentes à distance.

Entrent LA PRINCESSE DE FRANCE, ROSALINE, MARIA, CATHERINE, BOYET *et* AUTRES SUIVANTS.

BOYET. — Maintenant, Madame, faites appel à vos plus hautes pensées ; considérez quelle personne votre père a députée, à qui il la députe et quel est l'objet de l'ambassade. Vous, tenue pour si précieuse dans l'estime du monde, vous allez avoir à parlementer avec l'héritier unique de toutes les perfections qu'un homme puisse posséder, ce Navarre qui est sans égal : quant à l'objet en litige, il n'est rien moins que l'Aquitaine, le douaire d'une reine. Soyez maintenant aussi prodigue des grâces les plus rares, que le fut la nature lorsqu'elle rendit rares les grâces en en dépouillant l'univers entier pour vous les déférer toutes sans parcimonie.

LA PRINCESSE. — Bon Seigneur Boyet, ma beauté, quoique chétive, n'a pas besoin des enluminures de vos louanges ; c'est le jugement de l'œil qui fixe le prix de la beauté et non les viles enchères qui sortent des bouches des maquignons : je suis moins fière de vous entendre vanter mon mérite, que vous n'êtes désireux d'être réputé sagace en dépensant votre esprit à louer le mien. Maintenant, assignons sa tâche à celui qui enseigne la leur aux autres. Mon bon Boyet, vous n'ignorez pas, — car la renommée qui raconte tout en a répandu au loin la rumeur, — que Navarre a fait le vœu de ne laisser approcher aucune femme de sa cour silencieuse jusqu'à ce qu'il ait usé trois années pleines dans de laborieuses études : en conséquence, il nous a paru qu'il serait nécessaire, avant de passer ses portes interdites, de connaître son bon plaisir. A cet effet, pleine de confiance dans votre mérite, nous vous choisissons comme l'ambassadeur le plus éloquent et le plus propre à persuader : dites-lui que la fille du roi de France, pour de sérieuses affaires qui demandent à être vivement dépêchées, implore l'honneur d'une conférence personnelle avec Sa Grâce; hâtez-vous, signifiez-lui notre désir, pendant qu'ici nous attendrons sa volonté comme des solliciteurs aux humbles visages.

Boyet. — Fier de ma mission, je pars volontiers.

(Il sort.)

La princesse. — Tout orgueil est volontaire, et tel est le vôtre. — Et quels sont, mes aimables Seigneurs, les sectaires qui sont les compagnons de vœu de ce vertueux prince?

Premier seigneur. — Longueville est l'un d'entre eux.

La princesse. — Connaissez-vous l'homme?

Maria. — Je le connais, Madame; j'ai vu ce Longueville aux fêtes qui furent célébrées en Normandie pour le mariage du seigneur de Périgord avec la belle héritière de Jacques Falconbridge. On le tient pour un homme de très-hautes facultés, très-versé dans les arts, glorieux dans les armes; rien ne lui réussit mal de ce qu'il s'avise d'entreprendre. La seule tache au lustre de cet éclatant mérite, — si le lustre du mérite peut être souillé d'une tache quelconque, — c'est l'alliance d'un esprit trop mordant avec un caractère trop cassant; son esprit qui a la faculté de blesser, et son caractère qui se refuse à céder, n'épargnent personne de ceux qui tombent sous leur coupe.

La princesse. — Quelque seigneur joyeux et moqueur, sans doute, n'est-ce pas?

Maria. — C'est ainsi qu'en parlent ceux qui connaissent le mieux son humeur.

La princesse. — De tels esprits ont la vie courte et se fanent en grandissant. Quels sont les autres?

Catherine. — Le jeune Dumaine, un jeune homme tout à fait accompli, aimé pour sa vertu par tous ceux qui aiment la vertu. Avec le plus extrême pouvoir pour faire le mal, ce qu'il connaît le moins, c'est le mal; il possède assez d'esprit pour faire passer une laide figure, et assez de beauté pour obtenir l'amour, n'eût-il pas d'esprit. Je l'ai vu naguère chez le duc d'Alençon, et la description que je vous fais de son mérite n'est que trop au-dessous des bonnes qualités que j'ai remarquées en lui.

Rosaline. — A cette même époque, un autre de ces sages était avec Dumaine; si on m'a dit vrai, il se nomme Biron. Je n'ai jamais passé une heure de causerie avec un homme plus gai et sachant mieux maintenir la gaieté dans les limites de la décence : son œil crée à son esprit des occasions de se révéler, car tout objet dont s'empare son œil, son esprit y trouve le sujet d'une plaisanterie amusante que sa langue dorée, interprète de son imagination, sait exprimer en termes si appropriés et si gracieux, qu'en l'écoutant ses vieux auditeurs retrouvent l'âme espiègle de leur adolescence, et que les jeunes en sont transportés de ravissement, tant il y a dans ses paroles de vivacité et de charme.

La princesse. — Dieu bénisse mes dames! sont-elles donc toutes amoureuses, que chacune orne celui qu'elle nomme de telles brillantes guirlandes de louanges?

Premier seigneur. — Voici Boyet qui revient.

Rentre BOYET.

La princesse. — Eh bien, Seigneur! quelle réception avons-nous à attendre?

Boyet. — Navarre avait avis de votre gracieuse approche, et ils étaient tous, lui et ses confédérés, préparés à venir au-devant de vous, charmante dame, avant que je fusse arrivé. Ma foi! autant que j'ai pu le comprendre, il aime mieux vous loger en rase campagne, comme une personne qui est venue pour assiéger sa cour, que de chercher un moyen de se dispenser de son serment, pour vous introduire dans son palais dépeuplé. Voici Navarre qui vient. (*Les dames mettent leurs masques.*)

Entrent LE ROI, LONGUEVILLE, DUMAINE, BIRON *et* LES GENS DE LA SUITE.

LE ROI. — Belle Princesse, soyez la bienvenue à la cour de Navarre.

LA PRINCESSE. — Je vous rends votre épithète de belle, et pour bienvenue, je ne le suis pas encore, car le toit de la cour où nous voilà est trop élevé pour être le toit de la vôtre, et le sol de cette rase campagne est trop bas pour être le plancher sur lequel je dois recevoir l'accueil de bienvenue.

LE ROI. — Vous serez la bienvenue à ma cour, Madame.

LA PRINCESSE. — Eh bien! soit, j'y serai la bienvenue; conduisez-m'y.

LE ROI. — Écoutez-moi, chère Dame; j'ai prêté un serment....

LA PRINCESSE. — Notre Dame assiste Monseigneur! il va se parjurer.

LE ROI. — Pas pour le monde entier, belle Madame, du moins par ma volonté.

LA PRINCESSE. — Mais si, c'est votre volonté qui brisera votre serment, votre volonté et rien autre chose.

LE ROI. — Votre Seigneurie ignore quelle est la nature de ce serment.

LA PRINCESSE. — Si Monseigneur partageait mon ignorance, son ignorance serait sagesse; tandis que maintenant toute sa science équivaut à l'ignorance. J'apprends que Votre Grâce a juré de faire retraite absolue : c'est un péché mortel de tenir ce serment, Monseigneur, et c'est un péché de le violer. Mais pardonnez-moi, je suis par trop présomptueuse; il me convient mal d'enseigner un maître. Veuillez prendre connaissance du but de mon voyage et donner sans retard une réponse à mon message. (*Elle lui remet un papier.*)

LE ROI. — Sans retard, je le veux bien, Madame, pourvu que je le puisse.

LA PRINCESSE. — Vous le voudrez d'autant plus promptement que vous serez plus vite débarrassé de moi ; car vous arriverez à vous parjurer, si vous me faites rester.

BIRON, *à Rosaline*. — N'ai-je pas naguères dansé avec vous en Brabant?

ROSALINE. — N'ai-je pas naguères dansé avec vous en Brabant?

BIRON. — Je sais bien que oui.

ROSALINE. — Alors, il était bien peu nécessaire de me poser cette question !

BIRON. — Pourquoi êtes-vous si vive?

ROSALINE. — C'est votre faute ; pourquoi m'éperonnez-vous par de telles questions ?

BIRON. — Votre esprit est trop ardent, il court trop vite, il se fatiguera.

ROSALINE. — Pas avant d'avoir jeté son cavalier dans l'ornière.

BIRON. — Quelle heure est-il ?

ROSALINE. — L'heure où les fous la demandent.

BIRON. — Heureuse chance à votre masque !

ROSALINE. — Heureuse chance à la face qu'il recouvre !

BIRON. — Et que le ciel vous envoie beaucoup d'amants !

ROSALINE. — *Amen*, pourvu que vous ne soyez pas du nombre.

BIRON. — Non ; alors je vais m'éloigner.

LE ROI. — Madame, votre père réclame ici le payement de cent mille écus, qui ne font qu'une moitié de la somme entière déboursée par mon père dans ses guerres. Cependant supposons que mon père ou moi ayons reçu (et ni l'un ni l'autre ne l'avons reçue) une telle somme, il reste encore à payer cent mille écus en garantie desquels une partie de l'Aquitaine reste entre nos mains, quoique cette partie ne soit pas estimée à la valeur de cette somme. Si donc le roi, votre père, voulait nous rembourser seulement cette moitié qui reste encore due, nous lui céderions nos droits sur l'Aquitaine et nous entretiendrions amitié sincère avec Sa Majesté. Mais il semble peu que ce soit là son intention, car il nous demande de lui rembourser cent mille écus et ne parle pas de rembourser lui-même les cent mille écus qui feraient revivre ses droits sur l'Aquitaine, dont nous nous serions volontiers débarrassés, car nous aimerions mieux avoir l'argent prêté par notre père que l'Aquitaine mutilée comme elle l'est. Chère Princesse, si ses demandes n'étaient pas si déraisonnables, votre belle personne aurait obtenu de mon cœur des concessions même peu raisonnables, et vous seriez retournée satisfaite en France.

La princesse. — Vous faites au roi, mon père, une trop grande offense, et vous offensez vous-même l'honneur de votre nom, en feignant d'ignorer que vous avez reçu ce qui vous a été si loyalement payé.

Le roi. — Je proteste que je n'ai jamais entendu parler de cela. Si vous pouvez me prouver qu'il en est comme vous le dites, je rendrai l'argent ou je céderai mes droits sur l'Aquitaine.

La princesse. — Nous vous prenons au mot. Boyet, vous pouvez produire des quittances de cette somme signées de différents officiers de Charles, son père[1].

Le roi. — Montrez-les-moi.

Boyet. — Avec l'agrément de Votre Grâce, le paquet qui contient ces quittances et d'autres papiers relatifs à l'affaire n'est pas encore arrivé; demain, nous vous les mettrons sous les yeux.

Le roi. — Cela me suffira; dans cette entrevue je céderai à toute demande raisonnable. En attendant, recevez de ma main la bienvenue que l'honneur peut, sans offenser l'honneur, accorder à votre vrai mérite. Belle Princesse, vous ne pouvez passer ma porte; mais ici, à l'extérieur, vous serez traitée de manière à vous convaincre que vous avez votre logement dans mon cœur, quoique l'asile de mon palais vous soit refusé. Que vos meilleures pensées m'excusent, et adieu: demain je reviendrai vous rendre visite.

La princesse. — Qu'une florissante santé et de beaux désirs soient le partage de Votre Grâce !

Le roi. — Je vous rends les mêmes vœux ; puissent-ils être exaucés partout où vous serez !

(Sortent le roi et sa suite.)

Biron. — Madame, je vous recommanderai à mon propre cœur.

Rosaline. — Présentez-lui mes compliments, je vous en prie ; je serais heureuse de le voir.

Biron. — Je voudrais que vous l'entendissiez gémir.

Rosaline. — Est-ce que le fou est malade ?

Biron. — Malade de tout son cœur.

Rosaline. — Hélas ! faites-le saigner.

Biron. — Cela lui ferait-il quelque bien ?

Rosaline. — Ma médecine dit oui.

Biron. — Voulez-vous le piquer avec votre œil ?

Rosaline. — Non *point :* avec mon couteau [2].

Biron. — Allons, Dieu vous garde la vie !

Rosaline. — Et qu'il garde la vôtre d'une trop longue durée.

Biron. — Je ne puis rester pour vous remercier.

(Il se retire.)

Dumaine. — Monsieur, un mot, je vous prie : quelle est cette dame ?

Boyet. — L'héritière d'Alençon ; elle se nomme Catherine.

Dumaine. — Une charmante dame ! Monsieur, portez-vous bien. (Il sort.)

Longueville. — Un mot, s'il vous plaît : quelle est cette personne en blanc ?

Boyet. — Une femme quelquefois, lorsqu'on la voit à la lumière.

Longueville. — Ce doit être alors lumière dans lumière : je désire son nom.

Boyet. — Elle n'en a qu'un pour son usage personnel ; le lui désirer serait honteux.

LONGUEVILLE. — De qui est-elle fille, Monsieur, je vous prie?

BOYET. — De sa mère, à ce que j'ai entendu dire.

LONGUEVILLE. — Dieu bénisse votre barbe!

BOYET. — Mon bon Monsieur, ne soyez pas offensé : c'est une héritière de Falconbridge.

LONGUEVILLE. — Ma foi, ma colère est finie. C'est une très-charmante dame.

BOYET. — Ce jugement n'est pas trop faux; cela est probable, Monsieur. (*Sort Longueville.*)

BIRON, *s'avançant de nouveau.* — Quel est le nom de cette dame en chaperon?

BOYET. — Rosaline, par heureux hasard.

BIRON. — Est-elle mariée ou ne l'est-elle pas?

BOYET. — Comme il lui plaît, Monsieur, ou à peu près.

BIRON. — Mes compliments, Monsieur; adieu.

BOYET. — L'adieu est pour moi, Monsieur, et les compliments sont pour vous.

(*Sort Biron. — Les dames se démasquent.*)

MARIA. — Ce dernier est Biron; le joyeux seigneur à la tête folle; pas un de ses mots qui ne soit une plaisanterie.

BOYET. — Et chacune de ses plaisanteries n'est qu'un mot.

LA PRINCESSE. — Vous avez bien fait de lui rétorquer ses mots.

BOYET. — J'étais aussi désireux de l'accrocher qu'il l'était de m'aborder.

MARIA. — Deux ardents béliers, ma foi.

BOYET. — Des béliers? pourquoi pas des machines de guerre[3]? nous ne sommes pas des béliers, douce brebis, à moins que nous ne paissions vos lèvres.

MARIA. — Vous bélier, et moi pâturage : votre plaisanterie va-t-elle s'arrêter là?

BOYET. — Ainsi vous m'accordez la pâture. (*Il se dispose à l'embrasser.*)

MARIA. — Non, pas de ça, aimable bête; mes lèvres

ne sont pas terrain communal, quoiqu'elles soient à plusieurs [4].

BOYET. — A qui appartiennent-elles?

MARIA. — A ma fortune et à moi.

LA PRINCESSE. — Les beaux esprits aiment les disputes; mais, nobles amis, faites la paix : cette guerre civile entre beaux esprits serait mieux employée contre Navarre et ses rats de bibliothèque; ici elle est abusive.

BOYET. — Si ma pénétration, qui me trompe très-rarement, a été habile à déchiffrer le cœur par l'éloquence muette des yeux, Navarre est empoisonné.

LA PRINCESSE. — Empoisonné! et avec quoi?

BOYET. — Avec ce que nous autres, amants, appelons l'affection.

LA PRINCESSE. — Votre raison?

BOYET. — Parbleu, tous ses sentiments s'étaient réfugiés dans la cour de son œil, d'où ils regardaient avec désir. Son cœur, pareil à une agate, empreint de votre image, fier de la forme qu'il portait, exprimait son orgueil par ses yeux; sa langue, impatiente de parler et de ne pas voir, trébuchait dans sa hâte de courir à ses yeux; tous ses sens se réfugiaient dans ce sens unique pour ne s'occuper tous qu'à regarder la belle des belles. Il m'a semblé que tous ses sens étaient enfermés dans son œil, comme dans un cristal des joyaux qu'on veut faire acheter par un prince, et que faisant transparaître leur mérite derrière le globe où ils étaient enfermés, ils vous invitaient à les acheter pendant que vous passiez. Les marges de son visage étaient annotées de telles surprises [5], que tous les yeux voyaient que ses yeux étaient enchantés de l'objet de leur contemplation. Je vous réponds de l'Aquitaine et de tout ce qui lui appartient, si seulement vous voulez lui donner à ma considération un baiser d'amour.

LA PRINCESSE. — Allons, à notre pavillon; Boyet est en disposition....

BOYET. — En disposition tout simplement d'exprimer par des paroles ce que son œil a révélé. Je me suis borné à faire une bouche de son œil, en lui ajoutant une langue, qui, je le sais, ne mentira pas.

Rosaline. — Tu es un vieux trafiquant d'amour et tu en parles habilement.

Maria. — Il est le grand-père de Cupidon, et c'est de lui qu'il sait les nouvelles.

Rosaline. — Alors il a bien fait d'avoir Vénus pour mère, car son père est bien laid.

Boyet. — Entendez-vous, mes folles demoiselles?

Maria. — Non.

Boyet. — Eh bien! alors, voyez-vous?

Rosaline. — Oui, notre chemin pour partir.

Boyet. — Vous êtes trop fortes pour moi.

(*Ils sortent.*)

ACTE III.

SCÈNE UNIQUE.

Une autre partie du parc. — Devant la demeure d'Armado.

Entrent ARMADO *et* PAPILLON.

Armado. — Gazouille, enfant; passionne le sens de mon ouïe.

Papillon, *chantant.* — Concolinel[1]!...

Armado. — Douce mélodie! Va, jeune tendron, prends cette clef, élargis le paysan, amène-le ici avec vélocité; j'ai besoin de l'employer à porter une lettre à mon amour.

Papillon. — Maître, voulez-vous conquérir votre amante par un branle français[2]?

ACTE III.

ARMADO. — Qu'entends-tu par là? se battre à la française?

PAPILLON. — Non, maître accompli : mais entonnez une gigue du bout de la langue, accompagnez cet air en marquant du pied la mesure d'une danse des Canaries[3], et assaisonnez la chose en roulant les yeux ; soupirez cette note-ci et chantez cette note-là, quelquefois par le gosier comme si vous aviez avalé l'amour en chantant l'amour ; quelquefois par le nez, comme si vous aviez prisé l'amour en flairant l'amour ; votre chapeau avancé en forme d'auvent sur la boutique de vos yeux ; vos bras croisés sur le pourpoint de votre corps fluet, comme un lapin à la broche, ou vos mains dans vos poches, comme un personnage de vieux tableau. Ayez soin de ne pas chanter trop longtemps un même air ; rien qu'une mesure, et puis à un autre. Voilà des perfections ! voilà des originalités ! voilà ce qui séduit les filles qui auraient été séduites sans cela, et qui fait de ceux qui possèdent de tels talents des hommes de marque ! vous *remarquez* bien, des hommes de marque.

ARMADO. — Comment as-tu acheté cette expérience ?

PAPILLON. — Au moyen de mon petit sou d'observation[4].

ARMADO. — Mais hélas ! mais hélas !

PAPILLON. — Hélas ! le *dada* de carton est oublié[5].

ARMADO. — Appelles-tu donc l'objet de mon amour un *dada* de carton ?

PAPILLON. — Non, maître ; le *dada* de carton n'est qu'un poulain, et votre amante est peut-être une haquenée. Mais avez-vous donc oublié votre amante ?

ARMADO. — Presque.

PAPILLON. — Écolier négligent ! apprenez-la par cœur.

ARMADO. — Par cœur et dans le cœur, enfant.

PAPILLON. — Et hors du cœur aussi, maître ; je vais en arriver successivement à ces trois choses.

ARMADO. — A quoi veux-tu arriver ?

PAPILLON. — A être un homme, si je vis assez pour cela. Maintenant je prouve sur-le-champ mes trois points ; vous l'aimez par cœur, parce que votre cœur ne peut s'approcher d'elle; vous l'aimez dans le cœur, parce que votre cœur est épris d'elle; et vous l'aimez hors du cœur, parce que votre cœur n'a pas espoir de l'obtenir.

ARMADO. — J'éprouve ces trois états.

PAPILLON. — Et des états trois fois pires, et cependant équivalents à zéro.

ARMADO. — Va-t'en me chercher le berger : il faut qu'il porte ma lettre.

PAPILLON. — Voilà un message qui sera sympathiquement rempli; un cheval qui va servir d'ambassadeur à un âne!

ARMADO. — Ah! ah! que dis-tu?

PAPILLON. — Parbleu! Monsieur, que vous devriez faire faire à cet âne sa commission à cheval, car il a la marche très-lente. Mais je pars.

ARMADO. — Tu as peu de chemin à faire; cours.

PAPILLON. — Aussi vite que le plomb, Monsieur.

ARMADO. — Quelle est ta pensée, ingénieux mignon? Est-ce que le plomb n'est pas un métal pesant, lourd et lent?

PAPILLON. — *Minime*, mon honnête maître, autrement dit mon maître, non.

ARMADO. — Je dis que le plomb est lent.

PAPILLON. — Et vous, vous êtes trop vif en parlant ainsi. Est-ce qu'il est lent le plomb que lance un fusil?

ARMADO. — Exquise fumée de rhétorique! il me prend pour un canon, et c'est lui qui est le boulet. Je te décharge contre le berger.

PAPILLON. — Feu donc, et je file. (*Il sort.*)

ARMADO. — Très-sagace jouvenceau, plein de volubilité et de grâce aisée! Doux ciel, avec ta permission, je puis soupirer devant ta face. Très-farouche mélancolie; la valeur te cède la place. Mais voici mon héraut qui revient.

Rentre PAPILLON *avec* GROSSETÊTE.

PAPILLON. — Un miracle, maître! Voici une *Grossetéte* qui s'est brisé la *jambe*.

ARMADO. — Quelque énigme, quelque charade; allons, ton — *envoy* [6]; — commence.

ACTE III.

GROSSETÊTE. — Pas d'énigme, pas de charade, pas d'*envoy*, pas de toutes ces drogues, Monsieur. Oh! Monsieur, du plantain, du simple plantain! Pas d'*envoy*, pas d'*envoy*, pas de drogues, Monsieur[7]; du plantain.

ARMADO. — Par la vertu, tu forces le rire; ta sotte pensée m'épanouit la rate; le gonflement de mes poumons me provoque à un sourire ridicule. Oh! pardonnez-moi, mes étoiles. L'imbécile prend-il une drogue pour un *envoy* et le mot *envoy* pour une drogue?

PAPILLON. — Est-ce que les savants les prennent autrement? Est-ce que l'*envoy* n'équivaut pas à salut, et ce qui donne le salut n'est-ce pas un remède?

ARMADO. — Non, page : c'est un épilogue ou discours pour rendre claire quelque pensée obscure qui a été dite précédemment. Je vais t'en donner un exemple :

Le renard, le singe et le bourdon,
Faisaient toujours un nombre impair, n'étant que trois.

Voici la morale; maintenant l'*envoy*.

PAPILLON. — J'ajouterai l'*envoy*; répétez la morale.

ARMADO. — Le renard, le singe et le bourdon,
Faisaient toujours un nombre impair, n'étant que trois.

PAPILLON. — Jusqu'à ce que l'oie sortit de la maison,
Et fit cesser le nombre impair, en ajoutant un quatrième.

Maintenant je vais commencer votre morale, et vous continuerez par mon *envoy*.

Le renard, le singe et le bourdon,
Faisaient toujours un nombre impair, n'étant que trois.

ARMADO. — Jusqu'à ce que l'oie sortit de la maison,
Et fit cesser le nombre impair, en ajoutant un quatrième.

PAPILLON. — C'est un bon *envoy*, puisqu'il se termine par une oie. Auriez-vous désiré davantage?

GROSSETÊTE. — L'enfant l'a mis dedans; une oie, voilà qui est clair. Monsieur, vous en avez pour votre argent, si votre oie est grasse. Une bonne moquerie en face, voilà qui vaut bien « le jeûne en liberté, » de tantôt. Voyons, un gras *envoy;* eh parbleu! c'est une oie grasse.

ARMADO. — Viens ici, viens ici. Comment cette discussion a-t-elle commencé?

PAPILLON. — Sur cette parole qu'une *Grossetête* s'était brisé la *jambe*. Alors vous m'avez demandé l'*envoy*.

GROSSETÊTE. — C'est vrai, et aussi j'ai demandé du plantain; puis est venu votre raisonnement là-dessus; et puis le gras *envoy* de l'enfant, l'oie que vous avez achetée, et comme cela il a fini le marché.

ARMADO. — Mais dis-moi, comment une *Grossetête* peut-elle s'être brisé la *jambe?*

PAPILLON. — Je vais vous l'expliquer d'une manière sensible.

GROSSETÊTE. — Tu n'as pas le sentiment de cela, Papillon; c'est moi qui vais dire l'*envoy* :

En courant dehors, moi *Grossetête*, qui étais tranquille en dedans,
Je suis tombé sur mon seuil, et je me suis brisé la *jambe*.

ARMADO. — Nous ne parlerons plus de cette aventure.

GROSSETÊTE. — Jusqu'à ce que ma jambe ait d'autres aventures.

ARMADO. — Maraud de Grossetête, je veux te donner franchise.

GROSSETÊTE. — Oh! me marier à une *Francise*[8]! je flaire encore quelque *envoy*, quelque oie là-dessous.

ARMADO. — Par mon âme exquise, je veux dire que j'entends te mettre en liberté, délivrer ta personne; car tu étais muré, enfermé, emprisonné, serré.

GROSSETÊTE. — C'est vrai, c'est vrai; et maintenant vous allez être mon purgatif et me relâcher.

ARMADO. — Je te donne ta liberté, je te tire de prison, et en échange je ne t'impose rien que cette condition : *(il lui donne une lettre)* porte cette *signification* à la campagnarde Jacquinette. *(Il lui donne de l'argent.)* Voici ta rémunération; car la meilleure garantie de mon honneur est de rémunérer mes inférieurs. Papillon, suis-moi.

(*Il sort.*)

Papillon. — Je suis la suite à moi tout seul[9]. Adieu, *signor* Grossetête.

Grossetête. — Mon exquise once de chair d'homme! Mon délicieux bijou[10]! (*Papillon sort.*) Maintenant je vais examiner la rémunération. Rémunération! Oh! c'est le mot latin pour dire trois liards. Rémunération!... « Quel est le prix de ce cordonnet? — Un sou. — Non, je vous en donnerai une rémunération. » Rémunération; parbleu! c'est un plus beau mot qu'écu français. Je ne veux plus vendre et acheter qu'avec ce mot-là.

Entre BIRON.

Biron. — Ah! mon bon coquin de Grossetête! je te rencontre fort à propos.

Grossetête. — Je vous prie, Monsieur, combien de ruban couleur de chair peut-on acheter pour une rémunération?

Biron. — Qu'est-ce que c'est que cela, une rémunération?

Grossetête. — Parbleu, Monsieur, trois liards!

Biron. — Alors tu peux acheter pour trois liards de soie.

Grossetête. — Je remercie Votre Honneur. Dieu soit avec vous!

Biron. — Arrête, serf; j'ai besoin de toi. Si tu veux gagner ma faveur, mon bon drôle, fais pour moi la chose que je vais te demander.

Grossetête. — Quand voulez-vous qu'elle soit faite, Monsieur?

Biron. — Eh! cette après-midi.

Grossetête. — Bien, je la ferai, Monsieur; portez-vous bien.

Biron. — Mais tu ne sais pas de quoi il s'agit.

Grossetête. — Je le saurai, Monsieur, lorsque je l'aurai fait.

Biron. — Mais, maraud, il faut que tu le saches auparavant.

GROSSETÊTE. — Je reviendrai trouver Votre Honneur demain matin.

BIRON. — Il faut que cela soit fait cette après-midi. Écoute, serf, voici seulement de quoi il s'agit. La princesse vient chasser ici dans le parc, et parmi les personnes de sa suite, se trouve une aimable dame; lorsque les voix humaines veulent s'exprimer avec douceur, c'est son nom qu'elles prononcent, et Rosaline elles l'appellent : fais-la demander, et remets à sa blanche main ce billet cacheté. (*Il lui donne de l'argent.*) Voici ton pourboire; va.

GROSSETÊTE. — Pourboire! O doux pourboire! cela vaut bien mieux que rémunération; cela vaut mieux de onze sous plus un liard[11]. Très-doux pourboire! je ferai exactement votre commission, Monsieur. Pourboire! rémunération! (*Il sort.*)

BIRON. — Oh! qu'est-ce à dire? Me voilà amoureux, moi! moi qui donnais le fouet à l'amour; moi qui faisais l'office de bedeau contre les soupirs passionnés; moi le critique, bien mieux, le sergent de police nocturne de l'amour; le pédant tyrannique de l'enfant qu'aucun mortel n'égale en magnificence, de cet enfant au bandeau, pleurnicheur, aveugle et pervers, de ce *senior-junior*, de ce nain géant, don Cupidon, régent des rimes d'amour, seigneur des bras croisés, souverain consacré des soupirs et des gémissements, suzerain de tous les badauds et de tous les mécontents, prince redouté des cotillons, roi des braguettes, suprême empereur, et grand général de tous les porteurs de réprimandes. O mon petit cœur! Vais-je donc maintenant devenir un de ses aides de camp et porter ses couleurs, enrubanné comme le cerceau d'un saltimbanque. Comment! moi aimer! moi solliciter! moi chercher une épouse! chercher une femme qui ressemble à une horloge allemande qu'il faut toujours réparer, qui bat toujours la breloque, qui ne va jamais bien, quoiqu'elle soit un régulateur d'heures; mais qu'il faut toujours régler pour la faire marcher juste[12]. Et ce qui est pis que tout, me parjurer! Et encore de trois femmes, aimer la pire, une coquette pâlotte, avec des sourcils de velours et deux billes de poix fichées dans le visage en guise d'yeux! Oui, par le ciel, et une gaillarde qui fera la chose, quand bien même elle aurait Argus pour eunuque et gardien! Et je vais soupirer pour elle! veiller pour elle! prier pour elle! Allons, c'est un fléau que Cupidon m'inflige pour ma négligence envers sa redoutable et toute-puissante petite royauté. Eh bien! soit, j'aimerai, j'écrirai, je soupirerai, je prierai, je solliciterai, je gémirai; il y en a qui aiment Madame et d'autres qui aiment Jeanneton. *(Il sort.)*

ACTE IV.

SCÈNE PREMIÈRE.

Une autre partie du parc.

Entrent LA PRINCESSE, ROSALINE, MARIA, CATHERINE, BOYET, SEIGNEURS, SUIVANTS *et* UN GARDE-CHASSE.

LA PRINCESSE. — N'était-ce pas le roi qui éperonnait si chaudement son cheval pour lui faire pratiquer l'ascension de cette colline escarpée?

BOYET. — Je ne sais; mais je crois que ce n'était pas lui.

LA PRINCESSE. — Quel qu'il fût, il se montrait possédé du démon de l'escalade! Eh bien, Seigneurs, aujourd'hui nous dépêchons nos affaires et samedi nous retournerons en France. — Maintenant, garde-chasse, mon ami, dis-nous quel est le buisson où nous devons nous poster pour jouer aux meurtriers¹.

Le garde-chasse. — Ici près, sur la lisière de ce taillis là-bas ; c'est l'endroit où vous pourrez faire la plus belle chasse.

La princesse. — J'en remercie ma beauté ; je suis la belle qui chasse, et c'est pour cela que tu dis, la plus belle chasse.

Le garde-chasse. — Pardonnez-moi, Madame, mes paroles n'avaient pas ce sens-là.

La princesse. — Qu'est-ce là ? qu'est-ce là ? commencer par me louer et puis dire non ensuite ! O orgueil de petite durée ! Je ne suis pas belle ? hélas, quel malheur !

Le garde-chasse. — Oui, Madame, vous êtes belle.

La princesse. — Voyons, ne refais pas mon portrait maintenant ; là où la beauté n'est pas, la flatterie ne peut corriger le visage. Approche, mon excellent miroir, prends ceci pour ta franchise : (*elle lui donne de l'argent*) donner de bon argent pour de vilaines paroles, c'est plus payer qu'on ne doit.

Le garde-chasse. — Il n'est rien que de beau dans tout ce qui vous appartient.

La princesse. — Voyez-vous ça, voyez-vous ça, ma beauté va être sauvée par ma libéralité. O hérésie en matière de beauté, bien digne de l'époque où nous sommes ! La main qui donne, aussi sale qu'elle soit, obtiendra de belles louanges. — Mais, voyons, mon arc. Maintenant la tendresse s'apprête à tuer, et dans ce cas-là, les coups heureux sont pour elle autant de malheurs. Voici en conséquence comment je sauverai de cette chasse l'honneur de mon humanité : si je ne blesse pas, c'est que la pitié n'aura pas voulu me le permettre ; si je blesse, c'était simplement pour montrer mon habileté, qui, en tuant, cherchait plus la louange que tout autre but. C'est incontestablement ainsi que bien souvent la gloire se rend coupable de crimes détestables, lorsque pour l'amour de la renommée, pour l'éloge, biens extérieurs, nous employons toute l'énergie de nos cœurs, comme moi, qui, pour la louange seule, vais chercher maintenant à répandre le sang d'un pauvre daim auquel mon cœur ne veut aucun mal.

BOYET. — N'est-ce pas aussi par amour de la seule louange que les femmes méchantes établissent leur domination, lorsqu'elles s'efforcent de devenir maîtresses de leurs maîtres?

LA PRINCESSE. — Pour la louange seulement, et nous devons des louanges à toute dame qui arrive à soumettre un homme.

BOYET. — Voici venir un membre de la confrérie.

Entre GROSSETÊTE.

GROSSETÊTE. — Bien le bon soir à tout le monde! Quelle est la dame en chef, s'il vous plait?

LA PRINCESSE. — Tu peux la reconnaître, mon garçon, par celles qui n'ont pas de chef.

GROSSETÊTE. — Quelle est la plus grande dame, la plus élevée?

LA PRINCESSE. — C'est la plus large et la plus longue.

GROSSETÊTE. — La plus large et la plus longue! c'est bien ça; la vérité est la vérité. Maîtresse, si votre taille était aussi mince que mon esprit, la ceinture d'une de ces demoiselles suffirait à votre taille. N'êtes-vous pas la dame en chef? vous êtes la plus large de toutes.

LA PRINCESSE. — Que voulez-vous, Monsieur? que voulez-vous?

GROSSETÊTE. — J'ai une lettre de monsieur Biron pour une dame Rosaline.

LA PRINCESSE. — Oh! ta lettre, ta lettre! c'est un de mes bons amis. Tiens-toi un peu à l'écart, bon messager. — Boyet, vous savez découper; éventrez-moi ce poulet.

BOYET. — Tout à votre service. — Cette lettre s'est trompée d'adresse; elle ne regarde personne ici; elle est écrite à Jacquinette.

LA PRINCESSE. — Nous la lirons, je le jure : rompez le cou à ce cachet, et que chacun prête l'oreille.

BOYET, *lisant*. — « Par le ciel! que tu es belle, cela est infaillible; que tu es gracieuse, cela est vrai; que tu es aimable, c'est la vérité elle-même. O toi, plus belle que la beauté, plus gracieuse que la grâce, plus vraie que la vérité elle-même, aie compassion de ton héroïque vassal! Le magnanime et très-illustre roi Cophetua jeta les yeux sur la pernicieuse et indubitable mendiante Zenelophon [2]; et c'était lui qui pouvait dire justement : *veni, vidi, vici*, paroles qui, anatomisées à la manière du vulgaire — oh! bas et obscur vulgaire! — veulent dire, *videlicet*, qu'il vint, vit et vainquit. Il vint, une ; il vit, deux ; il vainquit, trois. Qui vint? le roi. Pourquoi vint-il? pour voir. Pourquoi vit-il? pour vaincre. A qui vint-il? à la mendiante. Qui vit-il? la mendiante. Qui vainquit-il? la mendiante. La conclusion est une victoire. De quel côté? du côté du roi. La captive est enrichie. Quelle est cette captive? la mendiante. La catastrophe est un mariage. Sur qui tombe-t-elle? sur le roi? non; sur deux en un seul ou sur un seul en deux personnes. Je suis le roi; car ainsi le demande la comparaison; toi, tu es la mendiante; car ainsi le témoigne ta basse condition. Commanderai-je ton amour? je le puis. Contraindrai-je ton amour? je le pourrais. Implorerai-je ton amour? j'y consens. Qu'échangeras-tu contre tes haillons? des robes : contre tes chiffons? des titres : contre ta personne? moi. Ainsi, en attendant ta réponse, je profane mes lèvres sur tes pieds, mes yeux sur ton portrait, et mon cœur sur chacune des parties de ta personne. A toi, avec la plus tendre intention de te servir,

Don Adriano de Armado.

Tu entends rugir ainsi le lion de Némée
Contre toi, contre toi, brebis, qui es désignée pour sa proie.
Tombe d'abord, soumise, à ses pieds princiers,
Et peut-être, déjà repu, consentira-t-il à jouer.
Mais si tu résistes, pauvre âme, qu'es-tu alors?
Un aliment pour sa colère, une pâture nouvelle pour sa tanière. »

LA PRINCESSE. — Quelle est la plume de paon qui a rédigé cette lettre? Quelle est la girouette, quel est le coq de clocher qui en est l'auteur? Avez-vous jamais entendu quelque chose de plus drôle?

Boyet. — Ou je me trompe bien, ou je reconnais ce style.

La princesse. — Votre mémoire serait mauvaise si, l'ayant connu, vous aviez pu l'oublier.

Boyet. — Cet Armado est un Espagnol qui réside ici à la cour; un grotesque, un *Monarcho*³, qui sert de jouet au prince et à ses compagnons d'étude.

La princesse. — Un mot, mon garçon. Qui t'a remis cette lettre?

Grossetête. — Je vous l'ai dit : Monseigneur.

La princesse. — A qui devais-tu la donner?

Grossetête. — A Madame, de la part de Monseigneur.

La princesse. — A quelle dame, de la part de quel seigneur?

Grossetête. — De Monseigneur Biron, un bon maître à moi, à une dame de France qu'il appelle Rosaline.

La princesse. — Tu t'es trompé de lettre. Allons, Messeigneurs, partons. (*A Rosaline.*) Tiens, chérie, prends celle-ci; la tienne sera pour un autre jour.

(*Sort la princesse avec sa suite.*)

Boyet. — Qui donc tient la chasse? Qui donc tient la chasse?

Rosaline. — Vous l'apprendrai-je?

Boyet. — Oui, ma mappemonde de beauté.

Rosaline. — Parbleu! celle qui *tient* l'arc. Bien paré, n'est-ce pas?

Boyet. — Madame s'en va pour tuer des bêtes à cornes; mais si tu te maries, je veux être pendu par le cou si les cornes n'abondent pas cette année-là. Bien touché, n'est-ce pas?

Rosaline. — Eh bien! alors, c'est moi qui tiens la chasse.

Boyet. — Et quel est votre daim?

Rosaline. — Vous, s'il faut le choisir par les cornes : n'approchez pas. Bien touché, ma foi.

Maria. — Vous disputez toujours avec elle, Boyet, et elle vous frappe au front.

Boyet. — Et elle-même est frappée plus bas : l'ai-je bien touché, cette fois?

Rosaline. — Veux-tu que je te réponde sur ce *touché* par un vieux dicton qui avait déjà âge d'homme lorsque le roi Pépin de France n'était qu'un petit garçon?

Boyet. — Et je te répondrai sur ce touché par un dicton tout aussi vieux, qui avait déjà âge de femme lorsque la reine Geniève de Bretagne n'était encore qu'une petite fille [4].

Rosaline, *chantant*. — Tu ne peux pas y toucher, y toucher, y toucher,
Tu ne peux pas y toucher, mon bonhomme.

Boyet. — Si je ne le puis, ne le puis, ne le puis,
Si je ne le puis, un autre le pourra.

(*Sortent Rosaline et Catherine.*)

Grossetête. — C'est très-plaisant, sur ma foi! comme tous deux ont bien arrangé cela!

Maria. — Voilà une marque merveilleusement bien visée, car tous deux l'ont touchée.

Boyet. — Une marque! Oh! remarquez seulement cette marque! Une marque, dit Madame! fichez-moi une pointe dans cette marque pour la mesurer, si c'est possible.

Maria. — Allons, vous frappez à côté; ma foi, votre main tire de travers.

Grossetête. — Vrai, il lui faut tirer plus près, ou il ne touchera jamais la mouche.

Boyet. — Mais si ma main tire de travers, peut-être que la vôtre tire en dessous.

Grossetête. — Alors elle gagnera le coup, en faisant partir la cheville.

Maria. — Voyons, voyons, vous parlez gras; vos lèvres commencent à dire des ordures.

Grossetête. — Elle est trop forte pour vous sur les pointes, Monsieur; défiez-la aux boules.

Boyet. — Je crains trop d'être roulé. Bonsoir, mon bon chat-huant. (*Sortent Boyet et Maria.*)

GROSSETÊTE. — Sur mon âme, ce n'est qu'un paysan, un très-simple rustre ! Seigneur, seigneur ! comme ces dames et moi nous l'avons enfoncé ! Sur mon âme, les délicieuses plaisanteries ! Quel esprit *vulgairement* exquis ! Lorsqu'il coule si doucement, si *obscénement* pour ainsi dire, qu'il va bien à son but ! — Armatho d'un côté, — ah, voilà un homme délicat ! Il faut le voir marcher devant une dame et porter son éventail ! il faut le voir baiser sa main ! il faut entendre comme il jure délicieusement ! Et son page de l'autre côté ! une vraie poignée d'esprit, le plus pathétique petit pou qu'on puisse voir, par le ciel[5] ! — (*On entend des fanfares.*) Tonton, tontaine, tonton.

(*Il sort en courant.*)

SCÈNE II.

Une autre partie du parc.

Entrent HOLOPHERNE, MESSIRE NATHANIEL *et* LÉPAIS.

NATHANIEL. — Une chasse pleine de révérence, en vérité, et exécutée avec le témoignage d'une bonne conscience.

HOLOPHERNE. — Le daim était, comme vous savez, *sanguis,* c'est-à-dire en bon point d'être tué, mûr comme une pomme succulente[6] qui pend, semblable à un joyau, à l'oreille de *cœlo,* — le ciel, le firmament, le paradis, — et voilà qu'il tombe comme une pomme sauvage sur la face de *terra,* — le sol, la campagne, la terre.

NATHANIEL. — Vraiment, messire Holopherne, les épithètes sont délicieusement variées, pour le moins autant que pourrait le faire un savant ; mais, Monsieur, je vous assure que cétait un chevreuil de cinq ans.

HOLOPHERNE. — *Haud credo*, messire Nathaniel.

LÉPAIS. — Ce n'était pas un *haud credo*, c'était un daguet[7].

HOLOPHERNE. — Très-barbare interprétation ! Et cependant c'est une sorte d'insinuation pour ainsi dire, *in via,* en manière d'explication, pour faire, *facere*, pour ainsi dire, une réponse ou plutôt, *ostentare*, pour montrer, pour ainsi dire, son inclination, d'après cette façon de parler inéduquée, impolie, inélevée, incultivée, inexercée, ou plutôt illettrée, ou plutôt encore inexpérimentée, qui lui fait prendre mon *haud credo* pour un daim.

Lépais. — Je disais que le daim n'était pas un *haud credo*, mais un daguet.

Holopherne. — O simplicité deux fois durcie comme au four, *bis coctus!* O monstre ignorance, quel visage difforme tu portes !

Nathaniel. — Messire, il ne s'est jamais nourri des délicatesses qui sont contenues dans un livre. Il n'a pas mangé de papier, pour ainsi dire ; il n'a pas bu d'encre ; son intellect n'est pas raffiné ; ce n'est qu'un animal, sensible seulement dans ses parties les plus charnelles. De telles plantes stériles nous sont présentées afin que nous soyons reconnaissants, nous, hommes de goût et de sentiment, de ces facultés qui fructifient en nous plus qu'en lui ; car de même qu'il me conviendrait mal d'être vain, indiscret ou stupide, de même il serait inconvenant de voir un nigaud s'appliquer à l'étude ou fréquenter l'école. Mais, *omne bene*, dis-je ; je suis de l'avis d'un vieux Père : « Beaucoup peuvent supporter la pluie qui n'aiment pas le vent. »

Lépais. — Vous êtes deux hommes de livres : eh bien, avec tout votre esprit, pourriez-vous me dire ce qui était déjà vieux d'un mois à la naissance de Caïn et ce qui n'est pas encore vieux de cinq semaines ?

Holopherne. — Dictynna, bonhomme Lépais ; Dictynna, bonhomme Lépais.

Lépais. — Qu'est-ce que c'est que Dictynna ?

Nathaniel. — C'est un des noms de Phœbé, de Luna, de la lune.

Holopherne. — La lune était vieille d'un mois alors qu'Adam avait cet âge, et elle n'avait pas encore atteint cinq semaines lorsqu'il eut atteint cinq fois vingt ans. L'allusion se retrouve dans le changement de noms.

Lépais. — C'est vrai; la *collision* se retrouve dans le changement.

Holopherne. — Le ciel assiste ta capacité! Je dis que l'allusion se retrouve dans ce changement.

Lépais. — Eh bien, je dis que la *pollution* se retrouve dans le changement[8]; car la lune n'est jamais vieille de plus d'un mois, et je dis en outre que c'était un daguet que la princesse a tué.

Holopherne. — Messire Nathaniel, voulez-vous entendre une épitaphe improvisée sur la mort du daim? pour plaire à l'ignorant, j'ai appelé daguet le daim que la princesse a tué.

Nathaniel. — *Perge*, bon messire Holopherne, *perge;* vous aurez ainsi le mérite de couper court à ses impropriétés de langage.

Holopherne. — Je m'attacherai quelque peu à l'allitération, car cela prouve la facilité.

La chasseresse princesse perça et *dagua* un gentil et charmant *daguet;*
Quelques-uns disent un *sore*, mais ce n'était pas un *sore* jusqu'à ce que le *sort* eut dirigé contre lui un dard meurtrier.
Les chiens aboyèrent; ajoutez une L à *sore*, et c'est un *sorel* qui s'élança hors du fourré;
Mais que ce fût *daguet, sore* ou *sorel,* les gens se mirent à pousser des hourras.
Si un *sore* tout seul n'est pas assez, mettez L devant *sore*, cela fait cinquante *sores*. O *sort* d'une L!
Si le *sort* de cette seule L vous paraît misérable, on peut en faire cent en ajoutant une L de plus.

Nathaniel. — Quel rare talent!

Lépais, *à part*. — Si ce *talon* est une griffe, voyez comme il l'agriffe bien.

Holopherne. — C'est un don que j'ai, tout simple, tout simple; un esprit fantasque et extravagant plein de formes, de figures, d'images, d'objets, d'idées, d'appréhensions, de motions, de révolutions qui sont engendrés dans le ventricule de la mémoire, nourris dans les entrailles de la *pia mater*, et qui sont mis au monde avec l'accouchement de l'occasion. Mais ce don est excellent chez ceux en qui il est aiguisé, et je suis heureux de le posséder.

NATHANIEL. — Messire, je remercie Dieu pour votre personne, et ainsi peuvent faire mes paroissiens; car leurs fils sont bien instruits par vous et leurs filles profitent grandement sous vous : vous êtes un membre excellent de la société.

HOLOPHERNE. — *Mehercle!* si leurs fils ont de l'esprit, ils ne manqueront pas d'instruction, et si leurs filles ont de l'ouverture, je saurai la leur y fourrer : mais, *vir sapit qui pauca loquitur*. Une âme féminine nous salue.

Entrent JACQUINETTE *et* GROSSETÊTE.

JACQUINETTE. — Dieu vous donne le bonjour, Monsieur le curé.

HOLOPHERNE. — Monsieur le curé, c'est presque comme *cure eh!* Et si quelqu'un de nous doit être curé, quel est celui-là?

GROSSETÊTE. — Parbleu, monsieur le maître d'école, c'est celui qui ressemble le plus à un baril.

HOLOPHERNE. — Curer un baril! Voilà chez une motte de terre un assez beau lustre d'imagination; c'est une étincelle suffisante pour un caillou, une perle suffisante pour un pourceau : c'est joli, c'est bien.

JACQUINETTE, *donnant une lettre à Nathaniel.* — Mon bon monsieur le curé, soyez assez bon pour me lire cette lettre; elle m'a été donnée par Grossetête et envoyée par Don Armatho; je vous en prie, lisez-la-moi.

HOLOPHERNE. — *Fauste, præcor gelidâ quando pecus omne sub umbrâ ruminat*[9], et ainsi de suite. Ah! bon vieux Mantouan! je puis parler de toi comme le voyageur de Venise :

Vinegia, Vinegia
Chi non te vede, ei non te prègia[10].

Vieux Mantouan! vieux Mantouan! qui ne te comprend

ACTE IV, SCÈNE II.

pas, ne t'aime pas. — *Ut, ré, sol, la, mi, fa.* Sauf excuse, Monsieur, quel est le contenu de cette lettre? ou plutôt comme dit Horace dans son.... (*apercevant l'écriture de la lettre*). Sur mon âme, mais ce sont des vers!

Nathaniel. — Oui, Messire, et fort bien tournés.

Holopherne. — Oh! veuillez m'en faire entendre une strophe, un distique, un vers : *lege, domine.*

Nathaniel, *lisant* :

Si l'amour me rend parjure, comment oserai-je jurer d'aimer?
Ah! aucun serment ne devrait obliger, s'il n'est fait à la beauté!
Quoique parjure envers moi-même, je me montrerai fidèle envers toi;
Ces pensées qui pour moi étaient des chênes, se sont courbées devant toi comme des osiers.
L'étude oublie ses sujets favoris et fait des livres de tes yeux,
Où vivent tous ces plaisirs que l'art pourrait contenir.
Si la connaissance est le but de l'étude, te connaître suffit:
Très-savante est la langue qui peut bien faire ton éloge;
Et très-ignorante est l'âme qui te voit sans étonnement.
C'est pour moi un certain éloge, que de savoir admirer tes mérites.
Ton œil lance l'éclair de Jupiter, ta voix son tonnerre redoutable,
Tonnerre qui, lorsqu'il n'exprime pas la colère, est musique et douce flamme.
Céleste comme tu l'es, ô pardonne, amour, son imperfection
A celui qui chante les louanges du ciel avec une telle langue terrestre.

Holopherne. — Vous ne faites pas attention aux apostrophes, en sorte que vous ne faites pas sentir l'accent; laissez-moi reparcourir ce canzonet. (*Il prend la lettre.*) Il n'y a de bien observé que la mesure; mais quant à l'élégance, à la facilité, à la cadence heureuse de la poésie, *caret*. Ovidius Naso était l'homme de ces choses-là ; et vraiment, pourquoi était-il appelé Naso, si ce n'est parce qu'il savait flairer les fleurs odoriférantes de l'imagination, les sources soudaines de l'inspiration ? *Imitari* n'est rien ; c'est ce que fait le lévrier pour son maître, le singe pour son montreur, le cheval bien dressé pour son cavalier. Mais *Damosella* la vierge, cette lettre vous était-elle adressée ?

NATHANIEL. — Oui, Monsieur, de la part d'un monsieur Biron, un des seigneurs de la reine étrangère [11].

HOLOPHERNE. — Je vais promener mes yeux sur la suscription. (*Il lit.*) *A la main blanche comme neige de la belle dame Rosaline.* Je vais examiner encore l'intellect de la lettre pour voir la dénomination de la partie écrivante à la personne à qui il est écrit. (*Il lit.*) *De votre grâce, le serviteur empressé de tous vos désirs.* BIRON. Messire Nathaniel, ce Biron est un des confédérés du roi ; il a écrit cette lettre à une suivante de la reine étrangère, et cette lettre accidentellement ou par voie de progression s'est trompée de chemin. Prends tes cliques et tes claques, ma bonne fille ; remets ce papier en la main royale du souverain : cela peut être d'importance. Ne t'attarde pas aux révérences ; je te dispense de tes devoirs. Adieu.

JACQUINETTE. — Bon Grosssetète, viens avec moi. Monsieur, Dieu vous garde !

GROSSETÈTE. — Allons, partons, ma fille. (*Sortent Grossetète et Jacquinette.*)

NATHANIEL. — Monsieur, vous avez exécuté cela très-religieusement, tout à fait selon la crainte de Dieu, et comme dit un certain Père....

HOLOPHERNE. — Messire, ne me parlez pas de Pères ; les couleurs colorantes me font peur [12]. Mais pour en revenir aux vers, est-ce qu'ils vous plaisent, messire Nathaniel ?

NATHANIEL. — Ils sont merveilleusement écrits.

HOLOPHERNE. — Je dîne aujourd'hui chez le père d'un certain élève à moi, et s'il vous plaisait, avant le repas, de gratifier sa table d'un *benedicite*, je pourrais, grâce aux priviléges dont je jouis vis-à-vis des parents dudit enfant ou élève, essayer de faire que vous soyez *ben venuto*, et là je prouverai que ces vers sont vraiment mauvais, sans aucune saveur de poésie, d'esprit ni d'invention; je sollicite votre société.

Nathaniel. — Et je vous en remercie, car la société, dit le texte, est le bonheur de la vie.

Holopherne. — Et certes le texte conclut de manière infaillible. (*A Lépais.*) Monsieur, je vous invite aussi : vous ne me direz pas non; *pauca verba*. En route ; la noble compagnie est à sa chasse, et nous, nous allons à notre récréation. (*Ils sortent*[13].)

SCÈNE III.

Une autre partie du parc.

Entre BIRON, *un papier à la main.*

Biron. — Le roi est à chasser le cerf, et moi je me chasse moi-même. Ils ont jeté un filet, et moi je me suis jeté dans un filet, un filet qui salit. Sali ! un vilain mot. Fort bien : *reste à demeure chagrin*, c'est ce qu'ils disent que l'imbécile disait tantôt, et c'est ce que je dis aussi, moi, imbécile que je suis. Bien conclu, mon esprit ! Par le Seigneur ! cet amour est aussi fou qu'Ajax; il tue des moutons, il me tue moi un mouton : bien conclu encore, pour ce qui me regarde ! Je ne veux pas aimer; que je sois pendu si j'aime : non, ma foi, je ne le veux pas. Oh ! mais son œil ! par cette lumière ! s'il n'y avait que son œil, je ne l'aimerais pas; oui, mais c'est pour ses deux yeux. Bon, je ne fais rien autre chose au monde que mentir et mentir par la gorge. Par le ciel ! j'aime : c'est là ce qui m'a appris à rimer et à être mélancolique; et voici un fragment de mes rimes et voici ma mélancolie. Mais parbleu, elle a déjà un de mes sonnets : le rustre l'a porté, le fou l'a envoyé et la dame l'a reçu : aimable rustre, plus aimable fou, très-aimable dame ! Par l'univers ! les trois autres seraient tombés dans le même piége que je ne m'en soucierais pas plus que d'une épingle. En voici un qui s'avance avec un papier; Dieu lui fasse la grâce de gémir ! (*Il grimpe sur un arbre.*)

Entre LE ROI, *un papier à la main.*

LE ROI. — Hélas !

BIRON, *à part.* — Blessé, par le ciel ! Continue, doux Cupidon : tu l'as frappé sous la mamelle gauche avec ton arbalète. Des secrets, sur ma foi !

LE ROI, *lisant :*

Le soleil doré ne donne pas un aussi doux baiser
A la fraîche rosée du matin dont la rose est mouillée,
Que le soleil de tes yeux, lorsqu'il darde ses frais rayons
Sur la rosée nocturne qui coule sur mes joues.
La lune argentée ne brille pas d'un éclat de moitié aussi
    resplendissant
A travers le sein transparent de la mer,
Que ton visage ne resplendit à travers mes larmes.
Tu brilles dans chaque larme que je verse ;
Pas une larme qui ne soit un char qui te porte ;
Ainsi tu domines, triomphante, sur ma douleur.
Oh ! contemple seulement les larmes qui coulent de mes
    yeux
Et elles te montreront ta gloire à travers ma douleur.
Mais ne va pas aimer toi-même ; car alors tu conserveras
Mes larmes pour miroirs, en me faisant pleurer sans cesse.
O reine des reines, à quel point vont tes perfections,
Nulle pensée ne peut l'imaginer, nulle langue mortelle ne
    peut le dire.

Comment sera-t-elle informée de mes douleurs? Je vais laisser tomber ce papier à terre. Feuilles charmantes, cachez ma folie. Mais qui vient ici? (*Il se retire à l'écart.*) Quoi ! Longueville, et Longueville lisant ! Écoutez, mes oreilles.

BIRON, *à part.* — Encore un fou fait à ta ressemblance qui s'approche.

Entre LONGUEVILLE, *avec un papier.*

Longueville. — Hélas! parjure que je suis!

Biron, *à part.* — Parbleu, oui, il s'avance comme un parjure, avec le papier accusateur [14].

Le roi, *à part.* — Il est amoureux, j'espère : douce camaraderie dans la même honte!

Biron, *à part.* — L'ivrogne aime qui lui ressemble.

Longueville. — Suis-je le premier qui me sois ainsi parjuré?

Biron, *à part.* — Je pourrais te rassurer; il y en a deux dans ton cas, à ma connaissance : tu complètes le triumvirat, le tricorne de notre société, l'image de l'amoureuse potence où s'est pendue notre niaiserie.

Longueville. — Je crains que ces vers pénibles ne manquent de puissance pour l'émouvoir. O douce Maria, impératrice de mon amour! je vais déchirer ces vers et écrire en prose.

Biron, *à part.* — Oh! les vers sont des franges pour le haut-de-chausses du folâtre Cupidon; n'abîme pas ses braies.

Longueville, *lisant.* — Celui-ci ira.

N'est-ce pas la céleste rhétorique de ton œil
Contre laquelle le monde ne peut lutter,
Qui a conseillé à mon cœur ce traître parjure?
Les serments brisés pour toi ne méritent pas de punition.
Mon serment regardait les femmes, mais je prouverai
Que toi étant une déesse, il ne te regarde pas.
Mon serment était terrestre, ton amour à toi est céleste;
Si je gagne ta grâce, elle me purge de toute disgrâce.
Les serments ne sont qu'un souffle, et le souffle n'est que vapeur;
Et toi, beau soleil, qui brilles sur ma terre,
Tu as fait exhaler hors de moi la vapeur de ce serment;
 il est en toi maintenant :

Si mon serment est brisé, ce n'est donc en rien ma faute,
Et s'il est brisé par moi, c'est qu'il n'est pas de fou qui
  ne soit assez sage
Pour briser un serment afin de gagner un paradis.

BIRON, *à part*. — Voilà bien la vraie veine du cœur, qui fait d'une créature charnelle une divinité, et d'une jeune oie une déesse : pure, pure idolâtrie. Le ciel nous ramène, le ciel nous ramène ! car nous sommes fort égarés.

LONGUEVILLE. — Par qui ferai-je envoyer ces vers? Quelqu'un? tenons-nous à l'écart. (*Il se cache.*)

BIRON, *à part*. — Tous cachés, tous cachés ! un vieux jeu d'enfants. Pour moi, je suis ici perché comme un demi-dieu dans le ciel, épiant avec attention les secrets de misérables fous. Encore de nouveaux sacs au moulin ! ô ciel ! mes vœux sont exaucés. Dumaine transformé ! quatre dindons dans un même plat !

Entre DUMAINE, *un papier à la main.*

DUMAINE. — O très-divine Catherine !
BIRON, *à part*. — O très-profane badaud !
DUMAINE. — Par le ciel, elle est l'étonnement des yeux mortels !
BIRON, *à part*. — Non, par la terre; caporal, vous mentez.
DUMAINE. — Près de ses cheveux d'ambre, l'ambre lui-même n'a plus de prix.
BIRON, *à part*. — Un corbeau couleur d'ambre vaut la peine d'être remarqué.
DUMAINE. — Droite comme un cèdre.
BIRON, *à part*. — Rabats-en un peu, son épaule est enceinte.
DUMAINE. — Aussi belle que le jour.
BIRON, *à part*. — Oui, que certains jours; mais ces jours-là le soleil ne brille pas.
DUMAINE. — Oh ! si mon désir était exaucé !
LONGUEVILLE, *à part*. — Oh ! si le mien l'était !

ACTE IV, SCÈNE III.

Le roi, *à part.* — Et le mien aussi, bon Dieu !

Biron, *à part.* — *Amen*, pourvu que le mien le fût ! n'est-ce pas là une bonne prière ?

Dumaine. — Je voudrais l'oublier, mais elle règne dans mon sang comme une fièvre et me force à me souvenir d'elle.

Biron, *à part.* — Une fièvre dans votre sang ! eh bien alors, faites-vous faire une incision et laissez-la couler dans une écuelle : charmante erreur !

Dumaine. — Je vais lire encore une fois l'ode que j'ai écrite.

Biron, *à part.* — Je vais observer encore une fois comment l'amour s'entend à varier le bel esprit.

Dumaine, *lisant.*

Un certain jour, — hélas ! quel jour !
L'amour, dont le mois est toujours mai,
Aperçut une rose belle au delà de toute expression,
Qui jouait dans l'air folâtre.
A travers ses feuilles de velours, le vent,
Invisible, avait trouvé passage ;
Et alors, l'amant, malade à la mort,
Souhaita qu'il pût être le souffle du ciel.
L'air, dit-il, peut caresser tes joues ;
Air, que ne puis-je triompher ainsi !
Mais, hélas ! ma main a juré
De ne jamais t'enlever de ton épine !
Serment, hélas ! peu fait pour la jeunesse,
Pour la jeunesse si portée à cueillir les douceurs.
Ne me dis pas que c'est un péché,
Si pour toi je me parjure,
Pour toi qui ferais jurer à Jupiter
Que Junon n'est qu'une Éthiopienne,
Qui lui ferais nier qu'il est Jupiter,
Et le ferais devenir mortel par amour pour toi.

Je vais envoyer ceci et quelque chose encore de plus clair, pour exprimer l'âpre souffrance de mon sincère amour. Oh ! si le roi, Biron et Longueville pouvaient être amoureux aussi! Le péché servant d'exemple au péché effacerait de mon front cette marque de parjure; car personne n'offense, là où tous partagent la même faiblesse.

LONGUEVILLE, *s'avançant*. — Dumaine, ton amour est peu charitable de désirer que l'amour d'autrui tienne compagnie à ton chagrin: vous pouvez bien être pâle, mais pour moi, je rougirais, je vous en réponds, si j'étais ainsi entendu et surpris à l'improviste.

LE ROI, *s'avançant*. — Vraiment, Monsieur, vous rougissez! mais vous êtes dans le même cas que lui; vous le grondez et vous êtes deux fois aussi coupable. Vous n'aimez pas Maria, n'est-ce pas? Longueville n'a jamais confectionné de sonnet en son honneur? il n'a jamais croisé les bras contre son sein amoureux pour comprimer son cœur? J'étais secrètement enseveli dans ce buisson, je vous ai épiés tous deux et j'ai rougi pour vous deux; j'ai entendu vos vers coupables, j'ai observé votre contenance; j'ai vu les soupirs sortir de vos poitrines, j'ai remarqué tous les détails de votre passion. Hélas! disait l'un; ô Jupiter! sanglotait l'autre; la bien-aimée de celui-ci avait des cheveux d'or, la bien-aimée de celui-là des yeux de cristal. Vous, Longueville, pour le paradis de votre amour, vous vouliez briser foi et loyauté, et selon vous, Dumaine, Jupiter pour votre amour aurait brisé ses serments. Que dira Biron quand il apprendra que vous avez enfreint une promesse jurée avec tant d'ardeur? Comme il vous méprisera! quelle dépense d'esprit il va faire! comme il triomphera! comme il sautera de joie! comme il rira! Pour toutes les richesses que mes yeux ont jamais contemplées, je ne voudrais pas qu'il en sût autant sur mon compte.

BIRON. — Maintenant, je mets pied à terre pour flageller l'hypocrisie. (*Il descend de l'arbre.*) O mon bon Suzerain, je t'en prie, pardonne-moi. Bonne pièce! comme vous avez bonne grâce à reprendre ces malheureux êtres pour leur amour, vous qui êtes le plus amoureux de tous! Ah! vos yeux ne servent pas de chars à votre bien-aimée, peut-être? Ah! vos larmes ne servent pas de miroirs à une certaine princesse? Vous ne voulez pas vous parjurer, c'est une chose haïssable; bah! il n'y a que les ménestrels qui se plaisent à composer des sonnets. Mais n'avez-vous pas honte, voyons, n'avez-vous pas honte, tous les trois, d'être confondus à ce point? Vous avez trouvé la paille qui était dans l'œil de Dumaine; le roi a trouvé celles qui étaient dans vos yeux à tous deux, et moi je trouve une poutre dans chacun de vous trois. Oh! l'insensé spectacle que j'ai contemplé, tout composé de soupirs, de gémissements, de chagrins et de plaintes! Pitié de moi! avec quelle patience je me suis tenu caché à regarder un roi transformé en moucheron, le grand Hercule fouettant une toupie, le profond Salomon fredonnant une gigue, Nestor jouant à la poussette avec les enfants, et Timon le satirique riant devant de frivoles jouets! Où est le siége de ton chagrin, dis-moi, bon Dumaine? où est le siége de ta souffrance, aimable Longueville? et où est le siége de la souffrance de mon Suzerain? dans le cœur, chez tous les trois. Holà! un cordial!

LE ROI. — Ta plaisanterie est trop amère. Avons-nous donc été ainsi trahis par tes yeux?

BIRON. — Ce n'est pas vous qui êtes trahis par moi, c'est moi qui suis trahi par vous, moi qui suis honnête, moi qui tiens pour péché de rompre le serment auquel je me suis engagé; c'est moi qui suis trahi en restant dans la société d'hommes qui sont comme tous les autres hommes, d'une étrange inconstance. Quand me verrez-vous écrire quelque chose en vers, ou soupirer pour Jeanneton, ou perdre une minute de mon temps à m'attifer? Quand m'entendrez-vous faire l'éloge d'une main, d'un pied, d'un visage, d'un œil, d'une démarche, d'une attitude, d'un front, d'une gorge, d'une taille, d'une jambe, d'un membre?

LE ROI. — Doucement! où courez-vous si vite? Est-ce un honnête homme ou un voleur qui galope ainsi?

BIRON. — Je m'éloigne en train de poste loin de l'amour; bon amant, laissez-moi partir.

Entrent JACQUINETTE, *portant la lettre de Biron, et* GROSSETÊTE.

JACQUINETTE. — Dieu bénisse le roi !

LE ROI. — Qu'est-ce que c'est que cette lettre ?

GROSSETÊTE. — Quelque trahison, pour sûr.

LE ROI. — Qu'est-ce que la trahison peut avoir à faire ici ?

GROSSETÊTE. — Elle n'a rien à y faire, Sire.

LE ROI. — Si elle n'y défait rien non plus, vous pouvez vous en aller en paix, vous et la trahison.

JACQUINETTE. — Je supplie Votre Grâce de lire cette lettre ; notre curé a des doutes sur elle ; c'est une trahison, a-t-il dit.

LE ROI. — Biron, lisez-la. (*Biron prend la lettre.*) Qui te l'a remise ?

JACQUINETTE. — Grossetête.

LE ROI. — Qui te l'avait donnée ?

GROSSETÊTE. — Dun Adramadio, Dun Adramadio. (*Biron déchire la lettre.*)

LE ROI. — Eh bien ! qu'est-ce qui vous prend ? Pourquoi la déchirez-vous ?

BIRON. — C'est une babiole, mon Suzerain, c'est une babiole ; Votre Grâce n'a rien à en redouter.

LONGUEVILLE. — Cette lettre l'a vivement ému, et par conséquent nous devons la connaître.

DUMAINE, *ramassant la lettre*. — C'est l'écriture de Biron et voici son nom.

BIRON, *à Grossetête*. — Bûche que vous êtes, vous êtes né pour me faire honte. — Coupable, Monseigneur, coupable ! j'avoue, j'avoue.

LE ROI. — Quoi ?

BIRON. — Que les trois fous que vous êtes, manquaient du fou que je suis, pour que la fête fût complète. Lui, et lui, et vous, vous, mon Suzerain, et moi, nous sommes des filous d'amour, et nous méritons la mort. Oh ! congédiez cet auditoire et je vous en dirai plus long.

DUMAINE. — Maintenant le nombre est pair.

Biron. — Oui, oui; nous sommes quatre. Ces tourtereaux veulent-ils partir?

Le roi. — Hors d'ici, bonnes gens; allez-vous-en.

Grossetête. — Allons-nous-en, nous, les gens fidèles à leur parole, et laissons là les traîtres. (*Sortent Grossetête et Jacquinette.*)

Biron. — Doux Seigneurs, doux amants, oh, embrassons-nous! nous sommes aussi fidèles à notre parole que la chair et le sang peuvent l'être : il faut que la mer ait son flux et son reflux, il faut que le ciel montre sa clarté; le jeune sang refuse d'obéir à un vieux décret; nous ne pouvons mettre obstacle à la fin pour laquelle nous sommes nés : ainsi, de toutes façons nous devons être parjures.

Le roi. — Qu'est-ce à dire? Est-ce que ces lignes déchirées te dénonçaient coupable de quelque amour?

Biron. — Si elles me dénonçaient, demandez-vous? Eh, qui pourrait voir la céleste Rosaline, sans courber sa tête vassale, pareil à un grossier et sauvage Indien devant les premiers rayons du splendide Orient? Qui, frappé d'éblouissement, ne baiserait pas la vile terre de sa poitrine obéissante? Quel œil d'aigle, si perçant soit-il, oserait regarder le ciel de son front sans être aveuglé par sa majesté?

Le roi. — Quelle ardeur, quelle furie s'est emparée de toi? sa maîtresse, mon amour, est une lune gracieuse; elle, une étoile satellite dont on voit à peine la lumière.

Biron. — Mes yeux alors ne sont plus des yeux et je ne suis plus Biron. Oh! n'était ma maîtresse, le jour se changerait en nuit! Les couleurs les plus choisies de tous les teints se rencontrent sur sa belle joue comme dans une assemblée, où diverses beautés font une perfection unique, qui ne laisse rien à désirer de ce que le désir peut y chercher. Oh! prêtez-moi les métaphores de toutes les langues polies.... Mais, fi, artificielle rhétorique! elle n'a pas besoin de toi. C'est aux choses à vendre que conviennent les louanges d'un vendeur; elle dépasse la louange; la louange est trop courte pour elle, et lui serait une insulte. Un ermite momifié, dévasté par cent hivers, en perdrait cinquante en regardant ses yeux; sa beauté revernit la vieillesse des couleurs du jeune âge et donne à l'impotent l'enfance du berceau. Oh! c'est le soleil qui fait briller toutes choses.

LE ROI. — Mais par le ciel, ton amour est noir comme l'ébène.

BIRON. — L'ébène lui ressemble? oh, bois divin! une femme d'un bois pareil serait la félicité. Holà! qui peut recevoir un serment ici? Où est le saint livre, afin que je puisse jurer qu'elle manque de beauté, la beauté qui ne sait pas emprunter leurs regards à ses yeux. Il n'est pas de beau visage, s'il n'a pas un teint d'un noir aussi foncé.

LE ROI. — O paradoxe! le noir est le drapeau de l'enfer, la couleur des prisons, le capuchon de la nuit, tandis que la beauté est le véritable écusson des cieux.

BIRON. — Les diables trompent le plus souvent en prenant la ressemblance d'esprits de lumière. Oh! si le front de ma dame est orné de tresses noires, c'est qu'il se lamente que des chevelures peintes et usurpatrices puissent ravir les admirateurs par de fausses apparences; c'est pourquoi elle est née pour rendre belle la couleur noire. Son teint est en train de changer la mode de nos jours, car les couleurs de la nature sont regardées maintenant comme artificielles; aussi le rouge qui voudra éviter le dénigrement, va se peindre en noir pour imiter son front.

DUMAINE. — C'est pour lui ressembler que les ramoneurs sont noirs.

LONGUEVILLE. — Et c'est depuis qu'elle existe que les charbonniers sont réputés beaux d'éclat.

LE ROI. — Et que les Éthiopiens se vantent de leur teint délicieux.

DUMAINE. — La nuit ne requiert plus de chandelles maintenant, car la nuit est lumière.

BIRON. — Vos maîtresses n'osent jamais sortir à la pluie de crainte que leurs couleurs ne soient emportées.

LE ROI. — Il serait bon que la vôtre sortît un peu à la pluie; car, Monsieur, pour vous parler net, je trouverai une face plus claire parmi celles qui n'ont pas été lavées d'aujourd'hui.

Biron. — Je prouverai qu'elle est belle ou je parlerai jusqu'au jour du jugement.

Le roi. — Aucun diable ne t'effrayera autant qu'elle ce jour-là.

Dumaine. — Je n'ai jamais vu homme mettre à si haut prix semblable drogue.

Longueville, *montrant sa chaussure.* — Regarde, voici ton amour; tu vois à la fois mon pied et sa figure.

Biron. — Oh! quand bien même les rues seraient pavées d'yeux comme les tiens, ses pieds seraient encore trop délicats pour une telle chaussée.

Dumaine. — Oh fi! si elle marchait sur un tel pavé, la rue verrait ce qu'elle a plus haut comme si elle marchait sur la tête.

Le roi. — Que signifie tout cela? Est-ce que nous ne sommes pas tous amoureux?

Biron. — Oh! rien n'est plus sûr, et par conséquent tous parjures.

Le roi. — Alors laissons là ce bavardage, et toi, mon bon Biron, prouve-nous qu'il nous est légitime d'aimer et que nous n'avons pas mis nos serments en lambeaux.

Dumaine. — Oui, parbleu, c'est cela; quelque flatterie pour notre faute.

Longueville. — Ou quelque doctrine qui nous autorise à continuer; quelque finesse, quelque sophisme qui nous apprenne à tromper le diable.

Dumaine. — Quelque baume pour le parjure.

Biron. — Oh! nous avons des raisons plus qu'il ne nous en faut : donc, attention, hommes d'armes de l'amour. Considérez que les serments que vous avez prêtés, de jeûner, d'étudier, de ne pas voir de femmes, constituent une trahison toute pure contre la royale condition de la jeunesse. Pouvez-vous jeûner, dites-moi? vos estomacs sont trop jeunes pour cela et l'abstinence engendre des maladies. Quant au serment qui regarde l'étude, Messeigneurs, lorsque vous l'avez prêté, chacun a oublié son vrai livre.

Pouvez-vous toujours rêver, bouquiner et réfléchir sur vos lectures ? Et comment donc, vous Monseigneur, ou vous, ou vous encore, auriez-vous pu trouver la base de l'excellence de l'étude, sans le secours de la beauté d'un visage de femme ? Des yeux des femmes, je tire cette doctrine : qu'elles sont les livres et les académies, qu'elles sont le foyer d'où jaillit le vrai feu de Prométhée. Parbleu, une étude incessante emprisonne dans les artères les agiles esprits de la vie absolument comme un mouvement et une action trop prolongés fatiguent la vigueur nerveuse du voyageur. En réalité, en renonçant à contempler les visages des femmes, vous avez vraiment renié l'usage de vos yeux, et vous avez aussi renié l'étude, principe de vos serments : car où est dans ce monde l'auteur qui peut nous enseigner la beauté aussi bien que l'œil d'une femme ? La science n'est qu'une addition que nous créons nous-mêmes à notre moi, et là où nous sommes, là est également notre science. Lorsque nous nous voyons dans les yeux des dames, n'y voyons-nous pas en même temps notre science ? Oh ! nous avons fait vœu d'étudier, Messeigneurs, et par ce vœu nous avons renié nos vrais livres, car vous, mon Suzerain, ou vous, ou vous, comment auriez-vous jamais pu trouver dans une contemplation maussade des vers aussi enflammés que ceux dont vous ont enrichi les yeux inspirateurs de ces professeurs de beauté ? D'autres arts, à la marche lente, occupent le cerveau seul, et ne trouvant en conséquence que de stériles adeptes, arrivent à grand'peine à montrer la moisson de leur pesant labeur. Au contraire, l'amour d'abord appris dans les yeux d'une dame, ne vit pas seul cloîtré dans le cerveau, mais mettant en mouvement tous les éléments, court avec la rapidité de la pensée dans toutes les puissances de notre être, et donne à chacune de ces puissances une seconde puissance supérieure à ses fonctions et à son office. Il ajoute à l'œil une vue précieuse ; les yeux d'un amant aveugleraient un aigle de leur éclat. L'oreille d'un amant peut entendre le plus petit bruit, alors que les oreilles soupçonneuses d'un voleur n'entendraient rien. La sensibilité de l'amour est plus délicate et plus susceptible que celle des tendres cornes du colimaçon. La langue de l'amour démontre grossier dans ses goûts le friand Bacchus. Pour la valeur, l'amour n'est-il pas un Hercule escaladant sans cesse les arbres du jardin des Hespérides? Il est subtil comme le Sphinx, doux et musical comme le luth du brillant Apollon, qui aurait pour cordes sa chevelure, et lorsque l'amour parle, les voix de tous les dieux bercent le ciel d'un murmure d'harmonie. Jamais poëte n'oserait prendre sa plume sans que son encre fût trempée des pleurs de l'amour; mais alors ses vers raviraient les oreilles sauvages et implanteraient chez les tyrans la douce humilité. Je tire donc des yeux des femmes cette doctrine : d'eux jaillissent sans cesse les étincelles du vrai feu de Prométhée; ils sont les livres, les arts, les académies qui expliquent, contiennent et nourrissent tout l'univers; sans eux, personne n'arrive en rien à l'excellence [15]. Vous étiez donc des fous d'abjurer les femmes, et vous prouverez que vous êtes des fous si vous voulez garder les serments que vous avez prêtés. Par égard pour la sagesse, un mot que tous les hommes aiment; par égard pour l'amour, un mot qui aime tous les hommes; par égard pour les hommes, auteurs des femmes; par égard pour les femmes par lesquelles nous sommes hommes, abandonnons nos serments pour nous sauver nous-mêmes, sinon nous allons nous perdre en les gardant. C'est pure religion que de se parjurer ainsi; car la charité elle-même remplit la loi divine, et qui peut séparer l'amour de la charité?

Le roi. — *Saint Cupidon!* alors, et vous soldats, au combat!

Biron. — Avancez vos étendards et rangez-vous sous eux, Messeigneurs! Allons, à la mêlée avec nos dames! mais ayez bien soin d'abord d'avoir dans le combat l'avantage du soleil.

Longueville. — Voyons, parlons simplement et laissons là toutes ces métaphores; sommes-nous résolus à courtiser ces filles de France?

Le roi. — Oui, et à les conquérir aussi; par conséquent, imaginons pour elles quelque divertissement que nous donnerons sous leurs tentes.

Biron. — D'abord, allons les chercher dans le parc, conduisons-les ici, et que pour faire la route chacun donne le bras à sa belle maîtresse. Pendant l'après-midi nous les amuserons par quelque divertissement aussi piquant que le permettra le peu de temps que nous avons pour le préparer ; car les festins, les danses, les mascarades, les heures joyeuses précèdent le bel amour en semant son chemin de fleurs.

Le roi. — Partons, partons ; nous ne devons pas perdre une minute du temps que nous avons pour tout préparer.

Biron. — Allons ! allons [16] ! Semailles de coquilles ne font pas moisson de blé, et la justice rétribue toujours exactement nos actes selon leur mérite. Des filles légères peuvent fort bien devenir les châtiments d'hommes parjures ; si cela nous arrive, nous aurons reçu la vraie monnaie de votre pièce. *(Ils sortent.)*

ACTE V.

SCÈNE PREMIÈRE.

Une autre partie du parc.

Entrent HOLOPHERNE, *messire* NATHANIEL *et* LÉPAIS.

Holopherne. — *Satis quod sufficit.*
Nathaniel. — Je bénis Dieu pour vous, Monsieur : les

raisons que vous nous avez données à dîner étaient pénétrantes et sentencieuses, amusantes sans équivoque, spirituelles sans affectation, hardies sans impudence, érudites sans pédantisme, originales sans hérésie. J'ai conversé en ce *quondam* jour avec un compagnon du roi qui est intitulé, nommé ou appelé Don Adriano de Armado.

HOLOPHERNE. — *Novi hominem tanquam te :* son humeur est fière, son discours péremptoire, sa langue bien affilée, son œil ambitieux, sa démarche majestueuse, et sa conduite générale vaine, ridicule et thrasonique [1]. Il est trop précieux, trop orné, trop affecté, trop bizarre pour ainsi dire, trop exotique, pourrais-je dire.

NATHANIEL, *tirant son carnet.* — Une épithète singulière et très-choisie.

HOLOPHERNE. — Le fil de sa verbosité est plus fin que les trames de son raisonnement. J'abhorre ces raffinés fanatiques, ces compagnons insociables et pointus, ces bourreaux d'orthographe qui prononcent *dout*, par exemple, lorsqu'il faut dire *doute; det* lorsqu'il faut prononcer *dette; d e t t e* et non pas *d e t*; il appelle un *veau* un *vo*, une *moitié*, *moetié*; par lui *voisin vocatur vosin*, et *à peu près* abrégé en *apprès*. C'est abominable; ce qu'il appellerait *abominable*; cela vous donne des commencements de folies : *ne intelligis, domine ?* C'est à rendre frénétique, lunatique.

NATHANIEL. — *Laus Deo, bone intelligo.*

HOLOPHERNE. — *Bone ? bone* pour *bene :* Priscien est un peu écorché [2]. Bah ! cela ne fait rien.

NATHANIEL. — *Vides ne quis venit ?*

HOLOPHERNE. — *Video et gaudeo.*

Entrent ARMADO, PAPILLON *et* GROSSETÊTE.

ARMADO, *à Papillon.* — Mâaud.

HOLOPHERNE. — *Quare* mâaud, et non pas maraud ?

ARMADO. — Hommes de paix, soyez les bien rencontrés.

HOLOPHERNE. — Très-militaire Monsieur, toutes nos salutations.

PAPILLON, *à part à Grossetête.* — Ils sont allés à un grand festin de langues et ils ont volé les restes.

GROSSETÊTE, *à part à Papillon.* — Oh! ils ont vécu longtemps sur le panier aux aumônes des paroles³. Je m'étonne que ton maître ne t'ait pas encore mangé en guise de mot; car tu es plus petit de toute la tête que *honorificabilitudinitatibus;* on pourrait t'avaler plus aisément qu'un canard de sucre trempé d'eau-de-vie⁴.

PAPILLON, *à part à Grossetête.* — Silence! le feu va commencer.

ARMADO, *à Holopherne.* — Monsieur, n'êtes-vous pas lettré?

PAPILLON. — Oui, oui, il enseigne aux enfants l'alphabet. Pourriez-vous me dire ce qui fait *e* et *b* épelés à reculons et qui a une corne sur la tête?

HOLOPHERNE. — *Pueritia!* cela fait *Be*, plus l'addition d'une corne.

PAPILLON. — *Be,* très-sot bélier, avec une corne. Vous voyez sa science.

HOLOPHERNE. — *Quis, quis,* petite consonne que tu es? quel est le bélier?

PAPILLON. — La troisième des cinq voyelles si vous les répétez; la cinquième si c'est moi.

HOLOPHERNE. — Je vais les répéter, *a, e, i....*

PAPILLON. — Voilà le bélier et ses cornes; les deux autres voyelles vous font les cornes: *o, u*⁵.

ARMADO. — Par les vagues salées de la Méditerranée, voilà qui est délicatement touché! Une botte subtile de bel esprit! une, deux, lestement et ça y est. Cela a réjoui mon intellect; c'est du véritable esprit.

PAPILLON. — Offert par un enfant à un vieillard, ce qui fait de l'esprit à vieux.

HOLOPHERNE. — Quelle est la figure? quelle est la figure?

PAPILLON. — La figure des cornes.

HOLOPHERNE. — Tu raisonnes comme un enfant; va-t'en fouetter ta toupie.

PAPILLON. — Prêtez-moi votre corne pour en faire une et je fouetterai votre honte *circum circà* : une toupie faite avec la corne d'un cocu.

GROSSETÊTE. — Je n'aurais qu'un sou au monde que je

te le donnerais pour acheter du pain d'épices. Tiens, voici la propre rémunération que j'ai reçue de ton maître, petite bourse pleine d'esprit, œuf de pigeon plein de finesse. Oh! si le ciel avait voulu que tu fusses seulement mon bâtard, quel joyeux père tu m'aurais rendu! Va, tu as de l'esprit *ad unculem*, jusqu'au bout des doigts, comme ils disent [6].

HOLOPHERNE. — Oh! oh! je flaire du mauvais latin; *unculem* pour *unguem*.

ARMADO. — Homme des arts, *præambula*; nous devons nous distinguer des barbares. N'instruisez-vous pas la jeunesse à l'école gratuite qui est au sommet de la montagne ?

HOLOPHERNE. — Ou *mons*, la colline.

ARMADO. — *Mons* ou montagne, selon qu'il vous plaira mieux.

HOLOPHERNE. — Oui, c'est moi, sans contredit.

ARMADO. — Monsieur, c'est le très-exquis plaisir et désir du roi de congratuler la princesse en son pavillon dans la partie postérieure de ce jour que la grossière multitude appelle l'après-midi.

HOLOPHERNE. — La partie postérieure du jour, très-généreux Monsieur, est un mot convenable, congruent, et exactement applicable à l'après-midi : c'est un mot bien cueilli, choisi, gracieux, tout à fait approprié, je vous assure, Monsieur, je vous assure.

ARMADO. — Monsieur, le roi est un noble gentilhomme, et mon intime, je puis vous l'assurer, mon très-bon ami; mais sur cette intimité qui est entre nous, passons. — « Je t'en prie, rends-toi ta politesse ; je t'en prie, habille ton chef : » — voici ce qu'il va me dire parmi d'autres importants et très-sérieux discours, et d'une grande portée aussi ; — mais passons là-dessus. — En effet, je dois te dire que parfois il plaît à Sa Grâce, — oui, par le monde! cela lui plaît, — de s'appuyer sur ma pauvre épaule, et, avec son doigt royal, de jouer ainsi avec mon excroissance, avec ma moustache ; mais, mon doux ami, passons cela. Par l'univers! je ne te raconte pas de fable; il a plu à Sa Grandeur de conférer certains honneurs spéciaux à Armado, soldat, voyageur, homme qui a vu le monde ; mais passons cela. Le fin mot de tout cela, — mais mon doux cœur, je te demande le secret, — c'est que le roi, mon doux poulet, voudrait que je présentasse à la princesse quelque délicieuse ostentation, fête, spectacle, ballet ou feu d'artifice. Or, comme je sais que le curé et votre délicieux individu sont très-entendus à de telles éruptions et soudaines explosions de gaieté, s'il est permis d'ainsi parler, je suis venu m'accointer avec vous afin d'implorer votre assistance.

HOLOPHERNE. — Monsieur, vous représenterez devant la princesse *Les Neuf Preux*. Messire Nathaniel, pour ce qui concerne ce passe-temps, ce spectacle à représenter devant la princesse, durant la partie postérieure du jour, avec notre assistance, sur la demande du roi et de ce très-galant, illustre et érudit gentilhomme, je dis qu'il n'en est aucun qui soit aussi convenable que *Les Neuf Preux*.

NATHANIEL. — Mais où trouverez-vous des hommes suffisamment dignes de les représenter ?

HOLOPHERNE. — Vous ferez vous-même Josué ; moi, ou ce galant gentilhomme Judas Machabée ; ce rustre, grâce à ses grandes jambes et à son grand corps, pourra passer pour Pompée le Grand ; le page fera Hercule.....

ARMADO. — Pardon, Monsieur, erreur ; il n'est pas de quantité suffisante pour faire seulement le pouce de ce héros ; il n'est pas aussi gros que le bout de sa massue.

HOLOPHERNE. — Me laissera-t-on parler ? Il représentera Hercule enfant ; son entrée et sa sortie se composeront de l'étranglement d'un serpent, et j'y joindrai une apologie pour justifier la chose.

PAPILLON. — Oh ! excellente idée ! De cette façon, si quelqu'un dans l'auditoire vient à siffler, vous pourrez crier : « Bravo, Hercule ! voilà que tu étouffes le serpent ! » C'est la bonne manière de rendre une sottise gracieuse, quoique peu de gens aient la grâce de faire cela.

ARMADO. — Et le reste des preux ?

HOLOPHERNE. — J'en jouerai trois moi-même.

PAPILLON. — Trois fois héroïque gentilhomme !

Armado. — Vous dirai-je une chose?

Holopherne. — Nous écoutons.

Armado. — Si cela ne réussit pas, nous aurons un ballet. Marchons, je vous en prie.

Holopherne. — *Via*, bonhomme Lépais! Tu n'as pas encore soufflé mot depuis que nous parlons.

Lépais. — Et je n'ai pas compris un mot de tout ce que vous avez dit, Monsieur.

Holopherne. — Allons, nous t'emploierons.

Lépais. — Je ferai un personnage dans une danse, ou quelque chose comme ça, ou bien je jouerai du tambourin pour les neuf preux et je leur ferai danser une bourrée.

Holopherne. — Très-stupide honnête Lépais! A notre divertissement; en route! (*Ils sortent.*)

SCÈNE II.

Une autre partie du parc. Devant le pavillon de la princesse

Entrent LA PRINCESSE, CATHERINE, ROSALINE *et* MARIA.

La princesse. — Chers cœurs, nous serons riches avant notre départ, si les présents continuent à pleuvoir sur nous avec tant d'abondance.. Une dame toute crénelée de diamants! Regardez ce que j'ai reçu de la part du roi amoureux.

Rosaline. — Madame, n'est-il venu rien d'autre avec cela?

La princesse. — Rien que cela? Ah si cependant, autant d'amour en vers qu'on peut en fourrer dans une feuille de papier écrite des deux côtés, marge et tout, qu'il lui a plu de sceller du nom de Cupidon.

Rosaline. — C'est le vrai moyen de donner plus de *cachet* à son parrain, car voilà cinq mille ans qu'il est à la condition d'enfant.

CATHERINE. — Oui, et de rusé petit gibier de potence.

ROSALINE. — Vous ne serez jamais amis ensemble; il a tué votre sœur.

CATHERINE. — Il la rendit mélancolique, triste et morose, et c'est pourquoi elle mourut; mais si elle avait été légère comme vous, si elle avait eu votre esprit gai, preste, pétulant, elle aurait pu devenir grand'mère avant de mourir, et c'est ce que vous deviendrez, car un cœur léger vit longtemps.

ROSALINE. — Quel sens sévère, petite souris, cachez-vous sous ce mot léger?

CATHERINE. — Je veux dire que vous enfermez une âme légère sous une beauté sévère.

ROSALINE. — Nous aurions besoin de plus de légèreté pour attraper votre pensée.

CATHERINE. — Vous perdrez le souffle en voulant l'attraper : aussi vais-je ralentir le pas de cette discussion.

ROSALINE. — Oui, tout ce que vous faites, vous le faites pesamment.

CATHERINE. — Non pas vous; car vous êtes une fille légère.

ROSALINE. — En effet, je suis une fille légère, car je ne pèse pas votre poids.

CATHERINE. — Vous ne pesez pas mon poids! oh! c'est que votre valeur n'est pas la mienne [7].

ROSALINE. — Non, certes, car sottise incurable équivaut à valeur nulle.

LA PRINCESSE. — Balle bien renvoyée des deux côtés, partie de bons mots bien jouée. Mais, Rosaline, vous avez aussi reçu une faveur. Qui vous l'a envoyée et en quoi consiste-t-elle?

ROSALINE. — Je vais vous la montrer. Si mon visage était aussi beau que le vôtre, j'aurais été aussi bien traitée : témoin ce que voici. Ah! et j'ai aussi reçu des vers, j'en remercie Biron : la quantité prosodique est exacte, et si la quantité des mérites qui m'y sont attribués l'était également, je serais la plus belle déesse de la terre : j'y suis comparée à vingt mille belles. Oh! il a tracé mon portrait dans ses vers.

La princesse. — Est-il ressemblant?

Rosaline. — Beaucoup par les lettres, pas du tout par les éloges qu'il me donne.

La princesse. — Belle comme l'encre, alors; excellente conclusion.

Catherine. — Belle comme un B majuscule imprimé en noir dans un alphabet [8].

Rosaline. — Gare aux pinceaux, à votre tour! je ne veux pas mourir votre débitrice, ma dominicale rouge, ma lettre d'or. Ah! si votre visage n'était pas tant criblé de grands O [9]!

Catherine. — La peste soit de cette plaisanterie, et malédiction sur toutes les pies-grièches!

La princesse. — Mais vous, Catherine, qu'est-ce qui vous a été envoyé par le beau Dumaine?

Catherine. — Ce gant, Madame.

La princesse. — Est-ce qu'il ne vous a pas envoyé la paire?

Catherine. — Si fait, Madame, et, en outre, un nombre infini de vers de fidèle amour, vaste traduction de pensées hypocrites, vile compilation d'une profonde sottise.

Maria. — Ceci et ce collier de perles m'ont été envoyés par Longueville; la lettre est trop longue d'un demi-mile.

La princesse. — Je le crois aussi. N'as-tu pas souhaité du fond du cœur que la chaine fût plus longue et la lettre plus courte?

Maria. — Oui, ou je veux bien que ces mains ne puissent jamais se séparer.

La princesse. — Nous sommes vraiment de sages filles de nous moquer ainsi de nos amants.

Rosaline. — Ils sont encore bien plus fous d'acheter la moquerie à ce prix. Ce Biron, je le torturerai avant de partir. Oh! si j'étais sûre qu'il fût réellement mon serviteur, comme je le ferais me cajoler, me supplier, me solliciter; comme j'exercerais sa patience, comme je lui apprendrais l'exactitude, comme je ruinerais son prodigue esprit en rimes inutiles, comme je l'emploierais tout entier à mes ordres, comme je le rendrais fier de me rendre fière en me moquant de lui! Je voudrais être si absolument le génie de son existence, qu'il serait mon fou et moi sa destinée.

La princesse. — Il n'est pas de gens qui soient mieux attrapés, lorsqu'ils sont attrapés, que les gens d'esprit lorsqu'ils tournent à la folie : la folie que la sagesse fait éclore a toute l'autorité de la sagesse et toutes les ressources de l'instruction ; un fou instruit possède pour embellir sa folie la grâce même du bel esprit.

Rosaline. — Il y a moins d'excès dans la chaleur du sang de la jeunesse, qu'il n'y en a dans les incartades de la gravité lorsqu'elle se met en train d'être folâtre.

Maria. — La folie chez les fous n'a pas autant d'énergie que la folâtrerie n'en a chez les sages, lorsque leur esprit commence à battre la campagne ; car alors cet esprit applique toute sa capacité à prouver à force d'esprit qu'il est égal à la bêtise.

La princesse. — Voici venir Boyet la face épanouie de gaieté.

Entre BOYET.

Boyet. — Oh! je me meurs de rire! Où est Sa Grâce?

La princesse. — Quelles nouvelles, Boyet?

Boyet. — Préparez-vous, Madame, préparez-vous! Aux armes, mes filles, aux armes! il y a des batteries dressées contre votre tranquillité. L'amour s'approche déguisé, bardé d'arguments; vous allez vous laisser surprendre : convoquez toute la milice de vos beaux esprits, mettez-vous en position de défense personnelle, ou bien cachez vos têtes comme des lâches et fuyez loin d'ici.

La princesse. — Saint Denis contre saint Cupidon [10] ! Quels sont-ils, ceux qui viennent faire contre nous assaut de paroles? parle, éclaireur, parle.

Boyet. — Je voulais fermer les yeux pour une demi-heure sous l'ombre fraîche d'un sycomore; mais bah! voici que je vois venir vers cet ombrage, juste à point pour in-

terrompre le repos que je voulais prendre, le roi et ses
compagnons. Sournoisement je me glisse dans un fourré
voisin et je découvre ce que vous allez découvrir vous-
mêmes, c'est-à-dire que d'ici à peu, ils vont arriver travestis. Leur héraut est un gentil polisson de page qui a
dûment appris par cœur sa harangue; ils étaient en train
de lui en enseigner et la pantomime et la diction :
« C'est ainsi que tu devras parler, et ainsi que tu devras
te tenir. » De temps à autre ils émettaient le doute qu'il
pût garder contenance devant Votre Majesté : « Car,
disait le roi, tu verras un ange; mais n'aie pas peur
et parle hardiment. » L'enfant a répondu : « Un ange
n'est pas à craindre; je l'aurais redoutée si elle eût été
un diable. » Là-dessus tous se sont mis à rire, et lui ont
frappé sur l'épaule, rendant ainsi le hardi polisson plus
hardi par leurs éloges. L'un frottait son coude, — comme
cela, — ricanait et jurait qu'on n'avait jamais prononcé
meilleur discours ; un autre, en faisant un signe de l'in-
dex et du pouce, a crié : « *Via!* nous ferons cela, advienne que pourra; » le troisième a cabriolé et crié :
« Tout va bien; » le quatrième a pirouetté sur son orteil
et s'est jeté par terre. Alors tous sont tombés à la renverse
avec des rires si fous, si profonds, qu'au milieu de cette
crise de gaieté ridicule, les larmes solennelles de la passion
ont apparu pour modérer leur folie.

La princesse. — Comment, comment, est-ce qu'ils
viennent nous rendre visite?

Boyet. — Ils viennent, ils viennent, et ils sont accou-
trés à la manière des Moscovites ou Russes [11], si je ne me
trompe. Leur intention est de causer, de faire leur cour,
de danser, et chacun se propose de rendre ses hommages
d'amour à sa maîtresse qu'il prétend reconnaître aux faveurs qu'elle a reçues de lui.

La princesse. — Ah! c'est là ce qu'ils veulent faire?
nous allons soumettre les galants à l'épreuve. Mesdames, il faut que nous nous masquions toutes et que pas un
seul d'entre eux n'ait le privilége, en dépit de ses instances, de voir un visage de femme. Tiens, Rosaline, tu

porteras cette faveur, et ainsi le roi te fera la cour, te prenant pour sa bien-aimée. Allons, prends celle-ci, ma chérie, et donne-moi la tienne : de la sorte Biron me prendra pour Rosaline. Vous aussi changez de faveurs : de cette façon vos amants, trompés par ces échanges, feront l'amour tout de travers.

ROSALINE. — Allons, faisons cela ; portons les faveurs très en évidence.

CATHERINE. — Mais que prétendez-vous faire par ces échanges ?

LA PRINCESSE. — Mon projet est de contrarier le leur ; leur humeur moqueuse ne cherche en cela qu'un divertissement, et ma seule intention est de rendre moquerie pour moquerie. Chacun dévoilera le secret de son cœur à une fausse maîtresse, et ils nous fourniront ainsi le moyen de nous moquer d'eux à la première occasion où nous pourrons les aborder et causer avec eux à visage découvert.

ROSALINE. — Mais danserons-nous, s'ils nous y invitent ?

LA PRINCESSE. — Non ; plutôt mourir que de remuer un pied, et nous ne leur rendrons pas davantage de remercîments pour leur harangue étudiée ; mais pendant qu'elle sera prononcée chacune de nous détournera le visage.

BOYET. — Parbleu ! ce mépris brisera le cœur de l'orateur et lui fera perdre tout à fait la mémoire de son rôle.

LA PRINCESSE. — C'est précisément ce que je veux, et je ne mets pas en doute qu'une fois dérouté, il ne pourra jamais achever. Il n'y a pas de divertissement comparable à une plaisanterie confondue par une plaisanterie : nous nous emparerons de leurs rires, à eux, et nos rires à nous seront pour nous seules. Ainsi, nous resterons maîtresses du champ de bataille où nous aurons persiflé une moquerie concertée, et eux, bien moqués, s'enfuiront avec leur honte. (*Fanfares de trompettes au dehors.*)

BOYET. — La trompette sonne ; masquez-vous vite, voici les masques qui viennent. (*Les dames se masquent.*)

ACTE V, SCÈNE II.

Entrent LE ROI, BIRON, LONGUEVILLE *et* DUMAINE *en habits de Russes et masqués;* PAPILLON, *des* MUSICIENS *et des* SUIVANTS.

Papillon. — *Salut aux plus riches beautés de la terre!*
Boyet. — Pas plus riches que le riche taffetas de leurs masques.
Papillon. — *Saint bouquet des plus belles dames qui*
(*Les dames lui tournent le dos.*)
aient jamais tourné.... leurs dos à des spectacles mortels....
Biron. — « Leurs yeux, » coquin, « leurs yeux. »
Papillon. — *Qui aient jamais tourné leurs yeux sur des spectacles mortels; qu'il plaise....*
Boyet. — Mais non, ma foi, il paraît qu'il ne plaît pas.
Papillon. — *Qu'il plaise à vos beautés, esprits célestes, de vouloir bien ne pas contempler....*
Biron. — « De contempler une seule fois, » coquin.
Papillon. — *De contempler une seule fois avec vos yeux à rayons de soleil, avec vos yeux à rayons de soleil....*
Boyet. — Elles ne répondront pas à cette épithète; vous feriez mieux de leur dire : « avec vos yeux à rayons de femmes. »
Papillon. — Elles ne font pas attention à moi, et cela me décontenance.
Biron. — C'est comme cela que vous savez votre harangue? Allez-vous-en, polisson !   (*Papillon sort.*)
Rosaline. — Que veulent ces étrangers? sachez leurs intentions, Boyet: s'ils parlent notre langue, notre volonté est que quelque homme au parler simple nous expose leurs desseins. Sachez ce qu'ils veulent.
Boyet. — Que voulez-vous de la princesse?
Biron. — Rien que la paix et une aimable entrevue.
Rosaline. — Que veulent-ils?
Boyet. — Rien que la paix et une aimable entrevue.
Rosaline. — Eh bien! ils ont ce qu'ils désirent; ordonnez-leur de s'en aller.

Boyet. — Elle dit que vous avez ce que vous désirez et que vous pouvez vous en aller.

Le roi. — Dites-lui que nous avons mesuré de nombreux miles pour danser une mesure avec elle sur ce gazon [12].

Boyet. — Ils disent qu'ils ont mesuré de nombreux miles pour danser avec vous une mesure sur ce gazon.

Rosaline. — Cela n'est pas vrai. Demandez-leur de combien de pouces se compose un mile : s'ils ont mesuré beaucoup de miles, ils pourront aisément dire la mesure d'un seul.

Boyet. — Puisque pour venir ici vous avez mesuré des miles en grand nombre, la princesse vous ordonne de dire combien de pouces il y a dans un mile.

Biron. — Dites-lui que nous avons mesuré ces miles avec des pas fatigués.

Boyet. — Elle entend elle-même.

Rosaline. — Combien de ces pas fatigués, résultat des nombreux miles fatigants que vous avez mesurés, comptez-vous dans le voyage d'un seul mile?

Biron. — Nous ne comptons rien de ce que nous dépensons pour vous; notre respect est si riche, si infini, que nous pouvons toujours aller sans compter. Accordez-nous la faveur de nous montrer le soleil de votre visage afin que comme des sauvages nous puissions l'adorer.

Rosaline. — Mon visage n'est qu'une lune, et nuageuse encore.

Le roi. — Heureux les nuages qui ont le privilége de ceux qui vous cachent. Accorde-nous, brillante lune, toi et tes étoiles satellites, d'écarter les nuages et de resplendir à nos yeux humides.

Rosaline. — O frivole pétitionnaire ! implore quelque chose de mieux; tu ne demandes rien d'autre que de voir la lune dans l'eau.

Le roi. — Alors, accordez-nous seulement une mesure de danse. Vous m'ordonnez de solliciter; voilà une sollicitation qui n'a rien d'étrange.

Rosaline. — Alors, jouez, musique! voyons; faites

cela bien vite. (*La musique joue.*) Non, pas encore, pas de danse. Ah! voilà, je change comme la lune.

Le roi. — Vous ne voulez pas danser? D'où vient ce refus subit?

Rosaline. — Vous avez trouvé d'abord la lune dans son plein, mais maintenant elle a changé.

Le roi. — Cependant elle est toujours la lune et moi l'homme dans la lune. La musique joue, accordez-nous de la suivre.

Rosaline. — Nos oreilles la suivent.

Le roi. — Mais ce sont vos jambes qui devraient la suivre.

Rosaline. — Puisque vous êtes étrangers et que vous êtes venus ici par hasard, nous n'avons pas à être tendres envers vous : donnons-nous les mains; nous ne danserons pas.

Le roi. — Pourquoi nous donner les mains, alors?

Rosaline. — Tout simplement pour nous séparer bons amis. Nos compliments, gentils cœurs, et voilà la mesure finie.

Le roi. — Encore une mesure de cette mesure-là; continuez à n'être pas tendres.

Rosaline. — Nous ne pouvons rien donner de plus pour le prix.

Le roi. — Évaluez-vous vous-mêmes : quel prix peut acheter votre compagnie?

Rosaline. — Rien que votre absence.

Le roi. — Cela ne peut s'accorder.

Rosaline. — Alors nous ne pouvons être achetées : là-dessus, adieu. Deux fois adieu à votre masque et la moitié d'une fois à votre personne.

Le roi. — Puisque vous me refusez de danser, permettez-moi de babiller encore avec vous.

Rosaline. — En particulier, alors?

Le roi. — J'en suis d'autant plus enchanté. (*Ils conversent à part.*)

Biron. — Belle maîtresse, aux blanches mains, un doux mot avec vous.

La princesse. — Miel, sucre et lait ; en voilà trois.

Biron. — Allons, une seconde triade, puisque vous devenez si friande ; hydromel, ale et malvoisie. Joli coup de six, mes dés ! voilà une demi-douzaine de douceurs.

La princesse. — Septième douceur, adieu ! puisque vous pipez les dés, je ne veux plus jouer avec vous.

Biron. — Un mot en secret.

La princesse. — Pourvu qu'il ne soit pas doux.

Biron. — Tu irrites ma bile.

La princesse. — Bile, voilà qui est amer.

Biron. — Et qui, par conséquent, répond à votre demande. (*Ils conversent à part.*)

Dumaine. — Voulez-vous me faire la faveur d'échanger un mot avec moi ?

Maria. — Dites ce mot.

Dumaine. — Belle Dame....

Maria. — C'est là votre mot ? Eh bien, beau Seigneur.... Prenez cela en échange de votre belle Dame.

Dumaine. — Vous plairait-il de m'en accorder autant en particulier et ensuite je vous dirai adieu. (*Ils conversent à part.*)

Catherine. — Comment donc, est-ce que votre masque a été fait sans langue ?

Longueville. — Je connais la raison qui vous fait poser cette question, belle Dame.

Catherine. — Oh ! vite, cette raison, Monsieur ; je grille.

Longueville. — Vous avez une double langue sous votre masque, et vous voudriez en donner la moitié à mon masque muet.

Catherine. — Oh *well* [13], disait l'Anglais ; est-ce que *velle* n'est pas le féminin de veau ?

Longueville. — Un veau, belle Dame !

Catherine. — Non, une foire Seigneur veau [14].

Longueville. — Partageons les mots.

Catherine. — Non, je ne veux pas être votre moitié : prenez le tout et mettez-le en sevrage ; cela pourra devenir un bœuf.

Longueville. — Voyez, comme vous vous blessez

ACTE V, SCÈNE II.

vous-même par ces piquantes moqueries; voulez-vous donc donner des cornes, chaste dame? ne faites pas cela.

Catherine. — Alors, mourez veau avant que vos cornes ne poussent.

Longueville. — Un mot en particulier avant que je meure.

Catherine. — Alors beuglez doucement; le boucher vous entend crier. (*Ils conversent ensemble.*)

Boyet. — Les langues des filles moqueuses sont aussi tranchantes que le fil invisible d'un rasoir, qui coupe un cheveu si menu qu'il en est imperceptible; leur esprit est plus fin que la finesse même, et cette conférence me paraît en donner la preuve; leurs plaisanteries ont des ailes plus agiles que les flèches, les boulets, la pensée, le vent, les choses les plus rapides.

Rosaline. — Plus un mot, mes filles; brisons là, brisons là.

Biron. — Par le ciel, nous voilà tous étrillés et bafoués d'importance.

Le roi. — Adieu, folles demoiselles; vous avez de simples esprits. (*Sortent le roi, les seigneurs, les musiciens et les suivants.*)

La princesse. — Vingt fois adieu, mes Moscovites gelés. Est-ce donc là cette coterie de beaux esprits si fort admirés?

Boyet. — Ce sont des lumières que vous avez éteintes avec vos doux souffles.

Rosaline. — Ils ont des esprits bien portants : gros, gros; gras, gras.

La princesse. — O pauvreté d'esprit! causticité royalement pauvre! Croyez-vous qu'ils se pendent cette nuit ou qu'ils osent jamais nous montrer leurs visages autrement que masqués? Cet impertinent Biron était presque décontenancé.

Rosaline. — Oh! ils étaient tous dans des états lamentables! Le roi aurait presque pleuré pour trouver un bon mot.

La princesse. — Biron jurait lui-même qu'il était hors de combat.

Maria. — Dumaine se mettait à mon service avec son épée : Pas de pointe [15], lui ai-je dit, et sur-le-champ mon serviteur est devenu muet.

Catherine. — Le seigneur Longueville me disait que j'opprimais son cœur, et savez-vous comment il m'a appelée?

La princesse. — Spasme, peut-être?

Catherine. — Oui, justement.

La princesse. — Va-t'en, maladie que tu es!

Rosaline. — Parbleu! il y a de meilleures têtes que les leurs parmi ceux qui ont porté les bonnets du statut [16]. Mais savez-vous? le roi est mon amant juré.

La princesse. — Et le vif Biron m'a engagé sa foi.

Catherine. — Et Longueville a déclaré qu'il était né pour mon service.

Maria. — Dumaine est à moi aussi sûr que l'écorce est à l'arbre.

Boyet. — Madame et charmantes demoiselles, prêtez-moi l'oreille : ils vont revenir tout à l'heure avec leurs figures naturelles; car il est impossible qu'ils digèrent cette cruelle avanie.

La princesse. — Reviendront-ils?

Boyet. — Ils reviendront, ils reviendront, Dieu le sait, et alors ils sauteront de joie quoiqu'ils soient boiteux des coups qu'ils ont reçus; par conséquent échangez vos faveurs, et lorsqu'ils reparaîtront, épanouissez-vous comme de douces roses sous ce soleil d'été.

La princesse. — Comment ça, nous épanouir? comment ça, nous épanouir? Parle de manière à te faire comprendre.

Boyet. — De belles dames masquées sont des roses dans leurs coques; démasquées, leurs suaves couleurs révélées au jour, ce sont des anges dépouillant leurs nuages, ou des roses épanouies.

La princesse. — Arrière le pathos! Que ferons-nous s'ils reviennent sous leur aspect naturel pour nous faire la cour?

ROSALINE. — Bonne Madame, si vous voulez vous laisser conseiller par moi, nous continuerons à nous moquer d'eux, sous leur costume ordinaire comme sous leur déguisement. Plaignons-nous à eux que des fous soient venus ici, déguisés en Moscovites, dans de larges houppelandes; faisons les étonnées et demandons quels ils peuvent être et dans quel but ils sont venus porter sous nos tentes leurs plates farces, leur prologue indignement écrit, et leur grossier et ridicule accoutrement.

BOYET. — Mesdames, retirez-vous; les galants sont proches.

LA PRINCESSE. — Fuyons à nos tentes comme des biches à travers la campagne. (*Sortent les dames.*)

Rentrent LE ROI, BIRON, LONGUEVILLE *et* DUMAINE, *sous leurs costumes habituels.*

LE ROI. — Mon beau Monsieur, Dieu vous garde! Où est la princesse?

BOYET. — Retirée sous sa tente. Plaît-il à Votre Majesté de me donner un ordre pour elle?

LE ROI. — Dites-lui que j'implore d'elle une courte audience.

BOYET. — Volontiers, et je sais qu'elle y consentira volontiers aussi, Monseigneur. (*Il sort.*)

BIRON. — Ce gaillard va picorant l'esprit comme un pigeon les pois, et il le rend quand il plaît à Dieu. Il est colporteur d'esprit et il détaille ses marchandises aux veillées et aux fêtes, aux assemblées, aux marchés et aux foires; mais nous qui vendons en gros la même marchandise, nous n'avons pas, Dieu le sait, la grâce de la faire valoir avec tant de savoir-faire. Ce galant pique les filles sur sa manche comme avec une épingle; s'il avait été Adam, il aurait tenté Ève. Il sait parler aussi le langage des doigts [17] et zézayer: que vous dirai-je? c'est l'homme qui embrasse sa main en signe de courtoisie; c'est le singe des belles formes, Monsieur le précieux qui, lorsqu'il joue au trictrac, gronde les dés en termes honnêtes: il peut même ténoriser avec un filet de voix; quant au métier de maître des cérémonies, le trouve en faute qui pourra. Les dames l'appellent charmant; les escaliers baisent ses pieds quand il les foule; c'est la fleur qui sourit à chacun pour montrer ses dents blanches comme des os de baleine, et les consciences qui ne veulent pas mourir endettées lui payent leurs devoirs en l'appelant Boyet à la langue de miel.

Le roi. — Je souhaite de tout mon cœur une bonne ampoule à cette douce langue; c'est elle qui a décontenancé le page d'Armado.

Biron. — Voyez, le voici qui vient. Maintien, qu'étais-tu avant que cet homme t'enseignât et qu'es-tu maintenant?

Rentre LA PRINCESSE *précédée par* BOYET, ROSALINE, MARIA, CATHERINE *et les gens de la suite.*

Le roi. — Le ciel fasse pleuvoir sur vous ses bénédictions, Madame, et vous donne un beau jour.

La princesse. — Un beau jour avec de la pluie, voilà qui s'accorde peu, ce me semble.

Le roi. — Interprétez mieux mes paroles, si c'est possible.

La princesse. — Exprimez mieux vos souhaits; je vous y autorise.

Le roi. — Nous sommes venu vous rendre visite et nous avons le dessein de vous conduire maintenant à notre cour; veuillez y consentir.

La princesse. — Cette campagne me garde, et vous, gardez vos serments: ni Dieu, ni moi n'aimons les parjures.

Le roi. — Ne me rebutez pas pour la faute même que vous provoquez; la vertu de votre œil me force à briser mon serment.

La princesse. — Vous calomniez la vertu; vous auriez dû dire le vice, car l'office de la vertu ne fut jamais d'engager les hommes à violer leur foi. Mais sur mon honneur de fille qui est encore aussi pur que le lis immaculé, je déclare, que quand bien même je devrais endurer un monde de tourments, je ne consentirais pas à être l'hôte de votre palais, tant j'ai horreur d'être cause de la violation de serments religieux, jurés avec loyauté.

Le roi. — Oh! mais vous avez vécu ici dans l'isolement, invisible, sans recevoir de visites, et cela à notre grande honte.

La princesse. — Non pas, Monseigneur, non pas, je vous le jure : nous avons eu des passetemps, une chasse amusante, et il n'y a qu'un instant qu'une société de Russes nous a quittées.

Le roi. — Comment, Madame, des Russes!

La princesse. — Oui, en vérité, Monseigneur, des galants bien attifés, pleins de courtoisie et de décorum.

Rosaline. — Madame, dites la vérité. Il n'en est pas ainsi, Monseigneur : selon la mode du jour, ma maîtresse accorde des louanges imméritées par pure courtoisie. Tout ce qui est vrai, c'est que nous quatre nous avons eu un tête-à-tête avec quatre personnages en habits russes ; ils sont restés ici une heure et ont parlé à bouche que veux-tu, et pendant toute cette heure, Monseigneur, ils ne nous ont pas gratifiées d'un seul mot heureux. Je n'ose pas les appeler des sots; mais mon opinion est que quand ils ont soif, des sots ont envie de boire.

Biron. — Cette plaisanterie me paraît sèche. Belle et charmante, c'est votre esprit qui change en sottise la sagesse; avec les meilleurs yeux du monde, lorsque nous fixons nos regards sur l'œil enflammé du ciel, nous perdons la lumière devant tant de lumière : votre capacité est de telle nature que dans ce large magasin ce qui est sagesse paraît folie et ce qui est richesse pure pauvreté.

Rosaline. — Cela prouve que vous êtes riche et sage, car à mes yeux....

Biron. — Je suis sot et tout à fait pauvre.

Rosaline. — N'était que vous reprenez ce qui vous appartient, ce serait une faute de m'arracher ainsi les mots de la bouche.

Biron. — Oh! je suis à vous ainsi que tout ce que je possède.

Rosaline. — Tout le sot à moi?

Biron. — Je ne puis vous donner moins.

Rosaline. — Quel était le masque que vous portiez?

Biron. — Où? quand? quel masque? pourquoi me demandez-vous cela?

Rosaline. — Ici, il y a un moment, ce masque, cet étui superflu qui cachait la pire face et montrait la meilleure.

Le roi. — Nous sommes découverts : elles vont nous railler à outrance.

Dumaine. — Confessons la vérité et tournons la chose en plaisanterie.

La princesse. — Vous êtes étonné, Monseigneur? Pourquoi Votre Altesse semble-t-elle triste?

Rosaline. — Au secours! tenez-lui la tête! il va s'évanouir! Pourquoi êtes-vous pâle? c'est le mal de mer, je suppose? En effet, quand on vient de Moscovie....

Biron. — Voilà comme les astres versent les fléaux sur le parjure. Est-il front d'airain qui pourrait résister plus longtemps? Me voici droit devant vous, Madame; dardez contre moi votre malice, écrasez-moi de mépris, confondez-moi sous les railleries; traversez mon ignorance de votre tranchant esprit; coupez-moi en pièces avec vos plaisanteries bien affilées. Non, je ne viendrai plus vous prier de danser, je ne viendrai plus vous rendre hommage en habit russe, je ne me fierai plus aux discours bien apprêtés, ni à la sûreté de la langue d'un écolier; je ne viendrai plus voir ma maîtresse sous un masque, et pour la courtiser, je ne composerai plus des vers semblables à la ballade d'un harpiste aveugle, avec entassement de phrases en taffetas, de termes raffinés en soie, d'hyperboles en velours à trois poils, d'affectation précieuse, de figures pédantesques. Toutes ces mouches d'été m'ont soufflé comme un ballon prétentieusement gonflé de vent; je les abjure, et je fais serment par ce gant blanc, — combien blanche est la main, Dieu le sait! —d'exprimer désormais mes sentiments amoureux en bonnêtes *oui* de bure et en honnêtes *non* de serge, et pour commencer, ma fille, — ah! Dieu me soutienne! — je te dirai que j'ai pour toi un amour solide, sans fêlure et sans paille.

ROSALINE. — Pas de *sans*, je vous en prie.

BIRON. — J'ai encore un reste de ma vieille rage : soyez patiente avec moi, je suis malade ; je guérirai progressivement. Doucement, voyons ; — écrivez : « *Seigneur, ayez pitié de nous* [18] » sur ces trois hommes que voilà ; ils sont infectés, dans leur cœur est le poison ; ils ont la peste et l'ont prise à vos yeux. Ces seigneurs ont été visités par la colère céleste, et vous, vous n'êtes pas plus libres qu'eux, car je vois sur vous les présents du Seigneur.

ROSALINE. — Pardon, ils sont libres ceux qui nous ont donné ces présents.

BIRON. — Nos biens sont sous séquestre, ne cherchez pas à nous ruiner.

ROSALINE. — Cela n'est pas vrai ; car comment se peut-il que vos biens soient sous le séquestre, lorsque c'est vous qui nous les offrez?

BIRON. — Paix, car je ne veux pas avoir affaire à vous.

ROSALINE. — Ni moi non plus, si je puis me conduire comme je l'entends.

BIRON. — Parlez pour vous-mêmes ; mon esprit est à bout.

LE ROI. — Charmante Madame, enseignez-nous quelque belle excuse pour notre grossière inconvenance.

LA PRINCESSE. — La plus belle excuse est une confession franche. N'étiez-vous pas ici déguisé, il n'y a qu'un instant?

LE ROI. — Oui, Madame.

LA PRINCESSE. — Et vous saviez bien ce que vous faisiez?

LE ROI. — Oui, belle Madame.

LA PRINCESSE. — Eh bien ! dans ce moment-là qu'avez-vous chuchoté à l'oreille de votre dame ?

LE ROI. — Que je la respectais plus que tout au monde.

LA PRINCESSE. — Lorsqu'elle vous sommera de tenir votre parole, vous la repousserez.

LE ROI. — Non, sur mon honneur.

LA PRINCESSE. — Paix, paix; prenez garde. Vous avez une fois déjà violé votre serment, il ne vous en coûte rien de vous parjurer.

LE ROI. — Méprisez-moi, lorsque je violerai le serment que je vous fais.

LA PRINCESSE. — Je n'y manquerai pas; en conséquence, tâchez de le tenir. Rosaline, qu'est-ce que le Russe a chuchoté à votre oreille?

ROSALINE. — Madame, il a juré que je lui étais plus précieuse que la prunelle de ses yeux et qu'il m'estimait plus que tout au monde; en ajoutant qu'en outre il voulait m'épouser, ou mourir mon amant.

LA PRINCESSE. — Dieu te donne joie en sa personne! Le noble seigneur sait tenir ses serments avec honneur.

LE ROI. — Que voulez-vous dire, Madame? Sur ma vie, sur ma foi, je n'ai jamais fait ce serment à cette dame.

ROSALINE. — Par le ciel, vous l'avez fait, et pour le confirmer, vous m'avez donné ceci; mais reprenez-le, Sire.

LE ROI. — C'est à la princesse que j'ai donné ma foi et ce gage; je l'ai bien reconnue au joyau qu'elle avait à sa manche.

LA PRINCESSE. — Pardonnez-moi, Sire, c'est elle qui portait ce joyau; et c'est le seigneur Biron, — je l'en remercie, — qui est mon amoureux. Eh bien! voulez-vous de moi, ou voulez-vous que je vous rende votre perle?

BIRON. — Je ne veux ni l'une ni l'autre; je fais abandon des deux. Je vois maintenant le fin de l'affaire : on était informé de notre plaisanterie, et il y a eu un complot pour l'écraser comme une farce de Noël. Quelque colporteur d'histoires, quelque plaisantin, quelque folâtre paillasse, quelque rabâcheur de nouvelles, quelque écuyer tranchant, quelque Jacquot[19] qui donne à ses joues la patte d'oie à force de sourire, et connaît le secret de faire rire Madame, lorsqu'elle en a envie, avait eu vent de nos projets; une fois ces projets révélés, les dames ont changé leurs faveurs, et nous, en nous fiant à ces signes, nous n'avons courtisé que les signes de nos maîtresses. Voilà donc maintenant que pour ajouter plus de terreur à notre parjure, nous sommes parjures une seconde fois ; parjures par volonté et par erreur. Les choses se sont beaucoup passées comme je viens de le dire, et ne serait-ce pas vous (*à Boyet*) qui avez dérangé notre plaisanterie, pour nous faire mentir à nous-mêmes? Est-ce que vous ne connaissez pas exactement la mesure du pied de Madame? Est-ce que vous ne savez pas lire dans son œil quand vous devez rire? N'est-ce pas vous, Monsieur, qui êtes chargé de vous tenir entre son dos et le feu, une assiette à la main et bouffonnant joyeusement? C'est vous qui avez décontenancé notre page : allez, vous êtes connu ; mourez quand vous voudrez, un cotillon sera votre linceul. Vous me raillez du coin de l'œil, eh? Voilà un œil qui blesse comme une épée de plomb.

BOYET. — Ce brave tournoi a été joyeusement conduit.

BIRON. — Bon, le voilà qui va rompre encore des lances. Oh! la paix; pour moi, j'ai fini.

Entre GROSSETÊTE.

BIRON. — Salut, pur esprit! tu viens faire cesser une belle querelle.

GROSSETÊTE. — O Dieu, Monsieur, ils voudraient savoir si les trois preux doivent ou non venir.

BIRON. — Comment, ils ne sont que trois?

GROSSETÊTE. — Non pas, Monsieur, mais ça sera *ben* beau, car chacun en *présente* trois.

BIRON. — Et trois fois trois font neuf.

GROSSETÊTE. — Non pas, Monsieur; sauf correction, Monsieur, j'espère qu'il n'en est pas ainsi. Vous ne pouvez nous faire passer pour fous[20], Monsieur; je puis vous l'assurer, Monsieur, nous savons ce que nous savons. J'espère, Monsieur, que trois fois trois, Monsieur....

BIRON. — Ne font pas neuf ?

GROSSETÊTE. — Sauf correction, Monsieur, nous savons à combien cela monte.

BIRON. — Par Jupiter, j'avais toujours pris trois fois trois pour neuf.

GROSSETÊTE. — O Dieu, Monsieur, ce serait dommage que vous fussiez obligé de gagner votre vie à compter, Monsieur.

BIRON. — Combien cela fait-il?

GROSSETÊTE. — O Dieu, Monsieur, les parties elles-mêmes, les acteurs, Monsieur, montreront à combien cela monte : pour ma part, je ne suis chargé, comme ils disent, que de *personnifier* un homme dans un pauvre homme ; Pompion le Grand, Monsieur.

BIRON. — Es-tu un des preux?

GROSSETÊTE. — Il leur a plu de me juger digne de faire Pompion le Grand ; pour ma part, je ne sais pas quel est le mérite de ce preux, mais je dois tenir sa place.

BIRON. — Va, ordonne-leur de se préparer.

GROSSETÊTE. — Nous allons bravement arranger ça, Monsieur ; nous y mettrons de la conscience. (*Il sort.*)

LE ROI. — Biron, ils vont nous couvrir de honte : ne les laissez pas approcher.

BIRON. — Nous sommes à l'épreuve de la honte, Monseigneur, et il est d'une bonne politique de donner une comédie qui vaille moins que celle du roi et de sa compagnie.

LE ROI. — Ils ne viendront pas, dis-je.

LA PRINCESSE. — Mon bon Seigneur, permettez-moi de faire prévaloir ma volonté sur la vôtre. Le divertissement qui plaît le plus est celui qui plaît sans que ceux qui le donnent s'en doutent, lorsque le zèle s'efforce de nous contenter, et qu'on voit son désir expirer malgré l'ardeur de ceux qui cherchent à le réaliser ; de la confusion des formes, se forme une grande joie, lorsqu'on voit de grands projets, luttant pour venir au monde, périr dès leur naissance [21].

BIRON. — Exacte description de notre plaisanterie, Monseigneur.

ACTE V, SCÈNE II.

Entre ARMADO.

ARMADO. — Oint du Seigneur, j'implore de ta douce haleine royale la dépense de souffle nécessaire pour exprimer un couple de mots. (*Il converse avec le roi et lui remet un papier.*)

LA PRINCESSE. — Cet homme sert-il Dieu?

BIRON. — Pourquoi demandez-vous cela?

LA PRINCESSE. — Il ne parle pas comme une créature de Dieu.

ARMADO. — Cela ne fait rien, mon bon, doux, onctueux Monarque; car je vous assure que le maître d'école est extrêmement fantastique; trop, trop vain; trop, trop vain; mais nous nous confierons comme on dit à la *fortuna della guerra*. O très-royal couple, je vous souhaite la paix de l'âme! (*Il sort.*)

LE ROI. — Nous allons avoir une bien bonne représentation des preux. Armado représente Hector de Troie; le berger, Pompée le Grand; le curé de la paroisse, Alexandre; le page d'Armado, Hercule; le pédant, Judas Machabée : et si ces quatre preux réussissent dans leurs premiers rôles, ils changeront tous quatre d'habits et représenteront les cinq autres [22].

BIRON. — Mais il y en a cinq dans cette première série.

LE ROI. — Vous vous trompez, cela n'est pas.

BIRON. — Le pédant, le matamore, le prêtre de campagne, l'imbécile et l'enfant. Excepté au jeu de *Novum* [23], le monde entier ne pourrait présenter un pareil coup de cinq; chacun dans son genre est inestimable.

LE ROI. — Le vaisseau est sous voiles, et le voici qui arrive tout droit.

Entre GROSSETÊTE, *armé et représentant Pompée* [24].

GROSSETÊTE. — « Je suis Pompée.... »

BOYET. — Vous mentez, vous ne l'êtes pas.

GROSSETÊTE. — « Je suis Pompée.... »

BOYET. — Avec la tête de léopard sur le genou [25].

BIRON. — Bien dit, vieux moqueur ; il faut absolument que je fasse amitié avec toi.

GROSSETÊTE. — « Je suis Pompée, Pompée surnommé le gros.... »

DUMAINE. — Le grand.

GROSSETÊTE. — Le grand, c'est cela, Monsieur :
« Je suis Pompée surnommé le grand,
« Qui souvent sur le champ de bataille, avec l'écu et le bouclier, ai fait suer mon ennemi ;
« En voyageant le long de cette côte, je suis venu ici par hasard,
« Et je dépose mes armes devant les jambes de cette douce fille de France. »
Si Votre Seigneurie voulait répondre : « Merci, Pompée, » j'aurais fini.

LA PRINCESSE. — Grand merci, grand Pompée.

GROSSETÊTE. — Cela n'en vaut pas beaucoup la peine ; mais j'espère que j'ai été parfait : j'ai fait cependant une petite faute dans « grand. »

BIRON. — Mon chapeau contre un sou, que Pompée sera le plus parfait des preux.

Entre messire NATHANIEL, *armé et représentant Alexandre.*

NATHANIEL :
« Lorsque je vivais dans le monde, j'étais le maître du monde ;
« A l'est, à l'ouest, au nord, au sud, j'étendis ma puissance conquérante :
« Mon écusson déclare clairement que je suis Alisandre. »

BOYET. — Votre nez dit, non, vous ne l'êtes pas ; car il est trop droit [26].

BIRON. — Votre nez a flairé ce non avec justesse, chevalier au flair délicat.

LA PRINCESSE. — Voilà le conquérant démonté : — Continue, bon Alexandre.

NATHANIEL. — « Lorsque je vivais dans le monde, j'étais le maître du monde.

Boyet. — Très-vrai, parfaitement exact ; c'est ce que vous étiez, Alisandre.

Biron. — Pompée le Grand !

Grossetête. — Grossetête et votre serviteur.

Biron. — Amenez le Conquérant, amenez Alisandre.

Grossetête, *à messire Nathaniel.* — Oh ! Messire, vous avez déprécié Alisandre le Conquérant. On vous effacera pour ce fait des tapisseries ; votre lion qui tient sa hache d'armes, assis sur un escabeau [27], sera donné à Ajax : c'est lui qui sera le neuvième preux. Un conquérant qui a peur de parler ! fichez le camp de honte, Alisandre. (*Sort messire Nathaniel.*) C'est, sauf votre respect, un paisible sot bonhomme ; un honnête homme, voyez-vous, mais qui est vite démonté. C'est un bien excellent voisin, ma foi, et un bien bon joueur de boules : mais pour Alisandre, hélas ! vous voyez ce qui en est ; c'est un peu trop fort pour lui. Mais il y a d'autres preux qui vont venir et qui parleront de toute autre sorte.

La princesse. — Tiens-toi à l'écart, mon bon Pompée.

Entrent HOLOPHERNE, *représentant Judas Machabée, et* PAPILLON, *armé et représentant Hercule.*

Holopherne :

« Le grand Hercule est représenté par ce nain
« Dont la massue tua Cerbère, ce *canus* à trois têtes,
« Et alors qu'il était un bébé, un enfant, un nabot,
« Il étrangla ainsi des serpents dans ses *manus*.
« *Quoniam* il semble en âge de minorité,
« *Ergo*, je viens vous donner cette explication.
Garde quelque dignité dans ton *exit* et éclipse-toi. (*Papillon se retire.*)
« Je suis Judas.... »

Dumaine. — Un Judas !

Holopherne. — Pas Iscariote, Monsieur.
« Je suis Judas, surnommé Machabée. »

Dumaine. — Judas Machabée rogné de moitié, fait Judas tout court.

BIRON. — Celui qui donna le baiser de traître. — Comment vas-tu nous prouver que tu es Judas?

HOLOPHERNE. — « Je suis Judas.... »

DUMAINE. — Cela n'en est que plus honteux à toi, Judas.

HOLOPHERNE. — Que prétendez-vous, Monsieur?

BOYET. — Obliger Judas à se pendre.

HOLOPHERNE. — Vous êtes mon aîné : passez devant, Monsieur; et allez m'attendre sous l'orme.

BIRON. — Bien répondu : c'est à un orme que Judas se pendit.

HOLOPHERNE. — Je ne me laisserai pas ainsi *dévisager*....

BIRON. — Parbleu! tu n'as pas de visage.

HOLOPHERNE. — Et qu'est-ce que c'est que cela?

BOYET. — Une tête de guitare.

DUMAINE. — Un manche de poignard.

BIRON. — Une tête de mort sur un anneau.

LONGUEVILLE. — La face d'une vieille médaille romaine, qu'on peut à peine voir.

BOYET. — La poignée du glaive de César.

DUMAINE. — La figure en os sculpté que l'on voit sur les boîtes à poudre.

BIRON. — Le profil de saint Georges sur une broche.

DUMAINE. — Oui, et sur une broche de plomb.

BIRON. — Oui, et portée sur le chapeau d'un arracheur de dents. Et maintenant, continue, car nous t'avons *envisagé*.

HOLOPHERNE. — Vous m'avez *dévisagé*.

BIRON. — C'est faux, nous t'avons donné des figures.

HOLOPHERNE. — Mais vous les avez toutes défigurées.

BIRON. — Nous t'avons défiguré, nous? A la bonne heure si tu étais un lion.

BOYET. — Mais comme il n'est qu'un âne, qu'il s'en aille. Là-dessus, adieu, mon doux Jude! Eh bien, pourquoi restes-tu?

DUMAINE. — Il attend la dernière syllabe de son nom.

BIRON. — L'as qui complète son jeu. Donnez-le-lui : *Jeu d'as*, va-t'en [28] !

HOLOPHERNE. — Cela n'est pas généreux, ni poli, ni charitable.

BOYET. — Une lumière pour monsieur Judas! il se fait nuit, il pourrait trébucher.

LA PRINCESSE. — Hélas! pauvre Machabée! comme on l'a houspillé.

Entre ARMADO, *armé et représentant Hector.*

BIRON. — Cache ta tête, Achille, voici venir Hector sous les armes.

DUMAINE. — Quand bien même mes plaisanteries devraient m'être rendues, je veux m'égayer maintenant.

LE ROI. — Hector n'était qu'un Troyen de jeu de cartes, comparé à celui-ci.

BOYET. — Mais est-ce Hector?

LE ROI. — Je crois qu'Hector n'était pas si carrément bâti.

LONGUEVILLE. — Il a la jambe trop forte pour Hector.

DUMAINE. — Il a plus de mollet, certainement.

BOYET. — Non, il est très-bien comme cela, en culottes courtes.

BIRON. — Ce ne peut être Hector.

DUMAINE. — C'est un dieu ou un peintre; car il prend des poses.

ARMADO :
« Mars l'armipotent, le tout-puissant des lances,
« Fit un don à Hector.... »

DUMAINE. — Une muscade dorée.

BIRON. — Un citron.

LONGUEVILLE. — Piqué de clous de girofle.

DUMAINE. — Non, écorcé.

ARMADO. — Paix!

« Mars l'armipotent, le tout-puissant des lances,
« Fit un don à Hector, l'héritier d'Ilion ;
« Un homme d'une si longue haleine, que pour **certain**, il
    combattrait
« Depuis le matin jusqu'au soir, hors de son pavillon.
« Je suis cette fleur.... »

DUMAINE. — Cette menthe.

LONGUEVILLE — Cette églantine.

ARMADO. — Mon doux seigneur Longueville, tiens ta langue en bride.

LONGUEVILLE. — Il faut au contraire que je lui lâche la bride, car elle court contre Hector.

DUMAINE. — Oui, et Hector est un lévrier.

ARMADO. — L'aimable guerrier est mort et enterré; mes doux agneaux, ne remuez pas les os des morts : lorsqu'il vivait c'était un homme. Mais je continue mon rôle : (*A la princesse.*) Douce royauté, accordez-moi le sens de votre ouïe. (*Biron chuchote avec Grossetête.*)

LA PRINCESSE. — Parle, brave Hector; nous sommes ravis de t'entendre.

ARMADO. — J'adore la pantoufle de ton exquise grâce.

BOYET. — Il l'aime par le pied.

DUMAINE. — Il ne peut pas l'aimer par l'aune.

ARMADO. — « Cet Hector surpassait de beaucoup Annibal. »

GROSSETÊTE. — Votre complice est partie, camarade Hector, elle est partie; elle est depuis deux mois en route.

ARMADO. — Que veux-tu dire?

GROSSETÊTE. — Sur ma foi, à moins que vous ne vous montriez à son égard un honnête Troyen [29], la pauvre fille est perdue : elle a son paquet; l'enfant crie déjà dans son ventre; c'est vous qui l'avez fait.

ARMADO. — Prétends-tu donc *m'infamoniser* parmi ces potentats ? tu vas mourir.

GROSSETÊTE. — Oh bien alors, Hector va d'abord être fouetté pour Jacquinette qui est grosse de lui, et ensuite pendu pour Pompée qui sera mort de sa main.

DUMAINE. — Très-rare Pompée !

BOYET. — Illustre Pompée !

BIRON. — Plus grand que le grand, grand, grand, grand Pompée ! Pompée l'immense !

DUMAINE. Hector tremble.

BIRON. — Pompée est ému. Encore des furies ! encore des furies ! excitez-les ! excitez-les !

DUMAINE. — Hector va le défier.

BIRON. — Certes, ne lui restât-il pas dans les veines plus de sang qu'il n'en faut pour le souper d'une puce.

ARMADO. — Par la ligne du pôle nord, je te défie!

GROSSETÊTE. — La ligne! non, non, je ne veux pas me battre au gourdin à la façon des gens du nord[30]; je veux un coup de torchon, je veux me battre à l'épée. Laissez-moi reprendre mes armes, je vous prie.

DUMAINE. — Place aux preux irrités!

GROSSETÊTE. — Je me battrai en manches de chemise.

DUMAINE. — Très-résolu Pompée!

PAPILLON. — Maître, laissez-moi vous déboutonner un peu plus bas. Ne voyez-vous pas que Pompée se déshabille pour le combat? Que prétendez-vous faire? vous allez vous perdre de réputation.

ARMADO. — Messieurs et soldats, pardonnez-moi; je ne combattrai pas en manches de chemise.

DUMAINE. — Vous ne pouvez vous y refuser; Pompée vous a porté un défi.

ARMADO. — Mes chers braves, je ne le veux ni ne le puis.

BIRON. — Et quelle raison avez-vous de vous y refuser?

ARMADO. — La nue vérité de mon refus est que je n'ai pas de chemise; je porte de la laine sur la peau par pénitence.

BOYET. — Exact, cela lui a été ordonné à Rome par manque de linge[31]; depuis lors, j'en jurerais, il n'a rien porté qu'un torchon de Jacquinette et il le porte tout près de son cœur, comme une faveur.

Entre MERCADE.

MERCADE. — Dieu vous protége, Madame.

LA PRINCESSE. — Sois le bienvenu, Mercade, quoique tu interrompes nos divertissements.

MERCADE. — J'en suis fâché, Madame; mais les nouvelles que j'apporte sont lourdes à dire. Le roi votre père....

LA PRINCESSE. — Mort, sur ma vie!

MERCADE. C'est la vérité; mon message est rempli.

BIRON. — Preux, partez ! la scène commence à s'assombrir.

ARMADO. — Quant à ce qui est de moi, je respire librement ; j'ai su contempler le jour de l'outrage à travers le petit trou de la discrétion, mais je me ferai réparation comme un soldat. (*Sortent les preux.*)

LE ROI. — Comment se trouve Votre Majesté ?

LA PRINCESSE. — Boyet, prépare tout ; je partirai ce soir.

LE ROI. — Non, Madame, je vous en prie, restez.

LA PRINCESSE. — Préparez tout, dis-je. — Je vous remercie, gracieux Seigneurs, pour tous vos soins galants et, du plus profond d'une âme subitement affligée, je conjure vos riches sagesses d'excuser ou d'oublier la liberté de nos taquineries ; si nous avons été trop hardies dans le cours de la conversation, la faute en est à votre courtoisie. — Adieu, noble Seigneur ! Un cœur navré ne peut s'exprimer qu'avec une humble langue ; excusez-moi donc, si je ne vous remercie pas aussi bien que je le devrais pour les grandes concessions que vous m'avez si aisément faites.

LE ROI. — Le temps, aux heures suprêmes, pousse toutes les circonstances vers le but de sa course, et souvent c'est précisément quand il va fuir qu'il décide ce que de longs débats n'avaient pu arbitrer. Il est vrai que le visage en deuil d'une fille affligée défend à l'amour d'employer la courtoisie souriante pour plaider cette cause sacrée dont il voudrait vous convaincre ; cependant, puisque les raisonnements d'amour étaient auparavant sur le tapis, ne laissez pas les nuages de la douleur cacher à l'amour le but qu'il poursuivait ; car pleurer des amis perdus est moins profitable et moins salutaire que de se réjouir des amis nouvellement trouvés.

LA PRINCESSE. — Je ne vous comprends pas ; ma douleur me rend stupide.

BIRON. — D'honnêtes paroles toutes simples sont celles qui pénètrent le mieux dans les oreilles affligées. Comprenez donc la pensée du roi par les explications que voici. C'est pour l'amour de vous, belles dames, que nous avons perdu notre temps et triché avec nos serments : votre beauté, Mesdames, nous a beaucoup enlaidis, nous en nous poussant à jouer un rôle tout à fait opposé à nos intentions. Quant à ce qui a pu sembler ridicule en nous..., vous savez que l'amour est plein d'incartades inconvenantes, tout caprice comme un enfant, tout cabrioles, tout vanité ; engendré par l'œil, il est comme l'œil plein de visions étranges, de lubies et de formes, et il passe sans cesse d'un sujet à un autre, comme l'œil se promène successivement sur tous les objets qui se présentent à ses regards. Si ces arlequinades d'amour libre et joyeux que nous nous sommes permises avaient paru à vos yeux célestes s'accorder trop peu avec nos serments et notre gravité, sachez que ces mêmes yeux célestes qui condamnent nos fautes, nous les ont suggérées. Ainsi, belles dames, notre amour vous appartenant, l'erreur que commet cet amour vous appartient également. Nous avons été parjures à nous-mêmes, afin qu'en étant parjures une seule fois, nous puissions toujours être fidèles envers celles qui nous font à la fois parjures et fidèles, c'est-à-dire vous, belles dames ; en sorte que ce parjure, qui en lui-même est un péché, se purifie par notre intention et se change en vertu.

La princesse. — Nous avons reçu vos lettres pleines d'amour, vos présents, ambassadeurs d'amour, et dans notre virginal conseil, nous les avons estimés galanterie, comédie plaisante, courtoisie pure, pathos et boursouflures propres à faire passer le temps ; mais nous n'en avons pas été autrement affectées, et nous avons pris vos amours pour ce qu'ils se présentaient, comme des amusements.

Dumaine. — Nos lettres, Madame, parlaient d'autre chose que de plaisanteries.

Longueville. — Et nos regards aussi.

Rosaline. — Nous ne les avons pas interprétés ainsi.

Le roi. — Maintenant, à cette dernière minute, accordez-nous vos amours.

La princesse. — Le temps est beaucoup trop court, il me semble, pour conclure un marché éternel. Non, non, Monseigneur ; Votre Grâce s'est grandement parjurée ; elle s'est mise par tendresse en état de péché ; si donc, pour l'amour que vous me portez (amour qui n'existe guère), vous voulez faire quelque chose, voici ce que vous ferez. Je ne veux pas me fier à votre serment, mais allez-vous-en bien vite dans quelque ermitage solitaire et nu, éloigné de tous les plaisirs du monde, et demeurez-y jusqu'à ce que les douze signes du ciel aient accompli leur voyage annuel. Si cette vie austère et sans société ne vous a pas fait renoncer à l'offre que vous me faites dans l'impétuosité du désir ; si le froid, le jeûne, le dur logement et les minces habits n'ont point détruit les fleurs brillantes de votre amour ; s'il a supporté cette épreuve et s'il dure encore, alors, après l'expiration de l'année, venez ; venez au nom de ces actes méritoires me réclamer, et par cette main virginale qui étreint maintenant la vôtre, je serai à vous ; jusqu'à cet instant, je tiendrai ma triste personne enfermée dans une chambre de deuil, versant les larmes de la douleur, en souvenir de la mort de mon père. Si vous vous refusez à cette convention, que nos mains se désunissent et que nos cœurs se séparent sans garder de droits l'un sur l'autre.

Le roi. — Si je me refuse à ces conditions et à d'autres plus dures encore, capables de retremper mon âme dans le repos, que la main de la mort vienne soudainement clore mes yeux ! Désormais, mon cœur habite dans ton sein.

Biron. — Et moi, mon amour, et moi ?

Rosaline. — Il faut aussi vous purger, vos péchés sont extrêmes ; vous êtes souillé de fautes et de parjures ; par conséquent, si vous voulez obtenir ma faveur, il vous faut passer un an sans vous reposer et visiter les lits de douleur des pauvres gens malades.

Dumaine. — Et à moi, mon amour, et à moi, quelle sera ma pénitence ?

Catherine. — Une femme ! — De la barbe, une bonne santé et de l'honnêteté, voilà les trois choses que je vous souhaite avec un triple amour.

Dumaine. — Dois-je vous dire merci, gentille femme ?

CATHERINE. — Non pas, Monseigneur; pendant un an et un jour je ne porterai nulle attention aux paroles des galants à visage lisse : lorsque le roi viendra trouver Madame, venez aussi; si à cette époque je suis en fonds d'amour, je vous en donnerai un peu.

DUMAINE. — Jusqu'alors, je te servirai loyalement et fidèlement.

CATHERINE. — Oui, mais ne jurez pas, de crainte de vous parjurer.

LONGUEVILLE. — Que dit Maria?

MARIA. — A la fin de l'année, j'échangerai ma robe de deuil contre un fidèle ami.

LONGUEVILLE. — J'attendrai patiemment, mais le temps est long.

MARIA. — Il ne vous en ressemble que davantage ; il en est peu d'aussi jeunes qui soient plus grands.

BIRON. — A quoi Madame rêve-t-elle? Maîtresse, regarde mon œil, cette fenêtre de mon cœur, et vois quelle humble supplique attend ta réponse. Impose-moi quelque service pour ton amour.

ROSALINE. — J'ai souvent entendu parler de vous, Monseigneur Biron, et les mille langues du monde vous proclament un homme inépuisable en moqueries, plein de comparaisons comiques et de railleries agressives dont vous criblez les gens de toute condition qui tombent sous la coupe de votre esprit. Afin donc de sarcler votre fertile cerveau de ces herbes amères, et par suite de me conquérir, si cela vous plaît, (car sans la condition que je vais dire, vous ne me conquerrez pas) vous devrez chaque jour, pendant tout ce terme d'une année, visiter les malades muets et converser avec les misérables gémissants, et votre tâche consistera à user des plus fervents efforts de votre esprit pour contraindre au sourire les invalides souffrants [32].

BIRON. — Faire jaillir le rire du gosier de la mort! cela ne se peut, c'est impossible ; la gaieté ne peut ranimer une âme agonisante.

ROSALINE. — Comment donc? c'est le vrai moyen de corriger un esprit railleur qui tire son influence de cette indulgente complicité que prêtent aux fous des auditeurs légers et aimant à rire. La fortune d'un bon mot dépend de l'oreille de celui qui l'entend, jamais de la langue de celui qui le fait : si donc les oreilles malades, assourdies des clameurs de leurs propres et cruels gémissements, consentent à écouter vos railleries frivoles, continuez à les répandre et je vous accepterai avec ce défaut; mais dans le cas contraire, donnez congé à ce mauvais esprit, et lorsque je vous retrouverai corrigé de ce travers, vous me verrez tout à fait heureuse de votre transformation.

Biron. — Un an ! bon, advienne que pourra, je plaisanterai un an dans un hôpital.

La princesse, *au roi*. — Oui, mon doux Seigneur; et là-dessus je prends mon congé.

Le roi. — Non, Madame, nous allons vous mettre sur votre chemin.

Biron. — Notre amour ne finit pas comme une vieille comédie; Jacquot n'a pas Gillette : ces dames auraient bien dû, par courtoisie, faire une comédie de notre badinage.

Le roi. — Allons, Monsieur, ce n'est qu'un an et un jour à passer, et puis ce sera fini.

Biron. — C'est trop long pour une comédie.

Rentre ARMADO.

Armado. — Douce Majesté, octroyez-moi....

La princesse. — N'était-ce pas Hector ?

Dumaine. — Le digne chevalier de Troie.

Armado. — Je viens embrasser ton doigt royal et prendre mon congé. Je suis un de ceux qui ont prêté les vœux, et j'ai fait serment à Jacquinette de tenir la charrue pendant trois ans pour son doux amour. Mais, très-estimée Grandeur, voulez-vous entendre le dialogue que les deux lettrés ont compilé en l'honneur du hibou et du coucou? il devait trouver place à la fin de notre représentation.

ACTE V, SCENE II.

Le roi. — Faites-les vite venir, nous vous écouterons.

Armado. — Holà ! approchez.

Rentrent HOLOPHERNE, NATHANIEL, PAPILLON, GROSSETÊTE *et autres.*

De ce côté est Hiems, l'hiver ; de cet autre, Ver, le printemps : l'un soutient la cause du hibou ; l'autre celle du coucou. — Ver, commencez.

CHANT.

Le Printemps.

Lorsque les marguerites bigarrées et les violettes bleues,
Les cardamines blanches comme l'argent,
Et les boutons d'or à la couleur jaune,
Peignent les prairies de leurs dessins charmants,
Alors le coucou, sur chaque arbre,
Se raille des gens mariés, car il chante ainsi :
        Coucou,
Coucou, coucou ; ô mot sinistre,
Déplaisant aux oreilles mariées.

Lorsque les bergers jouent sur leurs chalumeaux d'avoine,
Que les joyeuses alouettes sont les horloges du laboureur,
Quand s'accouplent tourterelles, corneilles et grolles,
Et que les filles blanchissent leurs chemises d'été,
Alors le coucou, sur chaque arbre,
Raille les gens mariés, car il chante ainsi :
        Coucou,
Coucou, coucou ; ô mot sinistre,
Déplaisant aux oreilles mariées.

L'Hiver.

Lorsque les glaçons pendent aux murailles,
Que Dick le berger souffle dans ses doigts,
Que Tom porte des bûches dans la salle
Et que le lait se gèle dans le seau ;

Lorsque le sang est transi, que les routes sont mauvaises,
Alors le hibou hagard chante dans la nuit :
   Tou-hou,
Tou-ouit, tou-hou, une note joyeuse,
Pendant que la grosse Jeanne écume le pot.

Lorsque le vent mugit à tout rompre,
Et que la toux noie le sermon du curé,
Que les oiseaux sont campés dans la neige,
Que le nez de Marianne est rouge et humide,
Lorsque les pommes rôties sifflent dans le plat,
Alors le hibou hagard chante dans la nuit :
   Tou-hou,
Tou-ouit, tou-hou, une note joyeuse,
Pendant que la grosse Jeanne écume le pot.

ARMADO. — Les paroles de Mercure ne peuvent que détonner après les chants d'Apollon. Prenez ce chemin-ci, nous prendrons celui-là.

         (*Ils sortent.*)

COMMENTAIRE.

ACTE I.

1. Nous nous sommes abstenus jusqu'à présent de traduire les noms composés en assez grand nombre qui se rencontrent dans les comédies de Shakespeare, par des équivalents français qui puissent en rendre la signification généralement satirique. Ces noms composés ont un double rôle, ils nomment un personnage et ils peignent un caractère. Si on les traduit par des équivalents, ils continuent bien à désigner un caractère, mais ils cessent de désigner un personnage réel et ne désignent plus qu'un être de raison, une personnification morale. Cependant nous ferons une exception pour les personnages des pièces qui se passent en France, *Peines d'amour perdues, Comme il vous plaira, Tout est bien qui finit bien*, parce que les noms composés qui s'y rencontrent étant empruntés au vocabulaire de la langue anglaise, ne peuvent représenter des noms français. Jamais un paysan français ne s'est appelé *Costard*, en revanche plus d'un paysan français s'est appelé et s'appelle *Grossetéte*, ce qui est la traduction exacte du mot *Costard*. Pas un enfant de famille française ne s'appelle *Moth*, mais rien n'empêche qu'il s'appelle *Papillon*, etc.

2. *Let fame....*
Live registered upon our brazen tombs,
Allusion à la coutume qui s'est continuée du treizième au dix-septième siècle, d'attacher aux monuments funèbres des grands personnages, des plaques de bronze où étaient gravés les noms, les titres et l'indication sommaire des actes du défunt, batailles gagnées, fonctions remplies, etc.

3. Cette tirade amphigourique de Biron ainsi que nombre de passages de cette pièce, donne pleinement raison à ceux qui veulent que *Peines d'amour perdues* soit contemporaine des *Sonnets*. Il est visible dans toute cette pièce ou bien que Shakespeare est préoccupé d'un autre style que du style dramatique, ou bien que son imagination poursuivant à la fois deux genres de poésie a transporté à son insu dans l'un de ces genres le style qui convenait à l'autre, ou encore qu'il ne s'était pas écoulé un assez long

temps pour que l'esprit du poëte eût perdu le tour de pensée et les habitudes de style contractées temporairement dans la pratique d'un genre poétique différent du drame. Biron développe sa pensée avec toutes les méthodes qui appartiennent particulièrement aux auteurs de sonnets et dans le style métaphysique et imagé qui leur a été cher de tous temps. Les auteurs de sonnets disposent les mots comme des miroirs qui habilement placés sont autant de réflecteurs qui se renvoient la lumière de la pensée et la font apparaître et disparaître dans une scintillation ingénieuse, amusante et quelquefois aveuglante; ainsi fait Biron tout le long de la pièce, ainsi font, mais avec plus de modération que lui, le roi de Navarre, Dumaine et Longueville.

4. *And every godfather can give a name*, manière ingénieuse et un peu obscure de dire que des occupations ordinaires peuvent parfaitement suffire à un honnête homme, de même qu'un enfant pour n'être pas tenu sur les fonts de baptême par un roi ou un noble, n'en est pas moins chrétien et n'en porte pas moins un nom chrétien.

5. *Dangerous law against gentility*. Les anciennes éditions attribuent ce vers à Longueville; mais toutes les éditions modernes ont suivi l'opinion de Théobald qui proposa de l'attribuer à Biron. M. Staunton seul persiste à l'attribuer au précédent interlocuteur. Malgré l'autorité de ce très-habile éditeur, nous pensons que les précédents commentateurs avaient bien jugé, et que ce vers est mieux placé dans la bouche de Biron le critique défiant et railleur des statuts que dans celle de Longueville.

6. *From tawny Spain lost in the world's debates*. Warburton a consacré toute une longue note à ce passage, note où nous croyons que selon sa trop fréquente habitude il a dépensé plus d'imagination et de savoir que de réel jugement. Selon lui, les récits que le roi de Navarre se promet d'écouter de la bouche d'Armado, ce sont les récits des romans de chevalerie. Les chevaliers dont Armado lui parlera appartiennent à la brune Espagne parce que la plupart des héros de romans de chevalerie sont Espagnols. Ces querelles du monde, dans lesquelles ils ont trouvé la mort, se rapportent à la lutte de l'islamisme et du christianisme qui peut justement porter le nom de querelle du monde. Mais n'est-il pas plus probable que le roi veut parler de ces chevaliers, guerriers, aventuriers audacieux et intrépides, dont l'Espagne foisonnait au seizième siècle et qui avaient rendu son nom si grand et si redoutable. N'est-il pas plus probable que ces mots, les querelles du siècle sont une allusion à ces luttes gigantesques où l'Espagne de Charles-Quint et de Philippe II, enfiévrée du désir de l'universelle domination, joua un rôle si proéminent.

7. *I hope in heaven for high words*. Quelques commentateurs pensent que le ciel dont parle Biron, est une allusion au ciel de théâtre, d'où ne tombaient naturellement que des paroles tonitruantes et grandiloquentes, comme il convient qu'il en tombe du séjour des dieux et des puissances souveraines. *Heaven*, ciel, dans ce cas serait pris pour le nom de la divinité qui l'habite et s'appliquerait à Armado qui serait ainsi trans-

formé en Jupiter de théâtre. La phrase de Biron signifierait alors : j'espère de grandes paroles de ce Jupiter, ou encore, j'espère de grandes paroles de cet Olympe. Le personnage théâtral, emphatique, pédantesquement précieux d'Armado, justifie pleinement cette très-ingénieuse supposition.

8. *A high hope for a low heaven.* Théobald proposait de lire *a low having* au lieu de *a low heaven*; une haute espérance pour un bas avoir, ou en termes plus clairs, une grande espérance pour une chose de médiocre valeur; mais il est plus que probable que Longueville continue l'ironie de Biron, et qu'attribuant au mot *Heaven* la même signification de dieu ridicule de théâtre, il veut dire que c'est un espoir qui n'est pas proportionné à la valeur de celui qui doit l'exaucer, et que Biron ressemble à un fidèle qui adresserait ses prières à un dieu indigne.

9. La plaisanterie de Grossetéte, sort de la ressemblance vicieuse de prononciation qu'il établit entre les mots *manner* manière et *manor*, manoir. La transformation que la prononciation de quelques-unes de nos provinces ferait subir à ce mot (*Manouère*), rend aussi fidèlement que possible le calembour saugrenu de Grossetête.

10. Les anciens jardins étaient coupés en une infinité de lignes de diverses formes, qui formaient toutes sortes de figures d'une géométrie capricieuse. Cette mode n'était pas seulement propre à l'Angleterre et de nos jours encore, dans quelques-unes des provinces où les anciens usages se sont conservés, il serait possible de trouver plus d'un échantillon suranné de ces jardins d'autrefois, où ont pu jouer encore dans leur enfance beaucoup d'entre nous qui ont à peine l'âge d'homme fait.

11. Alors comme aujourd'hui, le jeu était le divertissement favori d'un gentilhomme à la mode, et comme la nature humaine ne fait que se répéter d'âge en âge, les habitudes et les mœurs des joueurs du temps de Shakespeare, étaient à peu de chose près les habitudes et les mœurs des joueurs du nôtre. C'est à peine si les appellations ont changé; alors un voleur au jeu ne s'appelait pas un *grec*, mais il s'appelait un *troyen*. Alors, comme de notre temps, il existait des maisons de jeu clandestines, et un curieux pamphlet cité dans une note de M. Staunton, nous apprend que les tables d'hôte avaient déjà une inclination marquée à se transformer en tripots.

12. Ce cheval nommé *Marocco*, jouissait du temps de Shakespeare, d'une réputation que n'égaleront jamais le mulet *Rigolo*, ni la pouliche *Fille de l'air*. Il avait été dressé par un certain Banks à tous ces exercices que les éducateurs d'animaux savants font exécuter d'âge en âge, en les perfectionnant, à leurs élèves à poils ou à plumes. Il rapportait un gant à son propriétaire, dansait, disait sans broncher le nombre de sous contenu dans une pièce d'argent quelconque; nommait la personne la plus amoureuse ou la plus sotte de la société, sur un mot chuchotté à l'oreille par son maître, etc. Tous ces exercices sont aujourd'hui devenus vulgaires, mais Marocco se recommande encore auprès de la postérité à plusieurs titres. D'abord parmi ses exercices, il en est deux dans lesquels il est resté sans émules et sans imitateurs, l'un de nature héroï-

que, l'autre de nature bassement bouffonne, et qui sent une époque voisine de Rabelais. Le premier de ces exercices consistait à accomplir l'ascension de l'église de Saint-Paul, le second à lâcher ses excréments sur l'invitation de son maître. En outre, Marocco doit compter parmi les martyrs de la liberté de conscience. En France, où il vint se faire admirer, les exploits qu'il accomplit à Orléans, le firent passer pour une bête ensorcelée et valurent à son maître la réputation de magicien. Banks se tira ingénieusement des dangers auxquels l'exposait la réputation que la crédulité populaire lui avait faite. Un jour, il ordonna à son cheval de chercher dans la foule quelqu'un qui eût un crucifix à son chapeau, de s'agenouiller devant lui, puis de se relever et de baiser le crucifix, ordres que le cheval exécuta avec une docilité, une intelligence et une piété, qui émurent toute l'assistance et qui lui laissèrent la conviction, que l'animal qui se montrait si respectueux pour le signe de la rédemption, n'avait rien à démêler avec le diable; mais en Italie, Banks et son disciple ne purent se tirer aussi aisément de ces fausses imputations, car ils furent l'un et l'autre brûlés à Rome comme magiciens.

13. Cette ballade célèbre dans la littérature anglaise, grâce en partie à Shakespeare, qui la cite plusieurs fois, semble avoir été très-populaire au seizième siècle. Elle se compose de dix stances que le lecteur curieux trouvera dans les *Reliques* de Percy. Elle mérite d'être lue, ne fût-ce que pour la citation qu'en fait dans *Roméo et Juliette*, Mercutio de spirituelle mémoire. Elle est jolie d'ailleurs et met en lumière une vérité d'un ordre peu commun, à savoir qu'il n'y a pas de parvenus parmi les femmes. Il s'agit d'un roi d'Afrique nommé Cophetua, qui se prend d'amour pour une mendiante nommée Penelophon et qui l'épouse; or, il se trouve que le jour du mariage, cette reine improvisée se conduit avec le même tact de dignité, que si elle était née dans la pourpre. Voici au surplus les principales strophes de cette ballade précieuse.

    J'ai lu jadis qu'en Afrique
    Un jeune prince régnait,
    Qui avait nom Cophetua
    Comme les poëtes l'ont imaginé.
    Il se refusait aux lois de la nature,
    Car pour sûr, il n'était pas de mon sentiment,
    Il ne se souciait pas des femmes,
    Mais il les dédaignait toutes.
    Mais, voyez ce qui lui advint un jour
    Comme il était à sa fenêtre,
    Il vit une mendiante toute en gris,
    Qui lui causa bien des peines.

    L'aveugle enfant qui ajuste si adroitement
    Descendit alors du ciel.
    Il prit une flèche et la lança contre lui
    A l'endroit où il se trouvait.

Lorsqu'il sentit la blessure de la flèche,
Qui dans son tendre cœur s'était fichée,
Il lui sembla qu'il allait mourir.
Quel est, dit-il, ce changement soudain,
Faut-il que je sois soumis à l'amour,
Moi qui ne lui avais jamais cédé
Mais qui, au contraire, l'avais toujours défié ?

Et lorsque le jour du mariage fut venu,
Le roi commanda rigoureusement,
Que tous les nobles sans exception
Fissent escorte à la reine.
Et elle se comporta ce jour-là,
Comme si elle n'avait jamais erré sur la grande route ;
Elle avait oublié sa robe grise,
Que tout récemment elle portait.
Le vieux proverbe dit bien vrai :
Lorsque le prêtre dit sa première messe,
Il oublie qu'il a toujours été clerc ;
Il ne se souvient plus de sa condition.

ACTE II.

1. Voici le passage de notre vieux chroniqueur Monstrelet, qui, ainsi que nous l'avons dit dans l'introduction, se rapporte à cette conversation du roi et de la princesse. « Charles, roi de Navarre, vint à Paris trouver le roi. Il négocia si heureusement avec le roi et le conseil privé, qu'il obtint en don le château de Nemours avec quelques-uns des castels environnants et que ledit territoire fut érigé en duché. Il fit immédiatement hommage pour ce don, et en même temps, rendit au roi le château de Cherbourg, le comté d'Évreux et toutes les autres seigneuries qu'il possédait dans l'intérieur de la France, renonçant à tous droits et profits d'iceux en faveur du roi et de ses successeurs, à condition qu'avec le duché de Nemours, le roi s'engagerait à lui payer deux cent mille écus d'or à la marque du roi, notre seigneur. »

2. *No point, with my knife.* Jeu de mot amphibie qui porte sur la signification du mot français, *point*, synonyme de *pas du tout* et sur la signification du mot anglais, *point*, pointe.

3. Nous avons traduit de notre mieux ce calembour, qui roule sur la ressemblance de prononciation des deux mots *sheep* mouton et *ship* vaisseau. Ces deux mots semblent plaire particulièrement à Shakespeare, et on dirait qu'il les regardait comme une mine inépuisable de plaisanteries et de calembours, car toutes les fois qu'il les rencontre, il ne manque pas d'en faire jaillir quelque plaisanterie. Nous avons déjà vu le parti qu'il en a tiré dans les *deux Gentilshommes de Vérone*, dans *la Comédie des méprises*, et ailleurs encore.

4. *My lips are no common though s veral they be.* Jeu de mots, qui roule sur l'opposition du mot *common*, chose commune, propriété banale, et du mot *several* qui signifie à la fois *plusieurs* et *séparé*. Une propriété commune (*a common*), est à un nombre indéterminé de personnes, puisqu'elle est commune, et par conséquent, elle est à plusieurs (*several*); d'autre part les lèvres sont plusieurs, puisqu'elles sont deux, et elles sont divisées, puisque leur séparation forme la bouche.

5. *His face's own margent did quote such amazes.* Cette comparaison du visage humain avec un livre, est une des comparaisons favorites de Shakespeare. Nous l'avons déjà rencontrée dans le *Songe d'une nuit d'été*.

ACTE III.

Concolinel. Ce mot singulier, est-il le commencement d'un ancien chant inconnu? Est-il simplement un refrain, quelque chose d'équivalent à notre *tra la la, tire la lira*, etc? Cette dernière supposition est très-probable; mais il est très-possible qu'un sens obscur se cache sous ce mot étrange, qui a je ne sais quoi de franc-maçonnique et qui sent l'argot. Le mot a une tournure amphibie, qui semble tenir de deux langues : de l'espagnol, par ses deux premières syllabes; de l'italien, par les deux dernières. Papillon enfant espiègle et qui sait, comme dit le peuple, plus que son pain à manger, connaîtrait-il quelque chanson équivoque, que Shakespeare lui fait prudemment arrêter au premier mot? Ce mot, enfin, serait-il par hasard le mot espagnol *concolega* italianisé et argotisé, et la chanson du Papillon commencerait-elle ainsi, *petit ami, petit camarade* ou *petit frère*. — Cette brusque suspension de la chanson jointe aux paroles d'Armado, qui engage son page à continuer, a fait supposer que ce mot n'était qu'une indication du chant que pouvait chanter ou ne pas chanter, *ad libitum*, l'acteur chargé de représenter le rôle de Papillon. Steevens a cité nombre d'exemples qui prouvent que très-fréquemment dans les scènes où un chant était introduit, ce chant était laissé au choix de l'acteur, à peu près comme dans quelques opéras, *le Barbier de Séville*, par exemple, la chanteuse est libre de choisir pour la scène de la leçon de musique, tel morceau qui lui convient davantage.

2. *Le branle français* ou *branle du bouquet*, était une danse par laquelle s'ouvraient d'ordinaire les bals dans la seconde moitié du seizième siècle. M. Staunton, dans une note de son édition de Shakespeare, cite d'après Douce, une description de cette danse, extraite d'un opuscule français intitulé : *Deux dialogues du nouveau langage français*. Voici cette description écrite dans notre ancien langage. « Un des gentils-hommes et une des dames estans les premiers en la danse, laissent les autres (qui cependant continuent la danse), et se mettent dedans ladiste compagnie, vont baisans par ordre toutes les personnes qui y sont, à sçavoir : le gentilhomme les dames, et la dame les gentilshommes.

Puis ayant achevé leurs baisements au lieu qu'ils étaient les premiers en la danse, se mettent les derniers, et cette façon de faire se continue par les gentilshommes qui sont les plus prochains, jusqu'à ce qu'on vienne aux derniers. »

3. *Canary it with your feet*: accompagnez-la en battant avec vos pieds le mouvement de la danse des Canaries. La danse nommée *Canary*, très à la mode au seizième siècle et que nous trouverons fréquemment mentionnée dans Shakespeare, était une danse espagnole, qui tirait son nom des îles Canaries, d'où on la supposait originaire.

4. *By my penny of observation*. *Penny* dans le langage populaire, s'employait autrefois pour désigner l'argent en général. Acheter quelque chose avec son *penny*, équivalait à acheter quelque chose avec son argent. C'était quelque chose comme nos locutions françaises *avoir* ou *n'avoir pas le sou, avoir des monacos*, etc.

5. *Hobby Horse. Hobby Horse*, était ce mannequin de cheval en carton, bien connu de tous les amateurs de spectacles d'hippodromes, dans lequel un *clown* se fourre en se pliant en deux, de manière à figurer un cheval vivant et à lui faire accomplir toutes les caracolades et les exercices du cheval. Le *Hobby Horse*, était un des divertissements les plus populaires de ces fêtes du premier mai en Angleterre, auxquelles il est fait si souvent allusion dans Shakespeare. « Lors de la célébration du *May day*, entre les jeu du mat de cocagne et les danses tout autour, on habillait un garçon en fille pour représenter la pucelle Marianne, un autre en moine et un autre chevauchait sur un cheval de carton avec clochettes sonnantes et bannières flottantes. Après la réformation, lorsque l'austérité des mœurs fut à l'ordre du jour, ces coutumes parurent imprégnées de paganisme et la pucelle Marianne, le moine et le *Hobby Horse*, furent bannis des divertissements populaires. »

6. L'*envoy* était le nom de la dernière partie de certaines pièces de vers de notre ancienne poésie française. Cette dernière partie était un *envoy*, soit parce qu'elle était adressée à quelque personne particulière à laquelle la pièce entière était dédiée, soit parce qu'elle était adressée au public général des lecteurs. L'envoi était ordinairement chargé de faire l'application pratique de la pièce qu'elle terminait, et jouait un rôle analogue à celui de la morale dans l'*apologue*.

7. J'ai à peine besoin de faire remarquer que Grossetête, qui est un peu trop savant, traduit fort ingénieusement le mot *envoy*, par le mot latin *salve*, salut. En effet, l'*envoy* était une manière de salut, soit à une seule personne, soit à tous les lecteurs en général.

8. Je n'ai trouvé moyen de rendre l'équivoque que Grossetête tire de la ressemblance des deux mots *enfranchise*, affranchir, et *Frances*, Françoise, qu'en estropiant par un solécisme ce dernier mot et en faisant de Françoise, *Francise*.

9. *Like the sequel, I*. Papillon en se moquant de la pauvreté emphatique de son maître, dont toute l suite se compose d'un petit page, devance la plaisanterie de Léandre dans *les Plaideurs* : « Moi je suis l'assemblée. »

10. *Incony jew.* Ce terme singulier de tendresse se rencontre plusieurs fois dans Shakespeare, et il est spécialement placé dans la bouche des rustres et des bouffons. Nous l'avons déjà rencontré dans la répétition que les artisans font de la pièce qu'ils doivent donner devant le duc d'Athènes (*Songe d'une nuit d'été*). Dans *le Songe d'une nuit d'été*, nous avons pu traduire ce mot par le mot français correspondant *Juif*, parce qu'il importe peu que les clowns d'Athènes disent une sottise de plus ou de moins, mais en réalité ce terme de tendresse n'est qu'une corruption populaire probable du mot français *bijou*.

11. A propos de ce passage, Steevens donne la très-curieuse note que voici : « Un passage correspondant me fut montré par le docteur Farmer, dans un pamphlet intitulé, *Une santé portée à l'honorable profession des domestiques ou la consolation des domestiques*, 1598. « Il y avait un homme (mais de quelle condition, titre ou profession, je ne le dirai pas, pour n'encourir le déplaisir de personne), qui, étant venu à la maison de son ami, gentilhomme de bon état, fut très-hospitalièrement traité, tant par son ami, que par ses serviteurs. Un desdits serviteurs particulièrement, lui ayant fait pendant son séjour quelque plaisir extraordinaire, à son départ il alla trouver ce serviteur et lui dit : Tiens, voici une *rémunération* pour tes peines, don pour lequel le domestique lui donna outre ses peines déjà dites, des remerciments gratuits, car ce n'était qu'une pièce de trois liards et je tiens les remerciments pour bon marché à ce prix, quel que soit le cours de la reconnaissance. Puis, un autre étant venu dans la maison dudit gentilhomme, le même domestique eut la chance de se trouver à sa portée lorsqu'il partit ; or l'appelant, il lui dit : Tiens, voici une *récompense* pour tes peines ; or, le domestique ne paya pas plus cher pour la récompense, que pour la rémunération, quoique la récompense valût mieux de onze deniers, car c'était un *shilling* et l'autre n'était qu'une pièce de trois liards. » Quel est celui qui a emprunté cette anecdote, Shakespeare, où l'auteur du pamphlet? On ne pourrait le savoir que si la date à laquelle *Peines d'amour perdues* fut écrite était connue ou si des détails qui sont maintenant hors de notre portée donnaient avec certitude la date de la première édition de ce pamphlet. » Steevens.

12. Les premières horloges introduites en Angleterre venaient d'Allemagne, et par suite de leur construction compliquée et de leur encombrement de poids, de ressorts, de personnages, elles allaient fort mal et avaient besoin de fréquentes réparations. Un auteur anglais, Weston, parle d'un proverbe français où le coq de l'horloge de Strasbourg était pris comme terme de comparaison absolue, pour désigner tout ce qui était compliqué.

ACTE IV.

1. La chasse au daim et au chevreuil, était un des amusements favoris des grandes dames du temps de Shakespeare.

COMMENTAIRE.

2. Dans la ballade, le nom de la mendiante est Penelophon et non Zenelophon.

3. *Monarcho*, était le sobriquet d'un Bergamasque détraqué et excentrique, quelque chose comme ce que Carnaval a été parmi nous récemment, une manière de célébrité de la rue dans le Londres du temps de Shakespeare. Sa lubie consistait à se croire le roi du monde. M. Staunton, dans une curieuse note de son édition, cite un passage d'un opuscule du temps où est racontée une grande dispute qui eut lieu dans l'église de Saint-Paul, entre ce *Monarcho* et deux jeunes gens appartenant à l'ambassade d'Espagne, pour savoir quel était le souverain du monde, *Monarcho* soutenant que c'était lui et que leur roi n'était que son délégué pour l'Espagne.

4. La reine Genièvre, épouse du roi Arthur; bien célèbre dans les romans de la Table-Ronde.

5. Il y a eu évidemment quelque chose de sauté, ou de transposé, dans ce passage relatif à Armado et à son page, car on n'en saisit pas la liaison logique avec ce qui précède.

6. *Pomewater*, mot à mot, pomme d'eau ; c'était le nom d'un genre de pomme très-estimé du temps de Shakespeare : nous avouons n'avoir pu découvrir à quelle désignation française il fallait le rapporter.

7. Dans le retour du Parnasse (1606), nous trouvons la liste suivante des différentes appellations anglaises du daim à ses différents âges. « Un chevreuil est la première année un *faon*; la seconde année un *pricket*; la troisième année un *sorrell*; la quatrième année, un *sore*; la cinquième année, *un chevreuil de première tête*; la sixième année, un *buck complet*. STEEVENS.

8. Équivoques d'assez triste goût sur les communes assonances des mots, *allusion, collusion, pollution*.

9. Citation d'une églogue latine de Jean-Baptiste Spagnolus, religieux carme, surnommé *le Mantouan*, du nom de son lieu de naissance, et qui vivait dans la dernière moitié du quinzième siècle.

10. Proverbe italien à demi élogieux, à demi satirique sur Venise, très-connu du temps de Shakespeare. Voici en entier ce proverbe dont Holopherne cite en l'écorchant la première partie :

> *Venetia, Venetia, chi non te vede, non te pregia,*
> *Ma chi te ha troppo veduto, te dispregia.*

« Venise, Venise, qui ne t'a pas vu, ne peut t'apprécier; mais qui t'a trop vu, te méprisera.

11. Cette ligne est attribuée généralement à Jacquinette, mais il est plus logique de l'attribuer à Messire Nathaniel qui répond ainsi pour la petite paysanne et qui peut d'autant mieux répondre qu'il a en mains la lettre de Biron. En outre Jacquinette vient de dire que la lettre lui a été remise de la part de don Armado.

12. *I do fear colourable colours* : je crains les couleurs colorantes. Par cette expression prétentieusement expressive, Holopherne veut dire

qu'il craint les raisons plausibles, celles qui sont capables de donner à l'erreur une teinte de vérité.

13. Ce personnage si comique du pédant Holopherne, vrai type de cette vermine, prétentieuse et dangereuse, que la Renaissance avait fait naître, est la caricature d'un certain Jean Florio, maître de langue italienne dans le Londres d'alors et compilateur d'un dictionnaire italien, intitulé, *un Monde de mots,* que dans son épître dédicatoire, il déclare comparable au célèbre *trésor de la langue grecque* de notre Estienne. Florio avait, paraît-il, les habitudes de langage de Jules César Scaliger, car dans sa préface il appelle ses critiques, « chiens de mer ou critiques de terre, monstres d'hommes et plutôt bêtes qu'hommes, dont les dents sont de cannibales, les langues des dards de vipères, les lèvres des poisons d'aspics, les yeux des basilics, le souffle, un souffle du tombeau, les paroles des épées de Turcs qui luttent à qui percera le plus profondément un chrétien lié et exposé à leurs coups. » Florio se reconnut, paraît-il, dans ce personnage d'Holopherne, car dans la même préface il fait allusion aux railleries de Shakespeare et surtout au fameux sonnet sur la mort du daim tué par la princesse. « Il y a, dit-il, une autre espèce de chiens aux regards obliques, qui grognent plutôt qu'ils ne mordent, et de cette espèce, j'en pourrais citer un, qui, tombant sur un bon sonnet d'un gentilhomme de mes amis lequel aime mieux être poëte en réalité que d'en avoir la réputation, a nommé l'auteur un rimeur. Qu'Aristophane et ses comédiens fassent des plaisanteries et vident les ordures de leurs bouches sur la personne de Socrate ; les bouches qui veulent avilir, seront les instruments mêmes qui répandront sa vertu, etc., etc. » La préface est signée : *le résolu Jean Florio.* Florio, on le voit, n'était pas exempt de ce venin qu'il reprochait aux critiques de répandre et c'est, croit-on, par allusion à la férocité de son caractère que Shakespeare l'a nommé Holopherne, soit en souvenir du redoutable personnage mis à mort par Judith, soit, ce qui est plus probable, en souvenir du pédant *Tubal Holopherne* de Rabelais.

14. Le parjure était puni par l'apposition sur la poitrine d'un écriteau où son crime était relaté.

15. Il est évident, d'après les nombreuses répétitions de Biron, qu'on aura imprimé sur le manuscrit même de l'auteur, et les passages corrigés, et les passages raturés, en sorte que nous avons ainsi mêlées inextricablement ensemble et les parties de ce discours que Shakespeare avait rejetées et celles qu'il voulait conserver.

16. *Allons, allons.* En français dans l'original ainsi que le *allons* prononcé par Holopherne à la fin de la scène suivante.

ACTE V.

1. *Thrasonical.* Épithète tirée du nom de *Thraso*, personnage de Térence, remarquable par la prétention de son langage.

2. Priscien, grammairien d'Athènes, fameux au temps de Justinien.

3. C'était le panier dans lequel on jetait les croûtes de pain et les menues dessertes de la table des riches pour les donner aux pauvres.

4. *A flap dragon.* C'était une courte mèche que les buveurs de l'époque allumaient et laissaient flotter sur leur vin, puis qu'ils avalaient en guise d'exploit. Comme rien, dans les coutumes des buveurs de nos jours, ne fournissait un équivalent, nous avons été obligé de comparer Papillon à ces morceaux de sucre trempés dans le café, que nos enfants appellent canards. Il y a un mot populaire dans nos provinces du centre, qui se rapprocherait davantage de l'expression de *flap dragon*, c'est le mot brûlot par lequel on désigne le morceau de sucre imprégné d'eau-de-vie qu'on fait fondre, en l'enflammant, au-dessus du café. Brûlot serait la vraie traduction de *flap dragon*, mais comme ce mot est, croyons-nous, tout local, nous avons dû nous en tenir à celui de canard.

5. Les plaisanteries de Papillon qui sont aussi obscures qu'équivoques prennent leur origine dans le nom anglais de l'alphabet, *Horn-Book*, le livre de corne, ainsi nommé parce que pour plus de solidité il était recouvert d'une mince lame de corne. Ce nom de *livre de corne* s'associe dans l'esprit de Papillon avec les voyelles et les consonnes de l'alphabet que le maître d'école est chargé de faire épeler aux enfants; de là les plaisanteries sur les cornes, les moutons, le cri du mouton et l'*a b* (*a* se prononce *e* en anglais) épelé à reculons.

6. Grossetête en écorchant les bribes de latin qu'il a entendues par hasard, nous a bien l'air d'obéir à quelque malicieux instinct de paysan et de jouer le rôle du compère Agnelet de la farce de Patelin qui trouve moyen de tromper tout le monde en faisant la bête, car l'altération qu'il fait subir à l'expression latine *ad unguam*, dont il fait *ad dunghill* (*dunghill* en anglais veut dire fumier), contient une équivoque nauséabonde qui n'a rien de précisément flatteur ni pour Armado ni pour Papillon.

7. Il y a là une série de plaisanteries toutes plus intraduisables les unes que les autres qui consistent à répondre à un mot à double sens par la signification contraire à celle que lui donne la première interlocutrice, de manière à transporter dans l'art des calembours ce que les joueurs de billard appellent la série de carambolages. Voici la traduction littérale de ce passage pour lequel il a fallu nous contenter d'équivalents. « Un cœur léger (*light*) vit longtemps, » dit Catherine en s'adressant à Rosaline, et là-dessus la série des calembours commence.

ROSALINE. — Souris, quel est le sens *obscur* (*dark*) de ce mot neuf (*light*, lumière, léger).

CATHERINE. — Un caractère léger (*light*, lumière) dans une brune (*dark*, noir, sombre).

ROSALINE. — Nous aurions besoin de plus de lumière (*light*), pour découvrir votre pensée.

CATHERINE. — Vous éteindrez la lumière en cherchant à la moucher; par conséquent je terminerai cette discussion ténébreusement (*darkly*)

ROSALINE. — Voyez ce que vous faites, vous le faites encore ténébreusement (*in the dark*).

CATHERINE. — Ce n'est pas ce que vous faites, car vous êtes une fille légère (*light*, lumière).

ROSALINE. — Oui en vérité, je n'égale pas votre poids (*weigh*, peser) et par conséquent je suis légère.

CATHERINE. — Vous ne m'estimez pas (*weigh*, peser, estimer, apprécier), c'est que vous n'avez pas souci de moi, etc., etc.

8. *Fair as a text B in a copy book.* Dans les missels et les livres d'heures enluminées, les lettres étaient tantôt peintes en rouge, tantôt peintes en noir. La lettre B était généralement noire, et Rosaline étant brune est comparée par Catherine à un B majuscule : mais Rosaline prend immédiatement sa revanche en comparant Catherine qui est rousse à la lettre A qui était généralement peinte en rouge.

9. *O that your face were not so full of O's.* Une manière de dire à Catherine que la petite vérole a laissé trop de traces sur son visage.

10. Saint Denys étant le patron de la France et le cri de guerre des chevaliers français, la princesse de France songe à l'opposer à saint Cupidon, que l'amoureux roi de Navarre a pris pour patron à la fin de l'acte précédent.

11. Une mascarade de Moscovites était une récréation assez peu rare à la cour; longtemps avant l'époque de Shakespeare pendant la première année du roi Henri VIII, à un banquet donné par les ambassadeurs étrangers, dans la chambre du parlement à Westminster, on vit venir « le lord Henri, comte de Wiltshire et le lord Fitzwater, dans deux longues robes de satin jaune traversé de satin blanc, et dans chaque bande de blanc était une bordure de satin cramoisi; d'après la manière des Russes de Russie, ils avaient des chapeaux de fourrure grise sur la tête, chacun d'eux tenait à la main une petite hachette, et ils avaient des bottes à revers avec des glands tombant de la tige. » *Hall, Henri VIII.* Note de RITSON.

12. Il semble que le mot de *mesure* ait désigné autrefois non-seulement les mouvements cadencés d'une danse quelconque, mais un genre de danse particulier, compassée, réservée et noble, quelque chose comme notre menuet à la lenteur bien apprise.

13. Le texte porte *Veal* (veau, viande de veau) et non *well*; l'intention de Catherine qui est une dame française mais qui est bien obligée de parler anglais puisqu'elle est un personnage d'une comédie de Shakespeare, est de jouer sur le sens des deux mots. Comme elle sait trop bien l'anglais pour avoir une prononciation vicieuse, elle attribue cette prononciation à un Hollandais quelconque : « *Veal*, disait le Hollandais. » Comme cette nuance eût été insaisissable pour le lecteur français, nous avons substitué un Anglais à ce Hollandais et rétabli l'orthographe anglaise du mot *well* estropié à dessein par Catherine.

14. Il y a ici une équivoque qui roule sur la double signification du mot *fair* qui est à la fois adjectif et substantif, et dans le premier cas signifie beau, belle, et dans le second, foire, marché. « Un veau, belle

COMMENTAIRE.

dame, dit *Longueville* avec étonnement; non, une *foire*, seigneur veau, riposte Catherine, à qui le mot de veau rappelle naturellement les marchés où on les vend.

15. *No point*, c'est la seconde fois que Shakespeare emprunte dans cette pièce le mot français *point*, pour en faire l'objet d'une plaisanterie. Nous l'avons vu employé déjà par Rosaline au deuxième acte.

16. En 1571 le parlement passa un acte en vertu duquel il fut enjoint sous peine d'une amende de dix groats aux sujets de la couronne d'Angleterre, de porter des bonnets de laine fabriqués en Angleterre, les dimanches et les jours de fête. Le but de ce statut quelque peu tyrannique, était de protéger les manufactures anglaises. Mais ce statut n'atteignit pas uniformément toutes les classes de la nation; la noblesse fut exemptée de cette obligation ainsi que les classes cultivées. Comme les exigences de cette loi atteignaient surtout les classes ignorantes de la nation, elle fournit un terme de comparaison satirique aux écrivains qui assimilèrent tout ignorant ou tout imbécile à une tête coiffée du bonnet du *statut*.

17. *He can carve too*. Mot à mot : il peut découper aussi. La fonction de découper était un honneur à la table des princes et était généralement remplie par des personnes de condition, aussi peut-être Biron veut-il tout simplement faire allusion à l'habileté de Boyet dans cet office; mais le mot avait encore alors une autre signification et on l'employait pour désigner un langage de signes faits avec la main, une sorte de langage de sourds-muets et de francs-maçons du bel air analogue au langage de l'éventail bien connu des dames espagnoles en général, et d'un certain nombre de dames d'autres pays en particulier.

18. *Lord have mercy on us*. C'était l'inscription que l'on peignait en grandes lettres rouges sur les fenêtres et les portes des maisons visitées par la peste.

19. *Some Dick*, dit le texte. Malone croit que c'est une allusion à un chanteur de carrefour qui portait ce nom et qui récoltait d'abondantes recettes dans les foires, au dire d'un contemporain Henri Chettle, lequel affirme qu'en un seul jour, il gagna une somme de plus de vingt shillings à la foire de Braintree, dans le comté d'Essex.

20. *You Cannot beg us*, dit le texte, vous ne pouvez pas mendier notre tutelle. Cette expression se rapporte à une coutume odieuse alors régnante qui consistait à solliciter (*to beg*) la garde ou tutelle des fous et lunatiques, auprès du souverain, lequel était considéré comme leur légitime et naturel tuteur, dans le but de s'emparer de leurs propriétés.

21. Shakespeare a plus tard repris ce passage pour le transporter dans la bouche de Thésée au cinquième acte du *Songe d'une nuit d'été*.

22. Shakespeare, selon Malone, fait ici allusion aux changements de costumes et de personnages auxquels étaient souvent réduits les comédiens du temps, un seul acteur faisant quelquefois deux et trois rôles.

23. Le jeu de *Novum* était une variété du jeu de dés, dans laquelle les coups gagnants semblent avoir été les coups de neuf et de cinq.

24. Cette représentation des neuf preux semble avoir été dès une époque très-reculée un des spectacles favoris du théâtre populaire. Les preux se composaient originairement de Josué, David, Judas Machabée représentant l'antiquité hébraïque; d'Hector, d'Alexandre et de Jules César représentant l'antiquité païenne; d'Arthur, de Charlemagne et de Godefroy de Bouillon représentant le moyen âge. Ritson a extrait d'un vieux manuscrit les devises écrites en mauvais vers qui recommandaient chacun de ces preux. Ces devises sont assez semblables à celles de nos vieilles tapisseries. En voici quelques-unes :

HECTOR DE TROIE. — Quoique Achille m'ait tué dans la bataille,
   Les hommes parlent maintenant de mes prouesses.
JOSUÉ. — Dans la sainte église vous pouvez entendre et lire
   Les louanges de ma vaillance et de mes actions.
DAVID. — Après que Goliath fut tué,
   Par moi le psautier fut fait, etc., etc.

Toutes les autres sont à l'avenant. Mais nous voyons par Shakespeare que cette liste qui divise fort également les neuf preux entre les trois civilisations connues particulièrement de nos ancêtres et qui formaient leur tradition comme elles forment encore la nôtre, subit des altérations illogiques, puisque Pompée et Hercule y ont été introduits au détriment des héros de la Bible et du moyen âge.

25. Les héros ou preux étaient représentés par une peau de léopard sur les épaules et autour du genou, peut-être simplement par manière d'ornement, mais plus probablement comme emblème de force et de courage.

26. Allusions à certaines particularités physiques d'Alexandre dont le nez était quelque peu long et irrégulier, et dont l'odeur corporelle était si suave, qu'au dire de Plutarque, elle parfumait ses vêtements.

27. C'étaient les emblèmes héraldiques avec lesquels Alexandre était représenté sur les anciennes tapisseries.

28. Une note de l'édition Staunton nous apprend que la propriété de ce triste jeu de mots qui consiste à séparer les deux syllabes du nom de Judas, de manière à lui faire signifier en anglais Jude-âne, n'appartient pas à Shakespeare et qu'on le rencontre dans quelques auteurs de son temps.

29. *Trojan*, troyen, voleur au jeu, ce que nous appellerions aujourd'hui un grec.

30. Les paysans du nord de l'Angleterre étaient renommés pour leur habileté à manier le bâton.

31. Allusion à la fois à la malpropreté alors proverbiale des Espagnols et à leur déférence pieuse pour la cour de Rome. Une note de Wurburton contient la curieuse anecdote suivante : « Un Espagnol fut blessé en duel. Un ami s'approcha et lui offrit ses services. Le mourant lui fit une seule requête qui était de ne pas souffrir que son corps fût dépouillé, mais de l'ensevelir dans l'habit dont il était couvert. L'ami promit d'obéir et l'Espagnol expira en paix ; mais la curiosité fut plus forte que la pro-

messe jurée; le corps fut dépouillé et on trouva qu'il était sans chemise. »

32. Ce discours de Rosaline est omis par la plupart des éditions modernes et il faut avouer en effet qu'il fait double emploi. Rosaline vient déjà plus haut d'enjoindre à Biron les mêmes pénitences, presque dans les mêmes termes. Il est probable que ce passage comme la longue tirade de Biron à la fin du quatrième acte, aura été imprimé avec les corrections et les suppressions du manuscrit de Shakespeare.

FIN DU DEUXIÈME VOLUME.

TABLE.

BEAUCOUP DE BRUIT POUR RIEN....................	1
Avertissement................................	3
Beaucoup de Bruit pour rien..................	9
Commentaire..................................	101
MESURE POUR MESURE..............................	109
Avertissement................................	111
Mesure pour Mesure...........................	117
Commentaire..................................	211
LA MÉGÈRE DOMPTÉE...............................	221
Avertissement................................	223
La Mégère domptée............................	235
Commentaire..................................	327
PEINES D'AMOUR PERDUES..........................	335
Avertissement................................	337
Peines d'Amour perdues.......................	345
Commentaire..................................	441

FIN DE LA TABLE.

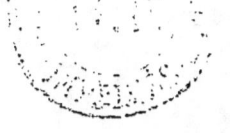

Imprimerie générale de Ch. Lahure, rue de Fleurus, 9, à Paris.

Librairie HACHETTE et Cie, boulevard Saint-Germain, 79, à Paris

BIBLIOTHÈQUE VARIÉE, FORMAT IN-18 JÉSUS, A 3 FR. 50 C. LE VOL.

About (Edmond). L'Alsace. 1 vol. — Causeries. 2 vol. — La Grèce contemporaine. 1 vol. — Le progrès. 1 vol. — Le turco. 1 vol. — Madelon. 1 vol. — Salons de 1864 et 1866. 2 vol. — Théâtre impossible. 1 vol. — A B C du travailleur. 1 vol. — Les mariages de province. 1 vol. — Le mari imprévu. 1 v. — Le fellah. 1 vol.
Barrau. Histoire de la Révolution française. 1 vol.
Bautain (L'abbé). La belle saison à la campagne. 1 vol. — La chrétienne de nos jours. 2 vol. — Le chrétien de nos jours. 2 vol. — Les choses de l'autre monde. 1 vol. — La religion et la liberté. 1 v. — Manuel de philosophie morale. 1 vol. — Étude sur l'art de parler en public. 1 vol.
Baudrillart. Économie politique populaire. 1 vol.
Belloy (De). Le chevalier d'Ai. 1 vol. — Légendes fleuries. 2 vol.
Bersot. Mesmer, ou le magnétisme animal. 1 vol. — Les tables tournantes et les esprits. 1 vol.
Boissier. Cicéron et ses amis. 1 vol.
Bréal (M.). Quelques mots sur l'instruction publique. 1 vol.
Busquet (A.). Le poëme des heures. 1 vol.
Byron (Lord). Œuvres complètes. Traduction B. Laroche. 4 vol.
Calemard de la Fayette (Ch.). Le poëme des champs. 1 vol.
Caro. Études morales. 2 vol. — L'idée de Dieu. 1 vol. — Le matérialisme et la science. 1 vol. — Les jours d'épreuve. 1 vol.
Cervantès. Don Quichotte, trad. Viardot. 2 vol.
Charpentier. Écrivains latins de l'empire. 1 vol.
Chateaubriand. Le génie du christianisme. 1 vol. — Les martyrs. 1 vol. — Atala, René, les Natchez. 1 vol.
Cherbuliez (Victor). Comte Kostia. 1 vol. — Paule Méré. 1 vol. — Roman d'une honnête femme. 1 vol. — Le grand-œuvre. 1 vol. — Prosper Randoce. 1 vol. — L'aventure de Ladislas Bolski. 1 vol. — La revanche de Joseph Noirel. 1 vol.
Crépet (E.). Le trésor épistolaire de la France. 2 v.
Cucheval (V.). Histoire de l'éloquence latine. 1 v.
Dante. La divine comédie, trad. Fiorentino. 1 vol.
Daumas (E.). Mœurs et coutumes de l'Algérie. 1 v.
Deschanel (Em.). Études sur Aristophane. 1 vol.
Duruy (V.). De Paris à Vienne. 1 vol. — Introduction à l'histoire de France. 1 vol.
Duval (Jules). Notre planète. 1 vol.
Ferry (Gabriel). Le coureur des bois. 2 vol. — Costal l'Indien. 1 vol.
Figuier (Louis). Histoire du merveilleux. 4 vol. — L'alchimie et les alchimistes. 1 vol. — L'année scientifique. 16 années (1856-1873). 16 vol. — Le lendemain de la mort. 1 vol.
Flammarion (G.). Contemplations scientifiques. 1 v.
Fléchier. Les grands jours d'Auvergne. 1 vol.
Fustel de Coulanges. La cité antique. 1 vol.
Garnier (Ad.). Traité des facultés de l'âme. 3 vol.
Garnier (Charles). A travers les arts. 1 vol.
Guizot (F.). Un projet de mariage royal. 1 vol. — Le duc de Broglie. 1 vol.
Houssaye (A.). Le 41e fauteuil. 1 vol. — Violon de Franjole. 1 vol. — Voyages humoristiques. 1 vol.
Hugo (Victor). Notre-Dame de Paris. 2 vol. — Bug-Jargal, etc. 1 vol. — Han d'Islande, Discours. 2 v. — Littérature et philosophie mêlées. 2 vol. — Odes et ballades. 1 vol. — Orientales, Feuilles d'automne, Chants du crépuscule. 1 vol. — Les Voix intérieures, les Rayons et les Ombres. 1 v. — Théâtre. 4 vol. — Le Rhin. 3 vol. — Les Contemplations. 2 vol. — Légende des siècles. 1 vol.
Ideville (H. d'). Journal d'un diplomate. 1 vol.
Joanne (Ad.). Albert Fleurier. 1 vol.

Jouffroy. Cours de droit naturel. 2 vol. — Cours d'esthétique. 1 vol. — Mélanges philosophiques. 1 v. — Nouveaux mélanges philosophiques. 1 vol.
Jurien de la Gravière (L'amiral). Souvenirs d'un amiral. 2 vol. — La marine d'autrefois. 1 vol. — La marine d'aujourd'hui. 1 vol.
La Landelle (G. de). Le tableau de la mer. 4 vol.
Lamartine (A. de). Méditations poétiques. 2 vol. — Harmonies poétiques. 1 vol. — Recueillements poétiques. 1 vol. — Jocelyn. 1 vol. — La chute d'un ange. 1 vol. — Voyage en Orient. 2 vol. — Histoire des Girondins. 6 vol. — Confidences. 1 vol. — Nouvelles confidences. 1 vol. — Lectures pour tous. 1 vol. — Souvenirs et portraits. 3 vol.
Laveleye (Émile de). Études et essais. 1 vol.
Malherbe. Œuvres poétiques. 1 vol.
Marmier (Xavier). Gazida. 1 vol. — Hélène et Suzanne. 1 vol. — Histoire d'un pauvre musicien. 1 vol. — Le roman d'un héritier. 1 vol. — Les fiancés du Spitzberg. 1 vol. — Mémoires d'un orphelin. 1 vol. — Sous les sapins. 1 vol. — La recherche de l'idéal. 1 vol. — Voyages. 3 vol.
Martha. Les moralistes sous l'empire romain. 1 vol.
Michelet. La femme. 1 vol. — La mer. 1 vol. — L'amour. 1 v. — L'insecte. 1 vol. — L'oiseau. 1 v.
Nisard. Les poètes latins de la décadence. 2 vol.
Nourrisson. Les Pères de l'Église latine. 2 vol.
Patin. Études sur les tragiques grecs. 4 vol. — Études sur la poésie latine. 2 vol.
Pfeiffer (Mme Ida). Voyages d'une femme. 3 vol.
Prévost-Paradol. Études sur les moralistes français. 1 vol. — Histoire universelle. 2 vol.
Quatrefages (De). Unité de l'espèce humaine. 1 v.
Sainte-Beuve. Port-Royal. 7 vol.
Saintine (X.-B.). Le chemin des écoliers. 1 vol. — Picciola. 1 vol. — Seul! 1 vol. — La mythologie du Rhin. 1 vol.
Sévigné (Mme de). Lettres. 8 vol.
Shakespeare. Œuvres, traduction Montégut. 10 v.
Simon (Jules). La liberté politique. 1 vol. — La liberté civile. 1 vol. — La liberté de conscience. 1 v. — La religion naturelle. 1 vol. — Le devoir. 1 vol. — L'ouvrière. 1 vol.
Taine (H.). Essai sur Tite Live. 1 vol. — Essais de critique et d'histoire. 1 vol. — Nouveaux essais. 1 vol. — Histoire de la littérature anglaise. 5 vol. — La Fontaine et ses fables. 1 vol. — Les philosophes français au XIXe siècle. 1 vol. — Voyage aux Pyrénées. 1 v. — M. Graindorge (notes sur Paris). 1 vol. — Notes sur l'Angleterre. 1 vol. — Un séjour en France de 1792 à 1795. 1 vol.
Topffer (Rod.). Nouvelles genevoises. 1 vol. — Rosa et Gertrude. 1 vol. — Le presbytère. 1 vol. — Réflexions et menus propos d'un peintre. 1 vol.
Traductions des chefs-d'œuvre de la littérature grecque. Anthologie. 2 vol. — Aristophane. 1 vol. — Diodore de Sicile. 4 vol. — Eschyle. 1 vol. — Hérodote. 1 vol. Homère. 1 vol. — Lucien. 2 v. — Plutarque. 9 v. — Strabon. 3 vol. — Thucydide. 1 vol. — Xénophon. 2 vol.
Traductions des chefs-d'œuvre de la littérature latine. Horace. 1 vol. — Plaute. 2 vol. — Les satiriques. 1 vol. — Sénèque. 2 vol. — Tacite. 1 v. — Tite Live. 4 vol. — Virgile. 1 vol.
Troplong. De l'influence du christianisme sur le droit civil des Romains. 1 vol.
Viardot. Musées d'Europe. 5 vol.
Viennet. Fables complètes. 1 vol.
Vivien de St-Martin. L'année géographique. 10 années (1863-1872). 9 vol.
Wallon. Vie de N.-S. Jésus-Christ. 1 volume. — La sainte Bible. 2 vol.
Wey (Francis). Dick Moon. 1 vol. — La haute Savoie. 1 vol. — Chronique du siège de Paris. 1 vol.
Würtz. Histoire des doctrines chimiques. 1 vol.

Typographie Lahure, rue de Fleurus, 9 à Paris.

www.ingramcontent.com/pod-product-compliance
Lightning Source LLC
Chambersburg PA
CBHW072113220426
43664CB00013B/2099